Excel

Das Zauberbuch

Raffinierte Zaubereien für Excel-Kenner

Ignatz Schels

Markt+Technik

ISBN 978-3-95982-560-3

5., aktualisierte Auflage
Espenpark 1a
90559 Burgthann

Produktmanagement Christian Braun, Burkhardt Lühr
Herstellung Jutta Brunemann
Korrektorat Alexandra Müller
Covergestaltung David Haberkamp
Coverfotos © DNY3D, MclittleStock, Jane – Adobe Stock
Satz inpunkt[w]o, Wilnsdorf (www.inpunktwo.de)
Druck mediaprint solutions GmbH, Paderborn
Printed in Germany

Vorwort

Liebe Leserin, lieber Leser,

Glückwunsch zu diesem Buch! Ganz schön mutig, in diesen wilden Zeiten ein Computer-Fachbuch zu lesen. Aber ich verspreche Ihnen, Sie werden es nicht bereuen. Wir Autoren bemühen uns unbeirrt, unsere Leser mit bestem, praxisnahem und alltagstauglichem Fachwissen glücklich zu machen. Auch wenn die Konkurrenz nahezu übermächtig scheint. Es reicht ja nicht mehr, dass Google allwissend ist, jetzt übernimmt auch noch die KI mit ChatGPT und Co. die Besserwisser-Rolle.

Wie passt hier das Computerbuch noch rein? Drei Gründe: Es stellt die wichtigen Fragen selbst, weil der Autor zwischen wertvollem Wissen und Informationsmüll unterscheiden kann. Es beschränkt sich auf Neues und Aktuelles und liefert nicht Tausende von möglichen Antworten, sondern die eine richtige. Und es orientiert sich an der Praxis und liefert brauchbare Lösungen.

Keine leichte Aufgabe angesichts der Geschwindigkeit, mit der sich die Microsoft-Office-Welt entwickelt. Microsoft schießt aus allen Rohren: Update-Zyklen von wenigen Monaten bescheren ständig neue Funktionen und Werkzeuge und nicht selten Änderungen an der GUI (Oberfläche). Und das alles, um die Marktführung zu behalten (als ob Excel irgendetwas vom Thron stoßen könnte).

Deshalb habe ich das Zauberbuch gründlich überarbeitet und präsentiere stolz die mittlerweile 5. Auflage. Und die hat es in sich:

- Geniale Zaubereien mit den neuen Funktionen
- Die Königsklasse: LAMBDA() und LAMBDA()-Funktionen
- Unverzichtbar: Power Query: Super-Zaubertricks!
- Dynamische Arrays – alles wird anders

Apropos dynamische Arrays: Da fährt Excel mit Vollgas in eine ganz neue Dimension der Kalkulation. Sehen Sie sich Kapitel 8 und dort vor allem die Arrayfunktionen im Abschnitt 8.4 an. Seien Sie mit dabei, es lohnt sich!

Einige alte Zöpfe aus den früheren Auflagen mussten abgeschnitten werden, manches nicht mehr Zeitgemäße wie Datenbank-Funktionen habe ich ganz herausgenommen. Die vorherige Auflage hatte noch einen Teil 2 mit dem Titel »Abenteuerreisen in die Excel-Welt«. Die meisten in diesem Teil vorgestellten Zaubereien sind etwas in die Jahre gekommen, daher wurden einige Kapitel aus dem Buch genommen. Sie wurden in der PDF-Datei Excel-Zauberbuch_Teil2.pdf zusammengefasst, das auf der Webseite zum Buch heruntergeladen werden kann. Auf *www.mut.de/2560* finden Sie neben dem PDF zudem noch Excel-Übungsdateien.

Noch ein Hinweis: Sie brauchen für die meisten Zaubertricks die Office-Version 365. Excel 2021, 2019, 2016 oder noch frühere Versionen haben viele der neuen Funktionen nicht und kennen keine dynamischen Arrays.

Nun wünsche ich Ihnen viel Spaß und viel Erfolg mit dem neuen Excel-Zauberbuch.

Ihr Autor
Ignatz Schels

Besuchen Sie mich auch auf meiner Webseite *www.schels.de*.

Inhalts-verzeichnis

Kapitel 1

Alles Oberfläche

Bezeichnen wir das, was nach dem Start des Programms auf dem Bildschirm zu sehen ist, mal lapidar als Oberfläche. Wir können es auch Programmumgebung nennen. Aber wenn Sie beweisen wollen, dass Sie ein alterfahrener Nerd sind, dann nennen Sie das, was Sie sehen, GUI (Graphical User Interface). Im Unterschied zur UI (User Interface) lässt sich diese nämlich mit grafischen Elementen bedienen. Und UI gibt es schon lange keine mehr.

Hier also die besten Zaubereien zur GUI:

1.1 Der Slash

Probieren Sie einmal, eine Zelle mit einem Schrägstrich (Slash) zu beschriften. Funktioniert nicht, oder? Das Ergebnis ist die Anzeige der Tastenkombinationen für alle Menüsymbole, was dem Drücken der Alt-Taste entspricht. Abhilfe schaffen Sie, indem Sie vorher die F2-Taste drücken, denn damit schaltet Excel in den Eingabemodus (siehe Kapitel 2.6 »Funktionstasten? Aber sicher!«), und der Slash lässt sich mühelos eingeben.

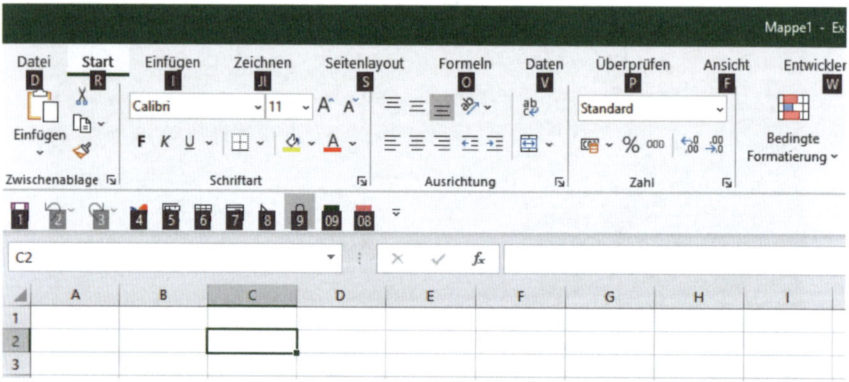

Abbildung 1.1: Eingabe: kein Slash möglich

Aber was ist der Grund? Lassen Sie uns einen Ausflug in die Geschichte von Excel machen:

Excel ist ein altes, sogar sehr altes Programm. Wer die Entwicklung von der ersten Version mit der Nummer 1.0, Erscheinungstermin September 1985, bis zur aktuellen »Built« verfolgen möchte, wird bei Wikipedia fündig:

https://de.wikipedia.org/wiki/Microsoft_Excel

Und ja, Excel ist tatsächlich für den Apple Macintosh geschrieben worden. Steve Jobs gab seinem Studienfreund Bill Gates damals den Auftrag, für seinen grafischen Computer ein paar Anwendungen zu schreiben. Das war der Startschuss für die erste Office-Suite mit Word, Excel und PowerPoint. Mit der Freundschaft war es schnell vorbei, als Microsoft seine Pläne verwarf, die alte DOS-Anwendung Multiplan für das Betriebssystem Windows weiterzuentwickeln, und stattdessen das Mac-Office mit Excel einfach unter Windows veröffentlichte. Excel ging durch die Decke und Apple fast den Bach runter, aber noch härter traf es einen Mitbewerber, der wesentlich zum Erfolg des IBM-PCs (und damit von MS-DOS und Windows) beigetragen hatte.

Lotus 1-2-3 war Mitte der 80er-Jahre die meistverkaufte Software der Welt – Mich Kapor machte mit seinem Produkt mehr Umsatz als alle anderen Anbieter zusammen. Dann verwarf Bill Gates seine Multiplan-Pläne, kopierte Lotus 1-2-3 ziemlich schamlos, verpasste Excel aber eine grafische Oberfläche. Das und die Tatsache, dass Lotus viel zu spät mit einer sehr schlechten Windows-Version konterte, machte Lotus den Garaus und verschaffte Excel den bis heute unangefochtenen Status als Marktführer.

Was wir daraus lernen? Dass Lotus 1-2-3 der Vorgänger von Excel ist. Und jetzt wissen wir auch, warum sich in Excel kein Schrägstrich als erstes Zeichen schreiben lässt. Mit dem Slash / wurde in Lotus 1-2-3 die Menüleiste geöffnet, und das hat Microsoft übernommen, um Lotus-Abtrünnigen ihren altbekannten Menübefehl zu ermöglichen. Sehen Sie unter *Datei/Optionen/Erweitert/Lotus-Kompatibilität* nach. Mit dem Slash wurden früher die Menüs aktiviert, die anschließend mit einer Pfeiltaste aufgeklappt werden konnten. Heute sehen Sie die Tastenkombinationen.

1.2 Die 1904-Zeitrechnung

Dass Excel eine Option zur Umstellung auf das 1904-Datumssystem anbietet (*Datei/Optionen/Erweitert*), wissen Sie sicher bereits. Mit dieser Option lässt sich nämlich das Problem mit der negativen Zeitberechnung umgehen (siehe unten). Vielleicht wissen Sie auch schon, warum diese Option angeboten wird. Excel wurde, wie bereits oben erwähnt, ursprünglich für den ersten grafischen PC von Apple geschrieben, und mit dem Schwenk auf Windows hat Microsoft die Tür für Apple-User offen gelassen, denn das Apfel-Betriebssystem begann und beginnt immer noch am 1. Januar 1904 mit seiner Zeitrechnung und nicht wie Windows mit dem 01.01.1900. Mit der 1904-Version lassen sich Dateien zwischen den beiden Systemen ohne Zeitrechnungsprobleme austauschen. Aber – warum gibt es die beiden Zeitsysteme und warum hat Microsoft nicht einfach das Startdatum von Apples OS übernommen?

Die ersten Versionen des OS für den Apple Macintosh konnten nur Daten zwischen dem 01.01.1904 und dem 06.02.2040 speichern (weiter wollte damals niemand vorausdenken). Die Programmierer starteten mit einem Schaltjahr, um sich einige Berechnungen zu sparen – die Rechnerleistung war ebenso eingeschränkt wie der Hauptspeicher (128 KB!). Ein wichtiger Faktor war das Abspeichern von Jahreszahlen mit zwei Ziffern, das sparte sehr viel Speicherplatz.

Microsoft hatte schon unter DOS ein Datumssystem mit dem 01.01.1900 als Startjahr und übernahm dieses auf Windows, nicht nur um die Kompatibilität zu seinen Daten zu sichern, sondern auch – raten Sie mal? Genau – um Dateien aus Lotus 1-2-3 zu sichern und damit dem Konkurrenten kein Wasser auf die Mühlen zu gießen.

Übrigens: Die Tradition, Jahreszahlen mit zwei Ziffern zu speichern, führte viele Jahre später, nämlich beim Jahreswechsel von 1999 auf 2000, zum berühmten Y2K-Desaster, aber das ist eine andere Geschichte.

1.2.1 Der Trick mit der Negativzeit

Schreiben Sie in A1 die Zeit 19:00 und in A2 die Zeit 6:00, ist das Ergebnis der Formel

```
=A2-A1
```

... eine unendliche #-Kette.

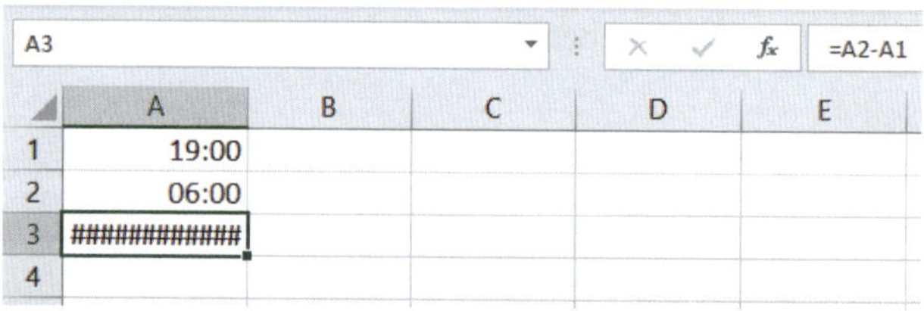

Abbildung 1.2: Die unendliche Zeitkette

Excel kann diese Negativzeit nicht berechnen, außer Sie setzen die 1904-Datumsoption. Eine Zeit ist nichts anderes als ein Datum mit kurzem Format, und 19:00 ist der 01.01.1900 um 19:00. Mit dem Windows-System gibt es kein Jahr davor, 1899 gilt nicht. Mit dem 1904-Datumssystem rutscht das Ergebnis aber in den 31.12.1903, und deshalb funktioniert die Negativzeitberechnung.

1.3 Der Z1S1-Bezug

Ein weiteres kleines Geheimnis, das Excel durch alle Versionen hindurch hütet, das kein Mensch mehr braucht, das aber doch interessante Einblicke gewährt: Unter *Datei/Optionen/Formeln* finden Sie die Option *Z1S1-Bezugsart*, und mit dieser sehen die Formeln so aus, wie sie beim Excel-Vorgänger Multiplan ausgesehen haben. Lassen Sie mit Strg+⇧+# die Formeln anzeigen:

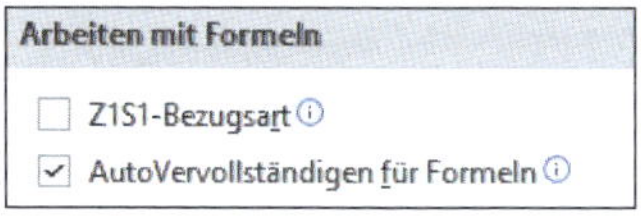

Abbildung 1.3: Umschalten auf Z1S1-Bezug

Was ist überhaupt ein Bezug? Ein Bezug ist ein Verweis auf eine Zelle oder einen Zellbereich, eingeleitet mit einem =-Zeichen. Ein Link also. Was der Unterschied zwischen einem relativen und einem absoluten Bezug ist, wissen wir mittlerweile (oder?). Relativ heißt, der Bezug passt sich an, wenn er kopiert wird, absolute Bezüge bleiben stehen. Der Klassiker unter den Beispielen ist die Rechnung mit dem Mehrwertsteuersatz. Ausgangspunkt ist eine Liste mit Rechnungspositionen mit den Spalten *Artikel*, *Menge* und *Preis*.

Funktion	Formel
Der Nettopreis berechnet sich aus Menge mal Preis, beide Bezüge bleiben relativ, damit sie nach unten kopiert werden können.	D6: =C6*B6
Für die Mehrwertsteuer multiplizieren wir den Steuersatz in G1 mit dem Nettopreis, der Bezug wird natürlich absolut, damit er beim Kopieren »stehen bleibt« (Bezug markieren, Taste F4 drücken).	=D6*$G$1
Das Brutto wird wieder aus der Addition zweier relativer Bezüge berechnet.	F6: =D6+E6

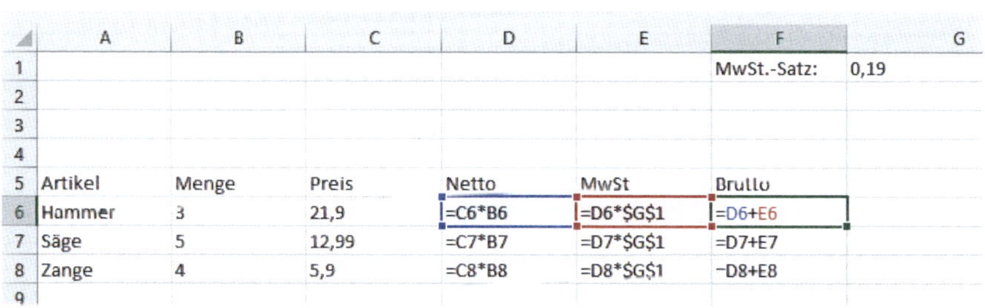

	A	B	C	D	E	F	G
1						MwSt.-Satz:	0,19
2							
3							
4							
5	Artikel	Menge	Preis	Netto	MwSt	Brutto	
6	Hammer	3	21,9	=C6*B6	=D6*$G$1	=D6+E6	
7	Säge	5	12,99	=C7*B7	=D7*$G$1	=D7+E7	
8	Zange	4	5,9	=C8*B8	=D8*$G$1	=D8+E8	
9							

Abbildung 1.4: Bezug relativ und absolut – hier in der Formelansicht

Schalten Sie mal auf die alte Multiplan-Bezugsvariante Z1S1 um, dann verstehen Sie, warum sich ein relativer Bezug beim Kopieren anpasst und ein absoluter nicht. Bezüge beziehen sich nur absolut auf Zellen (Z1S7 = $G$1), alle relativen Bezüge geben nur die Strecke nach rechts oder links an, aus der die Daten kommen, z. B. S(-1) für eine Spalte nach links. Damit lässt sich eine Formel mit relativem Bezug nach unten, oben, rechts oder links kopieren – der relative Bezug gilt auch für die nächsten Zellen.

1.3.1 Wechsel auf A1

Z1S1-Formeln waren schon in Multiplan schwer zu lesen und sind es auch heute noch. In der A1-Schreibweise werden Bezüge mit Angabe der Zeilennummer und des Spaltenbuchstabens adressiert, zur Unterscheidung zwischen relativ und absolut erhält der absolute Bezug ein $-Zeichen (A1 oder $A$1). Das macht es Einsteigern zwar schwerer, die Bezugsarten zu verstehen, aber die Kalkulation an sich wird einfacher.

Die A1-Schreibweise gibt es schon seit VisiCalc, der Mutter aller Kalkulationsprogramme von Dan Bricklin und Bob Frankston. Lotus 1-2-3 übernahm A1 als Standard, und Microsoft tat gut daran, sich mit Excel anzuschließen und nicht am Multiplan-Klassiker festzuhalten.

1.4 Rechnet Excel falsch?

Eigentlich gehen wir schon alle davon aus, dass Excel richtig rechnet, und nach so vielen Jahren wären signifikante Bugs sicher schon durch alle Medien gejagt worden. Die Tatsache, dass es trotzdem Fehler in der Kalkulation gibt, lässt sich aber nicht verschweigen. Zahlreiche Fundstellen im Netz belegen, dass sich Excel manchmal eben doch verrechnet.

Hier ein paar Beispiele:

Formel	**Falsches Ergebnis**	**Richtig wäre**
`=132,2-127,2`	4,99999999999990	5
`=GANZZAHL(4,06-4)*100`	5	4
`=500,99-500-0,99`	9,1038E15	Null
`=43,1-43,2+1`	0,899999999999999	0,9

1.4.1 Das Problem mit Gleitkommazahlen

Lassen Sie uns Excel gleich in Schutz nehmen – nicht das Microsoft-Programm rechnet falsch, sondern der Computer. Der rechnet nämlich im Binärsystem und kann Gleitkommazahlen nur mit einer begrenzten Anzahl Bits verarbeiten. Marcus Frenkel kann das genau erklären und tut das auch in seinem Blog:

http://scienceblogs.de/von_bits_und_bytes/tag/gleitkommazahlen/

Microsoft hat das Problem auch schon dokumentiert:

https://docs.microsoft.com/de-de/office/troubleshoot/excel/floating-point-arithmetic-inaccurate-result

Es gibt eine Option, die zumindest verhindert, dass sich diese Fehler im Cent-Bereich von Euro-Beträgen auswirken:

Wählen Sie *Datei/Optionen/Erweitert*. Kreuzen Sie unter *Beim Berechnen dieser Arbeitsmappe* die Option *Genauigkeit wie angezeigt festlegen* an.

1.5 Bei der Billiarde ist Schluss

Noch eine Kuriosität, die mein Freund Bernhard Reim bei dem Versuch entdeckt hat, eine IBAN als Zahl zu speichern: Geben Sie eine Zahl mit 15 Stellen ein, wird Excel diese noch problemlos anzeigen. Die nächste Stelle oder die erste Nachkommastelle wird aber in eine Null umgewandelt:

999.999.999.999.999

Mit der nächsten Ziffer:

999.999.999.999.9993 = 999.999.999.999.9990

999.999.999.999.999,123 = 999.999.999.999.999

Das hat wiederum mit den Gleitkommazahlen zu tun – Excel folgt der IEEE-754-Spezifikation zur Speicherung und Berechnung dieser Zahlen. Die deutsche IBAN mit 22 Ziffern lässt sich also nur als Text oder als im Textformat formatierte Zahl anlegen.

1.6 Was ist denn eine Makrovorlage?

Wer schon mal versehentlich anstelle von [⇧]+[F11] (Speichern) die Kombination [Strg]+[F11] gedrückt hat, wird ein neues, seltsames Tabellenblatt mit doppelter Spaltenbreite und der Bezeichnung *Makro(nummer)* erhalten.

Das ist wieder ein Relikt aus vergangenen Zeiten: Bis zur Version 4.0 (1990–1993) hatte Excel eine eigene Makrosprache. VBA gab es zwar bereits für Word und PowerPoint, aber die Excel-Entwickler setzten auf eine eigene Sprache, die mit Funktionen arbeitete. Für ein Makro musste zunächst ein Makroblatt angelegt werden, die Codes wurden Zeile für Zeile in eine Spalte geschrieben.

Excel unterstützt nach wie vor die Microsoft-Excel-4.0-Makrovorlage und die internationale Makrovorlage. Klicken Sie mit der rechten Maustaste auf ein Tabellenblattregister und wählen Sie *Einfügen*. Markieren Sie das Symbol auf der Registerkarte *Allgemein* und starten Sie mit *OK*. Oder drücken Sie einfach Strg+F11.

Hier ein kleines Beispielmakro, schreiben Sie es in die erste Spalte, und starten Sie das Makro über *Entwicklertools/Code/Makros*. Geben Sie die Zelladresse A1 als Makroname ein:

```
Schleife10
=FÜR("x";1;10)
=WARNUNG(x)
=WEITER()
=RÜCKSPRUNG()
```

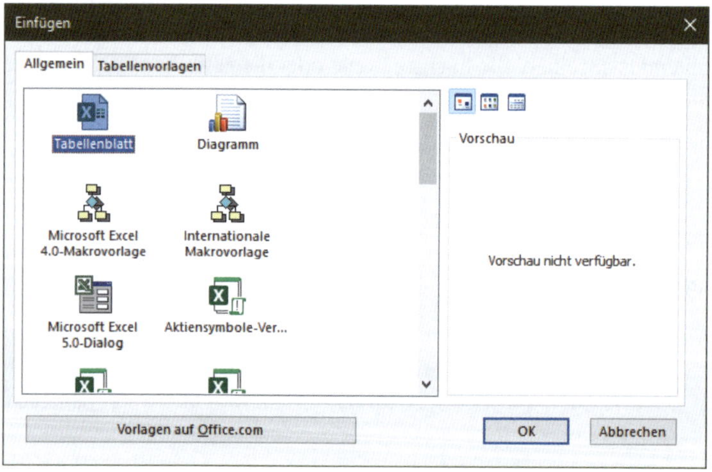

Abbildung 1.5: Braucht kein Mensch mehr: Makroblätter

Damit aber genug, es gibt keinen Grund, das alte Fossil auszugraben. Seit der Version 5.0 hat Excel VBA, und diese Programmiersprache hat wesentlich mehr zu bieten als die Excel 4.0-Makrosprache.

Übrigens: Nach dem Rechtsklick auf ein Blattregister und Einfügen sehen Sie eine Auswahl, in der alle Dinosaurier vorkommen.

1.7 Die verlorene Datenbank

Microsoft hat sich irgendwann (ich glaube, beim Wechsel von Version 4.0 auf 5.0) entschieden, die automatische Liste einzuführen – eine Funktion, die dem normalen Anwender gar nicht auffällt. Setzt dieser nämlich den Zellzeiger in einen Datenbereich und startet eine Sortier- oder Filteraktion, wendet Excel diese auf die gesamte Liste an. Die Liste definiert sich dabei als Datenbereich bis zur ersten Leerzeile und zur ersten Leerspalte.

Das ist in den meisten Fällen von Vorteil, schafft aber Probleme, wenn die Liste Leerzeilen enthält. Außerdem neigt der normale Anwender dazu, beim Setzen des AutoFilters einfach die gesamte erste Zeile zu markieren, in der Hoffnung, dass damit alle »Datensätze« darunter gefiltert werden. Überhaupt der AutoFilter: Wenn die Liste keine sauber definierbare Kopfzeile enthält, wenn einzelne Zellen über ihr beschriftet sind, wird der AutoFilter ohne Gesamtmarkierung zum Glücksspiel.

1.7.1 Richtig markieren

Was empfiehlt der gewissenhafte Excel-Berater? Natürlich – zuerst die Daten zu markieren und dann den Filter zu setzen. Markierung geht immer vor Liste, der AutoFilter wird auch bei mit Leerzeilen bestückten Listen richtig funktionieren.

Die richtige Tastenkombination darf nicht fehlen:

- Strg+⇧+(+) markiert den gesamten Bereich der Liste (current region = aktueller Bereich)
- Strg+⇧+Ende markiert von der aktiven bis zur letzten benutzten Zelle (used region = benutzter Bereich)

1.7.2 Der Trick mit der Datenbank

Es gibt aber noch einen Trick: Wenn Sie den Bereichsnamen *Datenbank* für die Liste verwenden, wird diese immer bevorzugt behandelt. Setzen Sie den Zellzeiger in eine

Zelle dieses Bereichs und aktivieren Sie den AutoFilter, wird dieser automatisch alle Datensätze des Bereichs einschließen (auch Leerzeilen und darunterliegende Zeilen).

Dafür gibt es wie immer eine Erklärung. In früheren Versionen war es nicht möglich, eine Liste zu filtern oder zu sortieren, wenn sie nicht zuvor mit dem Bereichsnamen *Datenbank* versehen wurde. Eine entsprechende Meldung wies beim Start einer Sortier- oder Filteraktion darauf hin. Heute hat der Bereichsname immer noch Vorrang vor der automatischen Liste.

Aber Vorsicht: Markieren Sie bei gesetzter Datenbank einen Teil der Liste, setzen Sie diesen Automatismus außer Kraft, und Excel versucht wieder, die Liste über die erste Leerzeile und Leerspalte zu identifizieren.

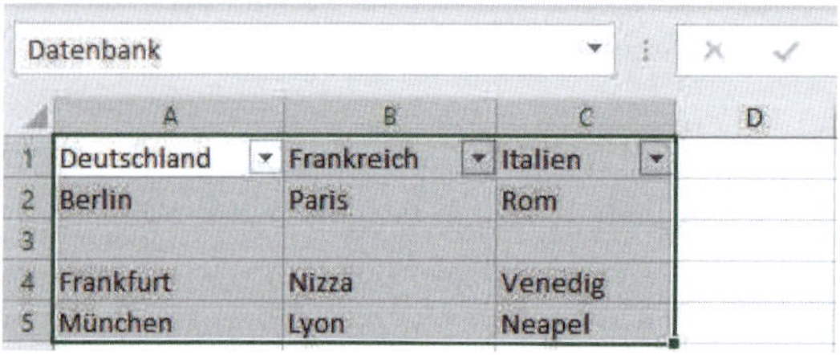

Abbildung 1.6: Als Datenbank lässt sich die Liste auch mit Leerzeilen filtern

1.7.3 Tabelle geht immer

Die Tabelle als Nachfolgerin der Liste ist natürlich die bessere Wahl, hier gilt das Listenprinzip nicht. AutoFilter und Sortierung orientieren sich immer am Tabellennamen, auch wenn dieser Leerzeilen enthält. Drücken Sie [Strg]+[T] und erklären Sie die Liste zur Tabelle. Den AutoFilter bekommen Sie gratis dazu.

1.7.4 ... und eine Maske gibt es auch

Die Datenmaske war in Excel 5.0 noch fester Bestandteil der Menüstruktur, geriet aber in Vergessenheit, als Microsoft sie aus dem *Daten*-Menü verbannte. Es gibt sie immer noch, zwar etwas aus der Zeit gefallen, aber besser als nichts:

1. Klicken Sie mit der rechten Maustaste in die Symbolleiste für den Schnellzugriff, und wählen Sie *Symbolleiste für den Schnellzugriff anpassen.*
2. Schalten Sie in der linken Liste auf *Alle Befehle*, und suchen Sie nach »Maske« (Eintrag anklicken, *M* eintippen).

3. Holen Sie die Maske mit *Hinzufügen* in die Symbolleiste für den Schnellzugriff.
4. Setzen Sie den Zellzeiger in eine Liste oder Tabelle, und starten Sie die Maske. Blättern Sie durch die Datensätze, und verwenden Sie »Kriterien«, um nach Fundstellen zu suchen.

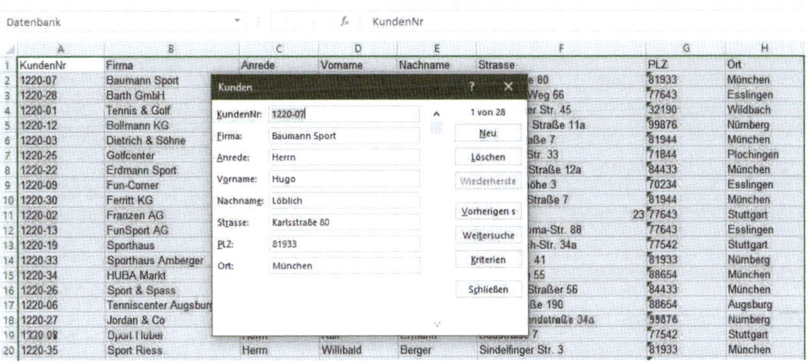

Abbildung 1.7: Eine Eingabemaske für Datenbanken und Tabellen

Die Maske funktioniert für Datenbanken (Listen mit Bereichsname *Datenbank*) und auch für Tabellen. Und falls Sie keinen Wechsel zur Tabelle einplanen, können Sie die Maske für die Datenbank nutzen – der Bereich wird natürlich um eine Zeile erweitert, wenn ein neuer Datensatz hinzukommt, und beim Löschen ganzer Zeilen um eine Zeile verkürzt.

1.8 Der Name der Rose

Wissen Sie, wie der Name der Arbeitsmappe im Tabellenblatt verwendet werden kann? Klicken Sie doppelt auf das Tabellenblattregister und nennen Sie das Blatt *Rose*. Speichern Sie die Mappe und schreiben Sie diese Formel in eine Zelle:

```
=ZELLE("Dateiname";$A$1)
```

Das Ergebnis ist der Name der Rose, leider aber der komplette Pfad der Mappe plus der Name des Tabellenblatts, aber nur, wenn die Mappe bereits gespeichert wurde. Solange sie einen Pseudonamen wie *Mappe1* hat, bleibt die Zelle leer. Für den Dateinamen der Mappe und den Namen des Tabellenblatts brauchen Sie eine Kombination aus mehreren Funktionen.

Bereichsnamen für einzelne Formelteile machen es leichter (Bezüge absolut setzen!):

Bereichsname	Bezieht sich auf	Notiz
rngDateiName	`=ZELLE("Dateiname";$A$1)`	der komplette Pfad
rngBlattNameStart	`=FINDEN("]";rngDateiName)+1`	Nach der]-Klammer beginnt der Blattname.
rngMappeNameStart	`=FINDEN("[";rngDateiName)-1`	Nach der [-Klammer beginnt der Name der Mappe.

Der Name des Blatts:

```
=TEIL(rngDateiName;rngBlattnameStart;LÄNGE(rngDateiName)-rngBlattnameStart+1)
```

Der Name der Mappe:

```
=TEIL(rngDateiName;rngMappeNameStart;rngBlattnameStart-rngMappeNameStart-1)
```

Da sind aber einige Fragen nicht geklärt. Was bedeutet das zweite Argument in `ZELLE("Dateiname";$A$1)`, und warum gibt die Funktion den Namen des Tabellenblatts aus, obwohl das erste Argument *Dateiname* heißt?

```
=ZELLE(Dateiname;Bezug)
```

Im zweiten Argument *Bezug* wird eine beliebige Zelle angegeben (relativ oder absolut), sonst gibt die Formel bis zur nächste Neuberechnung den Namen des zuletzt umbenannten Tabellenblatts aus. Warum hier ein Bezug benötigt wird, hat damit zu tun, dass auch andere Informationstypen wie »Adresse« oder »Farbe« einen Bezug zur Auswahl stellen.

Für die Antwort auf die zweite Frage müssen wir in der Historie zurückblättern: Bis zur Version 4.0 (zuletzt 1994) gab es in jeder Excel-Datei (mit der Dateiendung *.xls*) nur ein Tabellenblatt. Mehrere Blätter konnten in Arbeitsbereiche zusammengefasst werden (Dateiendung *.xlw* = Excel Workspace, das Element gibt es nicht mehr). Deshalb liefert die Funktion, die es damals natürlich schon gab, jetzt den Namen des Blatts, und es gibt noch keinen einfacheren Weg, Blatt- und Dateiname herauszurechnen.

1.8.1 Alternative gefällig?

Noch eine geniale Idee, um den Blattnamen herauszurechnen:

Die Formel ersetzt mit der Funktion WECHSELN() die eckige Schlussklammer des Pfades durch viele (100) Leerzeichen, verwendet die Funktion RECHTS(), um nur diesen Teil zu erhalten, und eliminiert anschließend die Leerzeichen per Glättung mit GLÄTTEN():

```
=GLÄTTEN(RECHTS(WECHSELN(ZELLE("Dateiname";$A$1);"]";WIEDERHOLEN(" ";100));100))
```

1.9 Seltsame Namen

1.9.1 Bereiche

Wie Sie Bereichsnamen nutzbringend einsetzen und Ihre Kalkulation damit wesentlich übersichtlicher gestalten, lesen Sie in Kapitel 4. Hier finden Sie auch die Liste der nicht zulässigen Sonderzeichen und die Erklärung dafür, warum ab der Version 2007 Bereichsnamen wie *PKW2000* oder *DDR1989* nicht mehr funktioniert haben (das neue Excel hatte auf einmal Spalten, die so hießen, ...).

Ein paar Geheimnisse bleiben übrig:

Ein Bereich lässt sich mit einem einzelnen Buchstaben von A bis Z benennen. Richtig? Nicht ganz. Einzelne Buchstaben sind tatsächlich erlaubt, nicht aber S und Z. Markieren Sie einen beliebigen Bereich, schreiben Sie den Buchstaben in das Namensfeld, und drücken Sie [↵]:

- Mit [S] markieren Sie die ganze Spalte.
- Mit [Z] markieren Sie die ganze Zeile.

Die Buchstaben [R] und [C] lösen eine Fehlermeldung aus. Der Grund dafür: Im Englischen heißen Zeilen und Spalten *Rows* und *Columns*, und der relative Bezug in der Z1S1-Schreibweise verwendet in fremdsprachigen Blättern eben R und C (z. B. R1C1 für Zelle A1). Und das geht halt nicht.

Die Umstellung auf Office 2007 brachte nicht nur mehr Zeilen und Spalten pro Tabellenblatt, sondern auch große Konfusion bei Nutzern von Bereichsnamen. Bei der großen Firma mit dem Stern, die Autos und Lastwagen herstellt, war es üblich, Bereiche mit Namen wie *PKW2000* oder *LKW05* zu versehen, auch beliebt sind *KW01* bis *KW53* für die Kalenderwochen, *LV200* (Leistungsverzeichnis) u. v. m.

Das geht alles nicht mehr unter Excel ab 2007. Warum? Die alte Version hatte nur 256 Spalten und 16.384 Zeilen. Bei IV01 bzw. IV16384 war Schluss, alle anderen Adressen standen als Bereichsnamen zur Verfügung. Seit der Version 2007 gibt es aber 16.384 Spalten, benannt mit Buchstabenkombinationen von A bis XFD. Wer jetzt versucht, einen Bereich *PKW2000* zu nennen, der landet auf der gleichnamigen Zelle (Spalte *PKW*, Zeile 2000). Damit gelten die alten Bereichsnamen natürlich nicht mehr und führen nach der Konvertierung auch zu Fehlern.

Expertentipp: Programmierer arbeiten bei der Benennung von Elementen immer mit einem Unterstrich _. Das ist keine Marotte, sondern ein höchst wirksames Verfahren, um falsche oder ungültige Namen auszuschließen:

Tabellen: *tbl_Umsatz, tbl_Zahlungen2020*
Bereichsnamen: *rng_Absatz, rng_Absatz_2020*

Der Underscore wird grundsätzlich nicht in Elementnamen oder internen, systemspezifischen Bezeichnungen verwendet, und damit schalten Sie das Risiko direkter oder indirekter Kollisionen aus.

1.9.2 Tabellenblätter

... können eigentlich beliebige Namen erhalten, solange die Regeln eingehalten werden:

- Keine Sonderzeichen wie \ / * [ ] : oder ?
- Erlaubt sind Buchstaben von A bis Z, Ziffern von 0 bis 9 und diese Symbole:
- | - + @ # $ ^ & ( ) , . ! ¿
- (Für ¿ halten Sie Alt gedrückt und tippen 0191 auf dem Zahlenblock).

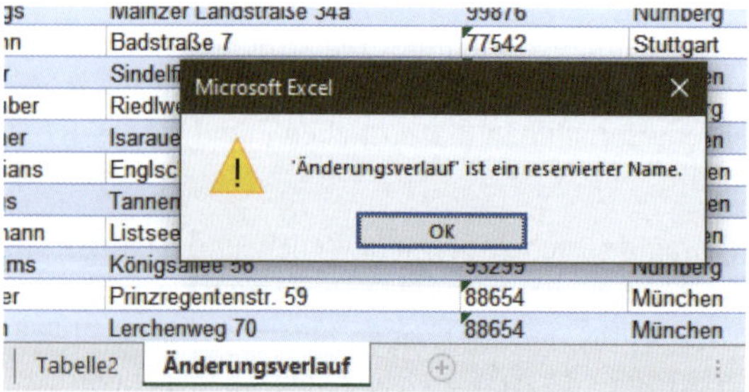

Abbildung 1.8: Nicht alles ist erlaubt beim Benennen von Blattregistern

Tabellenblätter können auch *Mappe*, *Tabelle* oder *Start* heißen, da ist Excel schmerzfrei. Der einzige Name, der nicht geht, ist *History* im Englischen bzw. *Änderungs-*

verlauf (danke, Kollege Mourad Louha). Der Versuch, ein Blatt so zu benennen, führt zur Fehlermeldung *Änderungsverlauf ist ein reservierter Name*. Reserviert wofür? Für ein unsichtbares Blatt in einer Mappe, das zur Protokollierung von Änderungen bei freigegebenen Mappen verwendet wurde (früher, bevor diese Funktion durch das Teilen von Mappen in der Cloud ersetzt wurde).

1.10 Startbildschirm abschalten

Der Startbildschirm nervt. Beim Start von Excel soll sofort eine leere Mappe angezeigt werden und nicht erst das Vorlagenangebot.

Wählen Sie *Datei/Optionen*. Deaktivieren Sie unter *Allgemein* ganz unten die letzte Option *Startbildschirm beim Start dieser Anwendung anzeigen*, und der Startbildschirm ist Geschichte.

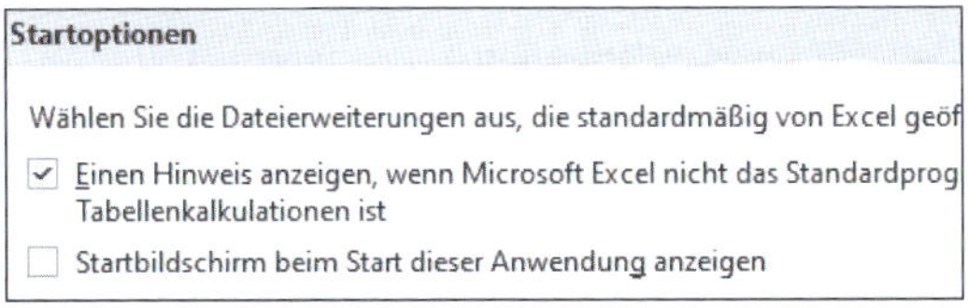

Abbildung 1.9: Einfach abschalten: Startbildschirm

1.11 Von Dateien und Dateiformaten

Der sichere Umgang mit Dateien ist Pflicht. Wer seine Dateien pflegt, hat seine Arbeit im Griff.

1.11.1 Dateien richtig öffnen

Wie öffnen Sie denn eine Datei? Suchen Sie den Dateinamen im Explorer-Fenster und klicken die Fundstelle doppelt an, oder öffnen Sie zuerst Excel, wählen *Datei/Öffnen* und suchen dann die Datei? Auch wenn die zweite Alternative etwas aufwendiger ist, sollten Sie ihr den Vorzug geben.

CSV-Dateien werden nämlich erst beim Öffnen als Excel-Daten interpretiert. Mit dem Dateidoppelklick liest Excel die CSV-Daten häufig falsch ein.

Öffnen Sie eine Datei per Doppelklick, überlassen Sie Windows, genauer gesagt, der Programmzuweisung von Windows, die Wahl, welche Programmdatei (EXCEL.EXE) dafür aktiv wird. Maßgeblich ist die Dateiendung, und die kann unter Windows auch einer älteren Version zugeordnet sein.

1.11.2 Die Startvorlage

Excel hat keine Startvorlage. Word hat eine (*Normal.dotx*), PowerPoint ebenfalls. Mit dem Start von Excel bekommen Sie immer eine leere Mappe mit Standardformaten. Um spezifische Formate, Kopf-/Fußzeilen, Seitenlayouts und Designs zu nutzen, müssen Sie eine Vorlage anlegen und diese beim Öffnen benutzen. Oder Sie nutzen den Trick, Excel eine Startvorlage »unterzuschieben«:

Formatieren Sie eine Mappe nach Ihren Wünschen. Weisen Sie Zahlenformate und Formatierungen zu, gestalten Sie Kopf- und Fußzeile, und suchen Sie das passende Design. Legen Sie die gewünschte Anzahl Tabellenblätter fest, und tragen Sie bei Bedarf auch gleich Daten und Formeln ein.

Wählen Sie *Datei/Speichern unter*, und schalten Sie auf die Excel-Vorlage mit der Dateiendung *.xltx*. Der Dateidialog wechselt damit automatisch in den Vorlagenordner (unter *Datei/Optionen/Speichern* als Ordner für persönliche Vorlagen definiert).

Geben Sie in das Suchfenster für den Pfad im Speicherdialog *%appdata%* ein. Excel steuert damit in den Roaming-Ordner. Nutzen Sie den Pfad *Microsoft/Excel/XLSTART*.

Nennen Sie die Mappe *Mappe.xltx* und speichern Sie die Datei ab.

Starten Sie anschließend Excel, erhalten Sie eine Kopie Ihrer Startvorlage anstelle der unformatierten Mappe.

Wie der Trick funktioniert? Excel startet mit einer Pseudomappe namens *Mappe1*. Findet das Programm eine Vorlage im Startverzeichnis *XLSTART*, öffnet es diese als Kopie und nummeriert sie gleich durch. Und so wird aus *Mappe.xlt* eben *Mappe1*.

1.11.3 XLSX oder XLSB

Mit Excel 2007 hat Microsoft das Dateiformat geändert. Die Vorgängerversionen verwendeten einen binärcodierten Maschinencode, seit der Version 2007 speichert Excel Dateien mit der Endung *.xlsx* oder *.xlsm*, *.xlt* und *.xlam* und verwendet dafür den Internetstandard XML, genauer das Dateiformat Open Office XM. XML ist HTML ähnlich, die Daten werden über sogenannte Tags gekennzeichnet und in Textform abgespeichert. Bilder und grafische Elemente wandelt Excel ins GIF-Format um, ein extrem sparsames Format. Deshalb blähen auch sehr große Fotos die Dateien nicht übermäßig auf.

Eine Excel-Datei ist eigentlich ein ZIP-Archiv. Wenn Sie den XML-Inhalt sehen wollen, ändern Sie die Dateiendung einer Mappe einfach von *.xlsx* oder *.xlsm* auf *.zip*. Öffnen Sie dann die Datei per Doppelklick, sehen Sie den Inhalt:

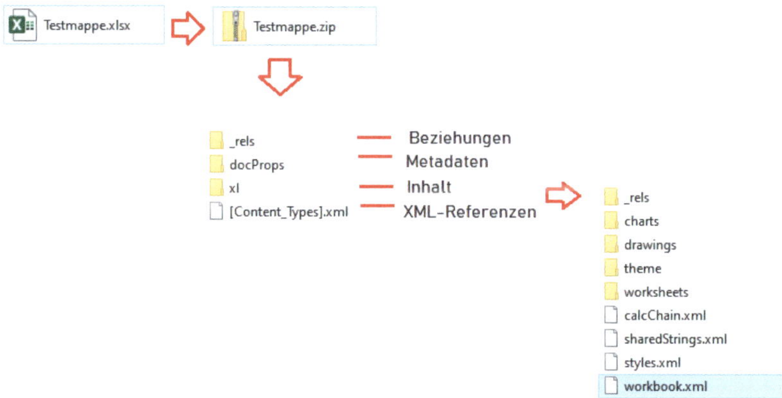

Abbildung 1.10: Als ZIP-Datei gibt die Mappe ihren Inhalt preis

Der Ordner *Worksheets* enthält für jedes Tabellenblatt eine XML-Datei. Nach einem Doppelklick auf diese Datei präsentiert sich der XML-Code im Browser-Fenster.

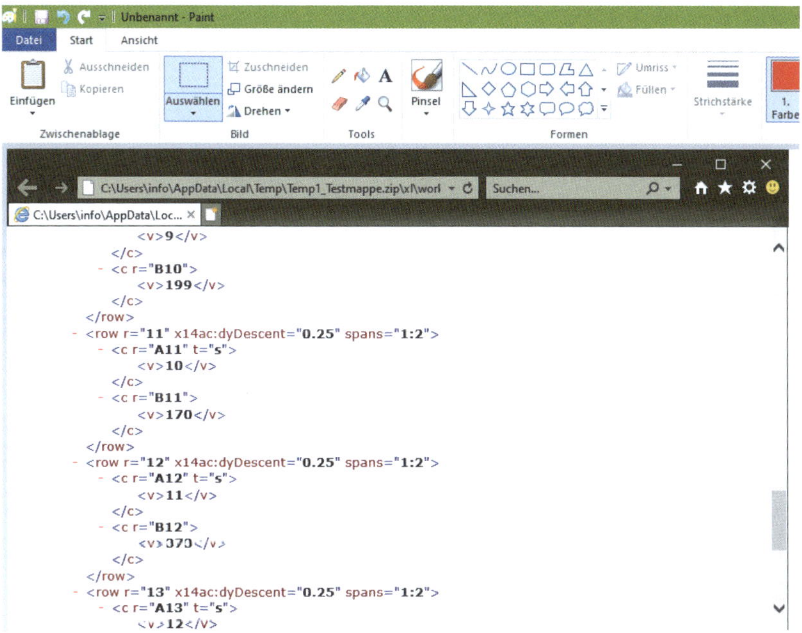

Abbildung 1.11: So sieht das Tabellenblatt in XML aus

1.11.4 XSLB – besser als XLSM?

Einige Anwender schwören auf das »alte« Binärformat und speichern ihre Mappen als XLSB-Dateien alternativ zu XML ab. Dass diese damit sicherer oder schneller werden oder weniger Speicherplatz brauchen, ist nicht bewiesen. Bei sehr großen Dateien lässt sich ein Unterschied ausmachen, hier ist das XLSB-Format deutlich kompakter, und die Dateien lassen sich auch schneller öffnen.

Aber – XLSB-Dateien sind ein Sicherheitsrisiko. Viele Server und Firewalls weigern sich, diese Dateien anzunehmen und auf Sicherheitsrisiken zu prüfen.

1.11.5 Blattschutz in XML-Datei entfernen

Der Blattschutz gehört nicht unbedingt zu den komplexeren Schutzmechanismen von Excel. Mit *Überprüfen/Schützen/Blatt schützen* bestimmen Sie, was dem Benutzer des Tabellenblatts erlaubt ist. Weisen Sie dem Blattschutz auch noch ein Kennwort zu, kann er nur über dieses wieder aufgehoben werden (*Überprüfen/Schützen/Blattschutz aufheben*).

Im Unterschied zum »echten« Dateikennwort lässt sich dieses Blattschutzkennwort relativ einfach entfernen: Legen Sie eine Kopie der geschützten Datei an. Ändern Sie die Dateiendung von *.xlsx* bzw. *.xlsm* auf *.zip* und bestätigen Sie die Meldung mit *Ja*.

Der Inhalt des Archivs wird angezeigt, öffnen Sie den Ordner *xl*. Suchen Sie das geschützte Tabellenblatt und ziehen Sie es auf den Desktop.

Klicken Sie die Datei mit der rechten Maustaste an und öffnen Sie den Inhalt mit einem Texteditor (Notepad).

Suchen Sie den Eintrag, der mit *<sheetProtection* beginnt (in Excel 2010: *passwort*). Markieren Sie alles bis zur schließenden Klammer /> und löschen Sie den Inhalt, sodass nur noch *<sheetProtection/>* stehen bleibt. Speichern und schließen Sie die XML-Datei.

Kopieren oder verschieben Sie die Datei zurück in das Archiv, überschreiben Sie das Original. Ändern Sie die Dateiendung wieder in *.xlsx* bzw. *.xlsm*. Damit ist der Blattschutz entfernt, das Tabellenblatt ist nicht mehr geschützt.

Kapitel 2

Schneller, höher, weiter!

Mit Excel produktiv zu arbeiten heißt, schnell zum Ziel zu kommen. Die Software stellt für einzelne Funktionselemente bis zu fünf Bedienvarianten zur Auswahl, was meist auch Sinn macht, denn Senioren und Anfänger oder Menschen mit Handicap brauchen andere Möglichkeiten als erfahrene Anwender. Das heißt aber nicht, dass Sie auf dem Wissensstand bleiben sollten, den Sie im Einsteigerkurs oder im Web Based Training gezeigt bekommen haben. Entwickeln Sie sich weiter, suchen Sie besonders dann, wenn Sie merken, dass etwas zu lange dauert, nach einer besseren Methode. Und die gibt es, denn die Excel-Entwickler wissen auch, wo der Schuh drückt bzw. wo der Anwender genervt ist (na ja, nicht immer ...).

2.1 GUI überladen

Sicher – das Menüband ist nicht besonders gelungen und sehr unübersichtlich. Als die erste Excel-Version mit einer GUI auf den Markt kam, hatte das Programm noch eine überschaubare Zahl an Funktionen, die auf einzelne Symbolleisten verteilt wurden. Mit zunehmender Komplexität wurden es immer mehr Programmbefehle, in Office 2003 konnten bis zu 15 Symbolleisten aktiviert werden.

Office 2007 führte das Menüband als Lösung ein, das mit der Fluent-Technik zwar die Skalierbarkeit verbesserte, aber nicht die Qualität der GUI hinsichtlich der Befehlsauswahl. Menüband und Menübandgruppen waren und sind hoffnungslos überladen.

Der erfahrene Excel-Anwender nutzt das Menüband selten oder gar nicht, sondern weicht auf die Alternativen aus.

2.2 Kontextspezifische Kontextmenüs

Hinter diesem komplexen Begriff verbirgt sich eine Technik, die weitaus nützlicher als das Menüband ist. Markieren Sie, was Sie bearbeiten wollen (Zellen, Zellbereiche, Zeilen, Spalten, Objekte), und aktivieren Sie mit der rechten Maustaste das Kontextmenü. Die Wahrscheinlichkeit, dass es die gewünschte Funktion enthält, ist sehr hoch, und Sie müssen nicht Befehlssymbole oder Befehle durchsuchen, die für die markierten Elemente nicht infrage kommen. Nehmen Sie sich ein wenig Zeit und testen Sie das Kontextmenü, es ist intelligenter, als Sie vielleicht denken, wie diese Beispiele zeigen:

Markieren Sie einen leeren Bereich oder nur Zahlenwerte, enthält es keinen Befehl *Übersetzen*. Der Befehl taucht aber sofort auf, wenn ein Text markiert wird.

Spaltenbreite wird nur bei komplett markierten Spalten angeboten, nicht für Zellbereiche. Die Vergabe von Bereichsnamen (*Namen definieren*) macht dagegen nur für Zellbereiche Sinn, nicht für Spalten oder Zeilen.

2.3 Weg mit der Maus

Arbeiten Sie so viel wie möglich mit der Tastatur. Der Griff zur Maus, das Anvisieren von Symbolen und Bedienelementen kostet wertvolle Zeit. Bei hohen Bildschirmauflösungen sind die Bildschirmelemente der GUI viel zu klein, um sie noch per Maus bedienen zu können. Von Touchpads ganz zu schweigen – diese Zeitkiller sollten Sie möglichst meiden. Für alle wichtigen Bedienaktionen gibt es eine Tastenkombination, mit der Maus wird nur markiert oder über das Kontextmenü der rechten Maustaste gearbeitet.

2.4 Zeitkiller ade

Dass Tastenkombinationen nützlich sind, hat sich mittlerweile herumgesprochen, und eine Liste mit den nützlichsten Shortcuts ist auch schnell gegoogelt und heruntergeladen. Aber leider nutzen wir nur ein paar wenige wie Strg+C und Strg+V oder F12 zum Speichern. Die wichtigsten Vertreter ihrer Zunft sind aber diejenigen, die die meiste Zeit sparen. Und da gibt es sowohl Tastatur- als auch Maustricks.

Wer in einer 1.000 Zeilen langen Liste zur Maus greift und mit dem Rad nach unten rollt, bis die letzte Zeile sichtbar wird, braucht ganze 16 Sekunden (mit den Bildtasten sind es immer noch 13 Sekunden). Für Strg+Ende benötigt man weniger als eine Sekunde. Um eine Spalte zu verschieben, wird eine neue Spalte eingefügt, dann wird die Ursprungsspalte kopiert, dann muss die alte Spalte gelöscht werden (14 Sekunden!). Die Spalte zu markieren, mit gedrückter ⇧-Taste mit dem Mauszeiger am Rand abzunehmen und das Ganze zu verschieben, dauert sechs Sekunden.

Noch ein Beispiel? Eine Formel mit dem Füllkästchen 1.000 Zeilen nach unten zu kopieren, dauert 13 Sekunden, vorausgesetzt, man trifft die gewünschte Zielzelle auf Anhieb. Ein Doppelklick auf das Füllkästchen erfordert nicht mal eine Sekunde.

Arbeiten in einem Betrieb 50 Mitarbeiter mit Excel und verbrauchen diese für 20 dieser Zeitkiller-Aktionen pro Tag ca. 50 Sekunden, summiert sich das auf 14 Stunden pro Tag. Das sind bei einem Durchschnitts-Stundenverrechnungssatz von 35 EUR ganze 9.800 EUR pro Monat, die für Zellzeiger- und Markierungsaktionen in Excel draufgehen.

Aber Zeit ist Geld, und Fortbildung tut nicht mehr not. Das muss ich nicht wissen, das kann ich doch googeln ...

2.5 Top-11-Shortcuts

Befreien Sie sich von den Zeitkillern, arbeiten Sie so oft wie möglich mit Shortcuts. Sie müssen nicht alle kennen, nur die wichtigsten. Hier die Top 11 der Tastenkombinationen:

Platz	Shortcut	Aktion
11	Strg+⇧+V	Endlich gibt es auch dafür einen Shortcut: Bereich mit Formeln kopieren und an gleicher oder anderer Stelle als Werte einfügen.
10	Strg+Pos1	unverzichtbar: aus jeder beliebigen Zelle nach A1 springen
9	Strg + Pfeiltasten	im Tabellenblatt oder innerhalb von Listen oder Tabellen zum Ende (nach unten, oben, links, rechts) springen
8	Strg+⇧ + Pfeiltasten	zum Ende springen und gleichzeitig ab dem Zellzeiger markieren
7	Strg+Bild↑ Strg+Bild↓	Wechsel zum nächsten bzw. vorherigen Tabellenblatt
6	Strg+Leer ⇧+Leer	Spalte markieren, Zeile markieren. Immer noch schneller als Mausklicks auf Spaltenbuchstaben oder Zeilennummern.
5	Strg++ Strg+-	Zelle(n) einfügen oder löschen. Am besten zusammen mit Strg+Leer / ⇧+Leer, dann gibt es immer ganze Zeilen oder Spalten ohne Rückfrage.
4	Strg+⇧++	Markiert die Liste, in der sich der Zellzeiger befindet (current region = aktueller Bereich).
3	Strg+⇧+Ende	Markiert vom Zellzeiger bis zur letzten benutzten Zelle. Nützlich und sicher, wenn Daten nicht in Listen- oder Tabellenform vorliegen.
2	⇧+↹	Bringt den Zellzeiger sofort in die letzte markierte Zelle (zuvor muss eine Liste oder Tabelle markiert werden).
1	Strg+1	Klarer Sieger: die Zellformatierung. Häufig gebraucht, viel zu langsam über Kontextmenü oder Menüband. Führt vor allem schnell zu den für Profis wichtigen Platzhalterformaten (*Benutzerdefiniert*).

2.6 Funktionstasten? Aber sicher!

Die zwölf Funktionstasten am oberen Rand der Tastatur fristen oft ein trauriges, unbenutztes und unbeachtetes Dasein. Auf Notebooks und Laptops werden sie immer kleiner, auf Bildschirmtastaturen für Tablets fehlen sie oft komplett. Dabei setzte Excel von Anfang an auf die zwölf F-Tasten und belegte sie mit sehr nützlichen Funktionen, sogar mehrfach mit Unterstützung der [Strg]-, [⇧]- und [Alt]-Taste.

Abbildung 2.1: Wichtig: Funktionstasten von [F1] *bis* [F12]

Das Kreuz mit der [Fn]-Taste

Auf Laptops oder Notebooks sind die Funktionstasten häufig nur durch gleichzeitiges Drücken der [Fn]-Taste abrufbar, standardmäßig sind sie mit der Regelung der Lautstärke und anderer rechnerspezifischer Funktionen belegt. Ändern lässt sich das nur über das BIOS/UEFI, und das sollten Sie vom Fachmann oder Fachhändler machen lassen, falls Sie wenig Erfahrung mit so etwas haben. Das BIOS (auf älteren Geräten) oder UEFI wird zwischen dem Start des Computers und dem Hochfahren des Betriebssystems aktiviert, es prüft, ob das System richtig funktioniert, bevor Windows in den Hauptspeicher und auf den Bildschirm geholt wird. Meist muss dazu gleich nach dem Einschalten die [Entf]-Taste oder [F2] gedrückt und gehalten werden, je nach Hersteller kann auch [F12], [F1], [F8], [F10] oder [Esc] erforderlich sein. Das UEFI starten Sie unter Windows, indem Sie auf dem Startbildschirm [⇧] drücken und *Neustart* anklicken. Wählen Sie *Problembehandlung/Erweiterte Optionen/UEFI-Firmwareeinstellungen*.

Suchen Sie im BIOS/UEFI nach einer Einstellung, die »function keys behavior« oder ähnlich heißt, und ändern Sie diese. Nach einem Neustart sollte die [Fn]-Taste für die Funktionstasten unter Excel überflüssig sein.

Es gibt noch eine Alternative für den Fall, dass Windows keinen Zugriff auf das BIOS/UEFI zulässt. Und die führt direkt über Windows. Aber Vorsicht: Das ist nur was für betriebssystemsichere Anwender. Falls Sie nicht im privaten Kämmerchen arbeiten, sondern am Firmenrechner, vergewissern Sie sich, dass Sie das auch dürfen. Wir wissen von nichts ...

Sichern Sie in jedem Fall vorher alle Daten!

1. Wählen Sie *Einstellungen* im Startmenü oder drücken Sie [⊞]+[I].
2. Klicken Sie auf *Update und Sicherheit.*
3. Unter *Wiederherstellung* finden Sie die Option *Erweiterter Start.* Klicken Sie auf *Jetzt neu starten.*
4. Im blauen Fenster wählen Sie *Problembehandlung* und *Erweiterte Optionen.* Jetzt sollte die Option *UEFI-Firmwareeinstellungen* angeboten werden. Hier können Sie die [Fn]-Taste umdefinieren.

[F1]

... ist traditionell mit dem Aufruf der Hilfefunktion belegt. [Strg]+[F1] blendet das Menüband ein und aus, [Alt]+[F1] fügt ein Diagrammobjekt ein, und [Alt]+[⇧]+[F1] legt ein neues Tabellenblatt an.

Die magische Taste [F2]

Falls die [F2]-Taste auf Ihrer Tastatur noch keine Gebrauchsspuren aufgrund exzessiver Benutzung aufweist, dann machen Sie etwas falsch. Warum? Weil [F2] zwischen dem Eingabe- und dem Bearbeiten-Modus umschaltet.

Drücken Sie mal [F2] und beobachten Sie die Statusleiste links unten. [F2] öffnet die aktive Zelle und wechselt in den Bearbeitungsmodus und wieder zurück in den Eingabe-Modus.

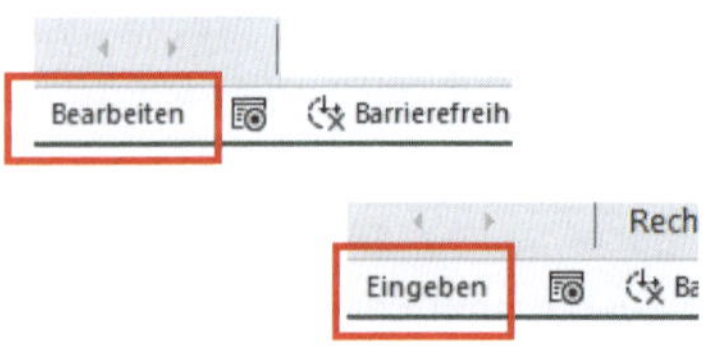

Abbildung 2.2: [F2] *schaltet zwischen* Bearbeiten *und* Eingeben *um*

Na gut, so viel bringt das noch nicht, das geht auch per Doppelklick in die Zelle. Aber hier wird [F2] richtig nützlich:

Öffnen Sie eine größere Formel per [F2], verschieben Sie den Cursor mit den Cursortasten. Schalten Sie mit [F2] in den Eingabe-Modus, können Sie den Bezug mit den Cursortasten (rechts oder links) abholen.

Legen Sie einen Bereichsnamen an oder reparieren Sie den Bezug auf einen Namen, holt die Cursortaste automatisch einen Bezug ab. Das ist lästig, aber anstatt zur Maus zu greifen, drücken Sie einfach F2, und schon lässt sich der Cursor bequem im Bezugsfeld verschieben.

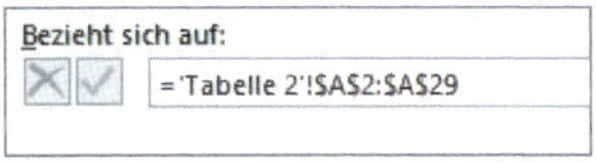

Abbildung 2.3: Supernützlich: F2 beim Bearbeiten von Bezügen oder Formeln

⇧+F2 fügt einen Zellkommentar hinzu oder bearbeitet einen solchen.

Strg+F2 schaltet in die Seitenansicht um.

[F3]

Nützlich, wenn Sie mit Bereichsnamen arbeiten. Drücken Sie F3, sobald Sie einen Bereichsnamen brauchen – als Zellinhalt, als Teil einer Formel oder beim Zuweisen eines Namensbezugs.

Mit Strg+F3 startet der Namens-Manager, mit ⇧+F3 erhalten Sie den Formel-Assistenten.

[F4]

Wiederholt den letzten Befehl und ist damit mit Strg+Y identisch. Markieren Sie einen Bezug in einer Formel, lässt sich dieser mit F4 in die nächste Bezugsart (absolut, relativ) umwandeln.

Strg+F4 schließt das aktive Fenster, Alt+F4 schließt Excel.

Übrigens: Alt+F4 schließt auch Windows, vorausgesetzt, Sie befinden sich auf dem Desktop und nicht in einem Programmfenster. Damit haben Sie eine gute Alternative zur Off-Taste, wenn mal gar nichts mehr geht.

[F5]

Startet den nützlichen Dialog *Gehe zu*. Geben Sie einen Bezug oder einen Bereichsnamen ein, oder klicken Sie auf *Inhalte*, um ganz spezielle Markierungen zu setzen, z. B. auf alle Formeln, alle Leerzellen oder Objekte oder alle Zellen mit bedingter Formatierung oder Datenüberprüfung.

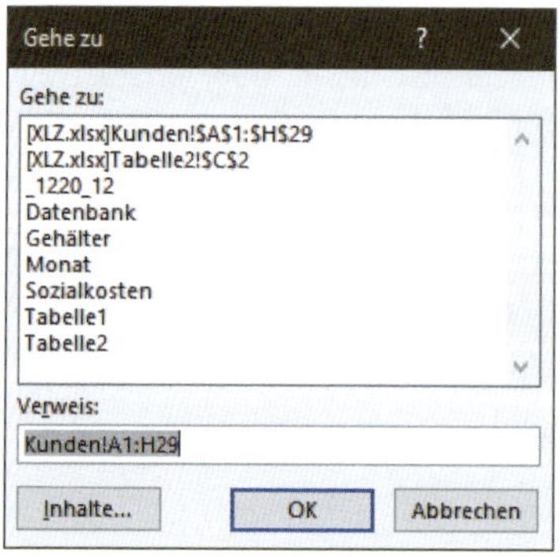

Abbildung 2.4: Mit F5 *und* Gehe zu *kommen Sie überallhin*

[F6]

Wechselt zwischen Blatt, Menüband, Aufgabenbereich und Zoom-Elementen. Mit Strg+F6 oder Strg+⇧+F6 können Sie zwischen offenen Arbeitsmappen wechseln.

[F7]

Startet die Rechtschreibprüfung.

Strg+F7 ist ein interessanter Shortcut: Ist es Ihnen schon mal passiert, dass ein Fenster nicht zu sehen war, weil es auf einem anderen Bildschirm oder auf einer anderen Projektion stand? Einmal Strg+F7 gedrückt, lässt sich ein Fenster, das nicht im Vollbildmodus steht, mit den Cursortasten verschieben. Mit Alt+Leer und ↵ schalten Sie das Fenster in den Fenstermodus, dann lässt es sich mit Strg+F7 z. B. auf einen anderen Monitor oder von einer Projektion zurück auf den Laptop schieben.

[F8]

Hier haben wir wieder ein Fossil aus früheren Versionen: Mit F8 wird der Zellzeiger fixiert. Ziehen Sie die Markierung mit Maus oder Pfeiltasten auf andere Zellen weiter, bleibt die aktive Zelle fixiert, bis Sie wieder F8 drücken. Das ist ein Überbleibsel von ganz früher, als Excel noch von »mauslosen« Anwendern bedient wurde.

Weniger bekannt ist in diesem Zusammenhang die Kombination ⇧+F8: Damit bleibt die ursprüngliche Markierung stehen, Sie können weitere Zellen mit den Pfeiltasten ansteuern und wieder mit F8 eine Markierung starten.

Strg+F8 startet die Größenänderung bei Fenstern, die nicht maximiert sind, und Alt+F8 aktiviert den Makro-Dialog.

[F9]

Zum Berechnen ist F9 nur nützlich, wenn Sie in den Optionen die automatische Berechnung auf *manuell* umgestellt haben. Das ist in der Praxis manchmal noch nötig, wenn die Kalkulation allzu lange für Neuberechnungen braucht (was aber meist nicht auf mangelnde Rechnerleistung, sondern auf ein falsches Tabellenmodell zurückzuführen ist). F9 ist aber besonders nützlich für Teilberechnungen. Öffnen Sie die Formelzelle mit F2, und markieren Sie den Teil, den Sie teilberechnen wollen. Drücken Sie F9, erhalten Sie das Ergebnis. Das gilt auch für ganze Formeln, wobei sich das Markieren erübrigt.

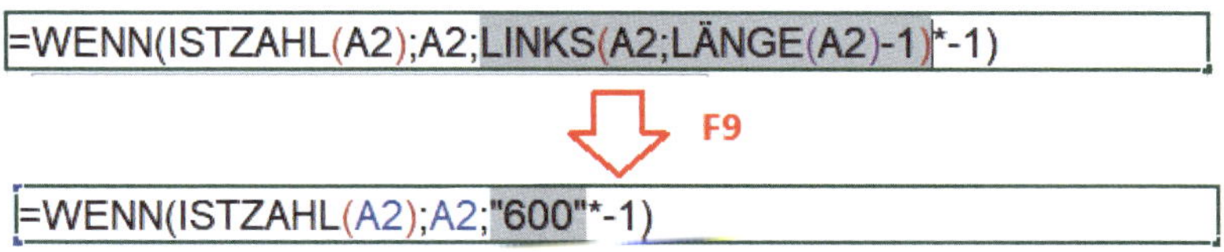

Abbildung 2.5: Nützlich für Formelmonster: Zwischenrechnung mit F9

⇧+F9 berechnet nur das aktive Arbeitsblatt, Strg+Alt+F9 berechnet alles neu, auch wenn sich nichts geändert hat. Strg+F9 minimiert das Fenster.

[F10]

Entspricht dem Drücken der Alt-Taste. Aktiviert die Zugriffstasten für Menübefehle. ⇧+F10 aktiviert das Kontextmenü des markierten Elements, Strg+F10 maximiert das Fenster.

[F11]

Erstellt ein Diagrammblatt. Wenn der Zellzeiger in einer Liste oder Tabelle steht oder eine solche markiert ist, zeigt das Diagrammblatt die Daten in Form eines Säulendiagramms an.

Diagrammblätter sind nicht mehr gebräuchlich, seit Excel mit *Einfügen/Diagramm* ein Diagrammobjekt in das Tabellenblatt zeichnet.

⇧+F11 fügt ein neues Arbeitsblatt ein, und Alt+F11 öffnet den Visual Basic Editor, die Oberfläche für die VBA-Programmierung.

[F12]

Aktiviert das Dialogfeld *Speichern unter.* Mit [⇧]+[F12] wird die Mappe gespeichert, falls bereits ein Dateiname zugewiesen ist, ansonsten taucht wieder der Speicherdialog auf.

KAPITEL 3

Von der Liste zur Tabelle

Sollten Sie den Unterschied zwischen Liste und Tabelle bereits kennen, können Sie diesen Abschnitt überspringen. Vielleicht haben Sie aber trotz langjähriger Arbeit mit Excel den Begriff *Liste* noch gar nicht wahrgenommen.

Liste ist ein technischer Begriff, er steht für eine Datenmenge, die durch eine leere Spalte nach rechts und eine leere Zeile nach unten begrenzt ist. Idealerweise hat die Liste eine Kopfzeile, aber das ist nicht Vorschrift. Listen haben keine Leerzeilen, mit jeder Leerzeile entsteht ja eine weitere Liste.

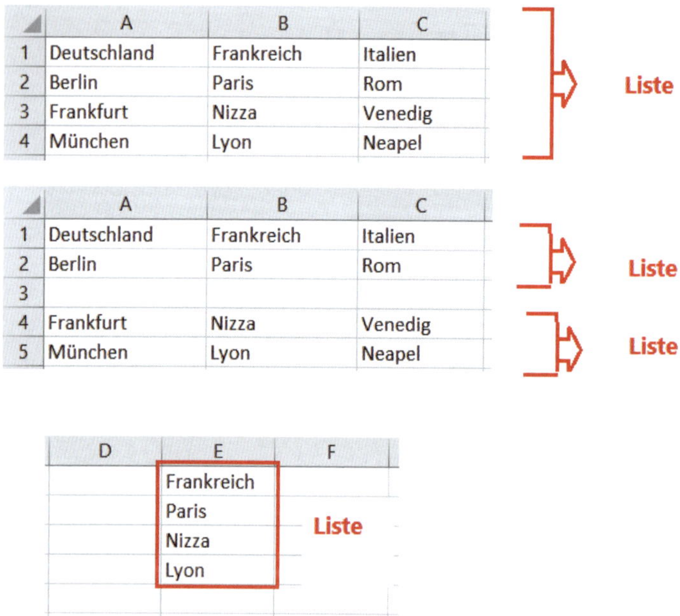

Abbildung 3.1: Listen entstehen durch Leerzeilen und Leerspalten

Die Tabelle ist die Nachfolgerin der Liste. Erste Versuche, eine dynamische Liste zu etablieren, gab es bereits in der Office-Suite 97. Das *Daten*-Menü enthielt einen Menübefehl *Liste*, und damit konnte eine Datenmenge zur (dynamischen) Liste erklärt werden. Ob es an der Benennung oder an der fehlerhaften Funktion lag, lässt sich nicht mehr klären, aber die Liste wurde nicht angenommen.

Mit Excel 2007 hat Microsoft das dynamische Element *Tabelle* eingeführt, was nur in unserem Sprachraum zu Verwirrungen führte. Im Englischen ist die Tabelle (table) leicht von der Liste (list) zu unterscheiden, das Tabellenblatt, das wir landläufig als Tabelle bezeichnen, heißt da nämlich sheet (Blatt). Aber langsam gewöhnt sich auch der deutschsprachige Europäer an die Tabelle, wir müssen uns nur angewöhnen, in Wort und Schrift konsequent zwischen Tabellen und Tabellenblättern zu unterscheiden.

3.1 Listen in Tabellen umwandeln

Die Liste ist schnell in eine Tabelle verwandelt: Zellzeiger irgendwo platzieren, *Einfügen/Tabellen/Tabelle* oder [Strg]+[T] drücken und den Bereich bestätigen. Die Überschrift wird automatisch erkannt, wenn in der ersten Zeile Text steht und ab der zweiten nachfolgenden Zeile Zahlen zu finden sind.

Es gibt übrigens noch eine weitere Tastenkombination für die Umwandlung von Listen in Tabellen: [Strg]+[L]. Warum L? Weil die dynamische Liste unter Excel 97 eben Liste hieß ...

3.2 Von der Wichtigkeit der Tabelle

Die Tabelle ist keine Alternative zur Liste, sie ist das Werkzeug, mit dem Sie ab jetzt Ihre Kalkulationen von Zufälligkeiten befreien und aus der Bastelecke holen. Die Zeiten, in denen mit Excel undefinierte und undefinierbare Datenmengen ausgewertet werden, sind vorbei. Die Tabelle ist ein Element, das in seiner Dimension greifbar und auswertbar ist. Im Unterschied zur Liste ist sie dynamisch. Listen sind zufällige Daten auf zufälligen Zellbereichen.

Einer der gravierendsten Unterschiede zwischen dem Datenbanksystem Access und Excel ist und war die Tatsache, dass Access mit Tabellenstrukturen arbeitet. Tabellenfelder haben in Access einen Felddatentyp, und der lässt sich nicht umgehen. Ist das Feld vom Typ *Datum*, nimmt es nur (gültige) Datumswerte, Zahlenfelder nehmen keine Texte etc. Das macht das Arbeiten mit Access angenehm und sicher. Würde sich Microsoft entscheiden, Excel-Tabellen auch so auszustatten, wäre die Arbeit mit der Kalkulation wesentlich sicherer.

Liste oder Tabelle ...

... sollte keine Frage mehr sein. Wechseln Sie zur Tabelle, verbannen Sie die Liste aus Ihren Tabellenblättern – Ihr Risikomanagement wird Ihnen zu Füßen liegen ...

3.3 Fünf Gründe, warum Tabellen besser sind als Listen

3.3.1 Tabellen sind dynamisch

Das dürfte der wichtigste Grund sein, der für die Tabelle spricht. Sie ist dynamisch, d. h., sie lässt sich über ihren Namen und sogar über die Zellbezüge adressieren, und die Auswertung passt sich an, wenn sich die Tabellengröße ändert. Geben Sie Tabellen deshalb immer gleich über das Register *Tabellenentwurf* einen aussagekräftigen Namen.

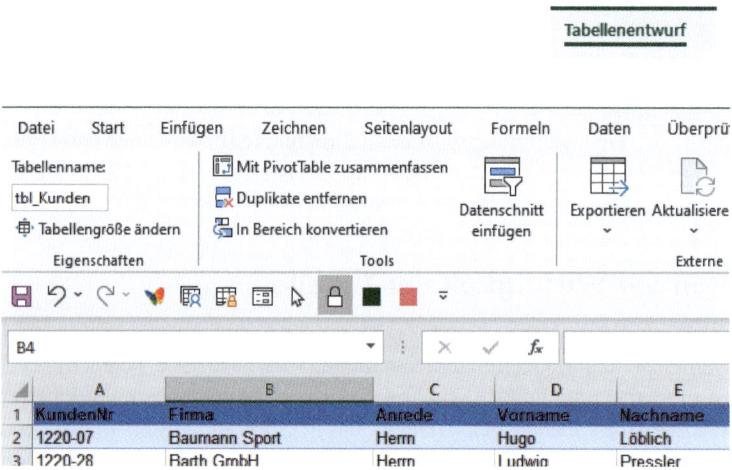

Abbildung 3.2: Tabelle über den Tabellenentwurf gleich benennen

Mein persönlicher Tipp: Programmierer verwenden ein sogenanntes Präfix, um ein Element zu klassifizieren (*int* für Integer, *cmd* für Command etc.). Starten Sie alle Tabellennamen mit *tbl*, wahlweise gefolgt von einem Unterstrich. Wird der Tabellenname in Formeln gebraucht, genügt die Eingabe der drei Buchstaben, und alle aktiven Tabellen stehen zur Auswahl.

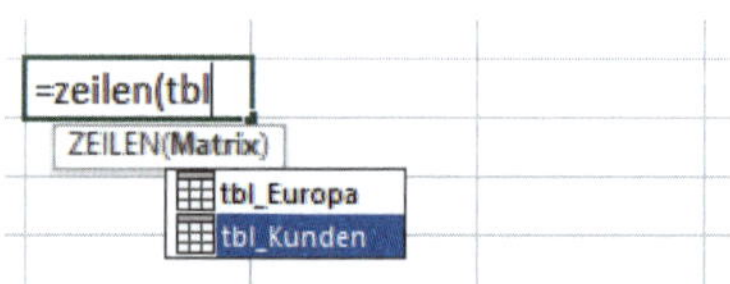

Abbildung 3.3: Mit tbl *finden Sie Ihre Tabellen sofort*

3.3.2 Diagramme auf Tabellenbasis sind auch dynamisch

In Zeiten von Dashboards und Cockpits können wir uns keine statischen Diagramme mehr leisten. Die grafische Datenanalyse muss sich den wachsenden und wechselnden Daten anpassen, und das kann sie nicht, wenn die Datenbasis eine Liste ist. Sehen Sie sich nur einmal die Funktion an, aus der eine Datenreihe gebildet wird. Schreiben Sie den nächsten Datensatz einfach unten dran, bleibt das Diagramm gleichgültig unverändert. Anders dagegen Diagramme mit Tabellen als Datenquelle. Die Funktion DATENREIHE zeigt zwar immer noch absolute Bezüge, aber das Diagramm passt sich dynamisch an Änderungen in der Tabelle an.

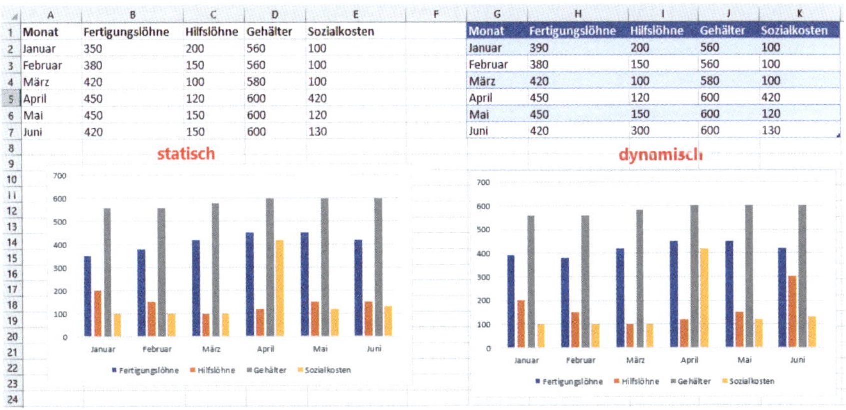

Abbildung 3.4: Diagramme mit Tabellen als Datenquelle sind dynamisch

3.3.3 Externe Daten sind immer Tabellen

Alles, was Sie mit Power Query oder über die ältere Technik ODBC aus externen Daten in ein Tabellenblatt verknüpfen, ist automatisch Tabelle. Verwenden Sie den Tabellennamen in Auswertungsformeln oder als Quelle von PivotTables und PivotCharts, werden diese (fast) vollautomatisch aktualisiert, sobald sich die verknüpfte Datenmenge ändert.

Es gibt sogar die Möglichkeit, Verknüpfungen auf externe Daten automatisch zu aktualisieren: Setzen Sie den Zellzeiger in die Tabelle und wählen Sie *Daten/Abfragen und Verbindungen/Abfragen und Verbindungen*. Klicken Sie mit der rechten Maustaste auf die Verbindung (rechter Bildschirmrand) und wählen Sie *Eigenschaften*.

Kreuzen Sie diese Optionen an:

☑ *Aktualisieren alle x Minuten*

☑ *Aktualisieren beim Öffnen der Datei*

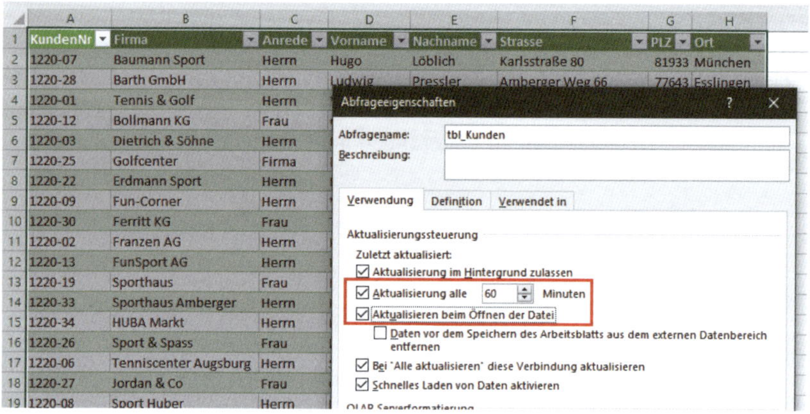

Abbildung 3.5: Verknüpfung automatisch aktualisieren

3.4 Tabellen und absolute Bezüge

In Tabellen gibt es keine absoluten Bezüge ($-Bezüge). Die Aussage ist nur bedingt richtig, Sie können durchaus mit der alten Bezugstechnik arbeiten, was zwar nicht vorgesehen, aber möglich ist. Und – die Bezüge bleiben dynamisch. Ein Beispiel:

Die Tabelle *tbl_Umsatz* enthält die Spalten *Artikel*, *Menge* und *Preis* und eine weitere namens *Umsatz* mit der Multiplikation, die zum Umsatz der Spalten B und C führt:

```
=[@Menge]*[@Preis]
```

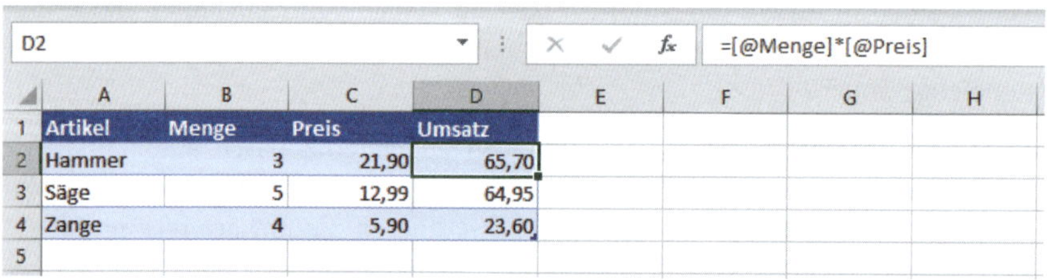

Abbildung 3.6: Tabelle mit strukturiertem Spaltenverweis

Probieren Sie es mal mit der alten Methode. Die Bezüge müssen Sie aber eintippen, beim Anklicken erhalten Sie immer den strukturierten Verweis:

```
=B2*C2
```

Ein Unterschied wird Ihnen sofort auffallen: Die Formel wird nicht automatisch nach unten bis zum Ende der Tabelle kopiert. Hier muss der Doppelklick auf das Füllkästchen zum Einsatz kommen. Aber – die Formel rechnet richtig und wird bei neuen Datensätzen auch brav weiterkopiert. Interessant wird es mit der Mischung von relativen und absoluten Bezügen:

Berechnen Sie in einer weiteren Spalte *% von Gesamt* den prozentualen Anteil der Artikelumsätze am Gesamtumsatz, und kopieren Sie auch diese Formel bis zum Tabellenende:

```
=D2/SUMME($D$2:$D$4)
```

Fügen Sie einen weiteren Datensatz ein, wird der absolute Bezug sowohl in der neuen als auch in den bereits kalkulierten Zeilen angepasst:

```
=D6/SUMME($D$2:$D$4)
```

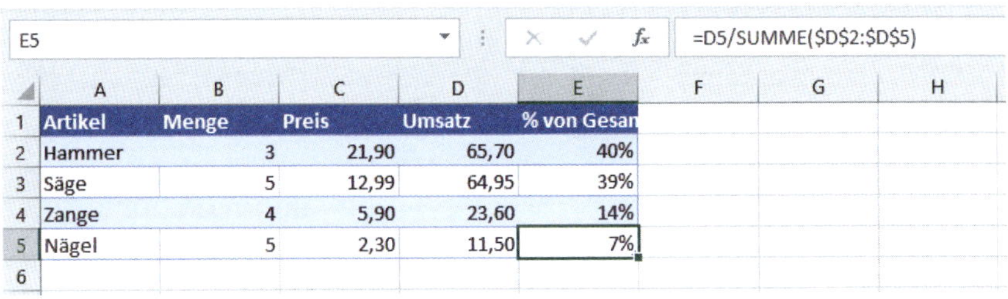
E5 =D5/SUMME($D$2:$D$5)

	A	B	C	D	E	F	G	H
1	Artikel	Menge	Preis	Umsatz	% von Gesan			
2	Hammer	3	21,90	65,70	40%			
3	Säge	5	12,99	64,95	39%			
4	Zange	4	5,90	23,60	14%			
5	Nägel	5	2,30	11,50	7%			
6								

Abbildung 3.7: Relative und absolute Bezüge in Tabellen

Legen Sie einen Bereichsnamen für die Spaltensumme an, verwenden Sie in der Regel den strukturierten Verweis:

```
Bereichsname: UmsatzSumme
Bezieht sich auf: =SUMME(tbl_Umsatz[Umsatz]
```

Probieren Sie es mit dem absoluten Bezug:

```
=SUMME($D$2:$D$7)
```

Verwenden Sie den Bereichsnamen jetzt in der Formel, wird er nicht nur korrekt mit der Formel nach unten kopiert, der absolute Bezug passt sich auch an, wenn neue Datensätze hinzukommen.

3.5 Strukturierte Verweise mit variablen Bezeichnern

Nachdem Sie eine Tabelle eingerichtet haben (*Einfügen/Tabellen/Tabelle*), können Sie mit strukturierten Verweisen komfortabel auf die Inhalte Bezug nehmen. In einer Tabelle *Umsatz* können Sie z. B. mit diesem strukturierten Verweis die Ergebniszeile der Spalte *Januar* auslesen:

```
=Umsatz[[#Ergebnisse];[Januar]]
```

Hier ein Tipp, wie strukturierte Verweise mit Excel-Formeln konstruiert und so variable Auswertungen über mehrere Tabellen erstellt werden. Dazu nutzen Sie die geniale Excel-Funktion INDIREKT():

Die beiden Tabellen *tbl_Umsatz2020* und *tbl_Umsatz2021* enthalten Umsatzzahlen für die einzelnen Jahre.

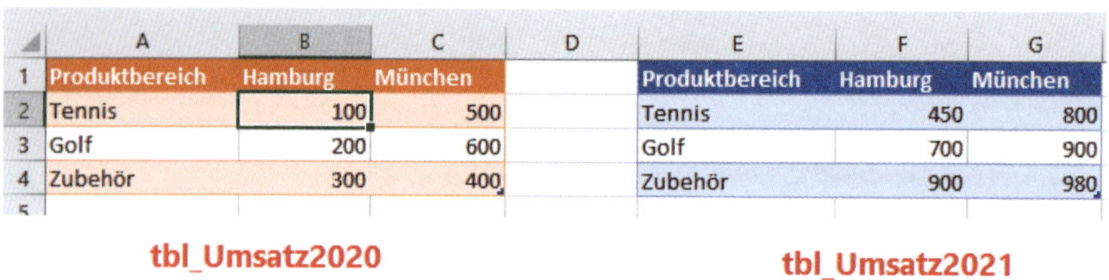

	A	B	C	D	E	F	G
1	Produktbereich	Hamburg	München		Produktbereich	Hamburg	München
2	Tennis	100	500		Tennis	450	800
3	Golf	200	600		Golf	700	900
4	Zubehör	300	400		Zubehör	900	980
5							

Abbildung 3.8: Zwei Umsatztabellen

Im Auswertungsbereich, der auch auf einem anderen Tabellenblatt stehen kann, legen Sie eine Datenüberprüfungsliste mit den Umsatzjahren an (z. B. in $K$1):

Daten/Datentools/Datenüberprüfung

```
Zulassen: Liste
Bezieht sich auf: 2020;2021
```

Die Spalte N ist die Hilfsspalte. Den Tabellennamen berechnen Sie in $N$2 so:

```
="tbl_Umsatz"&$K$1
```

Die zweite Datenüberprüfung bietet alle Produkte aus der ersten Spalte zur Auswahl an. Legen Sie in $N$3 eine eindeutige Produktliste aus der zweiten Umsatztabelle an:

```
=EINDEUTIG(tbl_Umsatz2021[Produktbereich])
```

Markieren Sie die Zelle $K$2:

Daten/Datentools/Datenüberprüfung

```
Zulassen: Liste
Bezieht sich auf: =$N$3#
```

Die dritte Datenüberprüfung bietet die Regionen aus der Kopfzeile an:

```
$N$7: =tbl_Umsatz2021[#Kopfzeilen]
```

Markieren Sie die Zelle $K$3:

Daten/Datentools/Datenüberprüfung

```
Zulassen: Liste
Bezieht sich auf: =$N$7#
```

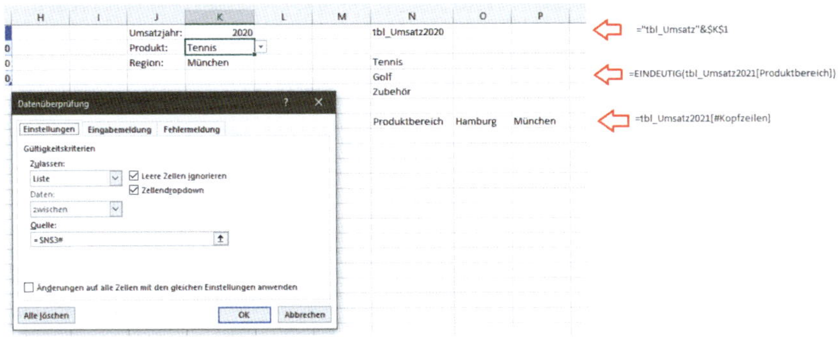

Abbildung 3.9: Eindeutige Listen und Datenüberprüfungslisten auf Produkte und Regionen

Stellen Sie mit diesen Auswahlwerkzeugen die Verweisformel zusammen. Beginnen Sie mit dem indirekten Verweis auf die Matrix (die Umsatztabelle):

```
=INDIREKT($N$1)
```

Dann folgt ein Vergleich, der die ausgewählte Region mit der Kopfzeile der Umsatztabelle vergleicht (mit 0 im letzten Argument). Dieser Vergleich liefert die Spaltennummer, also die gewählte Region:

```
VERGLEICH($K$3;INDIREKT($N$1&"[#Kopfzeilen]");0)
```

Das Ganze wird in einen SVERWEIS() gepackt, der den Umsatz für das gewählte Produkt in der gewählten Region ermittelt:

```
=SVERWEIS($K$2;INDIREKT($N$1);VERGLEICH($K$3;INDIREKT($N$1&"[#Kopfzeilen]");0)
;FALSCH)
```

Zauberei? Nein, Logik und Formelkonstruktion!

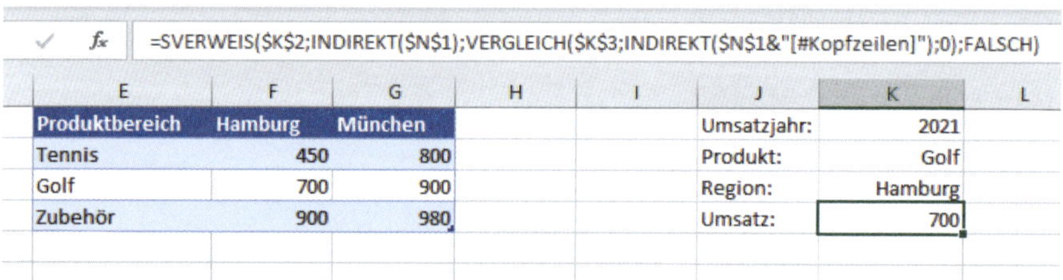

Abbildung 3.10: Mit SVERWEIS(), VERGLEICH() und INDIREKT() in Tabellen suchen

3.6 Die Tabelleninfo im Schnellzugriff

Das werden Sie nicht mehr missen wollen: Der Name der Tabelle wird nur mit dem Wechsel auf das Register *Tabellenentwurf* sichtbar und kann in einem kleinen Eingabefeld geändert werden.

Holen Sie den Namen in die Symbolleiste für den Schnellzugriff, dann sehen Sie immer, welche Tabelle aktuell markiert ist. Dazu reicht nämlich schon der Zellzeiger in einer Tabellenzelle – das Namensfeld zeigt den Namen nur an, wenn die gesamte Tabelle markiert ist.

Klicken Sie einfach mit der rechten Maustaste auf *Tabellenname* und wählen Sie *Zu Symbolleiste für den Schnellzugriff hinzufügen*. Um das Namensfeld ganz nach vorne zu stellen, müssen Sie die Anpassung der Symbolleiste öffnen (das Menüelement heißt *Tabellenname ändern*).

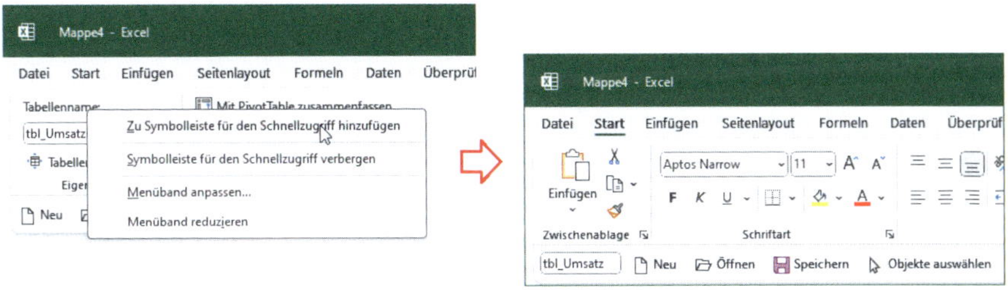

Abbildung 3.11: Schneller Zugriff und immer im Blick: der Tabellennname

3.6.1 Datenschnitte für die Tabelle

Eines der wichtigsten Werkzeuge im PivotTable-Layout ist der *Datenschnitt*. Der virtuelle Filter zeigt im Unterschied zum Standard-Filterbereich an, welche Elemente gefiltert werden. Diesen Komfort gibt es übrigens auch für Tabellen.

Setzen Sie den Zellzeiger in die Tabelle und wählen Sie *Tabellenentwurf/Tools/Datenschnitt einfügen*. Es werden alle Spalten der Tabelle angeboten, kreuzen Sie die passenden Spalten an.

Markierte Datenschnitte werden über ein eigenes Register formatiert. So lassen sich beispielsweise, wie in der Abbildung gezeigt, horizontale Elemente erzeugen, indem die Anzahl der Spalten erhöht wird. Im Kontextmenü findet sich noch ein Eintrag *Eigenschaften* für Überschriften und zum Ausblenden nicht sichtbarer Elemente.

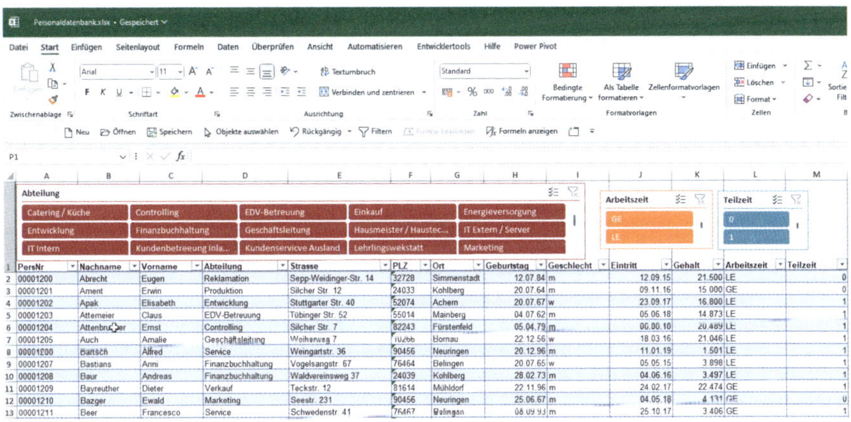

Abbildung 3.12: Ein Datenschnitt zum Filtern der Personaldaten

KAPITEL 4

Bereichsnamen und dynamische Bereiche

Sie gehören nach wie vor zu den Standardelementen von Excel, auch wenn sie mit der Einführung der Tabelle deutlich an Bedeutung verloren haben. Die Rede ist von Bereichsnamen. Auf der Registerkarte *Formeln* finden Sie eine Gruppe mit allen relevanten Symbolen.

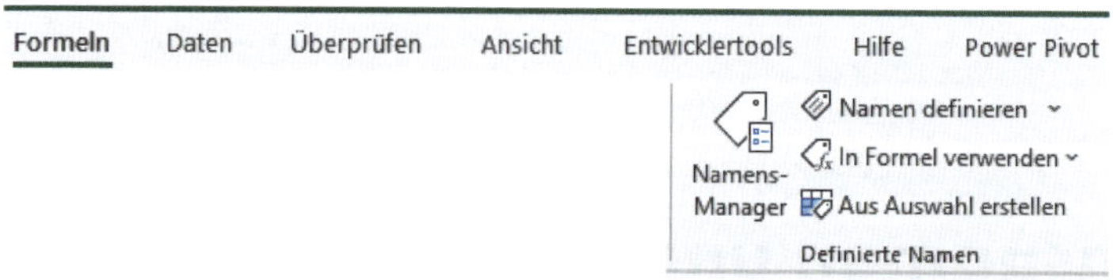

Abbildung 4.1: Bereichsnamen im Menüband

4.1 Wozu Bereichsnamen?

Bereichsnamen machen Kalkulationen übersichtlicher und sicherer. Außerdem machen sie Formeln verständlicher und helfen, die berüchtigten »Monsterformeln« zu verkürzen. Bereichsnamen sind bei Verwendung von Formularelementen hilfreich und leisten sogar in Tabellen und externen Abfragen gute Dienste.

Und – Bereichsnamen sind in der Regel global, d. h., sie enthalten immer den Namen des Tabellenblatts, in dem sich der Bezugsbereich befindet. Damit können sie in anderen Blättern ohne Verknüpfung verwendet werden. Ändert sich ein Tabellenblattname, gilt diese Änderung natürlich auch in allen Bereichsnamen, die sich auf dieses Blatt beziehen.

4.1.1 Namensregeln

Ein Name darf nicht mit einer Zahl beginnen und kein Leerzeichen enthalten. Außerdem sind Sonderzeichen wie *$*, *+*, *-*, ***, *{*, *}*, *§*, &, *(*, *)*, *!*, *=*, */* und ; nicht erlaubt. Groß-/Kleinschreibung wird nur zur besseren Lesbarkeit eingesetzt, den globalen Bereichsnamen *HaushaltsGeld* kann es nicht noch mal als *haushaltsgeld* geben. Namen dürfen maximal 255 Zeichen lang sein. Und Bereichsnamen dürfen nicht gleichlautend mit einem Zellbezug oder Zellbereich sein.

Bei der Umstellung auf Excel 2007 gab es nicht wenige Fehler in bereits mit der Vorversion angelegten Arbeitsmappen. Viele Benutzer waren es gewohnt, in Bereichsnamen bis zu drei Buchstaben mit Zahlen zu kombinieren.

Beispiele:

ABC900	DDR1989	CDU2000
PKW200	XFA5000	SPD2005
BRD2005	A70000	FDP2015

Diese Namen lösen in den Versionen seit Excel 2007 Fehler aus. Die Vorgängerversion Excel 2003 hatte nur 256 Spalten (A bis IV) und 65.535 Zeilen pro Blatt. Namen mit drei Buchstaben waren also immer erlaubt. Mit der neuen Version hatte ein Tabellenblatt aber 16.384 Spalten (von A bis XFD) und 1.048.576 Zeilen, und damit waren diese Namen natürlich nicht mehr erlaubt.

Probieren Sie es aus, schreiben Sie einen dieser Bereichsnamen in das Namensfeld links oben. Das Ergebnis? Der Zellzeiger steuert eben diese Zellen an, z. B. Zeile 900, Spalte ABC oder Zeile 5.000, Spalte XFA.

4.1.2 Namen erstellen

Es gibt drei Möglichkeiten, einen Namen zu vergeben:

1. Schreiben Sie ihn einfach in das Namensfeld links neben der Bearbeitungsleiste, nachdem Sie den Bereich markiert haben. Bestätigen Sie mit ↵, und der Name ist zugewiesen.

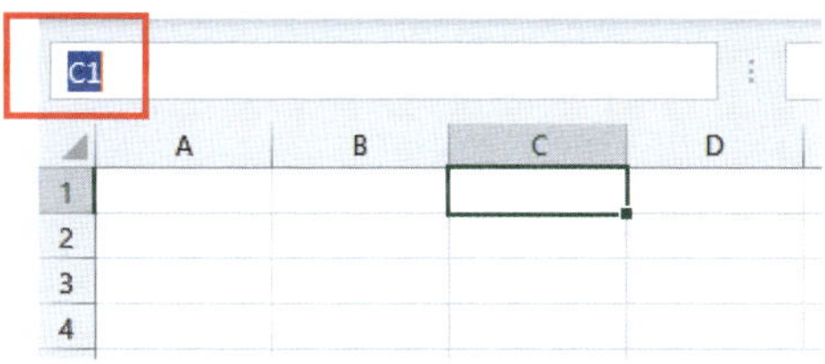

Abbildung 4.2: Bereichsnamen über das zuweisen

Das Namensfeld zeigt für gewöhnlich die Adresse der gerade aktiven Zelle an (hier: C1). Klicken Sie auf das Pfeilsymbol, öffnet sich die Liste mit allen Bereichsnamen (berechnete Namen und Tabellennamen werden nicht angezeigt).

Achten Sie darauf, dass diese Form der Namensvergabe nur beim ersten Mal funktioniert. Existiert der Bereichsname schon, den Sie ins Namensfeld schreiben, wird ↵ den zugewiesenen Bereich markieren. Ändern oder löschen lässt er sich nur noch über den Namens-Manager.

2. Über den Aufruf von *Formeln/Definierte Namen/Aus Auswahl erstellen.*

Diese Variante ist besonders hilfreich, wenn Sie mehrere Namen gleichzeitig vergeben möchten.

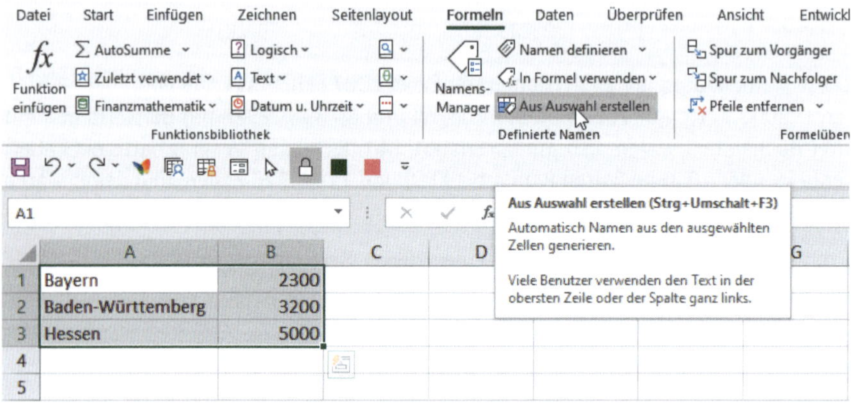

Abbildung 4.3: Namen aus Auswahl erstellen

Die Zellen B1:B3 sollen jetzt mit den Bezeichnungen aus A1:A3 benannt werden. Markieren Sie den gesamten Bereich A1:B3 und wählen Sie *Formeln/Definierte Namen/Aus Auswahl erstellen.*

Es erscheint folgendes Fenster:

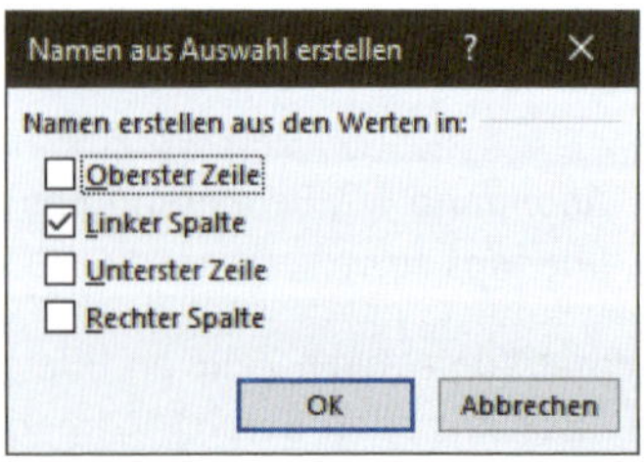

Abbildung 4.4: Die linke Spalte liefert die Namen

Aufgrund der bestehenden Markierung wird der Haken bereits korrekt bei *Linker Spalte* gesetzt. Mit einem Klick auf *OK* ist die dreifache Namensvergabe abgeschlossen.

3. Über den Aufruf von *Formeln/Definierte Namen/Namen definieren oder Namens-Manager/Neu*:

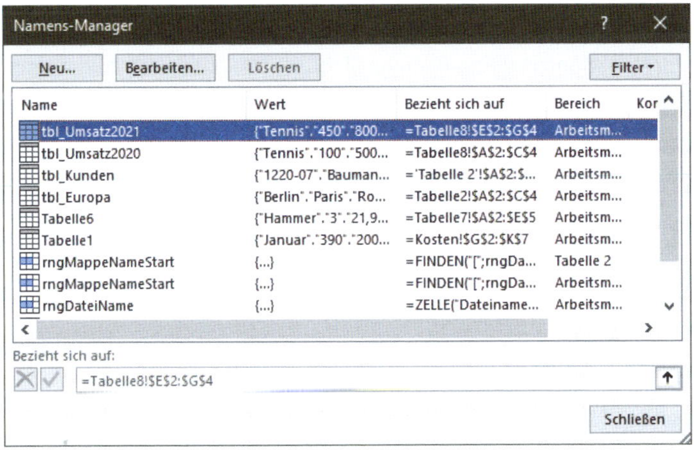

Abbildung 4.5: Der Namens-Manager hat sie alle – Bereichsnamen und Tabellennamen

In diesem Dialogfeld können Namen hinzugefügt und wieder gelöscht werden. Der Name wird nach einem Klick auf die Schaltfläche *Neu* in der oberen Eingabezeile vergeben, unter *Bezieht sich auf* wird der Zell-/Bereichsbezug eingegeben. Das kann aber auch eine komplexe Formel sein.

Das Eingabefeld *Bezieht sich auf* verhält sich exakt wie eine Zelle im Tabellenblatt. Befindet sich der Cursor innerhalb dieses Eingabefelds, bewirkt ein Druck auf die Pfeiltasten (links/rechts) die Selektion einer anderen Zelle. Um hingegen innerhalb des Eintrags (hier: *=Tabelle1!$B$1*) nach links und rechts zu navigieren, müssen Sie das Eingabefeld zunächst mit F2 editieren. Das aktiviert den *Editiermodus*, der auch links unten in der Statusleiste angezeigt wird. Jetzt können Sie sich auch mit den Pfeiltasten frei bewegen. Drücken Sie erneut F2, um den Editiermodus wieder zu verlassen.

Im Namens-Manager finden Sie alle zugewiesenen Bereichsnamen und auch die Tabellennamen. Achten Sie auf das Symbol am linken Rand, daran erkennen Sie, ob es sich um einen Bereichs- oder Tabellennamen handelt. In Tabellennamen lässt sich der Bezug nicht ändern, das geht nur über *Tabellenentwurf* (umso nützlicher ist es, Bereichsnamen mit dem Präfix *rng* und Tabellennamen mit *tbl* zu beginnen).

In der Spalte *Wert* wird ein Ausschnitt der Werte zurückgegeben, auf die sich die Namen beziehen. Wenn sich der Name auf ein Array oder einen dynamischen Bereich bezieht, funktioniert dies allerdings nicht. Nützlich ist auch der Kommentar, den Sie jedem Namen beifügen können.

Hilfreich ist zudem die Filterfunktion am rechten Rand des Dialogfelds. Wenn Sie beispielsweise in Ihrer Tabelle Bereiche löschen, auf die sich Namen bezogen haben, werden diese Namen nicht automatisch gelöscht. Sie bleiben mit dem Fehlerwert #BEZUG! in der Liste. Mit der Filterfunktion haben Sie die Möglichkeit, nur fehlerhafte Namen anzuzeigen, was das schnelle Löschen dieser fehlerhaften Namen ermöglicht.

4.1.3 Name und Präfix

In der Regel sollten Namen selbsterklärend sein. Sie tun sich keinen Gefallen, wenn Sie einen Bereich *xyz* nennen – wenige Tage später wissen Sie nicht mehr, was Sie damit gemeint haben. Schreiben Sie aussagekräftige Namen, nicht zu lang, aber auch nicht zu kurz.

Das Präfix ist nicht Vorschrift, macht das Ganze aber wesentlich übersichtlicher. Schreiben Sie die drei Buchstaben *rng* (range) vor einen Bereichsnamen, können Sie diesen besser identifizieren. Der Unterstrich macht den Namen besser lesbar. Lokale Bereichsnamen können Sie noch gesondert ausweisen.

Wenn Sie viel mit Tabellen arbeiten, ist das besonders nützlich, denn Tabellennamen werden ebenfalls im Namens-Manager gelistet, können mit diesem aber nicht bearbeitet werden. Für Tabellen verwenden Sie das Präfix *tbl_*:

Bereichsnamen	**Tabellennamen**
rng_Rendite	*tbl_Personaldaten*
rng_UmsatzVorjahr	*tbl_Kundenstamm*
rng_Verkaufsstellen_Region_10	*tbl_Absatz_extern_CSV*
rng_Monat	
rng_Januar_local	

4.1.4 Vorsicht! Bezüge immer absolut setzen!

Bezüge in Bereichsnamen verhalten sich wie Bezüge auf dem Tabellenblatt. Ist der Bezug **absolut** (z. B. `=Tabelle1!$C$4`), dann wird immer exakt diese Zelle referenziert – egal, von wo aus der Name aufgerufen wird. Ist der Name aber relativ (`=Tabelle1!C4`), dann verhält sich der Name relativ zur **aufrufenden** Zelle. Ist beispielsweise die Zelle B10 die aktive Zelle und Sie vergeben den Namen *rng_Relativ* mit Bezug auf `=Tabelle1!A1`, dann bezieht sich der Name nur in der Zelle B10 auf `Tabelle1!A1`. In B11 wird er sich auf `Tabelle1!A2` beziehen, in C11 dann auf `Tabelle1!B2`. Wäre der Namensbezug im selben Beispiel gemischt, dann verhielten sich nur Zeile oder Spalte relativ. Der Bezug auf `=Tabelle1!$C4` sorgt dafür, dass der Bezug zu Spalte C immer erhalten bleibt und sich lediglich der Zeilenbezug relativ verhält. Bei `=Tabelle1!C$4` ist es dann genau umgekehrt: Der Bezug zur Zeile 4 bleibt erhalten, während der Spaltenbezug relativiert wird. Und das alles geschieht immer in Relation zur **aufrufenden** – also gerade aktiven – Zelle!

4.2 Namensbezüge

Namen können sich auf Formeln, Konstanten und Bereiche beziehen. Geben Sie einen Namen nach den gültigen Regeln ein, bestimmen Sie, ob der Name global (auf die Mappe bezogen) oder lokal (auf das aktuelle Blatt) angelegt werden soll, und schreiben Sie unter *Bezieht sich auf* den Bezug in das Eingabefeld. Absolute Bezüge können Sie auch im Hintergrund markieren, wenn der Cursor im Feld blinkt.

Beispiele:

`Name: rng_Umsatz` `Bezieht sich auf: =Tabelle1!$A$1:$C$20`	drei Spalten und 20 Zeilen im Tabellenblatt *Tabelle 1*
`Name: rng_Umsatz` `Bezieht sich auf: ='Umsatz 2020'!$A$1:$C$20`	Hier muss der Tabellenblattname zwischen Apostrophe gesetzt werden, weil er Leerzeichen oder Sonderzeichen enthält.
`Name: rng_MwStSatz` `Bezieht sich auf: 19%`	Der Mehrwertsteuersatz, einfach als Prozentwert zugewiesen. In Formeln schreiben Sie zukünftig `=Betrag*rng_MwStSatz`

`Name: rng_Signatur`
`Bezieht sich auf: ="Mit freundlichen Grüßen"`
`&ZEICHEN(10)&ZEICHEN(10)`
`&"Hans Mustermann"`
	eine Zeichenkette mit zwei Zeilenumbrüchen zwischen Gruß und Name
	`Mit freundlichen Grüßen`
	
	`Hans Mustermann`

`Name: rng_Array` `Bezieht sich auf: ={1.3.5}`	Eine Matrixkonstante. Die Formel summiert die Zahlen: `=SUMME(rngArray)`

`Name: rng_Richtig`
`Bezieht sich auf: =WAHR`
	einfach ein Wahrheitswert
	`=120*rng_Richtig`
	Ergebnis: 120
	`=120*NICHT(rng_Richtig)`
	Ergebnis: 0

`Name: rng_Montag`
`Bezieht sich auf: =WOCHENTAG(HEUTE())=2`
	Eine Formel, die nur an Montagen WAHR ergibt. Multipliziert mit einem Zellwert zeigt sie diesen nur an Montagen an:
	`=A1*rng_Montag`
	`="Heute ist "&WENN(rng_Montag;""; " nicht ")&" Montag"`

4.3 Der Druckbereich

Haben Sie schon den Druckbereich benutzt? Das ist ein nützliches Werkzeug im Register *Seitenlayout* (Gruppe *Seite einrichten*), das den zu druckenden Bereich auf die markierten Zellen einschränkt. Wählen Sie *Druckbereich festlegen*, markiert Excel die Auswahl mit einer Rahmenlinie. In der Umbruchvorschau sehen Sie den Effekt besonders gut – alle anderen Zellen werden vom Druck ausgeschlossen.

Für den Druckbereich benutzt Excel einfach den gleichnamigen Bereichsnamen, und diesen könnten Sie ebenso gut nach der Markierung des Bereichs in das Namensfeld schreiben. Im Namens-Manager taucht er anschließend ebenfalls auf, hier sehen Sie auch, dass der Bezug auf die Liste (`$-Bezug`) oder auf die Tabelle lokal ist. So können Sie in jedem Tabellenblatt einen separaten Druckbereich verwenden.

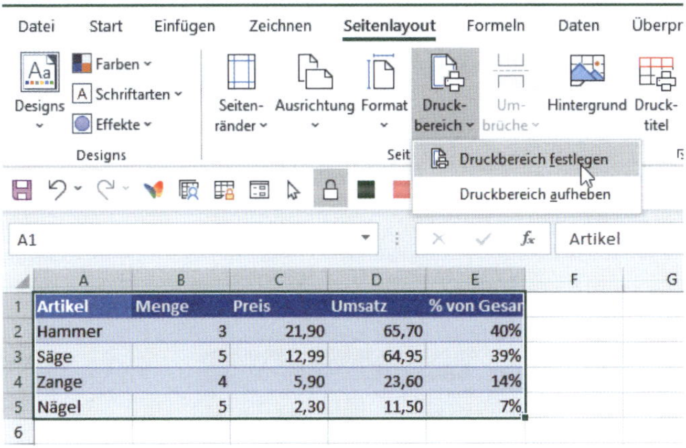

Abbildung 4.6: Druckbereich festlegen

4.3.1 Ein mehrdimensionaler Druckbereich

Eine kleine Besonderheit hat der Druckbereich zu bieten: Geben Sie ihm einen Bezug, der sich aus mehreren Bereichen zusammensetzt, druckt Excel jeden Bereich einzeln aus. Ein Beispiel:

Auf dem Tabellenblatt befinden sich drei Umsatztabellen (das geht auch mit Listen). Sie können alle drei markieren und zum Druckbereich erklären, dann erhalten Sie eine einzelne Druckseite mit drei Tabellen.

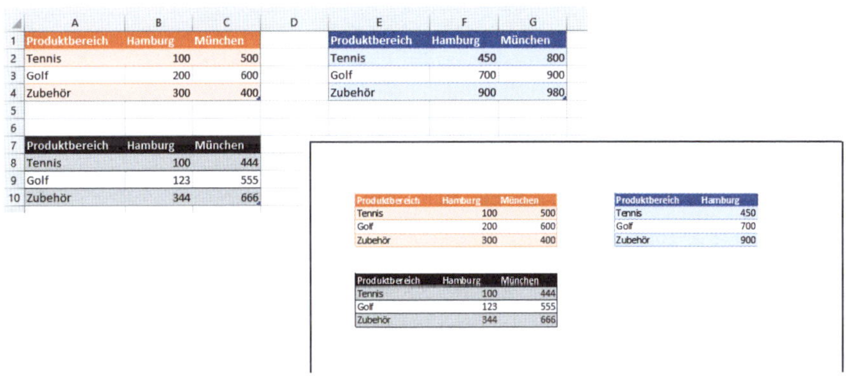

Abbildung 4.7: Drei Tabellen, eine Druckseite

So drucken Sie jede Tabelle auf einer einzelnen Seite:

Markieren Sie die erste Tabelle und drücken Sie die Strg-Taste. Markieren Sie die zweite Tabelle und noch einmal mit gedrückter Strg-Taste die dritte. Wählen Sie *Seitenlayout/Seite einrichten/Druckbereich festlegen* und dann *Datei/Drucken*. Jetzt sehen Sie, dass der Druckbereich drei einzelne Druckseiten enthält.

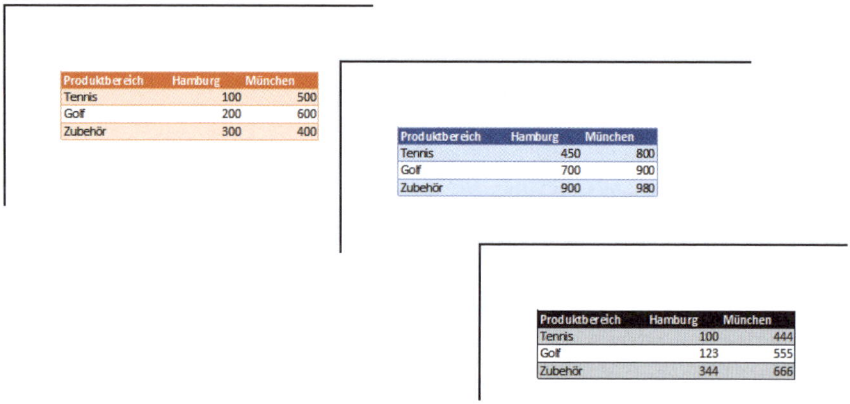

Abbildung 4.8: Zauberei? Nein, 3D-Druckbereich

4.3.2 Dynamische Druckbereiche

Wenn Sie den Druckbereich so gestalten wollen, dass er immer automatisch alle beschriebenen Zellen beinhaltet, legen Sie ihn im Namens-Manager an und geben ihm diese Formel:

```
Name: Druckbereich
Bereich: Tabellenblatt
Bezieht sich auf: =INDIREKT("A1:C"&ANZAHL2($A:$A))
```

... oder in der BEREICH.VERSCHIEBEN-Variante:

```
=BEREICH.VERSCHIEBEN($A$1;;;ANZAHL2($A:$A);3)
```

Die beiden Formeln inspizieren nur die Spalte A, und die Zeilenzahl des Druckbereichs entspricht der Anzahl Zeilen in Spalte A. Wollen Sie auch Leerzeilen im Druckbereich integrieren, schreiben Sie diese Formel in die Bezugszeile:

```
=BEREICH.VERSCHIEBEN($A$1;;;VERWEIS(2;1/($A$1:$A$1000<>"");ZEILE($1:$1000));3)
```

4.4 Die Bereichsnamenliste

Falls Sie den Überblick über all Ihre vergebenen Namen verlieren sollten, können Sie sich diese auch bequem wieder auflisten lassen – sowohl alle Namen als auch die dazugehörigen Bezüge. Suchen Sie eine freie Zelle, am besten in einem leeren Tabellenblatt, und wählen Sie *Formeln/Definierte Namen/In Formel verwenden/Namen einfügen/Liste einfügen.*

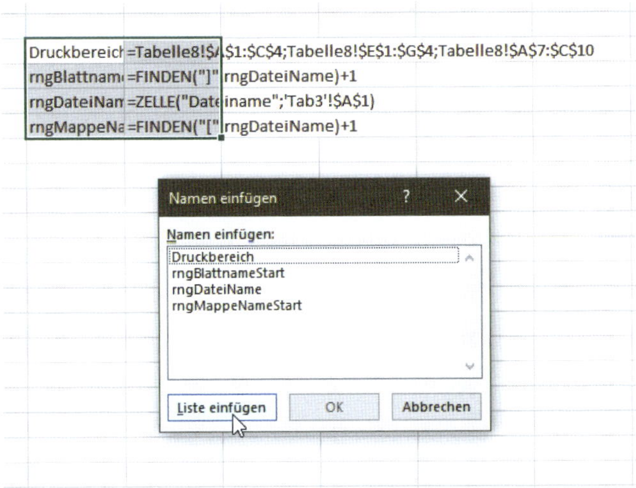

Abbildung 4.9: Eine Liste mit allen Bereichsnamen

4.5 Beispiel Break-even: Gewinnschwellenanalyse

Nehmen wir ein Beispiel aus der Praxis, in dem Bereichsnamen nützlich zum Einsatz kommen und die Sicherheit der Kalkulation gewährleisten: Die Break-even- oder Gewinnschwellenanalyse ist ein Controlling-Instrument, mit dem der Punkt ermittelt wird, an dem Kosten und Gewinn gleich hoch sind. Durch Variation der Parameter kann man ermitteln, mit welchen Kosten und Preisen zu wirtschaften ist.

Das Tabellenblatt *Produkte* enthält eine Liste mit Produktnamen, Produktkosten, Preis und Strukturkosten (Herstellungskosten). Im Blatt *Break Even* wird eine Gewinnschwellenanalyse aufgebaut. Ziel ist es, die Liste der Produkte zur Auswahl zu stellen, Preise und Kosten per Verweis zu ermitteln und mit Formularelementen eine Was-wäre-wenn-Analyse zu ermöglichen.

Produkt	Produktkosten	Preis	Strukturkosten
Air Star Turbo	900	1.900	200.000
Air Comfort Master	980	1.980	250.000
SanComfort SX	480	1.890	160.000
SanComfort Royal	1.250	2.340	320.000
SubWay DeLuxe	990	2.100	230.000
KeraMag Sanitär	980	1.950	245.000

Break Even | **Produkte** | Produkte Liste

Abbildung 4.10: Die Produkte, natürlich als Tabelle

Break-even-Analyse

Produkt:	**SanComfort SX**
Produktkosten	480,00 €
Preis	1.890,00 €
Strukturkosten	160.000,00 €
BEP Absatz:	**114**
BEP Umsatz:	**216.358,09 €**

Abbildung 4.11: Die Break-even-Analyse

Aktion	**Erklärung**
In der Produktetabelle $A$1 markieren, Strg+T	Wandelt die Liste in eine Tabelle um.
Tabellenentwurf, Tabellenname: *tbl_Produkte*	Tabellennamen zuweisen
Strg+Pos 1, Strg+Leer	erste Spalte markieren
Formeln/Definierte Namen/Namen definieren Name: Produktliste Bereich: Arbeitsmappe Bezieht sich auf: *=tbl_Produkte[Produkt]*	Die erste Spalte wird mit einem globalen Bereichsnamen versehen, damit die Produktliste für Auswertungen in der gesamten Mappe verfügbar ist. Neue Produkte oder Änderungen in der Tabelle spiegeln sich automatisch wider.

Aktion	**Erklärung**
Blatt *Break Even*, Zelle B3: *Daten/Datentools/Datenüberprüfung* Zulassen: Liste Quelle: =Produktliste Fehlermeldung: Achtung (Titel), Bitte nur Produkte aus der Liste verwenden (Meldung)	Zelle B3 erhält eine Datenüberprüfungsliste für die Produkte.

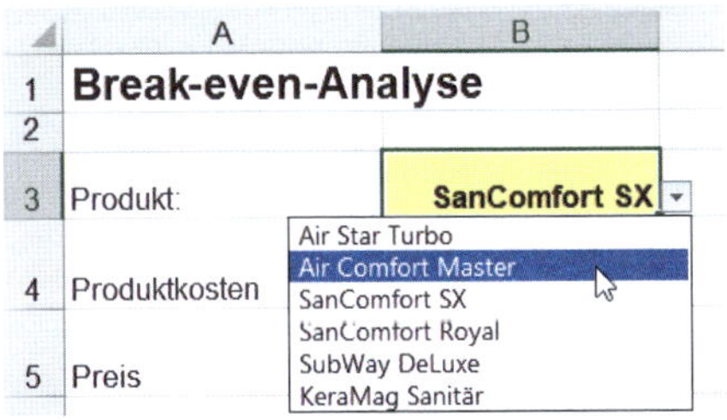

Abbildung 4.12: Datenüberprüfungsliste für die Produkte

Holen Sie den Preis und die Kosten für das gewählte Produkt mit einem SVERWEIS() aus der Tabelle *tbl_Produkte*. Den Spaltenverweis sichern Sie aber mit der Funktion SPALTE() ab, damit die Formel auch wieder stimmt, wenn sich die Tabellenstruktur ändert. Mit diesem Trick brauchen Sie nur eine Formel für alle drei Verweise:

Die Funktion SPALTE() sucht nach der Spalte, in der sich der Feldname aus Spalte A befindet, der String muss aber mit INDIREKT() übergeben werden.

```
B4: SPALTE(INDIREKT("tbl_Produkte["&A4&"]"))
```

Jetzt kann der SVERWEIS() die Suche nach dem Wert aufnehmen:

```
B4: =SVERWEIS($B$3;tbl_Produkte;SPALTE(INDIREKT("tbl_Produkte["&A4&"]"));FALSCH)
```

Kopieren Sie die Formel über den Bereich B4:B6, sie funktioniert auch für die anderen beiden Verweise.

Die Formel für den Break-even vereinfachen wir mit Bereichsnamen. Nutzen Sie die automatische Zeilen-/Spaltenzuweisung:

Aktion	Erklärung
Bereich A3:B8 markieren, *Formeln/Definierte Namen/Aus Auswahl erstellen* Namen erstellen aus Werten aus: linker Spalte	Weist den Zellen der rechten Spalte die Bereichsnamen aus der linken Spalte zu (B4: *Produktkosten*, B5: *Preis* etc.)

Konstruieren Sie die Formel jetzt mit den Bereichsnamen, klicken Sie mit der Maus in das benannte Feld, um es in die Formel zu holen, oder drücken Sie F3 für die Liste mit allen Bereichsnamen:

```
=Strukturkosten/(Preis-Produktkosten)+1
```

Das Ergebnis ist die Anzahl Produkte, die hergestellt werden muss, um Gewinn zu erzielen. Die Formel in B8 berechnet den damit erzielten Umsatz:

```
=BEP_Absatz*Preis
```

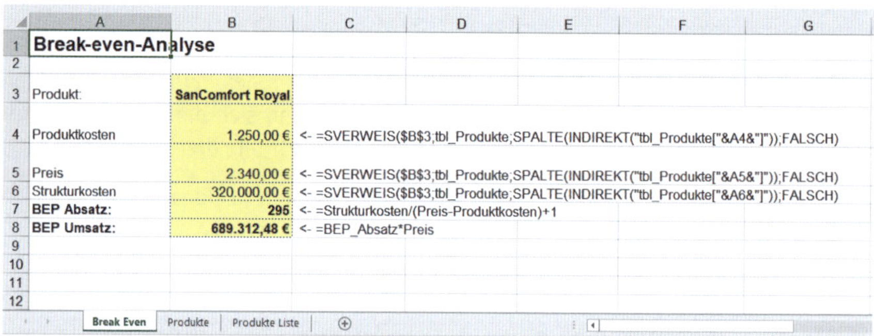

Abbildung 4.13: Break-even mit variabler Produktetabelle und Datenüberprüfungsliste

4.6 Dynamische Bereichsnamen

Eines müssen wir gleich vorwegnehmen: Dynamische Bereiche haben in Excel bis zur Einführung der Tabelle eine große Rolle gespielt. Mit der Tabelle hat der Bereichsname und damit auch der dynamische Bereichsname seine Bedeutung verloren. Tabellen sind bereits dynamisch, und mit der Umwandlung der Liste in eine Tabelle fallen die komplexen dynamischen Bereiche weg. Listen haben grundsätzlich den Nachteil, dass sie nicht dynamisch auf Änderungen reagieren.

Die Formel

```
=SUMME($A$1:$A$20)
```

wird immer den Bereich A1:A20 summieren und alles ignorieren, was ab Zeile 21 passiert, solange keine Zeilen eingefügt oder gelöscht werden. Mit Spaltenbezügen zu arbeiten, ist nicht nur riskant, sondern führt auch zu übermäßig großen Bereichen, die in Formeln zu verwalten sind:

```
=SUMME($A:$A)
```

Mit der Tabelle hat sich das geändert. Die Tabelle ist Nachfolger der Liste, sie arbeitet nicht mit Bezügen, sondern mit strukturierten Verweisen und ist dynamisch. Die Tabelle oder, genauer gesagt, der Tabellenname passt sich automatisch an Änderungen unterhalb oder neben dem Bereich an.

```
=SUMME(tbl_Umsatz[Betrag])
```

Der dynamische Bereich spielt also in der modernen Kalkulation keine große Rolle mehr. Wer noch auf die altmodische Liste setzt, sollte langsam auf die Tabelle umstellen. Externe Daten sind übrigens automatisch Tabellen, sowohl die ältere ODBC-Technik als auch Power Query und Power Pivot verwenden Tabellen.

Der Vollständigkeit halber sehen wir uns aber die Technik des dynamischen Bereichs noch einmal an, die Alternative Tabelle kommt dabei natürlich auch zu Wort. Außerdem hat Excel noch einige »Baustellen«, in denen die Tabelle noch nicht so ganz angekommen ist, und da ist das Zusammenspiel zwischen Bereichsnamen und Tabelle besonders wichtig.

4.6.1 Die dynamische Liste

Nehmen wir als Beispiel eine Umsatzliste, die manuell gepflegt wird. Um die Auswertung exakt auf die verfügbaren Daten zu beziehen, geben Sie der Liste einen Bereichsnamen, der sich dynamisch über eine Formel berechnet.

Die Schlüsselfunktion ist hier `BEREICH.VERSCHIEBEN()`, die »Königin« der Excel-Funktionen mit folgender Syntax:

```
=BEREICH.VERSCHIEBEN(vonBezug;anzZeilen;anzSpalten;[neueHöhe];[neueBreite])
```

- vonBezug: Hier geben Sie die Zelle an, von der eine Bereichsverschiebung gestartet wird. Sie können auch einen Bereich oder Bereichsnamen verwenden, in diesem Fall gilt die erste (linke obere) Zelle als Ausgangspunkt.
- anzZeilen: Geben Sie an, um wie viele Zeilen Sie den Bezug verschieben wollen (negative Zahl = nach oben).
- anzSpalten: Geben Sie an, um wie viele Spalten Sie den Bezug verschieben wollen (negative Zahl = nach links).
- neueHöhe: In diesem Argument geben Sie die neue Höhe des Zielbereichs an oder berechnen diese über eine weitere Funktion.
- neueBreite: In diesem Argument geben Sie die neue Breite des Zielbereichs an oder berechnen diesen über eine weitere Funktion.

Der Trick besteht jetzt darin, die Argumente dieser Funktion nicht statisch einzutragen, sondern zu berechnen, und dazu verwenden Sie diese Funktionen:

Funktion	**Erklärung**
ANZAHL()	Berechnet die Anzahl numerischer Einträge in einem Bereich.
ANZAHL2()	Berechnet die Anzahl aller Einträge in einem Bereich.
ZEILEN() SPALTEN()	Berechnet die Anzahl an Zeilen bzw. Spalten eines Bereichs.

Starten Sie mit einem Bereichsnamen für eine dynamische mehrspaltige Liste. Die Funktion startet in Zelle A1, überspringt die Verschiebungen und berechnet die Zeilen- bzw. Spaltenzahl aus der Anzahl der Einträge in Spalte A (Zeilen) und Zeile 1 (Spalten):

```
Name: rng_Kundenliste
Bezieht sich auf: =BEREICH.VERSCHIEBEN($A$1;;;ANZAHL2($A:$A);ANZAHL2($1:$1))
```

Der zweite Bereichsname liefert Ihnen die zweispaltige Kundenliste ohne Kopfzeile:

```
Name: rng_Kundenliste_ohne_K
Bezieht sich auf:
=BEREICH.VERSCHIEBEN(rng_Kundenliste;1;0;ZEILEN(rng_Kundenliste)-1;2)
```

Der dritte Name listet alle Kundennamen der ersten Spalte auf (ideal für Datenüberprüfungslisten):

```
Name: rng_Kunden
Bezieht sich auf: =BEREICH.VERSCHIEBEN(rng_Kundenliste_ohne_K;;;;1)
```

Alternativ dazu können Sie auch die Funktion INDEX() verwenden. Lassen Sie die Zeilen weg, erhalten Sie die gesamte Spalte:

```
=INDEX(Bereich;Zeile;Spalte)
Name: rng_Kunden
Bezieht sich auf: =INDEX(rng_Kundenliste_ohne_K;;1)
```

Die Umsatzliste erhalten Sie im vierten Namen, indem Sie die erste Spalte einfach verschieben (oder wieder mit INDEX()):

```
Name: rng_Umsatz
Bezieht sich auf: =BEREICH.VERSCHIEBEN(rng_Kunden;0;1)
```

oder:

```
Bezieht sich auf: INDEX(rng_Kundenliste_ohne_K;;2)
```

4.6.2 Dynamische Bereiche in Tabellen

Die Tabelle ist, wie bereits erwähnt, über den Tabellennamen dynamisch, was die Erstellung dynamischer Bereichsnamen weitgehend überflüssig macht. Hier die Umwandlung und der Gebrauch der strukturierten Verweise am Beispiel der zuvor benutzten Kundenliste:

Setzen Sie den Zellzeiger in die Liste, drücken Sie Strg+T, und bestätigen Sie, dass die Tabelle eine Überschrift hat (entspricht *Einfügen/Tabellen/Tabelle*). Die Tabelle wird erstellt, tragen Sie unter *Tabellenentwurf/Eigenschaften* gleich den Tabellennamen ein. Verwenden Sie das Präfix *tbl*, um diesen von Bereichsnamen zu unterscheiden:

```
tbl_Kunden
```

Für interne strukturierte Verweise verwenden Sie die Zeilenelemente, Kennzeichen ist das @-Zeichen. Um die gesamte Spalte zu nutzen, klicken Sie auf den Spaltenkopf. Beispiele:

Aktion	Formel
Nettoumsatz berechnen	`=[@Umsatz]/119*100`
Prozentsatz des Umsatzes am Gesamtumsatz berechnen	`=[@Umsatz]/SUMME([Umsatz])`

Für externe strukturierte Verweise verwenden Sie den Tabellennamen oder Elemente der Tabelle als Bezüge. Die Elemente erhalten Sie, wenn Sie nach dem Tabellennamen eine geöffnete eckige Klammer schreiben:

```
=tbl_Kunden[
```

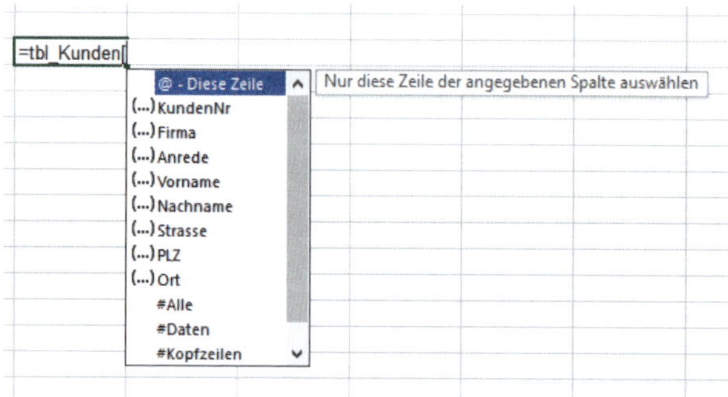

Abbildung 4.14: Strukturierter Verweis: alle Spalten der Tabelle nach der [-Klammer

Auswertungen, die Sie als externe strukturierte Verweise anlegen, liefern immer die richtigen Ergebnisse in dynamischen Tabellen:

Aktion	**Funktion**
Anzahl Kunden zählen (ohne Kopfzeile)	`=ZEILEN(tbl_Kunden)`
Spaltenzahl der Tabelle	`=ANZAHL2(tbl_Kunden[#Kopfzeilen])`
Anzahl Kunden in München	`=ZÄHLENWENN(tbl_Kunden[Ort];"München")`
Umsatzsumme	`=SUMME(tbl_Kunden[Umsatz])`

4.6.3 Bereichsnamen aus Tabellenspalten

Es gibt einige wenige »Baustellen«, die noch keine Tabellen akzeptieren. In diesen müssen Sie den Umweg über den Bereichsnamen wählen, um die Dynamik herzustellen, z. B. die Datenüberprüfungsliste: Der Versuch, eine Tabellenspalte als Quelle zu definieren, liefert einen Fehler. So schalten Sie einen Bereichsnamen dazwischen:

Markieren Sie die Tabellenspalte mit Strg+Leer (ohne Kopfzeile).

Wählen Sie *Formeln/Definierte Namen/Namen definieren.* Geben Sie einen Namen ein. Unter *Bezieht sich auf* sollte bereits der strukturierte Verweis auf die Tabellenspalte eingetragen sein. Falls nicht, markieren Sie die Spalte noch mal im Hintergrund.

```
Name: rngKundennummern
Bezieht sich auf: tbl_Kunden[KundenNr]
```

Weisen Sie diesen Bereichsnamen einer Datenüberprüfungsliste zu, sie wird immer die dynamische Spalte ausweisen:

Daten/Datentools/Datenüberprüfung
Zulassen: `Liste`
Quelle: `=rngKundennummern`

Der dynamische Name funktioniert übrigens auch mit absoluten Bezügen. Sollte die Namensdefinition anstelle von *tbl_Kunden[KundenNr]* den Bezug *=tbl_Kunden!$A$2:$A$29* vorschlagen, können Sie diesen übernehmen, der Bezug wird sich automatisch an die Größenänderung der Tabelle anpassen.

Tipp: Konvertieren Sie Ihre Mappe aus dem Kompatibilitätsmodus, dann erhalten Sie keine absoluten Bezüge mehr.

Wenn Sie zusätzlich zur Kundennummer noch den Firmennamen in der Auswahl sehen wollen, erstellen Sie eine zusätzliche Spalte, in der die beiden Informationen als Textkette verbunden sind.

```
=[@KundenNr]&" "&[@Firma])
```

Oder mit der Funktion TEXTVERKETTEN() mit Ausschluss von Leerzeilen:

```
=TEXTVERKETTEN(" ";WAHR;[@KundenNr];[@Firma])
```

Legen Sie einen Bereichsnamen für diese Spalte an, und weisen Sie diesen einer Datenüberprüfungsliste zu. Mit der Auswahl können Sie dann einen Verweis oder einen externen Verweis starten wie in diesem Beispiel:

Daten/Datentools/Datenüberprüfung
Zulassen: `Liste`
Quelle: = `rngNummerName`
`=INDEX(tbl_Kunden;VERGLEICH($N$19;tbl_Kunden[NummerName];0);9)`

4.6.4 Dynamische Bereiche in Formularelementen

Die Alternative zur Datenüberprüfungsliste ist das Kombinationsfeld aus dem Angebot der Formularelemente. Nehmen Sie aber keine ActiveX-Elemente, mit diesen werden Sie schlechte Erfahrungen machen. Die einfachen Elemente aus der ersten

Gruppe tun es auch. Falls die Entwicklertools nicht sichtbar sind, schalten Sie das Register unter *Datei/Optionen/Menüband anpassen* ein. Zeichnen Sie ein Kombinationsfeld oder ein Listenfeld in das Tabellenblatt. Klicken Sie das Element mit der rechten Maustaste an und wählen Sie *Steuerelement formatieren.*

Eingabebereich	Geben Sie hier immer den absoluten Bezug oder einen Bereichsnamen mit absolutem Bezug ein. Tabellenelemente (*tbl_Kunden[KundenNr]*) funktionieren nicht.
Zellverknüpfung	Eine Zelle oder ein benannter Bereich. Hier wird die Nummer des vom Benutzer markierten Eintrags abgelegt.
Drop-down-Zeilen	Die Anzahl der Zeilen, die im Kombinationsfeld beim Anklicken aufklappen.

Werten Sie den Zellbezug mit der Funktion aus, er entspricht ja exakt der Tabellenzeile:

```
=INDEX(tbl_Kunden;$Q$1;2)
```

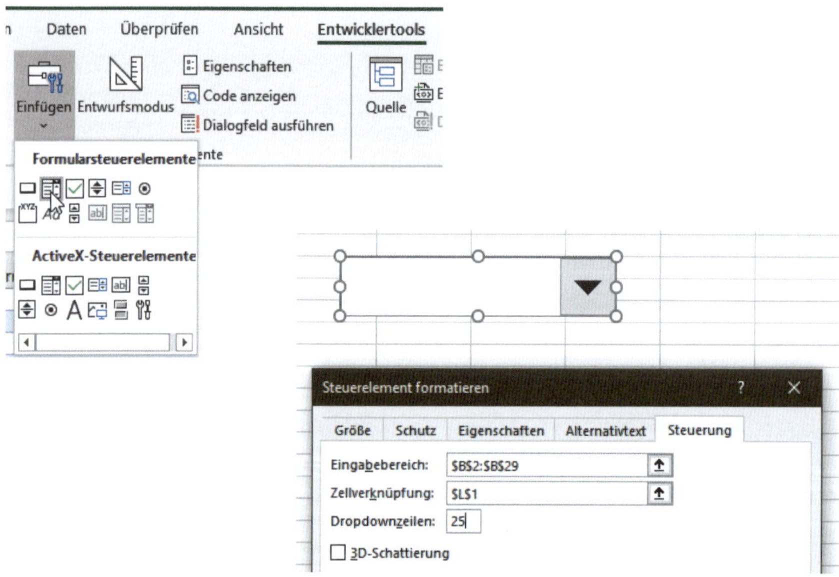

Abbildung 4.15: Ein Kombinationsfeld aus dem Angebot der Formularelemente

4.6.5 Dynamische Bereichsnamen in Diagrammen

Diagramme sind im Prinzip einfache Objekte: Das grafische Element, ein Rechteck, wird mit einer oder mehreren Formeln bestückt, die über die Funktion DATENREIHE() alles in das Diagramm packen, was an Daten benötigt wird. Eine Liste in ein Diagramm umzuwandeln, ist einfach:

Stellen Sie sicher, dass alle Spalten beschriftet sind. Markieren Sie die Liste mit allen Überschriften (Strg+⇧+*).

Wählen Sie *Einfügen/Diagramme* und suchen Sie den passenden Diagrammtyp. Klicken Sie auf das Symbol, um ein Diagrammobjekt zu zeichnen.

Mit F11 erhalten Sie ein Diagrammblatt mit einem Säulendiagramm.

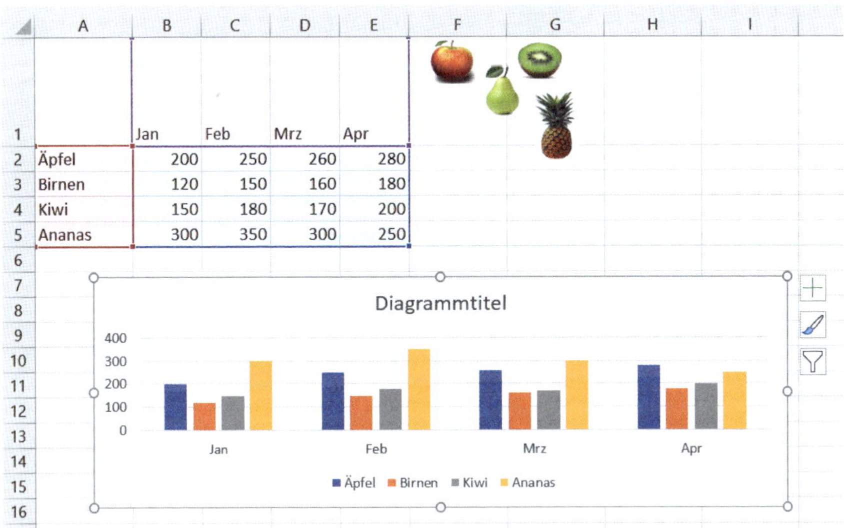

Abbildung 4.16: Diagramm aus Liste – nicht dynamisch

Die Frage, ob Excel im vorliegenden Beispiel das Obst in der x-Achse und die Monate in der Legende zeigt oder umgekehrt die Monate horizontal stehen und die Artikel die Datenreihen bilden, ist schnell beantwortet: Maßgeblich ist die Zahl der Zeilen oder Spalten. Haben Sie mehr Obst als Monate, zeigt das Diagramm das Obst im x-Achsen-Bereich und behandelt die Monate als Datenreihen. Bei Gleichheit gilt die horizontale Beschriftung als x-Achse.

Klicken Sie auf eine der Datenreihen, sehen Sie in der Formelzeile die Funktion DATENREIHE() und die absoluten Bezüge:

```
=DATENREIHE(Tabelle1!$A$2;Tabelle1!$B$1:$E$1;Tabelle1!$B$2:$E$2;1)
```

Und diese Bezüge sind leider nicht dynamisch, d. h., ein neuer Eintrag in die Liste führt nicht automatisch zu einer weiteren Säulenreihe, und eine zusätzliche Spalte wird ebenfalls nicht erkannt. Diese Dynamik erhalten Sie nur, wenn Sie die Liste in eine Tabelle umwandeln:

Drücken Sie mit dem Zellzeiger in der Liste Strg+T. Wandeln Sie die Liste in eine Tabelle mit Überschrift um. Damit werden neue Zeilen und Spalten automatisch im Diagramm wiedergegeben.

Ein Blick auf die Datenreihe zeigt zwar, dass die einzelnen Argumente weiterhin aus $-Bezügen gebildet werden, aber das Diagramm passt sich automatisch an, wenn neue Datensätze angehängt oder Zeilen aus der Tabelle gelöscht werden. Und – was die Liste gar nicht kann – eine neue Tabellenspalte wird auch automatisch in das Diagramm übernommen.

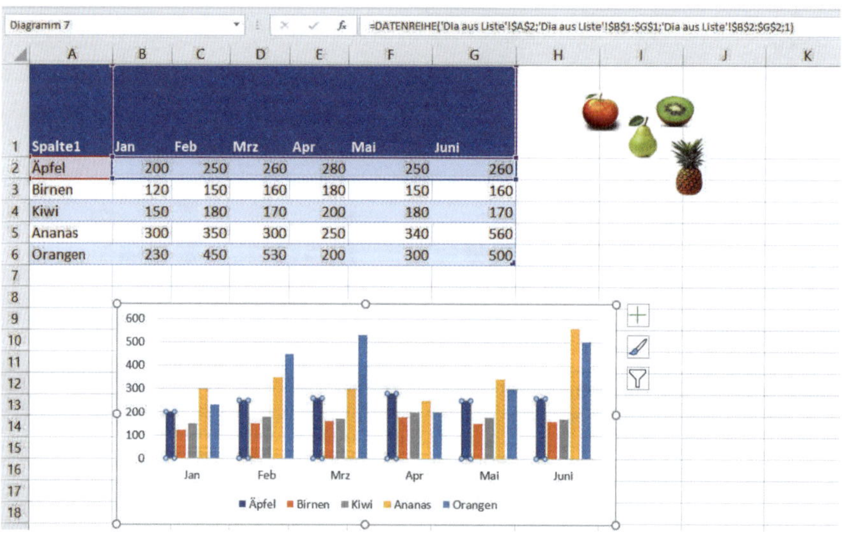

Abbildung 4.17: Dynamisch trotz $-Bezugsreihen – Diagramm aus Tabelle

Bereichsnamen brauchen Sie aber wieder, wenn Sie Diagramme für den Anwender mit Formularelementen aufbereiten, z. B. für Was-wäre-wenn-Analysen oder in Dashboards mit Auswahl von Zeitintervallen. Hier ein Beispiel: Die Liste *Auftragsanalyse* zeigt die Aufträge eines Jahres mit *Aktuell*, *Vorjahr* und *Forecast* als Datenreihen. Über ein Drehfeld wird dem Anwender die Möglichkeit gegeben, die Anzahl der Monate dynamisch zu bestimmen.

Markieren Sie A3:M6, und legen Sie ein Kombi-(Verbund)-Diagramm mit gruppierten Säulen für die ersten beiden Reihen und einer Linie für die Zielvorgaben an. Zeichnen Sie über die Entwicklertools (*Steuerelemente/Einfügen*) ein Drehfeld im Bereich der Zelle E1. Weisen Sie ihm über das Kontextmenü zu:

```
Aktueller Wert: 12
Minimalwert: 1
Maximalwert: 12
Schrittweite: 1
Zellverknüpfung: $E$1
```

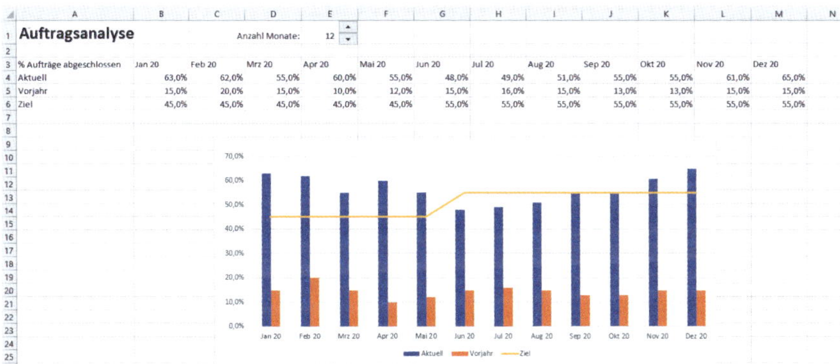

Abbildung 4.18: Auftragsanalyse mit Diagramm

Legen Sie einen Bereichsnamen für die Rubrik an. Achten Sie darauf, dass dieser lokal – für das Tabellenblatt – angelegt werden muss:

```
Name: rng_Rubrik
Bereich: Tabelle1
Bezieht sich auf: ==BEREICH.VERSCHIEBEN(Aufträge!$A$3;0;1;1;Aufträge!$E$1)
```

Legen Sie weitere lokale Namen für die Datenreihen an. Dazu wird einfach die Rubrik um die benötigte Anzahl Zeilen verschoben:

```
Name: rng_Aktuell
Bereich: Tabelle1
Bezieht sich auf: =BEREICH.VERSCHIEBEN(rng_Rubrik;1;0)

Name: rng_Vorjahr
Bereich: Tabelle1
Bezieht sich auf: =BEREICH.VERSCHIEBEN(rng_Rubrik;2;0)

Name: rng_Ziel
Bereich: Tabelle1
Bezieht sich auf: =BEREICH.VERSCHIEBEN(rng_Rubrik;3;0)
```

Klicken Sie mit der rechten Maustaste in das Diagramm und wählen Sie *Daten auswählen*. Tragen Sie ein:

```
Horizontale Achsenbeschriftung: Tabelle1!Rubrik
Legendeneintrag Aktuell:
        Reihenname: =Tabelle1!$A$4
        Reihenwerte: rng_Aktuell
Legendeneintrag Vorjahr:
        Reihenname: =Tabelle1!$A$5
        Reihenwerte: rng_Vorjahr
Legendeneintrag Ziel:
        Reihenname: =Tabelle1!$A$6
        Reihenwerte: =rng_Ziel
```

Damit lässt sich das Diagramm auf die Monatsauswahl ein, Rubrik und Datenreihen passen sich der Auswahl über das Drehfeld an.

4.6.6 Dynamische Planung mit Monats- und Abschnittsauswahl

Es geht natürlich noch besser. Mit `BEREICH.VERSCHIEBEN()` und passenden Formularelementen können dynamische Diagramme in vielen Varianten erzeugt werden.

Hier ein Beispiel, ein Planungsdiagramm, in dem die Anzahl der Datenpunkte und der Einstiegspunkt in der Liste über Formularelemente gesteuert wird.

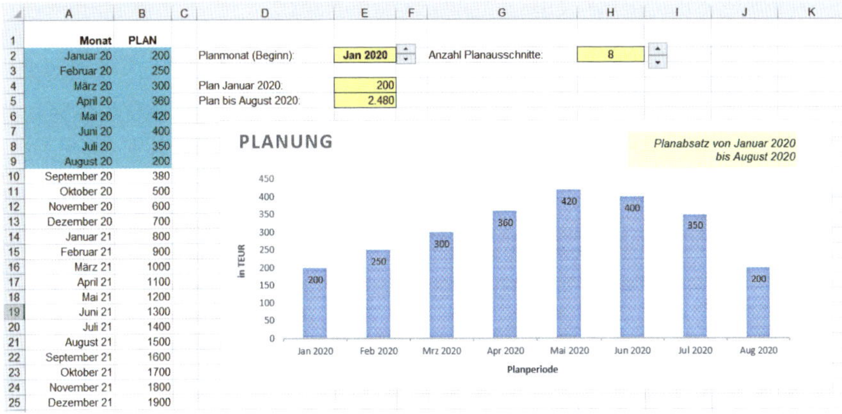

Abbildung 4.19: Dynamisch und flexibel – ein Plandiagramm

Als krönender Abschluss werden die gewählten und im Diagramm visualisierten Daten noch per Bedingungsformat farbig markiert.

Legen Sie eine Liste mit den Überschriften *Monat* und *Plan* und 24 Monaten ab Zelle A1 an. Berechnen Sie den Bereichsnamen für die erste Spalte:

```
Name: Monate
Bezieht sich auf: =BEREICH.VERSCHIEBEN($A$2;0;0;ANZAHL2($A:$A)-1;1)
```

Zeichnen Sie im Bereich der Zelle F1 ein Drehfeld mit diesen Parametern:

```
Minimalwert: 1, Maximalwert: 24, Schrittweite: 1, Zellverknüpfung: $L$2
```

Bieten Sie den ersten Monat zur Auswahl an:

```
D2: Planmonat (Beginn)
E2: =BEREICH.VERSCHIEBEN($A$1;$L$2;0)
```

Das zweite Drehfeld im Bereich der Zelle I2 bekommt diese Daten:

```
Minimalwert: 1, Maximalwert: 12, Schrittweite: 1, Zellverknüpfung: $H$2
```

Bieten Sie die Anzahl der Ausschnitte zur Auswahl an:

```
G2: Anzahl Planausschnitte:
```

Berechnen Sie den Planwert des aktuellen Startmonats:

```
D4: ="Plan "&TEXT($E$2;"MMMM JJJJ")&":"
E4: =BEREICH.VERSCHIEBEN($B$1;VERGLEICH($E$2;Monate;0);0)
D5: ="Plan bis
"&WENN(VERGLEICH($E$2;Monate;0)+$H$2>=ZEILEN(Monate);TEXT(@INDEX(Monate;ZEILEN
(Monate);1);"MMMM JJJJ");TEXT(@INDEX(Monate;VERGLEICH($E$2;Monate;0)+$H$2-
1);"MMMM JJJJ"))&":"
E5: =SUMME(BEREICH.VERSCHIEBEN($B$1;VERGLEICH($E$2;Monate;0);0;$H$2;1))
```

Zeichnen Sie ein Säulendiagramm mit dem Bereich *rng_Plan* als Datenquelle. Berechnen Sie den Bereichsnamen für die Rubrik des Säulendiagramms:

```
Name: A_Monate
Bezieht sich auf:
=BEREICH.VERSCHIEBEN(Monatsplanung!$A$1;VERGLEICH(Monatsplanung!$E$2;Monate;0);
0;Monatsplanung!$H$2;1)
```

Berechnen Sie den Bereichsnamen für die Datenreihe:

```
Name: A_PLAN
Bezieht sich auf:
=BEREICH.VERSCHIEBEN(Monatsplanung!$B$1;VERGLEICH(Monatsplanung!$E$2;Monate;0);
0;Monatsplanung!$H$2;1)
```

Markieren Sie das Diagramm mit der rechten Maustaste und wählen Sie *Daten auswählen*. Weisen Sie der Achsenbeschriftung den Bereichsnamen *A_MONATE* und der Datenreihe den Bereichsnamen *A_PLAN* zu.

Markieren Sie den Bereich *rng_Plan* und wählen Sie *Start/Formatvorlagen/Bedingte Formatierung/Neue Regel*.

Geben Sie diese Formel ein. Sie vergleicht die Zeilennummern des Bereichs mit dem gewählten Monatsanfang. Weisen Sie der Formatregel eine Füllfarbe zu.

```
=UND($A2<>"";ZEILE($A2)-1>=VERGLEICH($E$2;Monate;0);ZEILE($A2)-
1<VERGLEICH($E$2;Monate;0)+$H$2)
```

Wenn Sie noch eine passende Überschrift mit der Angabe des ersten und letzten Planmonats einbauen, ist das Diagramm perfekt. Schreiben Sie diese Formel aber in eine freie Zelle, und verknüpfen Sie die Überschrift mit dieser Zelle:

```
="Planabsatz von "&TEXT(E2;"MMMM JJJJ")&" "&ZEICHEN(10)&"bis
"&WENN(VERGLEICH($E$2;Monate;0)+$H$2>=ZEILEN(Monate);TEXT(@INDEX(Monate;ZEILEN
(Monate);1);"MMMM JJJJ");TEXT(@INDEX(Monate;VERGLEICH($E$2;Monate;0)+$H$2-
1);"MMMM JJJJ"))
```

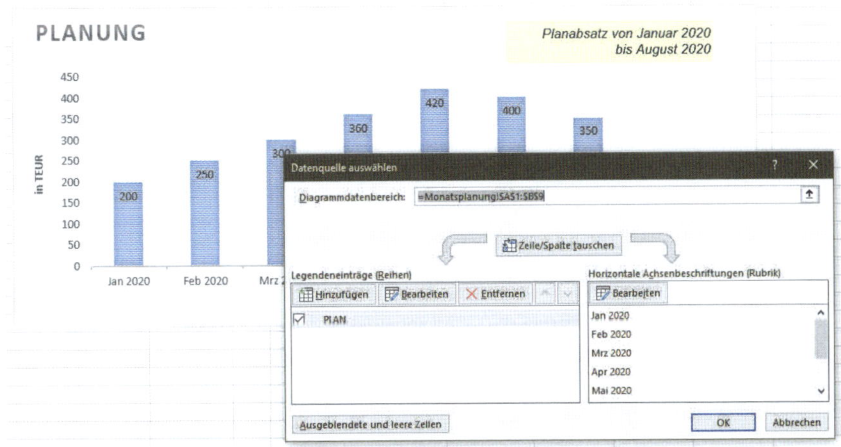

Abbildung 4.20: Mit Daten auswählen *dem Diagramm Bereichsnamen zuweisen*

4.7 Matrix spiegeln mit Bereichsnamen

Das Spiegeln einer Matrix ist einfacher, als es sich anhört. Als Matrix bezeichnet Excel einen Bereich, in VBA (und in vielen verwirrenden Hilfetexten) wird sie auch als Array bezeichnet. Um eine Matrix zu definieren, verwenden Sie

- den absoluten Bezug (z. B. `$A$1:$C$20`)
- den Bereichsnamen, der diesem Bezug zugewiesen wurde (z. B. *rng_Kunden*)
- den Tabellennamen, nachdem die Matrix als Tabelle deklariert wurde

Um eine Matrix zu spiegeln, konstruieren Sie einfach einen Bereichsnamen, der auf eine bestehende Matrix verweist. Der simpelste Weg:

- Bereich 1 heißt *rng_Kunden.*
- Der zweite Bereichsname verweist auf den Bereich *rng_Kunden*:

```
Name: rng_Kunden2
Bezieht sich auf: =rng_Kunden
```

4.7.1 Beispiel: Sport und Umsatz

Schreiben Sie ab Zelle A1 eine Liste mit den Sportarten, die zur Auswahl stehen, nennen Sie diese Liste *rng_Sportarten.*

Zeichen Sie über *Entwicklertools/Steuerelemente/Einfügen* ein Kombinationsfeld. Weisen Sie ihm die Sportartenliste zu, und suchen Sie eine Zellverknüpfung:

```
Eingabebereich: ng_Sportarten
Zellverknüpfung: $A$6
```

Legen Sie je eine Umsatztabelle für jede Sportart an, verwenden Sie eine einheitliche Spaltenbeschriftung (*Produkt* und *Umsatz*). Weisen Sie diese Tabellennamen zu:

```
tbl_Tennis ($B$1:$B$7)
tbl_Golf
tbl_Fußball
```

Für die Auswahl der Sportart zeichnen Sie ein Kombinationsfeld in das Tabellenblatt:

```
Eingabebereich: rng_Sportarten
Zellverknüpfung: $A$6
```

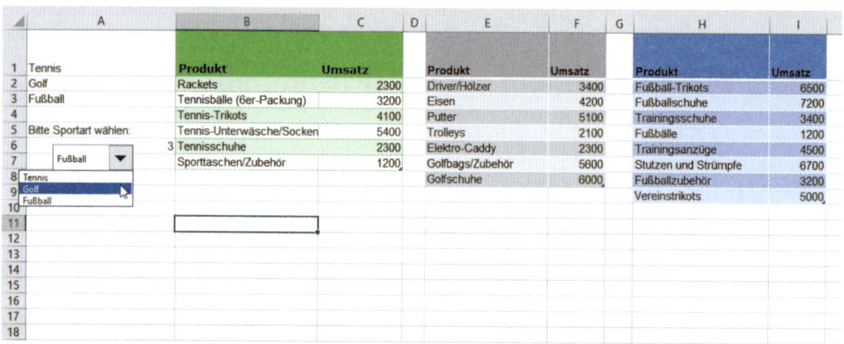

Abbildung 4.21: Drei Tabellen, eine Liste und ein Kombinationsfeld

Generieren Sie im Namens-Manager einen berechneten Bereichsnamen, der über die WAHL()-Funktion die gewählte Sportart aus der Argumentliste holt und in einen neuen Bereichsnamen spiegelt:

```
Name: rng_Auswahl
Bezieht sich auf: =WAHL($A$6;tbl_Tennis;tbl_Golf;tbl_Fussball)
```

Den gespiegelten Bereich holen Sie über eine PivotTable in den Zielbereich. Wählen Sie *Einfügen/Tabelle/PivotTable*. Geben Sie die Spiegelmatrix als Quelle an.

Holen Sie die Spalte *Produkt* in den Zeilenbereich der PivotTable und summieren Sie im Wertefeld den Umsatz.

Zeichnen Sie ein PivotChart auf Basis dieser PivotTable. Entfernen Sie alle Schaltflächen aus dem Chart.

K	L
Produkt	Summe von Umsatz
Fußball-Trikots	6500
Fußballschuhe	7200
Trainingsschuhe	3400
Fußbälle	1200
Trainingsanzüge	4500
Stutzen und Strümpfe	6700
Fußballzubehör	3200
Vereinstrikots	5000

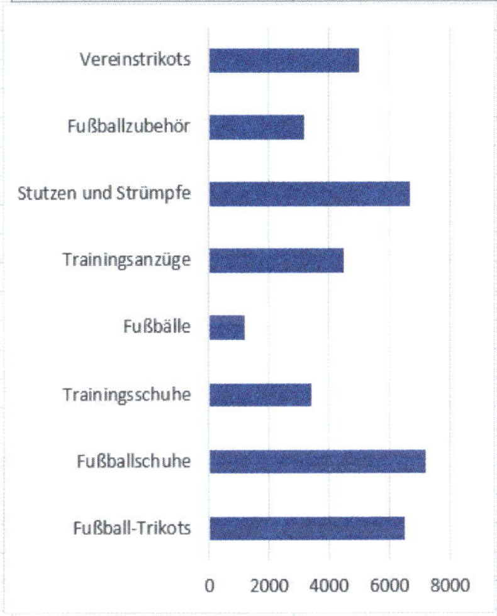

Abbildung 4.22: PivotTable und PivotChart

Ein kleines Problem lässt sich mit VBA aus der Welt schaffen: Nach Auswahl einer Sportart müssen die PivotTable und das PivotChart manuell aktiviert werden. Mit einem kleinen Makro automatisieren Sie diese Aktion:

Klicken Sie mit der rechten Maustaste auf das Formularelement und wählen Sie *Makro zuweisen/Neu*. Schreiben Sie das Makro im Editor:

```
Sub Dropdown1_BeiÄnderung()
  ActiveSheet.PivotTables(1).PivotCache.Refresh
End Sub
```

Damit werden die PivotTable und das PivotChart mit jeder Änderung am Kombinationsfeld aktualisiert. Vergessen Sie nicht, die Arbeitsmappe als Makro-Arbeitsmappe mit der Endung *.xlsm* abzuspeichern.

4.8 VBA: Bereichsnamen ausblenden

Namen haben eine nützliche Eigenschaft: Man kann sie unsichtbar machen, indem man sie einfach ausblendet. Wenn Sie Ihre Datei für Dritte so undurchschaubar wie möglich machen wollen, dann gehört das Ausblenden der Namen einfach dazu. Der winzige Haken an der Sache: Das Ausblenden (und auch das Wiedereinblenden) funktioniert nur mit VBA. Allerdings ist der Code recht überschaubar:

```
Sub Namen_ausblenden()
Dim n As Name
For Each n In ThisWorkbook.Names
    n.Visible = False
Next n
End Sub

Sub Namen_einblenden()
Dim n As Name
For Each n In ThisWorkbook.Names
    n.Visible = True
Next n
End Sub
```

Starten Sie die Codes aus der VBA-Umgebung heraus einfach mit F5, und alle Namen sind entweder verschwunden oder wieder sichtbar.

KAPITEL 5

Das Kreuz mit den Formaten

Lassen Sie uns nicht über Sinn und Unsinn von Formatierungen diskutieren. Ob Sie Ihre Tabellenblätter mit den Modefarben der Saison ausschmücken, Rahmen und Linien verschwenderisch wie Andy Warhol nutzen und mit mindestens 20 verschiedenen Schriftarten und Schriftstilen arbeiten, ist schließlich Ihre Sache. Die anderen sind nur neidisch, dass Sie so tolle Zirkusplakate mit Excel malen können.

Im Ernst – verwenden Sie Formate so sparsam wie möglich. Überlegen Sie mal, wie viel Zeit Sie allein damit verbringen, bei Änderungen im Tabellenblatt Formate anzupassen, Rahmen neu zu zeichnen und Farben zuzuweisen. Die Zeit können Sie für schönere Dinge nutzen.

5.1 Goldene Regeln für die Tabellenformatierung

Bleiben Sie bei einer Schrift, ändern Sie die Schriftgröße nur in Überschriften. Verwenden Sie keine Schmuckschriften oder exotische Schriften. Arbeiten Sie, wenn möglich, nicht mit »Company-Schriften«. Die sehen meist nur in Word oder PowerPoint gut aus, für Excel ist Calibri die beste Wahl.

Hervorhebungen wie Fett, Kursiv und Unterstreichungen heben etwas Wichtiges hervor. Machen Sie die ganze Tabelle fett, können Sie nichts mehr hervorheben. Kursiv ist schlecht zu lesen, und Unterstreichungen sind für Links reserviert.

Farben sind nützlich, wenn sie sparsam zum Einsatz kommen. Wenn Sie ganze Zeilen oder Spalten formatieren, werden nur die darin beschrifteten Zellen farbig gedruckt, und auf die Dateigröße wirken sich diese Tapeten auch nicht aus. Aber schön ist es nicht.

Vermeiden Sie das Verbinden von Zellen. Sie können häufig keine Spalten markieren, wenn diese verbundene Zellen enthalten, und die Formeln stehen meist in der falschen Zelle.

Zeichnen Sie keine Rahmen. Wenn Sie Ihre Tabellen umgestalten, brauchen Sie die meiste Zeit für die Anpassung der Rahmen.

Grafische Elemente wirken sich zwar nicht allzu negativ auf die Dateigröße aus, weil Excel diese für die XML-Datei komprimiert und ins GIF-Format umwandelt. Megabytegroße Fotos und Piktogramme sollten Sie trotzdem vorher verkleinern und komprimieren. Die Windows-Fotobearbeitung reicht dazu völlig aus.

Gestalten Sie von Anfang an so, dass Ihr gewünschtes Ergebnis präsentierbar oder druckbar ist. Dazu richten Sie zuerst das Layout ein (Hochformat/Querformat, Kopf-/Fußzeilen, Ränder). Verwenden Sie Druckbereiche. Sehen Sie ab und zu in der Druckvorschau (Strg+P) nach, ob alles noch auf die gewünschte Anzahl Seiten passt. Hier können Sie fast alle Layouteinstellungen vornehmen. Skalieren Sie das Druckerzeugnis so, dass es auf eine Seite passt. Rechts unten finden Sie ein Symbol zum Einschalten der Spaltenlinien und für den Seitenzoom.

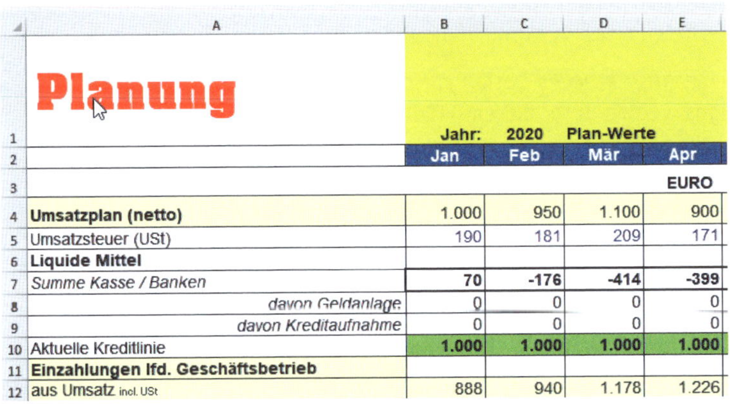

Abbildung 5.1: So bitte nicht: Zirkusplakat

Abbildung 5.2: Layout direkt am Druck mit der Seitenansicht

5.1.1 Ein Unternehmensdesign

Designs sorgen für ein einheitliches Formatieren auf Unternehmensebene. Wenn Sie noch kein firmenspezifisches Design nutzen, können Sie ein solches auch in Excel anlegen. Unter *Seitenlayout/Designs* finden Sie eine Auswahl. Definieren Sie zuerst die Farben, und legen Sie mit *Farben anpassen* bis zu sechs Akzentfarben für die Diagramme fest. Diese Farben verwenden die Diagramme für ihre Datenreihen.

Wählen Sie *Designs/Aktuelles Design speichern* und geben Sie dem Design einen Namen. Designs werden unter diesem Pfad gespeichert:

C:\Users\info\AppData\Roaming\Microsoft\Templates\Document Themes

Damit das Design automatisch mit dem Start von Excel aktiv wird, speichern Sie die Mappe mit Ihrem Design einfach in der Startvorlage ab (siehe Kapitel 1.11.2).

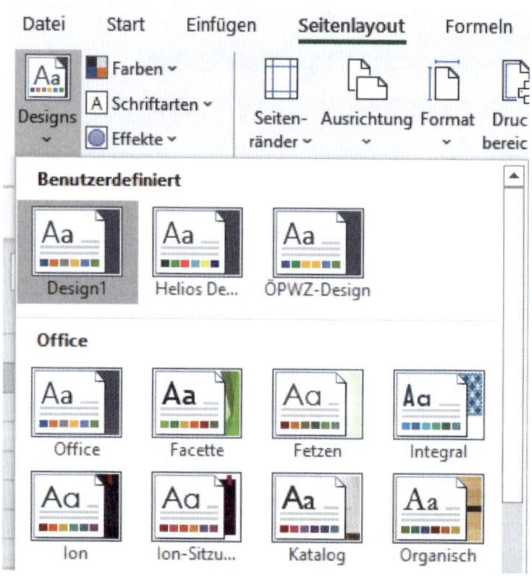

Abbildung 5.3: Ein benutzerdefiniertes Design

5.1.2 Der Formatpinsel

Ein Werkzeug, das in jeden Haushalt gehört: Der Formatpinsel überträgt Formate. Keine Zauberei, einfach die formatierte Zelle markieren, Klick auf den Pinsel, und das Format wird auf die nächste markierte Zelle übertragen. Natürlich können Sie auch Bereiche, ganze Zeilen oder Spalten markieren.

Ein Trick dazu: Klicken Sie doppelt auf den Pinsel, »rastet« dieser ein, und Sie können das Format per Klick auf andere Zellbereiche übertragen. Ein weiterer Doppelklick oder die Esc-Taste beendet den Modus wieder.

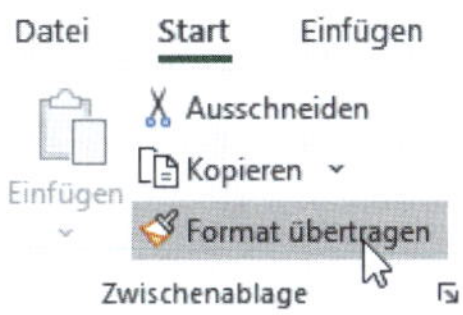

Abbildung 5.4: Der Formatpinsel

5.2 Minuszeichen rechts von der Zahl

Eine lästige Unart, die sich in SAP-Berichten zwar mit Ankreuzen einer Option im SAP GUI erledigen lässt (aber wer weiß das schon): Negative Zahlen haben das Minuszeichen rechts an der Zahl, nicht links. Das war früher mal eine gängige Schreibweise, beim Import der Daten bewirkt sie aber, dass die Zahl als Text gewertet wird. Hier gibt es mehrere Möglichkeiten, demonstriert an einer Liste mit drei Zahlen:

A1: Betrag
A2: 12,34
A3: -12,34
A4: 12,34-

1. Möglichkeit: Text in Spalten. Markieren Sie die Spalte, wählen Sie *Daten/Datentools/Text in Spalten.* Schalten Sie durch bis zum letzten Dialog, klicken Sie hier auf *Erweitert.* Mit der Option *nachstehendes Minuszeichen für negative Zahlen* werden die Zahlen korrekt umgesetzt.

2. Möglichkeit: Mit WENN() berechnen. Schreiben Sie eine Formel mit der WENN()-Funktion, die die Position des Minuszeichens abfragt und die Werte entsprechend umwandelt:

```
=WENN(RECHTS(A1;1)="-";WECHSELN(A1;"-";"")*-1;F1)
```

3. Möglichkeit: Schicken Sie die Zahlen in eine Power-Query-Abfrage:

Daten/Daten abrufen und transformieren/Aus Tabelle/Bereich. Mit der (automatischen) Umwandlung des Dateityps (type number) werden die negativen Zahlen korrekt wiedergegeben. Holen Sie das Ergebnis mit *Start/Schließen und Laden* in eine Tabelle.

5.3 Benutzerdefinierte Zahlenformate

Die wichtigsten Formatierungswerkzeuge für Tabellen sind die Zahlenformate. Um diese wirklich zu beherrschen, sollten Sie die benutzerdefinierten Formate und die Platzhalter kennen. Mit der Zuweisung eines Zahlenformats über *Start/Zellen/Format* oder über *Start/Zahl* haben Sie keine Kontrolle über die Formatierung und können nicht alle Möglichkeiten der Zahlenformate ausreizen. Wählen Sie im Kontextmenü der rechten Maustaste *Zellen formatieren*. Oder drücken Sie einfach Strg+1.

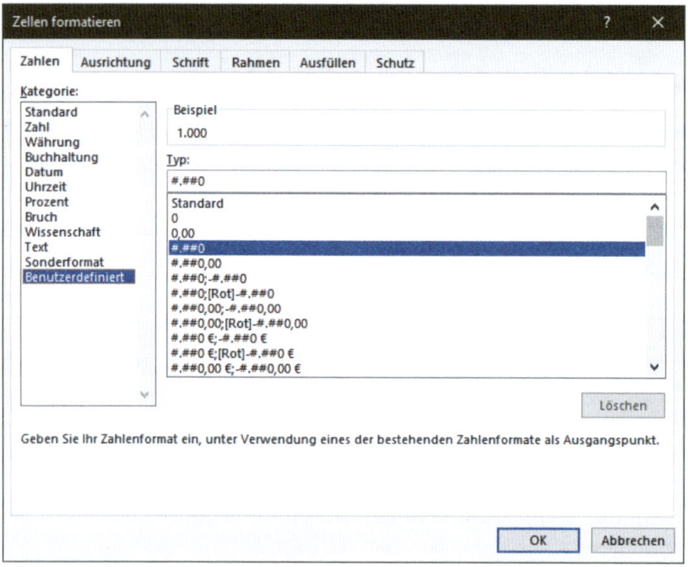

Abbildung 5.5: Benutzerdefinierte Formate und Platzhalter

Ein Zahlenformat besteht aus maximal vier Sektionen, jeweils geteilt mit einem Semikolon:

Positive Zahlen;Negative Zahlen;Null;Text

Die Platzhalter sorgen dafür, dass die Zahl ihrem Wert entsprechend formatiert wird:

0 Platzhalter für die Zahl selbst. Eine Null reicht, außer Sie wollen die Zahl links vom Komma mit Nullen auffüllen. Die Nullen nach dem Komma stehen für die Anzahl der angezeigten Nachkommastellen, die Zahl wird für die Anzeige kaufmännisch gerundet (0,00 = zwei Nachkommastellen).

Die Raute brauchen Sie, um die Position des Tausenderpunktes zu fixieren. #.##0,00 formatiert einen Wert über 1.000 mit Punkt (Beispiel: 1.234,00).

[Rot] Mit Farbklammern können Sie die Werte in den einzelnen Sektionen noch einfärben. Erlaubt sind die Grundfarben Rot, Gelb, Grün und Blau, Sie können aber auch [Farbe1] bis [Farbe 16] benutzen. Dieses Zahlenformat formatiert z. B. positive Zahlen mit zwei Nachkommastellen und Tausenderpunkt schwarz und negative Zahlen rot. Die Null wird grün gefärbt, Texte werden nicht angezeigt: `#.##0,00;[Rot]#.##0,00;[Grün]0;""`

5.3.1 Äpfel und Birnen ...

... sollten Sie nicht miteinander vergleichen, aber mit Excel haben Sie immerhin die technischen Möglichkeiten dazu. Das benutzerdefinierte Zahlenformat erlaubt nämlich beliebige Texte vor und hinter den Zahlenplatzhaltern. So wird z. B. aus 10,0 ein 10,0 kg/Liter:

```
#.##0,00" kg/Liter"
```

Setzen Sie Texte immer in Anführungszeichen. Das Eurozeichen € und das Dollarzeichen $ sind einige wenige Zeichen, die auch ohne Anführungszeichen akzeptiert werden. Und aus dem Produkt aus Äpfeln und Birnen werden damit einfach Tomaten:

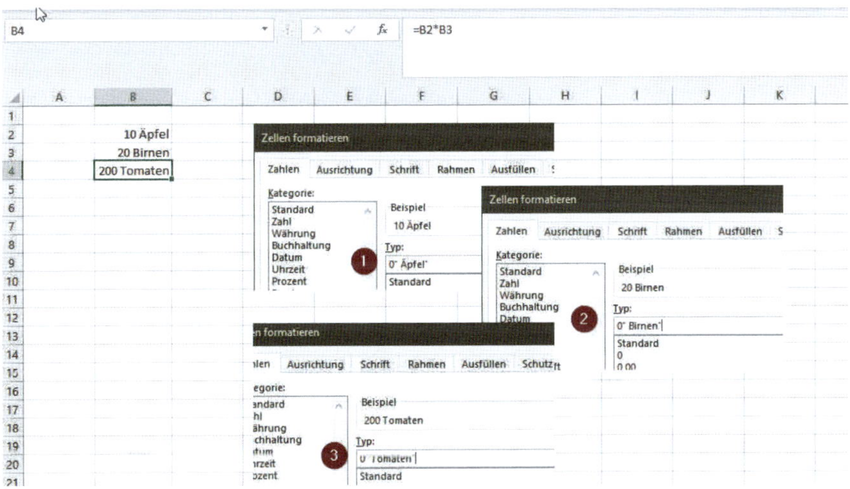

Abbildung 5.6: Äpfel und Birnen vergleichen – so geht´s

5.3.2 Nullunterdrückung

Für die Unterdrückung der Null gibt es eine Option: Wählen Sie *Datei/Optionen/Erweitert*. Deaktivieren Sie die Arbeitsblattoption *In Zellen mit Nullwerten eine Null anzeigen*. Schön und gut, aber damit unterdrücken Sie alle Nullen im Tabellenblatt. Mit einem benutzerdefinierten Zahlenformat werden Sie die Null auch in einzelnen Zellen los: Schreiben Sie in der dritten Sektion zwei Anführungszeichen anstelle der 0:

```
#.##0,00;[Rot]#.##0,00;""
```

5.3.3 Zahlenformate für Datumswerte

Datumswerte werden mit benutzerdefinierten Zahlenformaten besonders flexibel. Nutzen Sie die Platzhalter, um gezielt Informationen aus dem Datum zu holen:

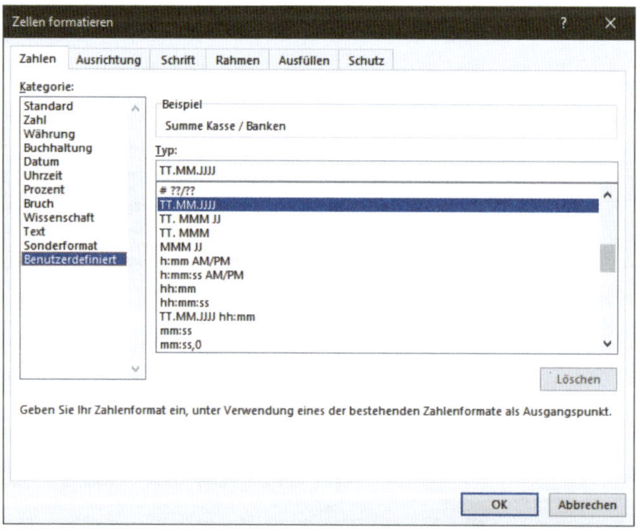

Abbildung 5.7: Benutzerdefinierte Zahlenformate für Datumswerte

Platzhalter	**Formatierung**
T	Tageszahl ohne führende Null
TT	Tageszahl mit führender Null
TTT	abgekürzter Wochentag (Mo, Di, Mi ...)

Platzhalter	Formatierung
TTTT	ausgeschriebener Wochentag (Montag, Dienstag ...)
M	Monatszahl ohne führende Null
MM	Monatszahl mit führender Null
MMM	Monat abgekürzt (Jan, Feb, Mär ...)
MMMM	Monat ausgeschrieben (Januar, Februar ...)
J oder JJ	zweistellige Jahreszahl
JJJ oder JJJJ	vierstellige Jahreszahl

Hinweis: Für die richtige Interpretation von Datumseingaben sorgt die Einstellung der Regions- und Sprachoptionen in der Systemsteuerung von Windows.

5.3.4 Dezimalzahlen am Komma ausrichten

Wie wird eine Spalte mit Dezimalzahlen formatiert, damit alle Werte am Dezimalkomma ausgerichtet sind, und zwar unabhängig von der Anzahl der Nachkommastellen?

Das geht mit einem benutzerdefinierten Zahlenformat. Markieren Sie die Spalte mit den Dezimalzahlen und drücken Sie Strg+1. Unter *Zahlen* markieren Sie *Benutzerdefiniert*. Geben Sie dieses Zahlenformat ein:

```
0,0?????????
```

Der Platzhalter *?* steht für eine beliebige Ziffer. Bei nicht signifikanten Nullen unterdrückt Excel die Anzeige, lässt aber entsprechenden Platz für die Stelle. So schaffen Sie Platz für zehn Nachkommastellen, die aber nur angezeigt werden, wenn sie benötigt werden. Ansonsten füllt Excel die Stellen mit Leerzeichen auf, sodass die Dezimalkommata in der gesamten Spalte untereinander ausgerichtet sind.

Der Platzhalter *0* sorgt dafür, dass direkt vor und hinter dem Komma immer eine Ziffer steht, auch bei Nullen. So wird der Wert *3* als *3,0* und *0,123456* mit der führenden Null angezeigt. Für eine höhere Genauigkeit hinter dem Komma fügen Sie weitere *?* hinzu. Mit der Raute definieren Sie das Format so, dass vor dem Komma im Bedarfsfall ein Tausenderpunkt erscheint:

```
#.##0,0?????????
```

5.4 Bedingte Formatierung

Die Bedingungsformatierung unter *Start/Formatvorlagen* bietet eine Reihe von vordefinierten Regeln sowie Datenbalken, Farbskalen und Symbolsätze für die Visualisierung spezieller Formate. Damit färben Sie z. B. mit wenigen Klicks alle Zellen, die größer oder kleiner als ein Schwellenwert sind, markieren Duplikate oder kennzeichnen die größten/kleinsten Werte.

Die besten Effekte erzielen Sie mit selbst definierten Regeln unter Anwendung der Arithmetik und der Formelbibliothek von Excel.

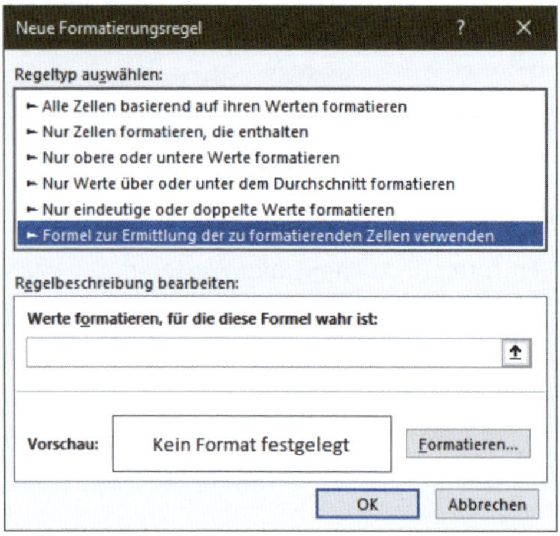

Abbildung 5.8: Formeln für Bedingungsformate

Der wichtigste Tipp für die Bedingungsformel: Verwenden Sie immer die aktuelle Zelle als Bezug. Alle zusätzlich markierten Zellen werden automatisch mitformatiert, und damit haben Sie die Möglichkeit, mit relativen und absoluten Bezügen zu arbeiten.

Haben Sie z. B. den Bereich $A$1:$C20 markiert, definiert diese Formel ein Format für alle Werte größer 0:

```
=A1>0
```

Mit dieser Formel werden alle Zeilen markiert, die in Spalte C eine Null haben. Die Zeile bleibt relativ, der Spaltenbuchstabe wird fixiert:

```
=$C1>0
```

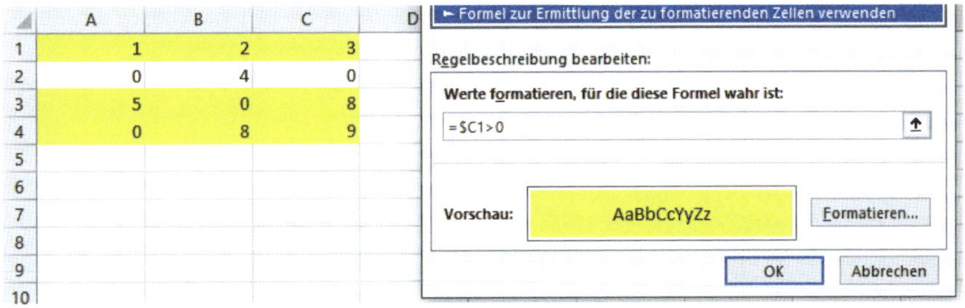

Abbildung 5.9: Ausgetrickst: Bedingungsformel für ganze Zeilen

5.4.1 Fehlerzellen

Schreiben Sie diese Formel, um im markierten Bereich alle Fehlermeldungen ausfindig zu machen:

```
=ODER(ISTLEER(A1);ISTFEHLER(A1))
```

5.4.2 Jede zweite oder n-te Zeile

Mit dieser Formel formatieren Sie jede zweite Zeile. Sie prüft, ob die Zeilennummer gerade ist:

```
=ISTGERADE(ZEILE())
```

Damit färben Sie jede n-te Zelle ein (hier jede fünfte). Die Funktion REST() ermittelt den ganzzahligen Rest der Division aus Zeilennummer und Divisor:

```
=rest(zeile();5)=0
```

5.4.3 Suchen mit Wildcards

Suchen Sie in einem Bereich nach bestimmten Werten, tragen Sie den Suchbegriff in eine freie Zelle ein, und vergleichen Sie diese einfach in der Bedingungsformel mit der ersten Zelle des markierten Bereichs. Schwieriger wird es, wenn der Suchbegriff Wildcards wie * oder ? enthält. Dafür müssen Sie eine Formelschachtel mit diesen Funktionen erstellen:

`=SUCHEN()` sucht nach dem Suchbegriff im ersten Argument in der Spalte mit dem zweiten Argument. Fixieren Sie die Spalte, und geben Sie nur die erste Zeile des markierten Bereichs an.

`=ISTFEHL()` liefert WAHR bei erfolgloser Suche, `NICHT()` negiert dieses Ergebnis. Damit formatieren Sie alle Zellen mit dem Suchbegriff:

```
=NICHT(ISTFEHL(SUCHEN($D$2;$B5)))
```

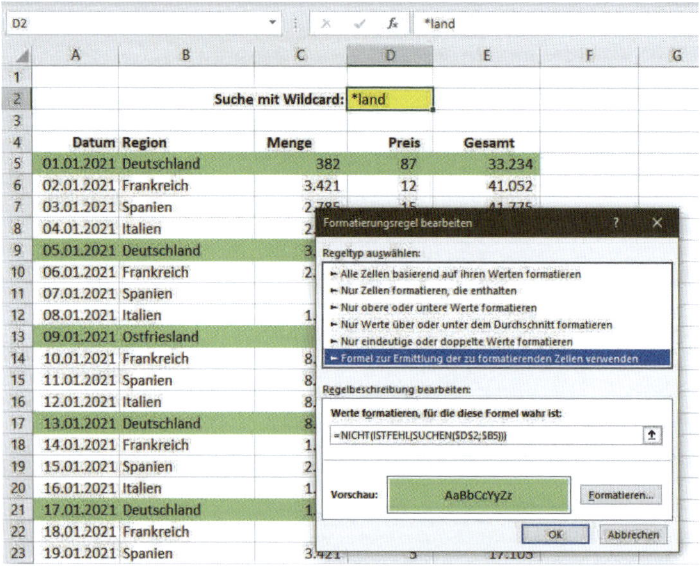

Abbildung 5.10: Suchbegriffe mit Wildcards – so finden Sie alles

5.4.4 Urlaubsplan

Ein Praxisbeispiel mit Bedingungsformaten, die Samstage und Sonntage und sogar die Feiertage im Kalender einfärben. Ein weiteres sorgt dafür, dass die Zeitabschnitte wie in einem Projekt- oder Metaplan in Balkenform angezeigt werden. Diese Elemente sind dabei:

- eine Liste mit Mitarbeiterdaten (Name, Abteilung, Kostenstelle, Urlaubsanspruch)
- eine Liste mit den Feiertagen des aktuellen Jahres
- ein Kalender, der sich mit der Eingabe des Jahres automatisch berechnet
- bedingte Formatierungen für die Kennzeichnung der Wochenend- und Feiertage im Kalender
- Links (Hyperlinks) zur Ansteuerung der einzelnen Monate im Kalender

- die Gliederungsfunktion, um Zeilen oder Spalten zu gruppieren
- die Fensterfixierung, um den Datenbereich vom Kalender zu trennen
- die Datenüberprüfung für komfortable Eingaben der Abwesenheit
- Funktionen zur Berechnung der Abwesenheitstage und des Resturlaubs

So sieht das Ergebnis aus:

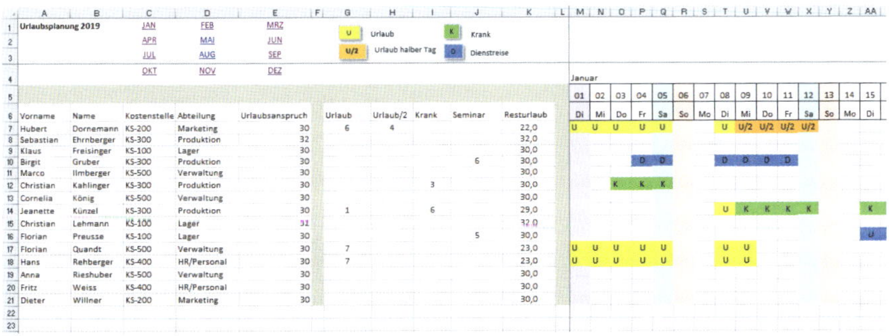

Abbildung 5.11: Urlaubsplanung – ein Praxisbeispiel mit großem Lerneffekt

Schreiben Sie das Auswertungsjahr in Zelle A1.

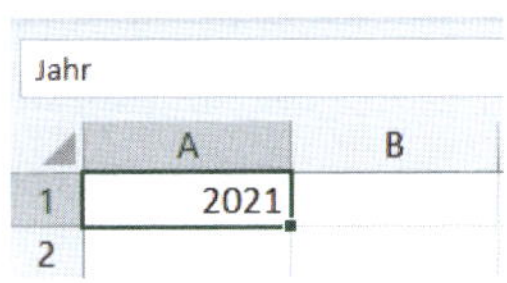

Geben Sie der Zelle den Bereichsnamen *Jahr*, tragen Sie ihn einfach in das Namensfeld ein, und bestätigen Sie mit [↵].

Mit diesem benutzerdefinierten Zahlenformat setzen Sie den Text vor die Zahl:

"Urlaubsplanung"0

Verbinden Sie die Zellen A1:B1.

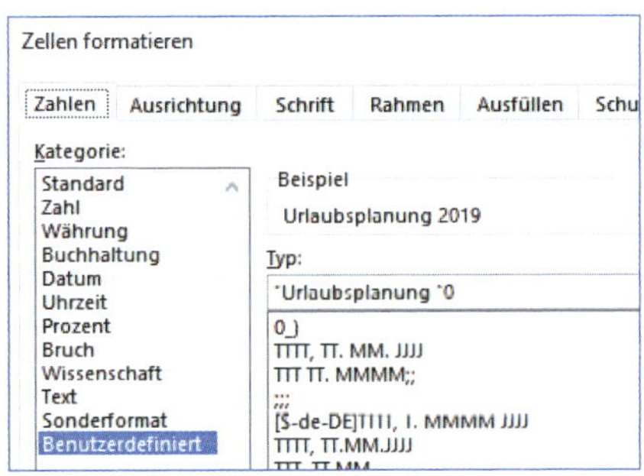

Die Mitarbeiterdaten tragen Sie ab der Zeile 6 ein.

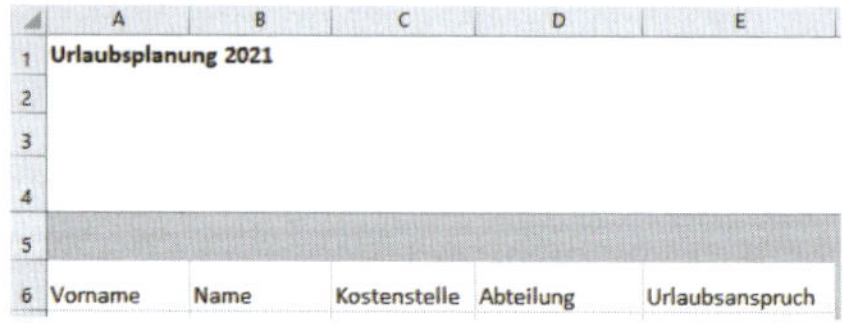

Geben Sie die Daten ein, oder holen Sie die Liste als Kopie oder als Verknüpfung aus den Personaldaten.

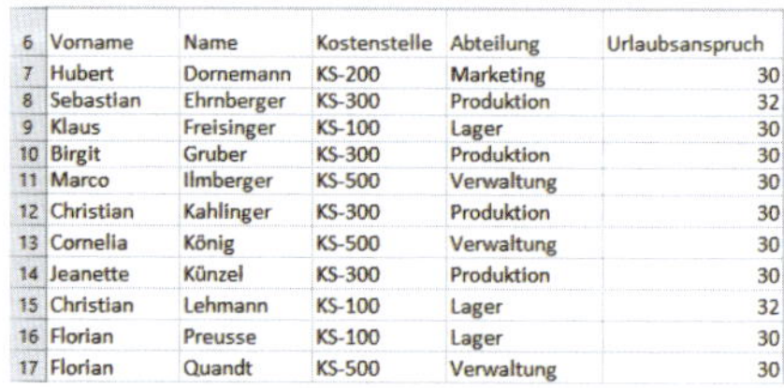

	Vorname	Name	Kostenstelle	Abteilung	Urlaubsanspruch
6	Vorname	Name	Kostenstelle	Abteilung	Urlaubsanspruch
7	Hubert	Dornemann	KS-200	Marketing	30
8	Sebastian	Ehrnberger	KS-300	Produktion	32
9	Klaus	Freisinger	KS-100	Lager	30
10	Birgit	Gruber	KS-300	Produktion	30
11	Marco	Ilmberger	KS-500	Verwaltung	30
12	Christian	Kahlinger	KS-300	Produktion	30
13	Cornelia	König	KS-500	Verwaltung	30
14	Jeanette	Künzel	KS-300	Produktion	30
15	Christian	Lehmann	KS-100	Lager	32
16	Florian	Preusse	KS-100	Lager	30
17	Florian	Quandt	KS-500	Verwaltung	30

Markieren Sie die Spalten A:E ...

... und wählen Sie *Daten/Gliederung/ Gruppieren.* Setzen Sie die Spalten in die zweite Ebene.

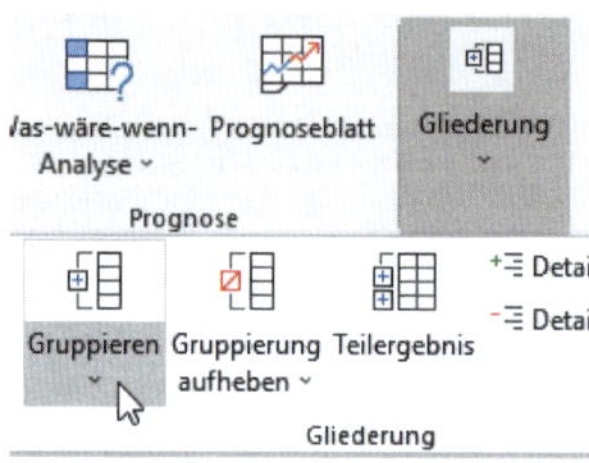

Gruppieren Sie auch die Spalten G:K und tragen Sie die Überschriften für die Auswertung ein.

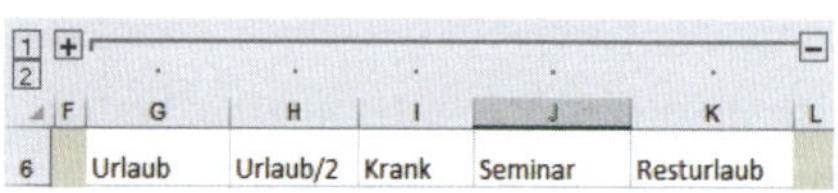

Die Legende für die Urlaubsarten zeichnen Sie mit den Zeichenwerkzeugen aus der Formenbibliothek.

Schreiben Sie die Texte in Textfelder und gruppieren Sie die Objekte. Weisen Sie den Objekten die Eigenschaft *Von Zellposition und -größe unabhängig* zu.

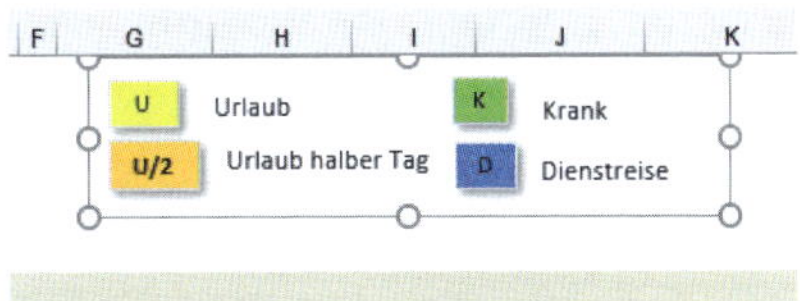

Die Zelle M5 bekommt die Formel zur Berechnung der Datumsschiene aus dem aktuellen Jahr:

=DATUM(Jahr;1;Spalte()-12)

Das Zahlenformat *TT* sorgt dafür, dass nur der Tag angezeigt wird.

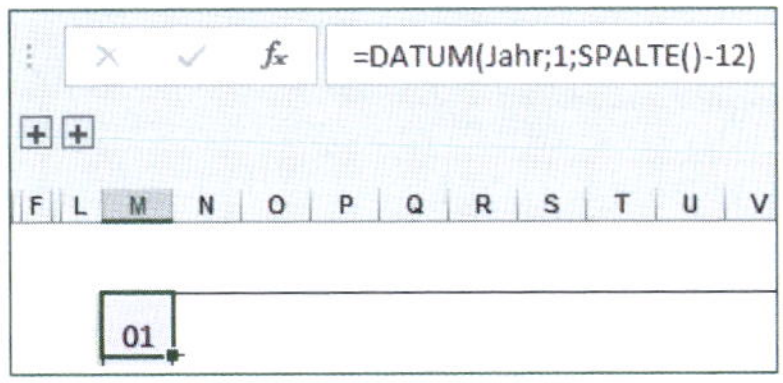

Die Zelle M6 bekommt eine Verknüpfung auf M5 und das Zahlenformat *TTT* für den abgekürzten Wochentag.

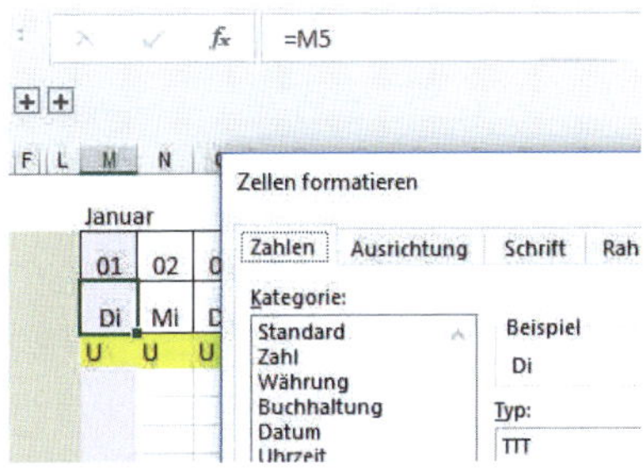

In M4 schreiben Sie eine Formel, die in jeder Spalte, in der ein neuer Monat beginnt, den Monatsnamen in die Zelle einträgt:

=WENN(TAG(M5)=1;TEXT(M5;"MMMM");"")

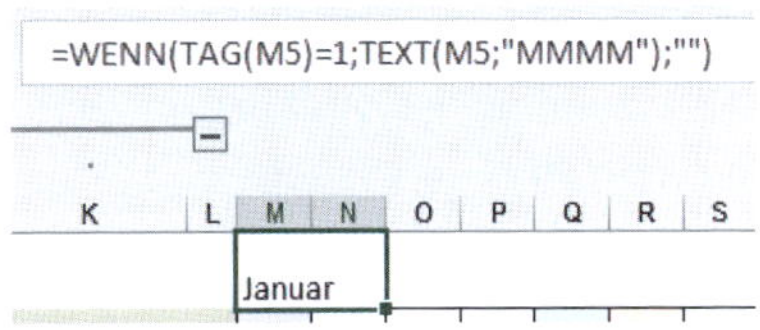

Kopieren Sie die drei Formeln von M4:M6 mit dem Füllkästchen bis NN4:NN6.

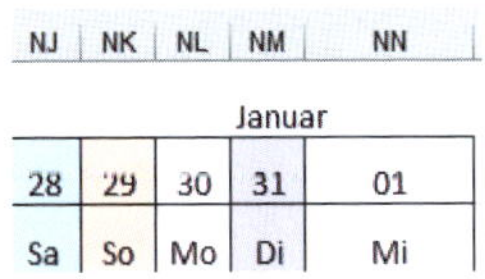

Markieren Sie den Bereich mit den Datumswerten bis zum letzten Mitarbeiter.

Wählen Sie *Start/Formatvorlagen/Bedingte Formatierung.*

Legen Sie eine bedingte Formatierung für die Samstage an:

=WOCHENTAG(M$5)=7

... und für die Sonntage:

=WOCHENTAG(M$5)=1

Weisen Sie den Regeln unterschiedliche Füllfarben zu.

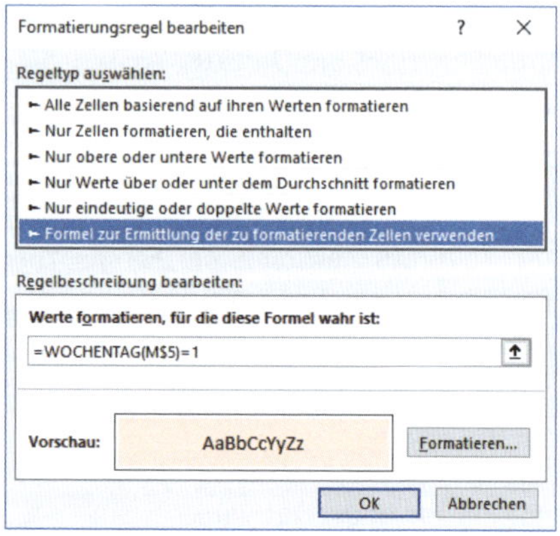

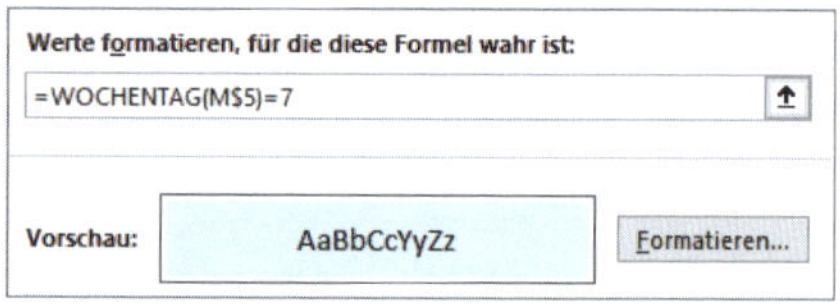

Legen Sie in einem neuen Tabellenblatt eine Feiertagstabelle an (mit Strg+T zur Tabelle erklären).

Geben Sie dieser Tabelle den Namen *tbl_Feiertage.*

Der Ostersonntag ist variabel, er wird mit dieser Formel berechnet:

*=RUNDEN((TAG(MINUTE(Jahr/38)/2+55)&".4."&Jahr)/7;)*7-6*

	Feiertage 2021		
2	Datum		Feiertag
3	Di	01.01	Neujahrstag
4	Sa	01.06	Hl. Drei Könige
5	Do	18.04	Karfreitag
6	So	21.04	Ostersonntag
7	Mo	22.04	Ostermontag
8	Mi	01.05	Tag der Arbeit
9	Do	30.05	Christi Himmelfahrt
10	So	09.06	Pfingstsonntag
11	Mo	10.06	Pfingstmontag
12	Do	20.06	Fronleichnam
13	Do	08.08	Augsburger Friedensfest
14	Do	15.08	Mariä Himmelfahrt
15	Do	03.10	Tag der deutschen Einheit
16	Do	31.10	Reformationstag
17	Fr	01.11	Allerheiligen
18	Mi	20.11	Buß- und Bettag
19	Di	24.12	Hlg. Abend
20	Mi	25.12	1. Weihnachtsfeiertag
21	Do	26.12	2. Weihnachtsfeiertag
22	Di	31.12	Silvester

Berechnen Sie die übrigen Feiertage.

Legen Sie einen Bereichsnamen *Feiertage* an, geben Sie ihm die erste Spalte der Tabelle als Bezug:

=tbl_Feiertage[Datum]

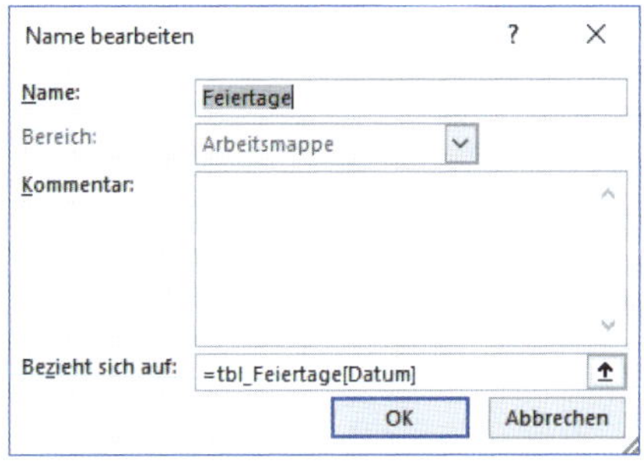

Mit dieser Formel legen Sie eine neue Regel für den gesamten Kalenderbereich an, mit der die Feiertage farbig markiert werden:

=NICHT(ISTNV(VERGLEICH(Urlaubsplanung!M$5;Feiertage;0)))

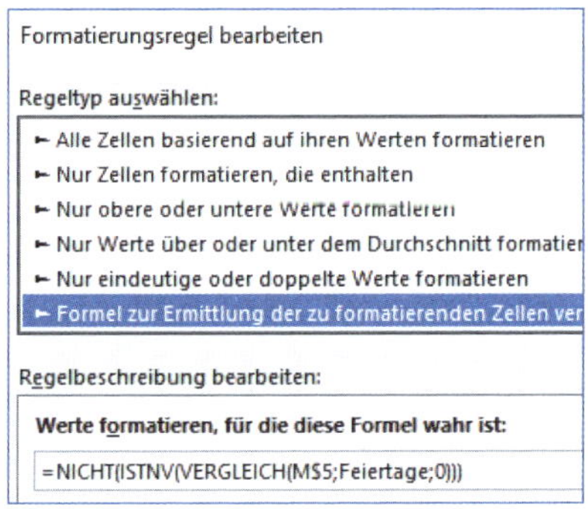

Der Innenbereich des Kalenders bekommt eine Datenüberprüfungsliste.

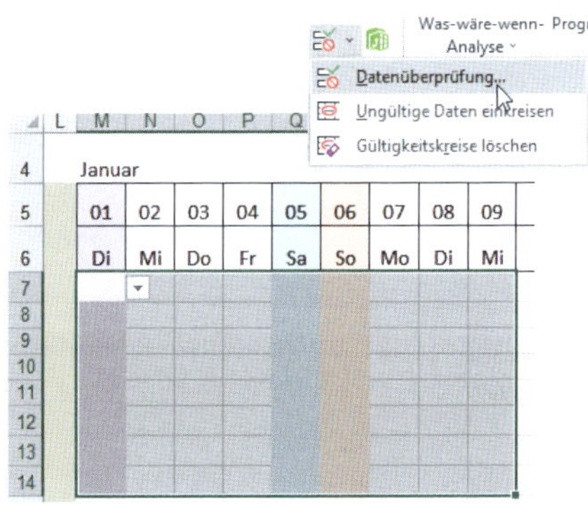

Wählen Sie unter *Zulassen: Liste* und geben Sie die Abwesenheiten als Quelle an: *U;U/2;K;D*

- U = *Urlaub*
- U/2 = *halber Urlaubstag*
- K = *Krank*
- D = *Dienstreise*

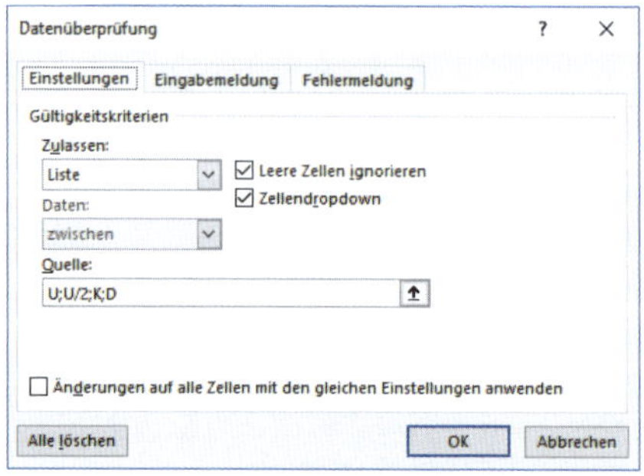

Legen Sie für jede Abwesenheitsart eine bedingte Formatierung an, und weisen Sie die in der Legende fixierten Farben zu.

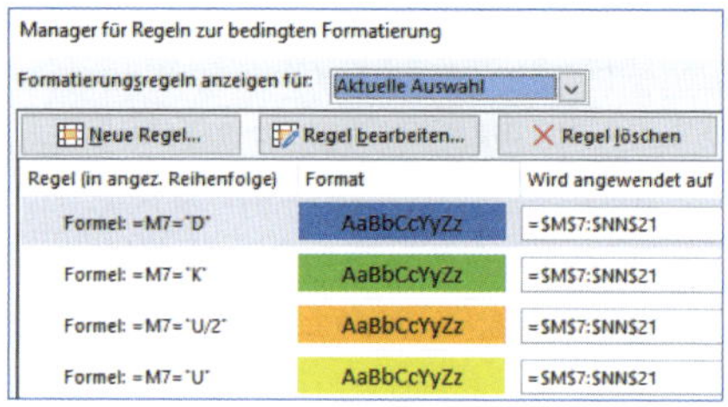

Legen Sie eine Fehlermeldung für den Fall fest, dass die Datenüberprüfung Fehler meldet.

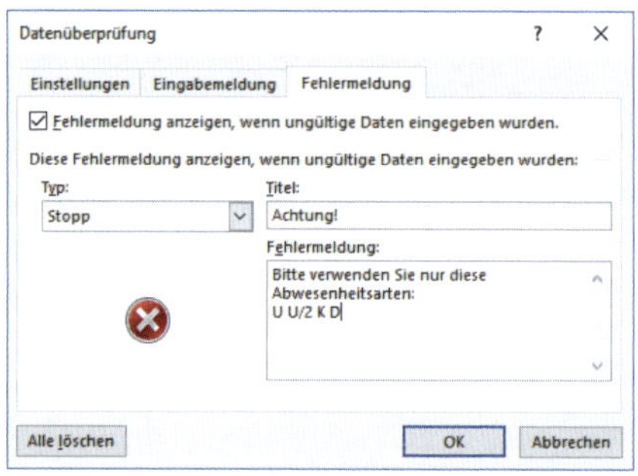

Jetzt können Sie die Abwesenheiten eintragen oder aus der Liste holen.

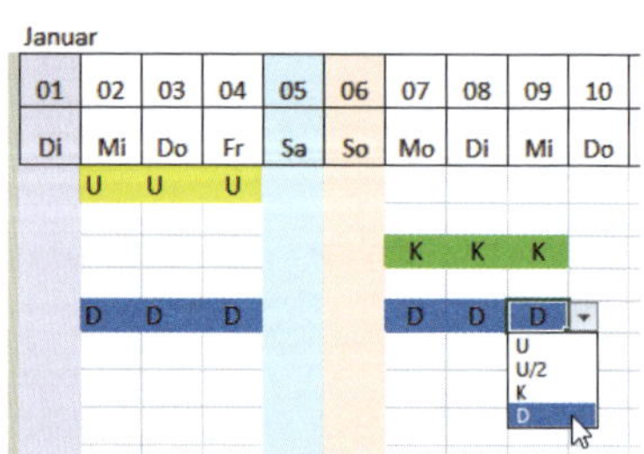

Mit der Funktion ZÄHLENWENN() berechnen Sie im Auswertungsbereich die Anzahl der Abwesenheiten:

=ZÄHLENWENN(INDEX(UTab; ZEILE()-6;);"U")

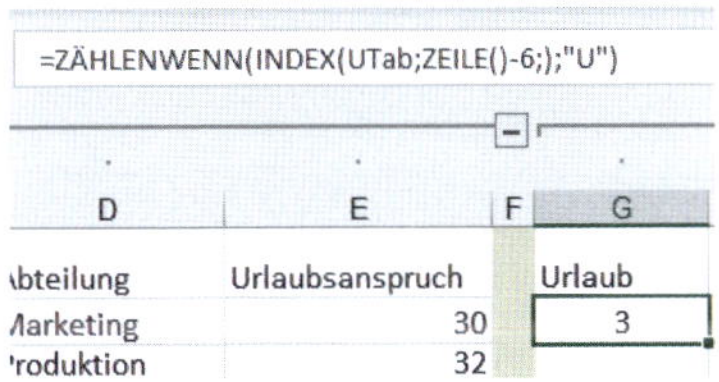

Den Resturlaub berechnen Sie mit dieser Formel:

=E7-G7-H7/2

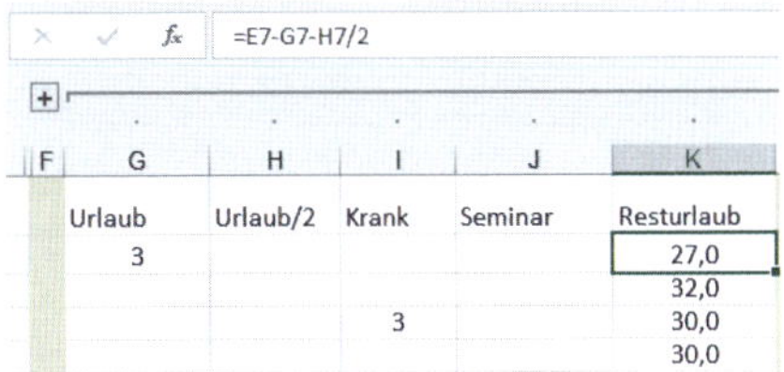

Fügen Sie in die Zellen C1:E4 noch je einen Link auf die Monatsnamen im Kalender ein. Ein Klick darauf, und der Zellzeiger springt auf den Monat.

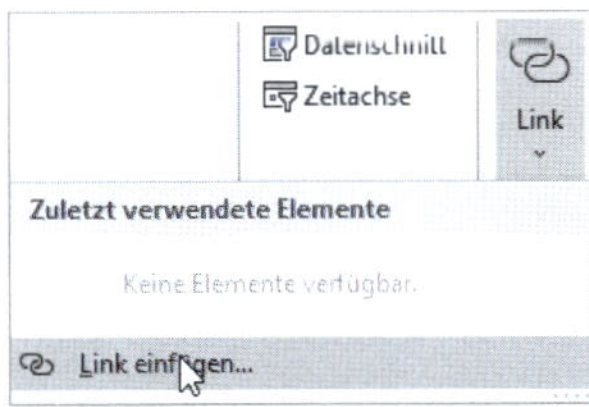

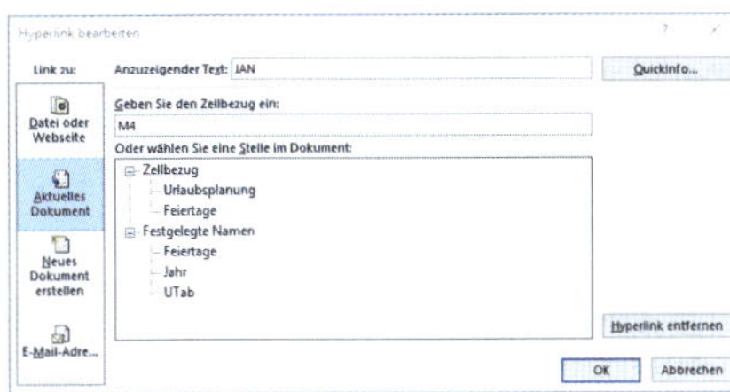

Den angezeigten Text schreiben Sie einfach in die Zelle.

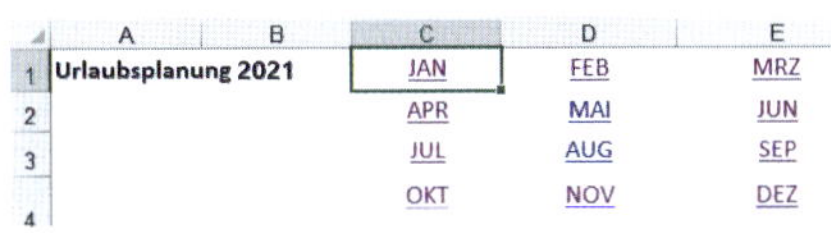

Fügen Sie noch in der Zelle M eine Fensterfixierung ein. Damit können Sie im Kalender blättern, ohne die Mitarbeiterdaten auszublenden.

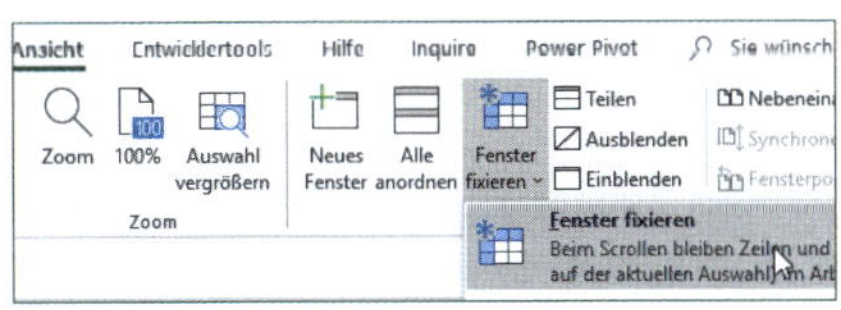

Kapitel 6

Mit Funktionen zaubern

Erinnern Sie sich an den ersten Taschenrechner? Jack Kilby hat ihn bei Texas Instruments nach Entwicklung des ersten integrierten Schaltkreises entwickelt. 1974 gab es in Deutschland den ersten HP-Rechner zu kaufen, der neben den Grundrechenarten bereits Winkel- und Exponentialfunktionen beherrschte.

Excel ist ein Taschenrechner. Auch wenn das sehr despektierlich klingt, das Prinzip ist dasselbe. Das Tabellenblatt rechnet mit Grundrechenarten und Funktionen, und hier schöpfen wir aus einem Riesenangebot. Fast 500 Funktionen stehen in der aktuellen Version (Microsoft 365) zur Auswahl. Brauchen wir die alle? Und müssen wir jetzt, um die höheren Weihen eines Excel-Experten zu erlangen, alle Funktionen beherrschen?

Das Problem besteht nicht darin, all diese Funktionen zu beherrschen, dafür gibt es gute Hilfstexte und gute Computerbücher. Das Problem besteht darin, sie zu kennen.

Wenn ein Handwerker eine Aufgabe zu lösen hat, greift er in seinen Werkzeugkoffer und holt das passende Werkzeug heraus. Wenn Sie als Excel-Anwender vor einer Aufgabe stehen, lösen Sie diese mit den passenden Funktionen. Zudem ist es mit einer Funktion allein nicht getan - erst die sinnvolle Kombination aus Funktionen macht die Kalkulation nutzbringend.

Übrigens: Matrixformeln oder Arrayformeln müssen in der Regel nicht mehr in der Matrixschreibweise mit [Strg]+[⇧]+[↵] abgeschlossen werden. Damit entfallen auch die geschweiften Klammern in der Formel.

6.1 Funktionen-Allerlei

Hat die Aufgabe mit einem Datum oder einem Text zu tun, fällt die Suche nach der passenden Funktionskategorie nicht schwer. Viele Funktionen sind aber unter Kategorien wie *Nachschlagen und Verweisen*, *Logik* und *Information* eingeordnet, womit die Suche nach der passenden Kategorie wenig Sinn ergibt. Hier hilft nur eines: googeln oder gute Bücher lesen. Picken wir ein paar besonders nützliche Funktionen aus unterschiedlichen Kategorien heraus.

6.1.1 Datentypbeschreibung und -umwandlung

Unter Programmierern gehört es zum elementaren Basiswissen, dass Daten unterschiedliche Datentypen besitzen. Die in Excel relevanten Datentypen sind *Zahl*, *Text* (String), *boolescher Wert* (WAHR/FALSCH) und *Fehlerwert*.

T() wandelt ein Argument in einen Text um. N() und WERT() wandeln ein Argument in eine Zahl um. N() eignet sich unter anderem prima dazu, Kommentare in Formeln zu platzieren, ohne Einfluss auf das Ergebnis zu nehmen. Beispiel:

```
=IKV({-10.4.4.4};0)+N("Diese Formel berechnet den internen Zinsfuß einer
Zahlungsreihe")
```

TYP() und FEHLER.TYP() geben eine Ganzzahl zurück, die angibt, um welchen Datentyp bzw. Fehlertyp es sich bei einem Argument handelt. Eine ähnliche Aufgabe erfüllen die Funktionen ISTFEHL(), ISTBEZUG(), ISTFEHLER(), ISTKTEXT(), ISTLEER(), ISTLOG(), ISTNV(), ISTTEXT() und ISTZAHL(). Das Ergebnis dieser Funktionen ist aber keine Ganzzahl, sondern ein boolescher Wert: WAHR oder FALSCH.

Mit ISTGERADE() und ISTUNGERADE() können Sie prüfen, ob eine Zahl durch 2 teilbar ist. Sie ignorieren Nachkommastellen und rechnen das Gleiche wie:

ISTGERADE: `=REST(KÜRZEN(A1);2)=0`

ISTUNGERADE: `=REST(KÜRZEN(A1);2)=1`

VORZEICHEN() gibt an, ob eine Zahl positiv, negativ oder null ist.

ANZAHLLEEREZELLEN() zählt leere Zellen und Zellen mit der Länge 0. Eine Zelle mit der Länge 0 muss nicht unbedingt leer sein, sie könnte auch einen sogenannten Nullstring ="" enthalten.

ISTLEER() liefert FALSCH, wenn eine Zelle einen solchen Leerstring enthält.

UMWANDELN() wandelt eine in einer bestimmten Maßeinheit angegebene Zahl in eine andere Maßeinheit um (z. B. Gewichte, Entfernung, Temperatur).

6.1.2 Rechnen mit Bedingungen

Die Funktionen UND(), ODER() und NICHT() liefern Wahrheitswerte, die zum Ausdruck bringen, ob eine Bedingung erfüllt ist oder nicht.

WAHR() und FALSCH() besitzen gleichnamige Funktionen, die völlig sinnfrei sind und laut Excel-Hilfe nur aus Kompatibilitätsgründen zu anderen Programmen zur Verfügung stehen. =WAHR() liefert WAHR. Das ist so, als gäbe es eine Funktion =EINS(), die den Wert 1 liefert.

WENN() kann abhängig von einer solchen Bedingungsprüfung ein Dann oder ein Sonst ausgeben. Für mehrere Bedingungen lässt sich die Funktion bis zu siebenmal ineinanderschachteln, besser ist dafür meist eine neuere Funktion: Mit WENNS()

können bis zu 127 Bedingungen und die dazu passenden Aktionen (für den WAHR-Fall) angegeben werden. Ein FALSCH gibt es nicht, wenn keine Bedingung zutrifft, ist das Ergebnis #NV!.

WAHL() kann – im Gegensatz zu den zwei Alternativen (Dann_Wert/Sonst_Wert) der WENN-Funktion – 254 alternative Berechnungen durchführen. Die Prüfung erfolgt deshalb nicht über die Wahrheitswerte WAHR und FALSCH, sondern über einen fortlaufenden Index von 1 bis 254 im ersten Argument.

ZÄHLENWENN() und SUMMEWENN() fragen einen ganzen Bereich ab, können dabei aber **nur eine** Bedingung prüfen. SUMMEWENNS() und ZÄHLENWENNS() können mehrere Bedingungen auf einmal verarbeiten. Und für die goldene Mitte gibt es MITTELWERTWENN() und MITTELWERTWENNS().

Formel	Ergebnis
`=WENN(WAHR;3;5)`	3
`=ODER(WAHR;FALSCH)`	WAHR
`=UND(WAHR;FALSCH)`	FALSCH
`=UND(WAHR;WAHR)`	WAHR
`=WENN(UND(ODER(1;0);1);UND(0;1);5)`	FALSCH
`=UND(ODER(1;1);NICHT(FALSCH))`	WAHR
`=WAHL(2;"eins";"zwei";"drei")`	zwei

Tabelle 6.1: Beispiel zum Rechnen mit Bedingungen

Eine geniale Erfindung war die Funktion WENNFEHLER(), mit der ein einfacheres Abfangen von Fehlern in Formeln möglich wurde – z. B. beim SVERWEIS(). Wenn diese Funktion einen Suchbegriff nicht finden kann, liefert sie den Fehlerwert #NV. Mit WENNFEHLER() wird der Fehler so abgefangen:

```
=WENNFEHLER(SVERWEIS("x";A:C;3;0); "nicht vorhanden")
```

Aber auch das ist schon wieder »Retro«. Die Lösung bietet der XVERWEIS(): Geben Sie einfach im dritten Argument ein, was anstelle eines fehlenden Suchergebnisses angezeigt werden soll. Hier wird beispielsweise das *x* in Spalte A gesucht und das Ergebnis aus Spalte B zurückgegeben.

Falls nicht, gibt es einen Fehlertext:

```
=XVERWEIS("x";$A:$A;$B:$B;"nicht vorhanden";0)
```

I16 =MITTELWERTWENNS(C:C;A:A;E7;B:B;F7)

	A	B	C	D	E	F	G	H	I
1	Kriterium 1	Kriterium 2	Wert		Formel				Ergebnis
2	b	x	3		=ZÄHLENWENN(A:A;"a")				6
3	a	x	6		=SUMMEWENN(A:A;"<a"C:C)				45
4	a	x	4		=MITTELWERTWENN(A:A;"a";C:C)				5,166667
5	b	y	4						
6	c	z	2		Kriterium1	Kriterium2			
7	a	z	7		a	y			
8	a	y	6		b	x			
9	b	y	4						
10	c	y	6		=DBSUMME(A:C;"Wert";E6:F7)				13
11	b	x	7		=DBMAX(A:C;"Wert";E6:F8)				7
12	c	x	10		=DBANZAHL2(A:A;"Kriterium1";E6:E8)				10
13	a	y	7						
14	c	y	9		=SUMMEWENNS(C:C;A:A;E7;B:B;F7)				13
15	a	x	1		=ZÄHLENWENNS(A:A;E7;B:B;F7)				2
16					=MITTELWERTWENNS(C:C;A:A;E7;B:B;F7)				6,5
17									

Abbildung 6.1: Rechnen mit Bedingungen

Praxis: WENN() mit mehreren Bedingungen

In der Spalte *bezahlt* prüft die WENN-Funktion, ob die Zahlung dem Rechnungsbetrag entspricht, und gibt "Ja" oder "Nein" aus.

```
=WENN(D2=E2;"Ja";"Nein")
```

Genauer wird es mit WENNS(). Die Formel prüft vier Bedingungen gleichzeitig:

```
=WENNS(E2="";"nein";D2=E2;"vollständig";D2>E2;"teilweise";D2<E2;"zu viel")
```

Noch ein Beispiel: Bestelldatum und Lieferzeit werden zu einem Lieferdatum addiert. Da der Fahrer nicht am Wochenende arbeitet, berechnet eine WENNS-Formel, ob ein oder zwei Tage aufaddiert werden müssen:

```
=WENNS(WOCHENTAG(B1+B2)=7;B1+B2+2;WOCHENTAG(B1+B2)=1;B1+B2+1;UND(WOCHENTAG(B1+
B2)>1;WOCHENTAG(B1+B2)<7);B1+B2)
```

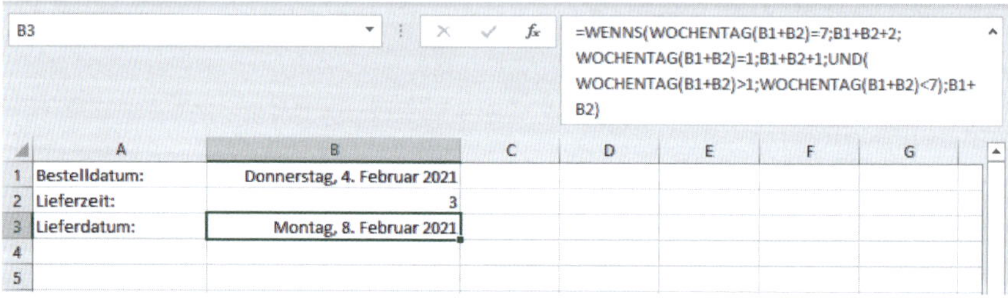

Abbildung 6.2: Geliefert wird immer ab Montag

6.1.3 Anzahl unterschiedlicher Einträge ermitteln

Wie viele unterschiedliche Einträge enthält ein Tabellenbereich? Wenn Sie z. B. wissen wollen, aus wie vielen verschiedenen Ländern die Teilnehmer einer Rallye kommen, legen Sie die Liste als Tabelle an. Geben Sie ihr den Tabellennamen *tbl_Teilnehmer*.

	A	B	C
1	Nachname	Vorname	Land
2	Attenbrunner	Ernst	Deutschland
3	Bley	Armin	Frankreich
4	Decker	Helmut	Frankreich
5	Denk	Anna	Italien
6	Fessele	Gerhard	Italien
7	Fink	Hans	Deutschland
8	Glaser	Herbert	Spanien
9	Günther	Elisabeth	Spanien
10	Heilmair	Heinz	Deutschland
11	Hinke	Hartwig	Österreich
12	Mezger	Johannes	Österreich
13	Obergöker	Robert	Deutschland
14	Pfeiffer	Peter	Spanien
15	Reicher	Martin	Österreich
16	Sadiki	Orhan	Österreich
17	Sailer	Klaus	Schweiz
18	Thamm	Erwin	Deutschland
19	Beuttenmüller	Ewald	Frankreich
20	Eismann	Franz	Schweiz
21	Emhardt	Gernot	Frankreich
22	Esposito	Günter	Schweiz
23	Feger	Heinrich	Schweiz

Abbildung 6.3: Rallye-Teilnehmer aus vielen Ländern

Geben Sie diese Formeln ein:

```
Anzahl Teilnehmer: =ZEILEN(tbl_Teilnehmer)
Verschiedene Länder: =SUMME(1/
ZÄHLENWENN(tbl_Teilnehmer[Land];tbl_Teilnehmer[Land]))
```

Mit EINDEUTIG() werden die Länder in einem dynamischen Array aufgelistet.

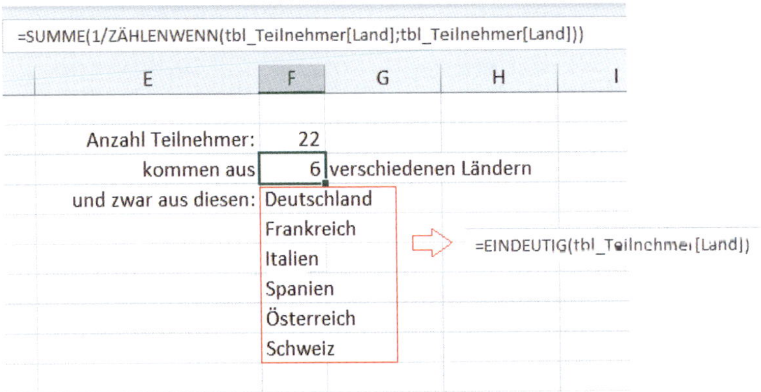

Abbildung 6.4: Teilnehmerauswertung

Die ZÄHLENWENN-Funktion vergleicht den zu analysierenden Bereich mit sich selbst, liefert also ein Array mit der Häufigkeit jedes einzelnen Eintrags. Wenn Sie 1 durch die einzelnen Häufigkeiten teilen, weisen Sie den Arraywerten eine Wertigkeit zu. Bei einem ZÄHLENWENN-Ergebnis von "5" ist beispielsweise jeder einzelne nur ein Fünftel wert und alle zusammen ergeben "1". Die Summe aller Wertigkeiten entspricht somit der Anzahl der unterschiedlichen Tabelleneinträge.

6.1.4 Matrizen spiegeln mit WAHL()

WAHL() gehört zu den Matrixfunktionen von Excel, und wie der »große Bruder« SVERWEIS() bietet diese Funktion die Möglichkeit, über einen Index andere Argumente zu referenzieren. Eine besonders nützliche Technik mit WAHL() ist das Spiegeln von Matrizen.

Die Funktion WAHL() berechnet die von einem Index abhängige Zuordnung an Argumenten. Oder einfacher ausgedrückt: Die Zahl im ersten Argument bestimmt, welches der folgenden Argumente das Ergebnis bildet. Der Index ist eine Zahl von 1 bis n, bis zu 254 weitere Argumente dürfen folgen:

```
=WAHL(Index;Wert1;Wert2; ... Wertn)
```

WAHL() wird oft, ähnlich wie SVERWEIS(), für Berechnungen mit Datumswerten verwendet. Hier einige Beispiele für WAHL():

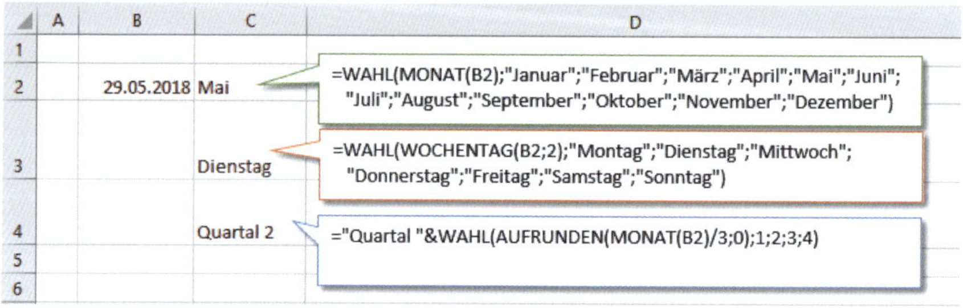

Abbildung 6.5: Die WAHL()-Funktion in der Praxis

6.1.5 WAHL() kombinieren mit Steuerelementen

Die Funktion WAHL() gehört zu den Matrixfunktionen, und als solche kann sie weit mehr als Datumswerte berechnen. Mit dem Einsatz von Bereichen als Argumente wird die Funktion besonders vielseitig. Der numerische Index wird dabei mithilfe von Datenüberprüfungslisten, ActiveX- oder Formularelementen erzeugt. Letztere eignen sich besonders gut als Indexgeber, weil sie über die Zellverknüpfung eine ganze Zahl generieren.

Beispiel: Auftragsliste nach Standort mit WAHL() und Power Query

Um eine Matrix zu spiegeln, brauchen Sie einen Index und mehrere Datenpools. Für den Index verwenden Sie ein Formularelement (Kombinationsfeld oder Drehfeld), die Datenpools sind Tabellen, in unserem Beispiel Projektlisten mit Projekten an drei verschiedenen Standorten.

Diese Tabellen legen Sie an oder holen sie über Power Query aus externen Quellen. Das hat den Vorteil, dass Sie auch CSV-Dateien, Datenbankdaten oder Webdaten auswerten können. Das Ergebnis der Power-Query-Abfrage ist immer eine Tabelle. Unsere Tabellen heißen *tbl_Köln*, *tbl_Frankfurt* und *tbl_München*.

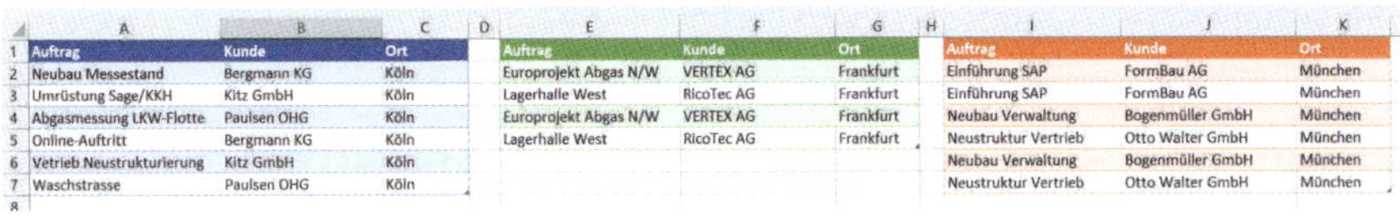

	A	B	C	D	E	F	G	H	I	J	K
1	Auftrag	Kunde	Ort		Auftrag	Kunde	Ort		Auftrag	Kunde	Ort
2	Neubau Messestand	Bergmann KG	Köln		Europrojekt Abgas N/W	VERTEX AG	Frankfurt		Einführung SAP	FormBau AG	München
3	Umrüstung Sage/KKH	Kitz GmbH	Köln		Lagerhalle West	RicoTec AG	Frankfurt		Einführung SAP	FormBau AG	München
4	Abgasmessung LKW-Flotte	Paulsen OHG	Köln		Europrojekt Abgas N/W	VERTEX AG	Frankfurt		Neubau Verwaltung	Bogenmüller GmbH	München
5	Online-Auftritt	Bergmann KG	Köln		Lagerhalle West	RicoTec AG	Frankfurt		Neustruktur Vertrieb	Otto Walter GmbH	München
6	Vetrieb Neustrukturierung	Kitz GmbH	Köln						Neubau Verwaltung	Bogenmüller GmbH	München
7	Waschstrasse	Paulsen OHG	Köln						Neustruktur Vertrieb	Otto Walter GmbH	München
8											

Abbildung 6.6: Drei Tabellen für WAHL() und Power Query

Die Namen der drei Standorte werden in einen Zellbereich \$M\$1:\$M\$3 geschrieben, die Namensliste bekommt den Bereichsnamen *Standorte*. Dieser Bereichsname bildet dann den Eingabebereich des Kombinationsfeldes unter *Bitte Standort wählen*. Gezeichnet wird das Formularelement über *Entwicklertools/Steuerelemente/Einfügen/Formularsteuerelemente*, mit der rechten Maustaste werden über *Steuerelement formatieren* der Eingabebereich und die Zellverknüpfung zugewiesen:

```
Eingabebereich: Standorte
Zellverknüpfung: $N$1
```

Der Bereichsname *Standort_Aktuell* bekommt jetzt die Aufgabe, den über das Formularelement gewählten Standort in einen virtuellen Bereichsnamen zu spiegeln. Dazu geben Sie die Tabellen als Argument Nr. 2 bis *n* an, der Zusatz `[#Alle]` sorgt dafür, dass auch die Kopfzeile mitgenommen wird:

Formeln/Definierte Namen/Namen definieren

```
Name: Standort_Aktuell
Bereich: Arbeitsmappe
Bezieht sich auf:
=WAHL($N$1;tbl_Köln[#Alle];tbl_Frankfurt[#Alle];tbl_München[#Alle])
```

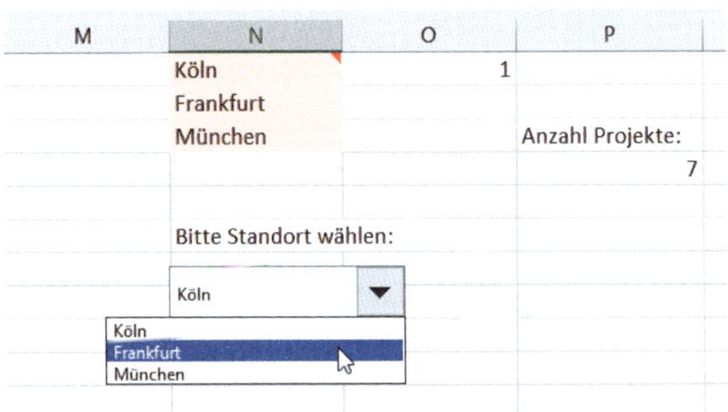

Abbildung 6.7: Standortauswahl per Kombinationsfeld

Die virtuelle Matrix kann jetzt bereits über Formeln und Funktionen ausgewertet oder in eine PivotTable überführt werden. Damit berechnen Sie z. B. die Anzahl der Projekte:

```
=ZEILEN(Standort_Aktuell)
```

Um die berechnete und gespiegelte Matrix abzubilden, erstellen Sie eine Power-Query-Abfrage auf eine der Quelltabellen und ändern den Quellbezug im Abfrage-Editor:

Setzen Sie den Zellzeiger in die erste Tabelle (*tbl_Köln*), und wählen Sie *Daten/Daten abrufen und transformieren/Aus Tabelle/Bereich*.

Der Abfrage-Editor startet und präsentiert die Tabelle. Schalten Sie im Menü *Ansicht* die Bearbeitungsleiste ein, und markieren Sie im Schritte-Editor rechts den ersten Schritt *Quelle* bzw. *Source*. Damit zeigt die Formel in der Bearbeitungsleiste die Herkunft der Quelle an. Ändern Sie die Anweisung und tragen Sie die virtuelle Matrix *Standort_Aktuell* anstelle des Tabellennamens ein. Wenn der Editor anschließend die Kopfzeile nicht mehr erkennt, wählen Sie *Start/Transformieren/Erste Zeile als Überschriften verwenden*.

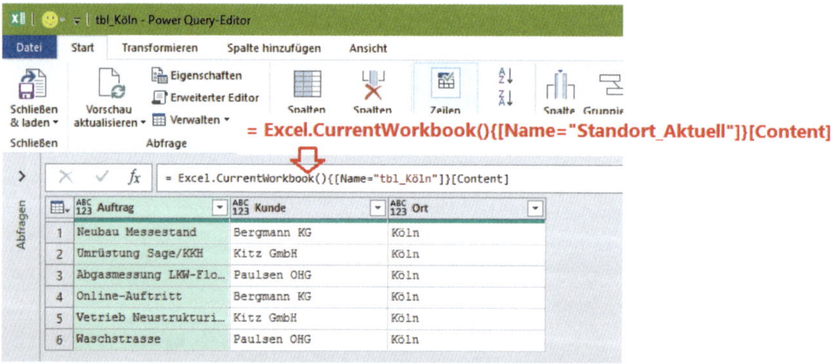

Abbildung 6.8: Power Query: virtuelle Matrix als Quelle angeben

Beenden Sie den Power Query-Editor mit *Schließen/Schließen und Laden*. Das Ergebnis ist eine neue Tabelle mit dem Resultat der Power-Query-Abfrage. Mit dem virtuellen Bereich, der über WAHL() programmiert wurde, enthält diese neue Tabelle immer die Daten aus dem gewählten Standort.

Mit einem kleinen VBA-Makro stellen Sie sicher, dass die Tabelle automatisch aktualisiert wird, wenn sich die Standortauswahl ändert:

Klicken Sie mit der rechten Maustaste auf das Formularelement, um es zu bearbeiten. Tragen Sie in das Namensfeld den Namen *Standort_Auswahl* ein.

Holen Sie aus dem Kontextmenü der rechten Maustaste *Makro zuweisen*. Klicken Sie auf *Neu* und schreiben Sie diese Routine:

```
Sub Standort_Auswahl_BeiÄnderung()
 ActiveWorkbook.RefreshAll
End Sub
```

Achten Sie darauf, dass die Arbeitsmappe damit im Dateiformat XLSM (Excel-Makro-Arbeitsmappe) gespeichert werden muss. Jetzt können Sie den VBA-Editor schließen und in eine beliebige Zelle klicken. Mit der Standortauswahl wird die Abfrage automatisch neu berechnet.

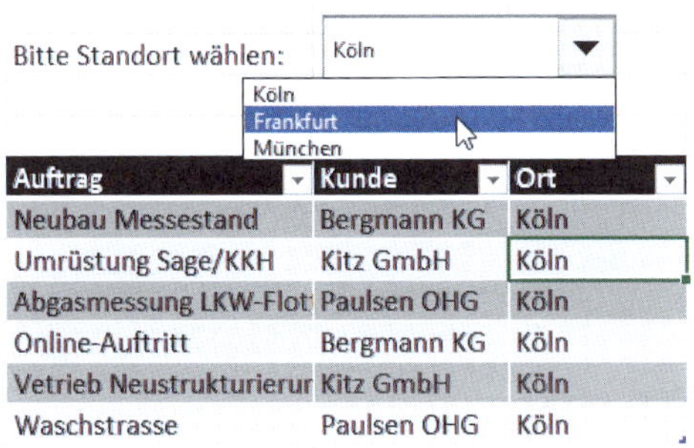

Abbildung 6.9: Die Power-Query-Abfrage liefert die Daten aus der gespiegelten Matrix

6.1.6 Zeile und Spalte

Zwei Funktionen, die – meist in Kombination mit anderen Funktionen – immer für eine Überraschung gut sind: ZEILE() liefert die Zeilennummer, SPALTE() die Spaltennummer. Enthält die Klammer keinen Bezug, gibt die Formel die Position der Zeile/Spalte wieder.

```
=ZEILE(C7) oder =ZEILE(7:7) = 7
=SPALTE(C1) oder =SPALTE(C:C) =3
```

Als Index-Lieferant für KKLEINSTE() oder KGRÖSSTE() eingesetzt, reicht eine Formel für die Rangfolge-Berechnung. Kopieren Sie die Formel einfach nach unten:

```
=KKLEINSTE($A$1:$A$10;ZEILE(A1))
```

Alt-Mathematiker Gauß hat uns ja gelehrt, dass man die Zahlen von 1 bis n mit einer Formel aufsummieren kann:

Formel	**100 Zahlen**	**Ergebnis**
`=n*((n+1)/2)`	`=100*(101/2)`	5.050
	oder so: `=SUMME(ZEILE(1:100))`	5.050
	oder so: `=SUMME(SEQUENZ(100))`	5.050

Andere Berechnungen vereinfachen sich ebenfalls:

Formel	**20 Zahlen**	**Ergebnis**
`=STABWN(1;2; ... 20)`	`=STABWN(ZEILE(1:20))`	5,7662813
	oder so: `=STABWN(SEQUENZ(20))`	5,7662813

Summe potenzierte Zahlen	`=SUMME(ZEILE(1:10)^2)`
	oder so:
	`=SUMME(SEQUENZ(20)^2)`
		2.870

Summe aus Spalten	`=SUMME(SPALTE(1:20))`	134.225.920
Mittelwert aus Spalten	`=MITTELWERT(SPALTE(1:20))`	8.192,50

Was ZEILE() und SPALTE() nicht in einer Formel können, kann die SEQUENZ(). Hier die Summe der Zahlen in einem Array mit zwölf Zeilen und fünf Spalten:

```
=SUMME(SEQUENZ(12;5)) = 1.830
```

Frühere Geniestreiche wie die Kombination mit INDIREKT() haben sich mit der Sequenz auch erledigt, MTRANS() transferiert das Array ebenso wie ZUZEILE() oder ZUSPALTE():

```
A1: 5
ZEILE(INDIREKT("1:"&A1)))
```

Oder:

```
=SEQUENZ)(A1) = {1.2.3.4.5}
=ZUSPALTE(SEQUENZ(A1))
```

6.1.7 Listenabgleich

Angenommen, Sie verwalten in Excel eine Liste mit Personen und möchten diese mit einer aus einem anderen System importierten Liste (beispielsweise SAP) vergleichen bzw. zusammenführen.

Der Einfachheit halber gehen wir davon aus, dass sich die zu vergleichenden Bereiche der Listen auf eine Spalte beschränken. Diese stehen in Spalte A und Spalte B.

Möchten Sie die Einträge aufgelistet bekommen, die nur in Spalte B vorkommen, schreiben Sie die Formel

```
=INDEX(Tabelle1!$B$2:$B$15;KKLEINSTE(WENN(ZÄHLENWENN(A$1:A$99;B$1:B$99)=0;
ZEILE($1:$99));ZEILE(A1)))
```

in die erste Zeile irgendeiner Spalte und kopieren Sie diese nach unten. Das Besondere an dieser Formel ist die Bedingung

```
ZÄHLENWENN(A$1:A$99;B$1:B$99)=0
```

die ein Array aus Wahrheitswerten liefert. Für jeden Eintrag aus Spalte B, der in Spalte A vorkommt, wird ein WAHR erzeugt, andernfalls ein FALSCH. In gewohnter Manier listet KKLEINSTE in Kombination mit INDEX die entsprechenden Einträge aus Spalte B auf.

Sollen alle Einträge aufgelistet werden, die nur in Spalte A vorkommen, müssen Sie logischerweise nur die Bezüge A und B austauschen. Um nur die Einträge zu erhalten, die in beiden Listen vorkommen, ersetzen Sie die ZÄHLENWENN-Bedingung durch:

```
ZÄHLENWENN(A$1:A$99;B$1:B$99)<>0
```

Für die Berechnung in einer Tabellenspalte ist die Formel nicht geeignet, hier können Sie aber auf eine Formelkombination auf Basis von VERGLEICH() zurückgreifen:

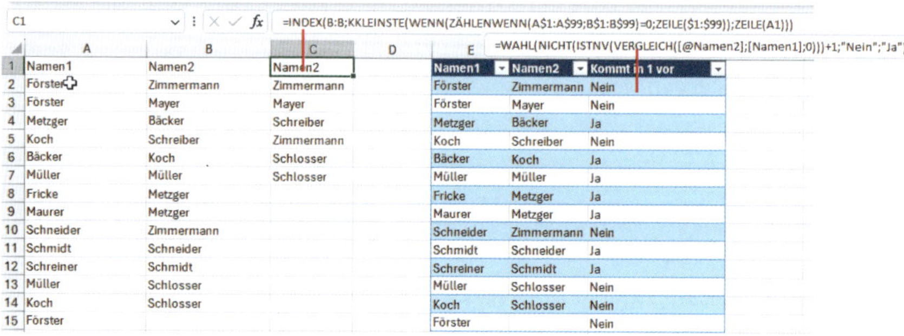

Abbildung 6.10: Listen vergleichen

Eine Liste mit den Namen aus beiden Spalten der Tabelle *tbl_MA* liefert VSTAPELN(), natürlich mit EINDEUTIG() von Duplikaten befreit.

```
=VSTAPELN(EINDEUTIG(tbl_MA[Namen1]);EINDEUTIG(tbl_MA[Namen2]))
```

6.1.8 Unter keinen Bedingungen – doch!

Summen zu ziehen oder Zelleinträge zu zählen, sind mit Standards wie SUMME(), ANZAHL2() oder ANZAHL() kein Problem, auch Kombinationen wie SUMMEWENN(), ZÄHLENWENN() und ZÄHLENWENNS() gehören zu den Standards. Schwieriger wird es, wenn die Aufgabe mit unterschiedlichen Bedingungen gespickt ist. Die Aufgabe in unserem Beispiel lautet: Summieren Sie die Zahlen in Spalte A, wenn in Spalte B das Wort »bezahlt« steht.

Eine Lösung über SUMMENPRODUKT() würde sich anbieten, geliefert wird aber nur die Anzahl der bezahlten Rechnungen:

```
F2: =SUMMENPRODUKT(ISTZAHL(A1:A15)*(B1:B15="bezahlt"))
```

Der erste Lösungsansatz: Legen Sie für jede Bedingung ein Array an und multiplizieren Sie die beiden Arrays:

```
D1: =WENN(ISTZAHL(A1:A15);A1:A15)
E1: =B1:B15="bezahlt"
F1: =SUMME(D1#*E1#)
```

	A	B
1	120	
2	200	bezahlt
3	100	offen
4	20	
5	10	bezahlt
6	keine Rechnung	
7	5	
8	keine Rechnung	bezahlt
9	16	
10	16	
11	keine Rechnung	
12	17	
13		bezahlt
14	7	bezahlt
15	16	

Abbildung 6.11: Zwei Spalten, zwei Bedingungen

Um das Ergebnis ohne Zwischenberechnungen zu erhalten, setzen wir eine Kombination aus SUMME() und WENN() ein. Das ist nicht die Funktion SUMMEWENN(), die würde uns in diesem Fall nicht weiterhelfen. Da Excel Formeln von links nach rechts »auflöst«, starten wir mit einer profanen Summe, schalten in der Summe-Klammer eine WENN()-Funktion ein und formulieren innerhalb dieser die erste Bedingung. Für die nächste folgt wieder eine WENN()-Funktion. Achtung! Mit UND und ODER haben wir schlechte Erfahrungen gemacht, besser ist es, die Bedingungen in einer Reihe abzusetzen. Zum Schluss der letzten Bedingung kommt das DANN-Argument, das ist die Spalte mit den Zahlen. Dann werden alle Klammern geschlossen.

```
F3: =SUMME(WENN(ISTZAHL(A1:A15);WENN(B1:B15="bezahlt";A1:A15;0)))
```

Die Formel muss im Unterschied zu früheren Versionen nicht mehr als Matrixformel mit Strg+⇧+↵ abgesetzt werden. Damit entfallen auch die geschweiften Klammern rund um die Formel in der Bearbeitungsleiste.

6.1.9 Unterschiedliche Einträge

Bären, Hunde, Katzen, Schweine: Das sind vier verschiedene Tierarten. Die Aufgabenstellung ist es, die Anzahl unterschiedlicher Einträge in Spalte A zu ermitteln.

Mit einer Hilfsspalte B ist das einfach zu lösen. Schreiben Sie in B1 `=WENN(ZÄHLENWENN(A2:A$11;A1)>0;0;1)` und kopieren Sie die Formel nach unten. Die Formel prüft, ob in den nachfolgenden Zellen der Begriff aus Zelle A1 noch einmal vorkommt, und gibt dann 0 zurück, wenn nicht, gibt sie 1 zurück.

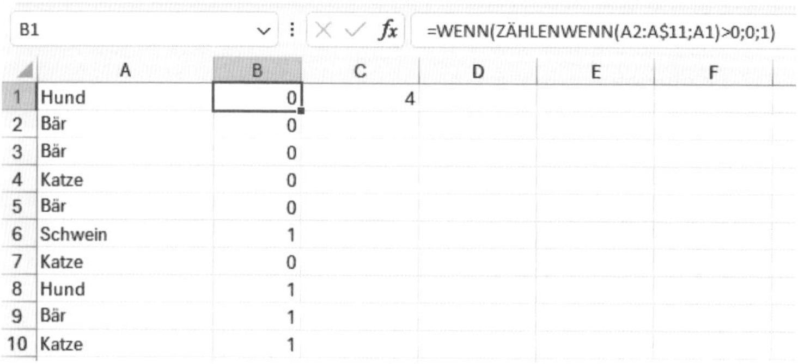

B1 =WENN(ZÄHLENWENN(A2:A$11;A1)>0;0;1)

	A	B	C	D	E	F
1	Hund	0	4			
2	Bär	0				
3	Bär	0				
4	Katze	0				
5	Bär	0				
6	Schwein	1				
7	Katze	0				
8	Hund	1				
9	Bär	1				
10	Katze	1				

Abbildung 6.12: Tiere ohne Duplikate zählen

Die Anzahl der unterschiedlichen Einträge ist dann `=SUMME(B:B)`.

Die Hilfsspalte ist hier aber unnötig! Wie geht's ohne? Das löst diese knackig kurze Arrayformel:

```
=SUMME(1/ZÄHLENWENN(A1:A10;A1:A10))
```

Wie funktioniert sie? Berechnen Sie mit F9 den Formelteil `ZÄHLENWENN(A1:A10;A1:A10)`, dann sehen Sie:

```
=SUMME(1/{2;4;4;3;4;1;3;2;4;3})
```

Jeder vorkommende Begriff wird gezählt, und zwar jedes Mal: Die vier Bären z. B. werden also an allen vier vorkommenden Positionen viermal gefunden. Das zu summieren, wäre natürlich falsch, denn da käme 30 heraus. Jetzt kommt der Kehrwert:

Der Formelteil `1/ZÄHLENWENN(A1:A10;A1:A10)` ergibt teilausgewertet

```
=SUMME({0,5;0,25;0,25;0,3333333;0,25;1;0,3333333;0,5;0,25;0,3333333}) = 4
```

Die vier vorkommenden Bären werden jeweils degradiert auf 0,25, die drei Katzen werden gedrittelt, die zwei Hunde mutieren auf die Hälfte und das einsame Schwein gewinnt mit 1. Summiert sind die vier Viertelbären, die drei Drittelkatzen, die zwei halben Hunde und das Soloschwein jeweils 1 und alle zusammen ergo 4. Die Summe der Kehrwerte der jeweiligen Vorkommen hat es also gebracht!

Dieses kleine Beispiel ging von zehn **gefüllten** Zellen aus. Kommen auch Leerzellen vor, ist der Kehrwert der Leerzelle 1/0, was mathematisch nicht zulässig ist. Der Fehlerwert `#DIV/0!` wird erzeugt und dominiert anschließend auch die SUMME-Funktion, die selbst das Ergebnis `#DIV/0!` zurückgibt. Also müssen Leerzellen vorher eliminiert werden, was wiederum mit einer vorgeschalteten WENN-Abfrage funktioniert:

```
=SUMME(WENN(A1:A100<>"";1/ZÄHLENWENN(A1:A100;A1:A100)))
```

6.1.10 Letzter Zelleintrag

Wie lässt sich die Zeilenzahl bzw. der Inhalt der letzten gefüllten Zelle in einer Spalte ermitteln, die Leerzeilen enthält?

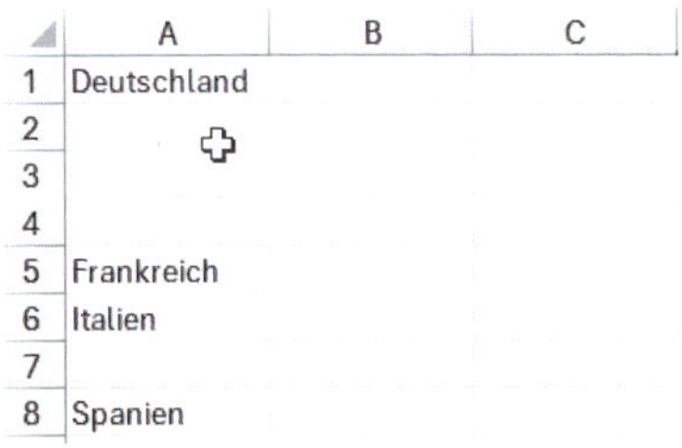

Abbildung 6.13: Den letzten Eintrag einer Spalte finden

Das passiert mit

```
=MAX(WENN(A1:A1000<>"";ZEILE(1:1000)))
```

oder auch mit

```
=MAX((A1:A1000<>"")*ZEILE(1:1000))
```

Was macht diese Arrayformel? Sie durchforstet die Spalte A nach allen nicht leeren Zellen `(A1:A1000<>"")`, gibt deren Zeilenzahl mit `ZEILE(1:1000)` zurück und liest aus diesem 1.000 Zeilen langen Array mit `MAX` das Maximum aus, das für die letzte nicht leere Zelle steht. Für den Zellinhalt wird davor noch der INDEX gesetzt:

```
=INDEX(A:A; MAX((A1:A1000<>"")*ZEILE(1:1000)))
```

Die Formeln sind »nicht zu optimieren« – dachten wir. Und dann kam von Frank Kabel, einem Excel-Kenner, der leider im Januar 2005 tödlich verunglückte, das:

- `=VERWEIS(2;1/(A1:A1000<>"");ZEILE(A:A))` für die Zeilenzahl und
- `=VERWEIS(2;1/(A1:A1000<>"");A:A)` für den Zellinhalt

Die Dinger funktionieren – das Warum haben wir erst nicht kapiert. Mittlerweile haben wir es verstanden. Was geht da ab und was zur Hölle soll das Suchkriterium 2? Reduzieren wir zur Veranschaulichung den Bereich auf

=VERWEIS(2;1/(A1:A10<>"");ZEILE(A:A)) bzw.

=VERWEIS(2;1/(A1:A10<>"");A:A)

damit sich Teilergebnisse anzeigen lassen.

Wir markieren A1:A10<>"", drücken [F9] und sehen zehnmal WAHR bzw. FALSCH, je nachdem, ob die Zelle gefüllt oder leer ist.

Und nun der Trick:

Markieren Sie jetzt 1/(A1:A10<>""), drücken Sie [F9] und Sie sehen zehnmal 1 bzw. #DIV/0!.

=VERWEIS(2;{1;#DIV/0!;#DIV/0!;#DIV/0!;1;1;#DIV/0!;1;#DIV/0!;#DIV/0!};ZEILE(A:A))

In der Excel-Hilfe zur VERWEIS-Funktion heißt es:

Die zu Suchvektor gehörenden Werte müssen in aufsteigender Reihenfolge angeordnet sein: ..., -2, -1, 0, 1, 2, ..., A-Z, FALSCH, WAHR.

Und prima: Fehlerwerte, wie hier #DIV/0!, werden von der Funktion VERWEIS ignoriert.

Gesucht wird – von hinten nach vorne bzw. von rechts nach links – nach der 2, die nicht vorkommt. Anstelle der 2 können Sie auch jede andere Zahl, die größer als 1 ist, eingeben. Und es heißt weiter:

Kann die VERWEIS-Funktion keinen Wert finden, der mit dem jeweiligen Wert von Suchkriterium übereinstimmt, verwendet sie den Wert in Suchvektor, der bezogen auf den Wert von Suchkriterium kleiner oder gleich ist.

Der nächstkleinere Wert (von hinten nach vorne) ist die zuletzt vorkommende 1. Im obigen Beispiel also die Position/Zeilenzahl 8 (Formel 1) mit dem Zellinhalt von A8 »Spanien« (Formel 2).

Eine, wie wir finden, geniale »Zweckentfremdung« der VERWEIS-Funktion!

6.1.11 Wo bin ich? – Tabellennavigation ohne Kompass

Wo bin ich? Wer bin ich? Diese Fragen beantwortet die Excel-Zelle mit der Formel

```
=ADRESSE(ZEILE();SPALTE())
```

Schwieriger zu beantworten ist die Frage: Wo sind denn alle anderen? Für eine Vielzahl von Berechnungen ist es wichtig zu wissen, über welchen Bereich die gefüllten Excel-Zellen einer Tabelle verstreut sind und welche Ausmaße der benutzte Bereich damit hat. In diesem Zusammenhang ist das oberste Gebot, an das Sie sich so weit wie möglich immer halten sollten:

Vermeiden Sie – wann immer es geht – Leerzeilen!

6.1.12 Die letzte Zelle

Wenn Sie sicher sein können, dass ein Bereich keine Leerzeilen hat, gibt es nichts Einfacheres, seine Ausmaße festzustellen, als die Formel

```
=ANZAHL2(A:A)
```

Die Formel berechnet, wie viele Zeilen belegt sind. Wenn sich Leerzeilen oder auch Leerspalten nicht vermeiden lassen, ist die Formulierung wesentlich kniffliger, aber letztlich auch keine unüberwindbare Hürde.

	A	B	C	D	E	F	G
1		Zielzelle	Zeile				
2		erste Zeile	3	=MIN(WENN(A1:A999<>"";ZEILE(A1:A999)))			
3	Paris	letzte Zeile	11	=MAX(WENN(A1:A999<>"";ZEILE(A1:A999)))			
4	123	erste Zahl	4	=MIN(WENN(ISTZAHL(A1:A999);ZEILE(A1:A999)))			
5	London	letzte Zahl	11	=MAX(WENN(ISTZAHL(A2:A1000);ZEILE(A2:A1000)))			
6	Kapstadt	erster Text	3	=MIN(WENN(ISTTEXT(A1:A999);ZEILE(A1:A999)))			
7	456	letzter Text	10	=MAX(WENN(ISTTEXT(A2:A1000);ZEILE(A2:A1000)))			
8	Düsseldorf						
9							
10	München						
11	789						

Abbildung 6.14: Erste und letzte gefüllte Zelle, Wert oder Text finden

Beginnen wir mit dem Tabellenanfang in einer einzelnen Spalte (A). Sie wollen den Inhalt der ersten, nicht leeren Zelle ermitteln. Sie müssen also, beginnend mit A1, alle Zellen daraufhin überprüfen, ob diese gefüllt sind oder nicht.

`=WENN(A1<>"";A1;WENN(A2<>"";A2;WENN(A3<>"";A3;WENN(A4<>"";A4))))`usw.

Dies ist vom Prinzip her ja richtig, aber viel zu umständlich – und bei A64 wäre sowieso Schluss, da Excel maximal 64 (bis Excel 2003: acht) Verschachtelungen zulässt.

Das geht natürlich auch kürzer:

```
=MIN(WENN(A1:A999<>"";ZEILE(A1:A999)))
```

Reduziert auf obigen Tabellenausschnitt von A1:A12, erhält man nach dem Markieren des Formelteils `WENN(A1:A12<>"";ZEILE(A1:A12))` und anschließender Berechnung mittels [F9]:

```
=MIN({FALSCH;FALSCH;3;4;5;6;7;8;FALSCH;10;11;FALSCH})
```

Da MIN den Wahrheitswert FALSCH nicht berücksichtigt, ist 3 das Minimum. Der davorgeschaltete INDEX

```
=INDEX(A:A;MIN(WENN(A1:A12<>"";ZEILE(A1:A12))))
```

ergibt den Zellinhalt »Paris«.

Kaum zu glauben: MAX anstelle von MIN ergibt die Zeilennummer der letzten gefüllten Zelle. In diesem Fall kann die Formel wieder verkürzt werden, indem Sie auf das WENN verzichten und stattdessen beide Ausdrücke multiplizieren:

```
=MAX((A1:A12<>"")*ZEILE(A1:A12))
```

Wieder reduziert auf zwölf Zellen, nach Markieren des Multiplikationsteils `(A1:A12<>"")*ZEILE(A1:A12)` und Berechnung mit [F9], sehen Sie das Array:

```
=MAX({0;0;3;4;5;6;7;8;0;10;11;0})
```

Daraus ist auch sofort zu erkennen, dass die Variante mit der Multiplikation bei Minimum nicht funktionieren kann, denn der Wahrheitswert FALSCH multipliziert mit einer Zahl ergibt null. Das heißt, das Ergebnis wäre immer 0. Deshalb müssen Sie bei der MIN-Variante für die erste Zeile immer mit der WENN-Funktion arbeiten.

Für die letzte gefüllte Zelle gibt es eine alternative Formel:

```
=VERWEIS(2;1/(A1:A999<>"");A:A)
```

Wir haben jetzt nach der ersten/letzten Zelle mit Inhalt gesucht (Kriterium: <>""). Anstelle dieses Kriteriums können Sie in einer Spalte, gemischt aus Texten und Zahlen, mit ISTTEXT den ersten oder letzten Text lokalisieren und ausgeben, mit ISTZAHL logischerweise die erste/letzte Zahl, mit ISTFEHLER Fehlermeldungen und mit ISTLEER Leerzellen (da ist ein vorgeschalteter INDEX natürlich Blödsinn, denn der Inhalt einer Leerzelle ist nun mal nichts).

Das Strickmuster ist immer identisch. Hier das für die letzte Zahl in Spalte A:

`=MAX(WENN(ISTZAHL(A1:A999);ZEILE(A1:A999)))` oder

```
=MAX(ISTZAHL(A1:A999)*ZEILE(A1:A999))
```

Anstelle des Kriteriums `A1:A999<>""` könnten Sie auch `NICHT(ISTLEER(A1:A999))` verwenden. Das sähe dann für die Zeile der letzten gefüllten Zelle in Spalte A so aus:

`=MAX(WENN(NICHT(ISTLEER(A1:A999));ZEILE(A1:A999)))` oder

```
=MAX(NICHT(ISTLEER(A1:A999))*ZEILE(A1:A999))
```

Die Prüfungen `NICHT(ISTLEER())` und `(<>"")` sind übrigens nicht immer äquivalent. Eine Zelle, die ="" ist, ist für die Funktion ISTLEER nicht leer, aber die Prüfung <>"" würde trotzdem FALSCH ergeben. Klassischerweise entstehen diese Leerstrings durch WENN-Abfragen nach dem Muster: `=WENN(B1="";"";B1)`.

Das Prinzip funktioniert natürlich auch für einzelne Zeilen. Die letzte belegte Spalte in Zeile 1 wird so ermittelt:

```
=MAX((1:1<>"")*SPALTE(1:1))
```

6.1.13 Benutzter Bereich

Diese Tatsache fällt natürlich noch stärker ins Gewicht, wenn nicht nur eine einzige Zeile oder Spalte, sondern ein ganzer Bereich durchsucht werden muss. Gesucht wird dann beispielsweise nach der letzten belegten Zelle einer Tabelle.

Für einen relativ überschaubaren Bereich müssen die zuvor beschriebenen Formeln nur geringfügig angepasst werden. Der einzige Unterschied ist, dass der durchsuchte Bereich nun zweidimensional ist. Die letzte belegte Zeile findet man mit

```
B2: =MAX(WENN(B5:J100<>"";ZEILE(5:100)))
```

und die letzte belegte Spalte mit

```
B3: =MAX(WENN(B5:J100<>"";SPALTE(B:J)))
```

Die Adresse der letzten Zelle des benutzten Bereichs ergibt sich dann durch

```
B4: =ADRESSE(B2;B3)
```

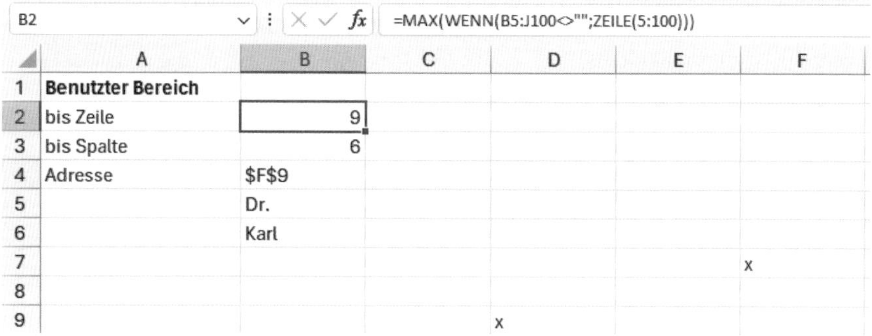

Abbildung 6.15: Benutzten Bereich ermitteln

Da sich die Adresse der letzten Zelle des benutzten Bereichs aus dem Schnittpunkt der letzten Zeile und der letzten Spalte ergibt, muss die Zelle selbst (F9) nicht unbedingt gefüllt sein.

Ersetzen Sie MAX durch MIN, erhalten Sie die erste Zelle des benutzten Bereichs. Natürlich nur innerhalb des durchsuchten Bereichs (also ohne A1:B4, in dem ja die Formeln stehen, denn es würde einen Zirkelbezug auslösen, würde man diese Zellen auch absuchen).

Die Formel funktioniert zwar, aber mit der Zellangabe J100, die den zu durchsuchenden Bereich abgrenzt, haben wir nicht gerade Weitblick bewiesen. Dahinter kann sich ja noch alles Mögliche abspielen. Jetzt versuchen Sie mal, mit dieser Formel einen wirklich großen Bereich abzusuchen, sagen wir mal bis HH30000. Sie werden merken, dass Ihr Rechner nicht gerade begeistert davon ist, denn das bindet mächtig viele CPU-Ressourcen.

Die Funktion ANZAHLLEEREZELLEN ermöglicht an dieser Stelle eine Turboformel, mit der Sie blitzschnell die komplette Tabelle bis XFD1048576 (Excel 2003: IV65536) absuchen können. Die letzte Zeile finden Sie mit der Formel

```
B2:=MAX(WENN(ANZAHLLEEREZELLEN(BEREICH.VERSCHIEBEN
(1:1;ZEILE(5:1048575);))<16384;ZEILE(5:1048575)+1))
```

und die letzte Spalte mit

```
B3:=MAX(WENN(ANZAHLLEEREZELLEN(BEREICH.VERSCHIEBEN
(B:B;;SPALTE(A:XFB);))<1048576;SPALTE(A:XFB)+2))
```

Die Formel in B3 liefert die Spaltennummer – wollen Sie die Spaltenbuchstaben sehen:

```
=WECHSELN(ADRESSE(1;B3;4);1;)
```

Warum sind diese Arrayformeln so schnell? Die erste führt 1.048.576 Rechenoperationen durch (für jede Zeile eine) und die zweite nur 16.384 (für jede Spalte eine). Genau genommen fünf Zeilen und zwei Spalten weniger, da die Formeln selbst ja auch irgendwo stehen müssen (A1:B4). Die Formel

```
=WENN(B5:XFD1048576<>"";ZEILE(B5:XFD1048576))
```

würde alle Zellen (über 17 Mrd.) einzeln abklappern, deshalb dauert dies ewig bzw. der Rechner stürzt ab. ANZAHLLEEREZELLEN hingegen »scannt« die Tabelle sozusagen zeilen- bzw. spaltenweise ab. Im Fall der spaltenweisen Durchsuchung liefert BEREICH.VERSCHIEBEN ein Array aus den Spalten

```
{C:C . D:D . E:E . F:F . etc.}
```

ANZAHLLEEREZELLEN liefert dann ebenso ein Array mit einem Ergebnis je Spalte, beispielsweise:

```
{17432.21203.1048576.1048576}
```

Ist die Spalte komplett leer, steht dort 1.048.576, wie in der dritten und vierten Spalte zu sehen ist. Enthält die Spalte Einträge, ist der Wert kleiner als in den ersten beiden Spalten. Die WENN-Funktion erzeugt dann für alle 1.048.576 Spalten FALSCH und für alle kleineren Werte die Spaltennummer, aus der die Funktion MAX dann die größte auswählt.

Die zeilenweise Durchsuchung funktioniert analog. Dort wird nach Zeilen mit weniger als 16.384 leeren Spalten gesucht.

Einziges Manko: ANZAHLLEEREZELLEN erkennt keine Leerstrings. Eine Zelle mit dem Inhalt ="" wird als leer interpretiert.

6.1.14 Suchkriterium in der Tabelle aufspüren

Ob Sie die Ausmaße des benutzten Bereichs bestimmen wollen oder ob die gesamte Tabelle nach einem Suchbegriff oder Wert durchsucht wird, funktioniert von der Logik her fast identisch. Beim benutzten Bereich suchen Sie die maximale Zeilen- und Spaltennummer, die einen Eintrag ungleich "" enthält.

Suchen Sie stattdessen nach einem bestimmten Wert oder Text, dann suchen Sie die kleinste Zeilen- und Spaltennummer, die dem Suchkriterium entspricht. Oder wahlweise auch die größte Zeilen- und Spaltennummer für den letzten Treffer.

I2 | fx =MIN(WENN(A1:G10=I1;ZEILE(A1:G10)))

	A	B	C	D	E	F	G	H	I	J
1			174					**Suchkriterium**	54	
2	128	52	148					Zeile (MIN)	3	
3	16	176	10	80		54		Spalte (MIN)	4	
4		81	53	125	41	119		Zelle	$D$3	(falsch)
5	55	65		1328	88					
6	25			54	74	100		1. Zeile, 2. Spalte	$F$3	
7		154		139	81			1. Spalte, 2. Zeile	$D$6	
8					119					
9					11					

Abbildung 6.16: Tabelle nach Suchkriterium absuchen (per Formel)

Das Suchkriterium steht in I1. Die kleinste Zeilennummer ist

```
I2: =MIN(WENN(A1:G10=I1;ZEILE(A1:G10)))=3
```

und die kleinste Spaltennummer

```
I3: =MIN(WENN(A1:G10=I1;SPALTE(A1:G10)))=4
```

Obwohl beide Formeln richtig rechnen, ist die aus

```
I4: =ADRESSE(I2;I3)
```

resultierende Zelle natürlich die falsche. Denn anders als bei der Bestimmung des benutzten Bereichs, bei dem die letzte Zelle selbst leer sein kann, sollten die Zielkoordinaten in diesem Fall den richtigen Wert enthalten, also auf D6 oder F3 verweisen.

Welche davon nun die richtige ist, müssen Sie selbst entscheiden. Sie dürfen die Kriterien kleinste Zeilennummer und kleinste Spaltennummer nicht auf einmal bewerten, sondern Sie müssen dabei eine Reihenfolge festlegen. Dann wird entweder zunächst die kleinste Zeile berechnet und dann innerhalb dieser Zeile nach der kleinsten Spalte gesucht oder umgekehrt. Im ersten Fall wäre $F$3 die Lösung, im zweiten Fall $D$6.

Fall 1 (die kleinste Zeilenzahl dominiert):

```
I6: =ADRESSE(I2;MIN(WENN(INDEX(A1:G10;I2;)=I1;SPALTE(INDEX
(A1:G10;I2;))))) =$F$3
```

Die INDEX-Funktion macht zunächst aus dem zweidimensionalen Bereich A1:G10 einen eindimensionalen. `INDEX(A1:G10;3;)` liefert den Bezug A3:G3, in dem dann weitergesucht wird. Für `MIN` bleibt folgender Ausdruck übrig, der die Spaltennummer innerhalb der einen Zeile ermittelt:

```
=MIN(WENN(A3:G3=I1;SPALTE(A3:G3))=6
```

`ADRESSE` übersetzt schließlich, wie üblich, die Zeile 3 und die Spalte 6 in den Bezug $F$3. Bei der INDEX-Funktion ist das zweite Semikolon wichtig, hinter dem aber nichts mehr folgt. Nur dann dimensioniert INDEX den Bereich neu und macht aus einem 2D-Bezug einen 1D-Bezug.

Fall 2 (die kleinste Spaltenzahl dominiert):

```
I7: =ADRESSE(MIN(WENN(INDEX(A1:G10;;I3)=I1;ZEILE(INDEX
(A1:G10;;I3))));I3) =$D$6
```

Auch hier pickt INDEX aus dem Bereich A1:G10 eine einzelne Spalte heraus:

```
=INDEX(A1:G10;;I3)=D4:G4
```

..., die dann mit MIN weiter durchsucht wird. Die ganze Logik lässt sich ohne Probleme mit MAX auch auf die letzten vorkommenden Suchkriterien umstellen.

Natürlich sind auch diese Formeln nur mit einer vertretbaren Rechnerbelastung zu verwenden, wenn der Bereich eine überschaubare Größe hat. Wenn Sie Suchbegriffe in einer großen Tabelle aufspüren wollen, können Sie aber auch hier wieder den Turbo auspacken. Erinnern Sie sich an die Alternativen mit der Funktion ANZAHLLEEREZELLEN. Anstelle dieser Funktion können Sie diesmal ZÄHLENWENN verwenden, denn die ist genauso in der Lage, eine riesige Tabelle spalten- oder zeilenweise »abzuscannen«, wie wir das bereits beschrieben haben.

Die Nummer der größten Spalte, die 54 enthält, finden Sie dann mit:

```
=MAX(WENN(ZÄHLENWENN(BEREICH.VERSCHIEBEN(A:A;;SPALTE(A:XFC););54)>0;
SPALTE(A:XFC)+1))
```

Und für die Zeile lautet die Formel (Formel steht in Zelle A1):

```
=MAX(WENN(ZÄHLENWENN(BEREICH.VERSCHIEBEN(1:1;ZEILE(1:1048575););54);
ZEILE(1:1048575)+1))
```

Das geht erstaunlich schnell, selbst wenn der Wert in der Zelle XFD1048576 steht. Aber denken Sie an den Zirkelbezug – die erste Formel (Spaltennummer) muss in Spalte A stehen und die zweite Formel (Zeilennummer) in der ersten Zeile, da sie sich sonst selbst durchsuchen würden. Alternativ »scannen« Sie das Tabellenblatt aus einem anderen Blatt heraus. Damit umgehen Sie jede Gefahr eines Zirkelbezugs.

6.2 Textfunktionen

CODE() rechnet jedes Zeichen in die fortlaufende Zahl des ANSI-Zeichensatzcodes um:

```
=CODE("A")
```

ZEICHEN() wandelt diesen Code in das entsprechende Zeichen um und ist somit die Umkehrfunktion von CODE().

```
=ZEICHEN(65)
=CODE(ZEICHEN(66))=66
```

CODE() und ZEICHEN() funktionieren bis 255, weil das die letzte im ANSI-Code definierte Zahl ist. (8 Bit = 1 Byte, 2^8 = 255). UNICODE() und UNIZEICHEN() listen die Unicodes bis 65.000.

SUCHEN() und FINDEN() suchen innerhalb eines Textes eine Zeichenfolge und geben die Positionsnummer des Suchtextes innerhalb des durchsuchten Textes zurück. Sie unterscheiden sich voneinander dadurch, dass Erstere nicht nach Groß- und Kleinschreibung unterscheidet, Letztere dagegen schon.

TEIL() gibt den Teil eines Textes zurück, der sich aus der Vorgabe von Positionsnummer und Länge des Teilstrings ergibt. Sie ist in etwa die Umkehrfunktion von FINDEN()/SUCHEN().

Wenn die Position des zurückzugebenden Teilstrings links oder rechts beginnt, nehmen Sie anstelle der Funktion TEIL() die Funktionen LINKS() oder RECHTS(). Häufig ist es sinnvoll, eine dieser Funktionen mit der Funktion LÄNGE() zu kombinieren, die die Anzahl Zeichen eines Textes zählt. Mit `LINKS(Text;LÄNGE(Text)-3)` können Sie beispielsweise die drei ersten Zeichen von rechts abschneiden.

VERKETTEN() und TEXTKETTE() hängen Texte oder Zellinhalte aneinander, was allerdings durch das kaufmännische & genauso gut erledigt werden kann. TEXTVERKETTEN() ist besser, damit können Sie ein Trennzeichen angeben und leere Zellen ignorieren.

WIEDERHOLEN() ist eine schöne Funktion, damit generieren Sie Textketten aus beliebigen Zeichen. Das zweite Argument ist der Wiederholfaktor. So zeichnen Sie schöne Textdiagramme.

KLEIN() und GROSS() wandeln alle Zeichen eines Textes in Klein- oder Großbuchstaben um. Auf numerische Ziffern oder Sonderzeichen haben diese Funktionen keine Auswirkung.

GROSS2() schreibt nur das erste Zeichen jedes Wortes in einem Text groß und den Rest klein. Die Wörter müssen nicht unbedingt durch Leerzeichen getrennt sein. Eine Trennung durch Bindestrich, Unterstrich oder ein anderes Sonderzeichen hat den gleichen Effekt.

GLÄTTEN() entfernt überflüssige Leerzeichen (mehr als eines nebeneinander) eines Textes und entspricht in etwa den Trimm-Funktionen, die in diversen Programmiersprachen bekannt sind. SÄUBERN() entfernt alle nicht druckbaren Zeichen.

IDENTISCH() prüft, ob zwei Texte identisch sind, und unterscheidet sich von der einfachen Prüfung `=Text1=Text2` dadurch, dass sie zwischen Groß- und Kleinschreibung unterscheidet. Für Excel ist standardmäßig `="a"="A"=WAHR`.

Die Funktion DELTA() macht dasselbe, funktioniert aber nur für numerische Zeichen, was ihr jegliche Daseinsberechtigung entzieht. Anstelle von WAHR/FALSCH liefert sie 1/0.

Die Funktion WECHSELN() ersetzt eine Zeichenfolge innerhalb eines Textes durch eine andere. Die Funktion ERSETZEN() macht fast das Gleiche. Der Unterschied besteht darin, dass Sie bei WECHSELN() eine Zeichenfolge vorgeben, die innerhalb des Textes gesucht werden muss. Bei ERSETZEN() geben Sie stattdessen die Position und die Länge der Zeichenfolge vor, die ausgetauscht werden soll. Es funktioniert auch die Länge 0.

Text	Beispiel	Ergebnis
X	=CODE(Text)	88
88	=ZEICHEN(Text)	X
Excel	=SUCHEN("e";Text)	1
Excel	=FINDEN("e";Text)	4
Excel	=TEIL(Text;4;1)	e
Excel	=LINKS(Text;2)	Ex
Excel	=RECHTS(Text;2)	el
	=VERKETTEN("E";"x";"c";"e";"l")	Excel
	="E"&"x"&"c"&"e"&"l"	Excel
Ha	=WIEDERHOLEN(Text;3)	HaHaHa
Formeln	=GROSS(Text)	FORMELN
Formeln	=KLEIN(Text)	formeln
KLAUS KÜHNLEIN	=GROSS2(Text)	Klaus Kühnlein
Klaus Kühnlein	=GLÄTTEN(Text)	Klaus Kühnlein
ab	=SÄUBERN(Text)	ab
	=IDENTISCH("a";"A")	FALSCH
	="a"="A"	WAHR
	=DELTA("3";"3")	1
	=DELTA("a";"A")	#WERT!
Alphorn	=WECHSELN(Text;"hor";"i")	Alpin
Alphorn	=ERSETZEN(Text;4;3;"i")	Alpin

Tabelle 6.2: Beispiele zu Textfunktionen

6.2.1 Anzahl Wörter

Wollen Sie wissen, wie viele Wörter eine Textzelle enthält, zählen Sie die Leerzeichen. Das klingt einfacher, als es ist. Mit der Funktion LÄNGE() lässt sich die Gesamtlänge ermitteln. Dann nehmen Sie mit WECHSELN() alle Leerzeichen heraus und ermitteln die Länge wieder. Jetzt müssen die beiden Längen nur noch voneinander abgezogen werden.

```
A1: Niemand ist eine Insel
B1: =LÄNGE(A1)-LÄNGE(WECHSELN(A1;" ";"")) = 3
```

6.2.2 Text und Ziffern trennen

Kombinationen von Text und Zahl kommen häufig vor: Bestellnummern, Ersatzteile, Nummernschilder etc.

Die Zahl kann mal links stehen und der Text rechts – oder auch andersherum. Befindet sich zwischen Zahl und Text ein eindeutiges Trennzeichen (Leerzeichen, Bindestrich, Schrägstrich etc.), ist es sehr einfach:

In A1 steht »2023 RyderCup« oder »RyderCup 2023«. Das eindeutige Trennzeichen ist also das Leerzeichen. Die Technik früherer Excel-Versionen lässt sich durch eine neue Funktion in Excel 365 ablösen:

Der linke Teil mit:

Alt: `=LINKS(A1;FINDEN(" ";A1)-1)`

Oder: `=TEXTVOR(A1;" ")`

Und der rechte Teil mit:

Alt: `=TEIL(A1;FINDEN(" ";A1)+1;99)`

Oder: `=TEXTNACH(A1;" ")`

Steht dort aber »2023RyderCup«, also ohne eindeutiges Trennzeichen, und die Anzahl Ziffern steht nicht fest, kann die Funktion FINDEN() Urlaub machen. Es muss jetzt zwischen Text (ISTTEXT()) und Zahl (ISTZAHL()) unterschieden werden. Dazu schreiben wir die einzelnen Zeichen des Textes über die oben beschriebene Formel in ein dynamisches Array in Zelle $D$1:

```
=TEIL($A$1;ZEILE(INDIREKT("1:"&LÄNGE($A$1)));1)
```

Die Formel

```
=VERGLEICH(0;ISTZAHL($D$1#*1)*1;0)
```

gibt dann die Position des ersten alphanumerischen Zeichens im Text zurück. Klar, dass die Funktion SUCHEN() damit überfordert wäre.

```
=ISTZAHL($D$1#*1)*1 ={1;1;1;1;0;0;0;0;0;0;0;0}
```

Die Einsen stehen für die vier Ziffern der Zahl 2023. Die Nullen beginnen dort, wo die Buchstaben beginnen, also bei "R", dessen *Position* (hier 5) die Funktion VERGLEICH() zurückgibt. Die Ziffern links erhalten wir dann mit

```
=LINKS($A$1;VERGLEICH(0;ISTZAHL($D$1#*1)*1;0)-1)=LINKS($A$1; 5-1)
```

und den Text rechts mit

```
=TEIL($A$1;VERGLEICH(0;ISTZAHL($D$1#*1)*1;0);99)=TEIL($A$1;5,99)
```

Wem das alles zu viel »Bastelei« ist, der übergibt die Liste oder Tabelle mit den Texten einfach an eine Power-Query-Abfrage und sucht nach der Transformation *Text in Spalten*. Hier steht nämlich auch *Beim Wechsel von Text zu Zahl* oder umgekehrt zur Auswahl.

6.2.3 Anorganische Einzeller

Mit den Arrayformeln, die Sie bis jetzt kennengelernt haben, wurden Arrays aus mehreren Zellen von ein- oder zweidimensionalen Bereichen einer Excel-Tabelle erzeugt. Jetzt wechseln wir sozusagen mal vom Makro- in den Mikrokosmos der Excel-Tabelle. Denn innerhalb einer einzigen Zelle können Arrays ebenso aus den einzelnen Zeichen einer Zahl oder eines Textes gebildet werden, es erfolgt also eine Aufsplittung des Zellinhalts in seine Einzelteile.

Die Funktion `TEIL(Text;Erstes_Zeichen;Anzahl_Zeichen)` gibt eine bestimmte Anzahl Zeichen einer Zeichenfolge ab der von Ihnen bestimmten Stelle zurück. Mit dieser Funktion können Sie also die Zeichen eines Textes in seine Einzelteile zerlegen.

`=TEIL(Text;1;1)` liefert das erste Zeichen des Textes (von links).

`=TEIL(Text;2;1)` liefert das zweite Zeichen und so weiter. Um alle Zeichen eines Textes in einer Spalte aufzulisten, nehmen Sie die Funktionen SEQUENZ() und LÄNGE() zur Hilfe:

```
=TEIL(B1;SEQUENZ(LÄNGE(B1));1)
```

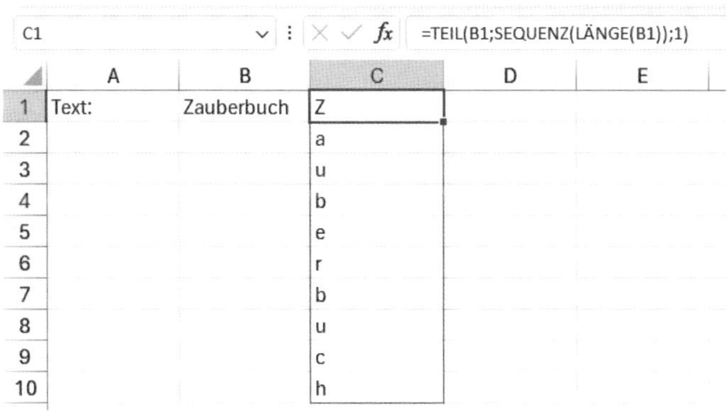

Abbildung 6.17: Die Buchstaben eines Textes auf einzelne Zellen aufteilen

Um zu zählen, wie viele Ziffern im Text enthalten sind, sieht die entsprechende Arrayformel so aus:

```
=SUMME(WENN(ISTZAHL(C1#*1);1))
```

Wichtig ist noch die Tatsache, dass die Elemente des Arrays zunächst alle im Datentyp *Text* (String) vorliegen, selbst wenn es sich um eine Ziffer handelt. Aus dem Beispieltext »123abc« resultiert das Array:

```
=TEIL("123abc";{1;2;3;4;5;6};1)={"1";"2";"3";"a";"b";"c"}
```

Dieses Array würde die Funktion ISTZAHL sechsmal mit FALSCH quittieren. Damit wirklich erkennbar ist, dass die ersten drei Elemente Zahlen enthalten, muss das Array zuvor mit 1 multipliziert werden:

```
=ISTZAHL(TEIL("123abc";{1;2;3;4;5;6};1)*1)
=ISTZAHL({"1";"2";"3";"a";"b";"c"}*1)
=ISTZAHL({1;2;3;#WERT!;#WERT!;#WERT!})
={WAHR;WAHR;WAHR;FALSCH;FALSCH;FALSCH}
```

Die Einsatzmöglichkeiten solcher einzelligen Arrays sind vielfältig. Das können Berechnungen sein wie z. B. die Quersumme oder auch komplizierte Textoperationen, mit denen die Standardfunktionen FINDEN(), SUCHEN() und Co. überfordert sind. Eine beliebte Herausforderung ist in diesem Zusammenhang das Trennen von Text und Ziffern innerhalb einer Zeichenfolge.

6.2.4 Textanalyse: Adressen trennen

Mit Microsoft 365 wurde die Liste der Textfunktionen um einige nützliche Einträge erweitert:

- TEXTVOR() liefert den Text vor einem Trennzeichen.
- TEXTNACH() gibt den Text nach dem Trennzeichen aus.

Für einfache Trennungen in der Adressliste reichen schon die ersten beiden Argumente.

```
=TEXTVOR(text;trennzeichen;anzahl;match_mode;match_end;wenn_nicht_gefunden)
=TEXTNACH(text;trennzeichen;match_mode;match_end;wenn_nicht_gefunden)
```

=TEXTVOR(A2;",")

=TEXTNACH(A2;",")

	A	B	C
1	Mitarbeiter	Vorname	Nachname
2	Gerber, Ulrich	Gerber	Ulrich
3	Baumann, Werner	Baumann	Werner
4	Schmidt, Verena	Schmidt	Verena
5	Prinz, Monika	Prinz	Monika
6	Müller, Sebastian	Müller	Sebastian

Abbildung 6.18: Text trennen mit TEXTVOR() und TEXTNACH()

Interessanter wird die Aufgabe, wenn das Trennzeichen mehrfach oder gar nicht vorkommt. Beide Textfunktionen bieten zusätzliche Parameter für (fast) alle Eventualitäten. Enthält die Namensliste z. B. Titel in unterschiedlichen Varianten (siehe Bild), wird mit dem nächsten Parameter von TEXTVOR() die Anzahl der Trennzeichen bestimmt:

```
=TEXTVOR(Text;Trennzeichen;Anzahl)
=TEXTVOR(A2;".";2)
```

Damit liefern aber alle Einträge mit nur einem Trennzeichen einen Fehlerwert. Besser ist es, den dritten Parameter auszulassen und den Parameter *Abgleich bis Ende* mit einer 1 zu besetzen.

```
=TEXTVOR(A2;".";;;1)
```

Das letzte Argument *wenn nicht gefunden* funktioniert aber nur, wenn das vorletzte Argument nicht besetzt ist.

B2 | =TEXTVOR(A2;".";;;;"")

	A	B	C
1	Mitarbeiter	Titel	Name
2	Dr. Friedrich Kern	Dr	
3	Prof. Dr. Werner Baumann	Prof	
4	Jonas Schmidt		
5	Dipl. Ing. Dr. Dieter Prinz	Dipl	
6	Ulrike Müller		
7	Priv. Doz. Wilhelm Riedel	Priv	

Abbildung 6.19: TEXTVOR() trennt nur den ersten Titel

Mit diesem Trick wird das Problem weggezaubert: Geben Sie für die Anzahl Trennzeichen -1 ein. Der *match mode* bleibt auf 1. Damit sucht die Funktion nämlich von rechts nach links nach dem Trennzeichen.

```
=TEXTVOR(A2;".";-1;;1)
```

Um dem letzten Titel noch einen Punkt zu verpassen, verketten Sie die Formel mit einem Punkt, stellen aber sicher, dass nur nicht leere Einträge betroffen sind:

```
=TEXTVERKETTEN(".";WAHR;TEXTVOR(A2;".";-1;;1);" ")
```

Für den Namen ohne Titel in Spalte C gibt es mehrere Lösungsansätze. Sie könnten einfach mt WECHSELN() den Titel gegen einen Leereintrag austauschen:

```
=WECHSELN(A2;B2;"")
```

Mit der Textfunktion TEXTNACH() suchen Sie nach dem Punkt (plus Leerzeichen), wieder mit -1 für die Anzahl. Bei titellosen Mitarbeitern greift das letzte Argument *if not found*:

```
=TEXTNACH(A2;". ";-1;;;A2)
```

=TEXTVERKETTEN(".";WAHR;TEXTVOR(A2;".";-1;;1);" ") | =TEXTNACH(A2;". ";-1;;;A2)

	A	B	C
1	Mitarbeiter	Titel	Name
2	Dr. Friedrich Kern	Dr.	Friedrich Kern
3	Prof. Dr. Werner Baumann	Prof. Dr.	Werner Baumann
4	Jonas Schmidt		Jonas Schmidt
5	Dipl. Ing. Dr. Dieter Prinz	Dipl. Ing. Dr.	Dieter Prinz
6	Ulrike Müller		Ulrike Müller
7	Priv. Doz. Wilhelm Riedel	Priv. Doz.	Wilhelm Riedel

Abbildung 6.20: Titel und Namen getrennt mit TEXTVOR() und TEXTNACH()

6.2.5 Textkette mit dynamischen Arrays

Die neue Matrixtechnik der dynamischen Arrays (siehe Kapitel 8.3) liefert Ergebnisse, die mit der früheren Matrixtechnik nicht möglich waren. Hier zwei Beispiele mit der Funktion TEXTVERKETTEN(), die mit Excel 2016 kam:

```
=TEXTVERKETTEN("-";WAHR;ZEICHEN(SEQUENZ(26;;65;1)))
```

Das Ergebnis ist eine Textkette mit allen Buchstaben des Alphabets. Dazu wird die Funktion ZEICHEN() eingesetzt, die das einem ASCII-Wert zugeordnete Zeichen ausgibt. Das wird von der Funktion SEQUENZ() im Bereich von 26 (A) bis 65 (Z) abgegriffen, und mit dem ersten Argument packt die Textkette noch ein Minuszeichen zwischen die einzelnen Buchstaben.

Diese Formel dreht einen Text um und präsentiert ihn in Spiegelschrift. Schreiben Sie die geschweiften Klammern mit [AltGr]+[7]:

```
=TEXTKETTE("";TEIL(A4;{20;19;18;17;16;15;14;13;12;11;10;9;8;7;6;5;4;3;2;1};1))
```

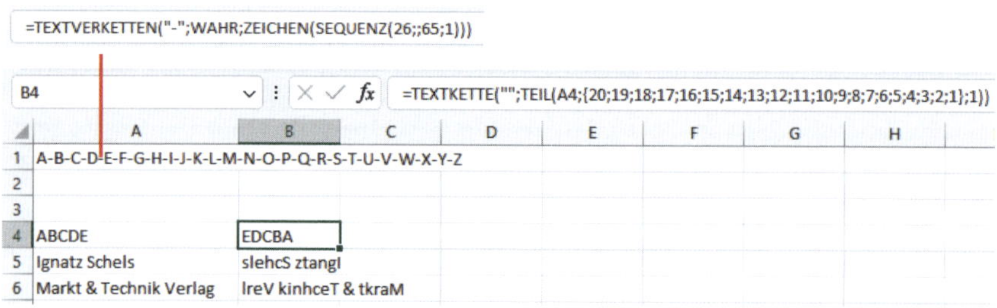

Abbildung 6.21: Spezial-Arrayfunktionen mit Textketten

6.2.6 Texte richtig teilen

TEXTTEILEN() heißt die Funktion, die den Inhalt einer Zelle oder eines benannten Bereichs auf ein dynamisches Array verteilt. Dazu wird im zweiten Argument das Trennzeichen ohne Leerzeichen angegeben. Damit wird auch getrennt, wenn das Leerzeichen fehlt. Das Ergebnis wird »getrimmt«, um überflüssige Leerzeichen zu entfernen:

```
=TEXTTEILEN(A1;";")
=GLÄTTEN(TEXTTEILEN(A1;"; ")
```

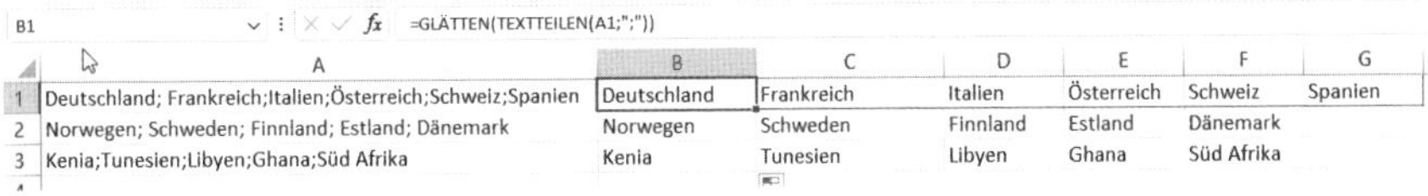

Abbildung 6.22: Text teilen nach Trennzeichen

Enthält der Text unterschiedliche Trennzeichen, geben Sie diese im zweiten Argument in einem Array mit geschweiften Klammern an.

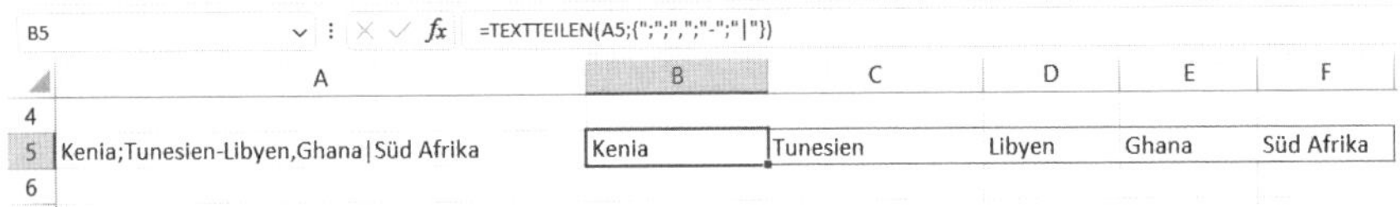

Abbildung 6.23: Text teilen mit verschiedenen Trennzeichen

Dieses Array mit Trennzeichen kann auch dazu verwendet werden, nicht erwünschte Textteile auszublenden. Geben Sie die Textteile (hier im Beispiel die Anrede) einfach als Trennzeichen an.

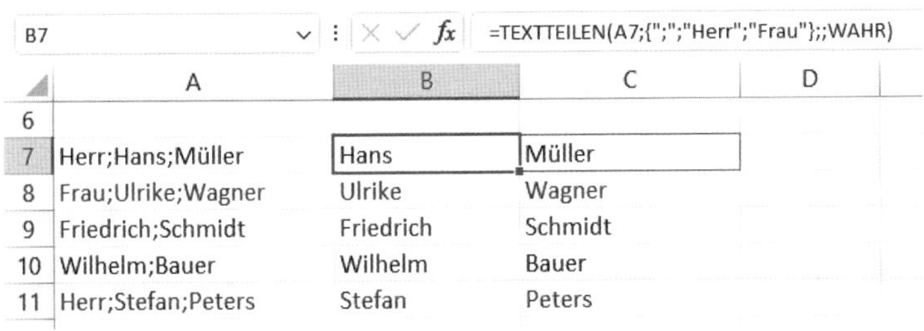

Abbildung 6.24: Text teilen mit Ausschluss

Texte können auch in Spalten und Zeilen getrennt werden. Geben Sie einfach das zweite Trennzeichen als Spaltentrenner ein.

Sortieren Sie das Ergebnis auf- oder absteigend mit der gleichnamigen Funktion. Die Kombination mit TEXTVERKETTEN() und SORTIEREN() sorgt dafür, dass das Ergebnis ohne Trennung, aber sortiert ausgegeben wird:

```
=SORTIEREN(GLÄTTEN(TEXTTEILEN(A23;";"));;;1)
=TEXTVERKETTEN(";";;SORTIEREN(GLÄTTEN(TEXTTEILEN(A23;";"));;;1))
```

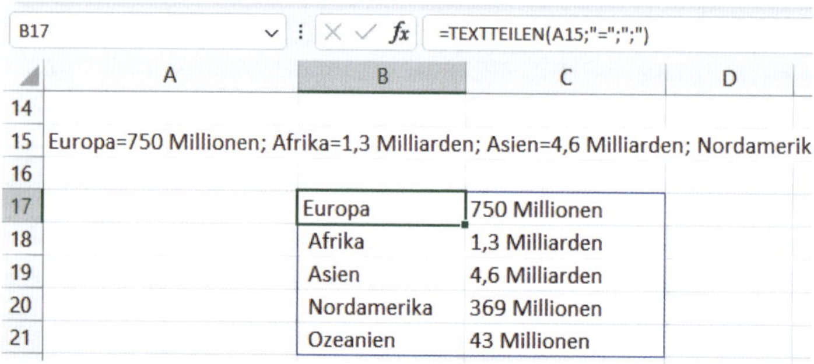

Abbildung 6.25: Text teilen mit Zeilen und Spalten

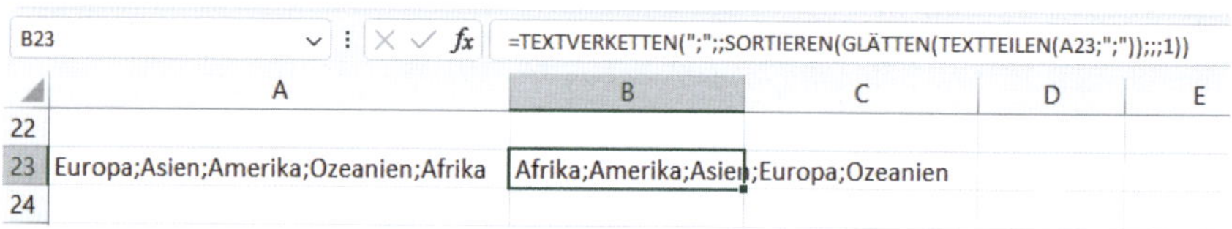

Abbildung 6.26: Text teilen, sortieren und wieder verketten

6.2.7 Plan-Ist-Vergleiche mit Textdiagrammen

Der Plan-Ist-Vergleich gehört zu den Standardmethoden des Projektcontrollings. Anfällige Projektkosten werden mit dem Kostenplan verglichen, die Terminkontrolle gibt Auskunft über die Einhaltung geplanter Zeiten. Zur Visualisierung dieser Kennzahlen wird in der Praxis das Säulen-, Balken- oder Liniendiagramm verwendet, für Zeitdifferenzen eignet sich das Gantt-Chart am besten.

Bei der Darstellung von Projekt- oder Ressourcenplänen stoßen die Diagrammwerkzeuge von Excel schnell an ihre Grenzen, denn die Werteachsen sind nur begrenzt belastbar. Textdiagrammen sind hier eine nützliche Alternative, damit richten Sie schnelle Visualisierungen für große Listen ein, und wenn Sie noch ein Drehfeld einzeichnen, lässt sich das Resultat sogar flexibel auf die Größenverhältnisse anpassen.

Die Basis: Projektkosten

Für den Plan-Ist-Vergleich verwenden wir einen Projektstrukturplan (PSP). Er startet in Zeile 5 mit der Überschrift. Die Bezeichnung der Phase wird in Spalte A eingetragen, Plan- und Ist-Kosten der einzelnen Phasen stehen in den Spalten B und C.

	A	B	C
1			
2			
3			
4			
5	**Projektvorgang/Phase**	Plankosten	Istkosten
6	Gelände- und Umfeldanalyse	3200	4800
7	Flächennutzungsplan	4800	2500
8	Bauanträge und Bebauungsplan	12000	8000
9	Wasserrechtsanalyse	3000	4800
10	Wirtschaftlichkeitsplan, Break Even, Liquiditätsanalyse	2000	2500
11	Raumordnungsverfahren	1500	1500
12	Umweltverträglichkeitsstudien	2500	2800
13	**Phase 2: Detailplanung**		
14	Routingplan aufstellen	1600	2000
15	Bauanträge entwerfen/stellen	2500	4200
16	Ausschreibung und Leistungsverzeichnisse erstellen	3800	3000
17	Angebote einholen	5000	4000
18	Schematischer Entwurf/CAD-Skizzen	12000	13500
19	Bahnenplan zeichnen, Masterplan entwerfen	15000	18000
20	Budgetierungsplan und Zahlungsplan erstellen	5000	4200
21	Baupläne erstellen	8500	6000
22	**Phase 3: Golfanlage**		
23	Driving Range	25000	22000
24	Abschlaghütten aufstellen	18000	15000
25	Betriebsgebäude planen	16000	18000
26	Spielbahnen modellieren, Konturen ausführen	25000	23000
27	Bunker graben und einsanden	5800	5900
28	Beregnungsanlage installieren	15000	16000
29	Bäume und Sträucher pflanzen	25000	23000
30	Einsaat und Besodung durchführen	6000	8000

Abbildung 6.27: Plan-/Ist-Kosten im Projekt

Berechnen Sie in der nächsten Spalte die Differenz zwischen Ist- und Plan-Kosten mit einer Matrixformel:

Markieren Sie mit [Strg]+[⇧]+[+] die dreispaltige Liste.

Wählen Sie *Formeln/Definierte Namen/Aus Auswahl erstellen/Oberste Zeile.*

Tragen Sie die Überschrift ein und berechnen Sie die Differenz:

```
D5: Differenz
D6: =Istkosten-Plankosten
```

Kopieren Sie die Formel per Doppelklick auf das Füllkästchen nach unten bis zum letzten Vorgang (seit Excel 2019 wird die Matrix automatisch gefüllt). Wenn Sie die Liste mit [Strg]+[T] in eine Tabelle umwandeln, können Sie die Differenz mit einem strukturierten Verweis berechnen.

Vorteil: Bei neuen Einträgen werden alle Formeln und Textdiagramme (sofern sie Teil der Tabelle sind) automatisch weiterkopiert:

```
=[@Istkosten]-[@Plankosten]
```

Das Textdiagramm ist nichts anderes als die Wiederholung eines bestimmten Zeichens. Die Formel braucht das Zeichen als erstes Argument und die Anzahl der Wiederholungen als zweites Argument:

```
=WIEDERHOLEN(Zeichen;Anzahl)
```

Mit dieser Formel erzeugen Sie eine Reihe, bestehend aus 15 X:

```
=WIEDERHOLEN("X";15)
Ergebnis: XXXXXXXXXXXXXXX
```

Das einzige Zeichen, das einen kontinuierlichen Balken ohne Zwischenräume erzeugt, finden Sie unter *Einfügen/Symbole/Symbol.* Schalten Sie um auf die Schriftart *Arial* und den Zeichencode *Unicode (hex).* Suchen Sie in der Liste der Subsets nach *Blockgrafikzeichen.* Hier finden Sie den Balken unter dem Zeichencode 2588. Fügen Sie dieses Zeichen in die Zelle C2 ein, und weisen Sie der Zelle über den Namens-Manager den Bereichsnamen *Zeichen* zu.

Tipp: Geben Sie die Codenummer gleich in das Zeichencodefeld ein, das geht am schnellsten.

Schalten Sie unter *Datei/Optionen/Menüband erweitern* die Hauptregisterkarte *Entwicklertools* ein. Wählen Sie *Entwicklertools/Steuerelemente/Einfügen*, und klicken Sie auf das Drehfeld-Symbol (erste Reihe, viertes von links). Zeichnen Sie im Bereich D1:D2 ein Drehfeld.

Klicken Sie mit der rechten Maustaste auf das Drehfeld und wählen Sie *Steuerelement formatieren.* Der Minimalwert ist 1, den Maximalwert setzen Sie auf 1.000. Die Schrittweite ist 1, und die Zellverknüpfung setzen Sie auf die Zelle $D$1.

Die Zelle D2 bekommt jetzt diese Formel:

```
=$D$1/100
```

... und über den Namens-Manager den Bereichsnamen *Faktor.*

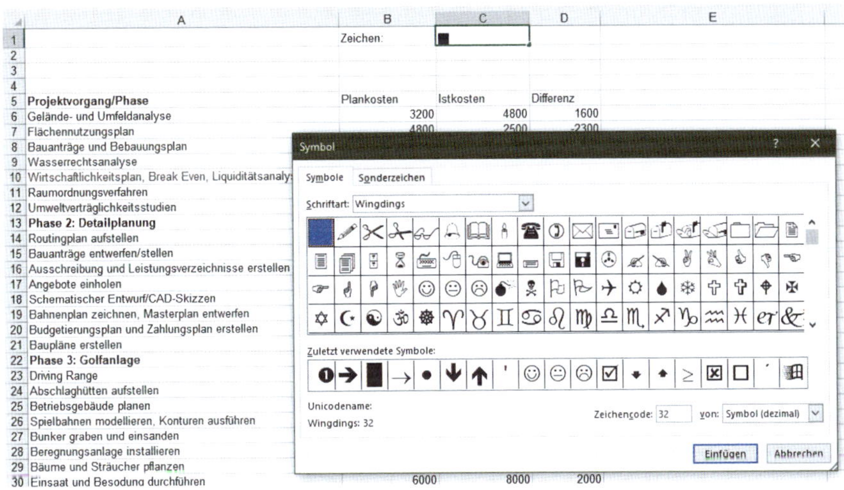

Abbildung 6.28: Das Blockgrafikzeichen mit der Codenummer 2588 eignet sich am besten für Textdiagramme.

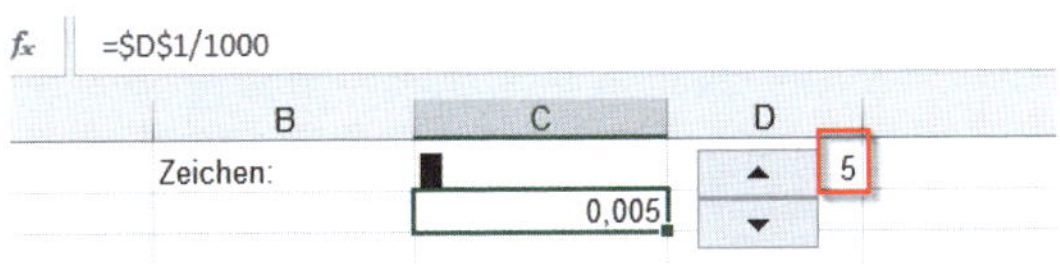

Abbildung 6.29: Ein Drehfeld mit Zellverknüpfung und Faktorformel

Für das Textdiagramm brauchen Sie die beiden nächsten Spalten. Wenn Sie mit einer Tabelle arbeiten, stellen Sie sicher, dass die beiden nächsten Spalten zur Tabelle gehören. Ziehen Sie dazu einfach das kleine blaue Dreieck am unteren rechten Tabellenrand zwei Spalten weiter.

In Zelle E6 wird die erste negative Abweichung ermittelt. Prüfen Sie mit WENN() den Status. Für die Wiederholung des Zeichens brauchen Sie den Absolutwert der Differenz (Funktion ABS()). Multiplizieren Sie ihn mit dem Faktor. Über das Drehfeld regelt dieser die Größe des Balkens. So berechnen Sie die Negativabweichung in E6:

```
=WENN(D6<0;WIEDERHOLEN(Zeichen;ABS(D6)*Faktor);"")
```

Kopieren Sie die Formel per Doppelklick auf das Füllzeichen bis zum letzten Vorgang. Markieren Sie die Spalte E, und weisen Sie ihr die Schriftfarbe *Rot* und die Ausrichtung *Rechtsbündig* zu.

Die nächste Formel in Zelle F6 für die positive Abweichung verwendet die Differenz, multipliziert mit dem Faktor. Kopieren Sie auch diese Formel per Doppelklick auf das Füllkästchen bis zum letzten Vorgang. Formatieren Sie die ganze Spalte mit der Schriftfarbe *Grün* und der Ausrichtung *Linksbündig*:

```
=WENN(D6>0;WIEDERHOLEN(Zeichen;D6*Faktor);"")
```

Jetzt lässt sich das Textdiagramm bequem über das Drehfeld in die richtige Größe bringen. Stellen Sie Ihr Drucklayout auf Querformat, und prüfen Sie in der Seitenansicht, wie breit die beiden Diagrammspalten sein dürfen. Klicken Sie auf das Drehfeld, um die Größe zu ändern.

Jetzt fehlt noch die Beschriftung für die negativen und positiven Abweichungen. Dafür verketten Sie die bestehenden Formeln mit einer Textfunktion. Wenn Sie die absolute Abweichung anzeigen lassen wollen, verwenden Sie die Differenz, alternativ dazu können Sie auch die prozentuale Abweichung oder beides in das Textdiagramm einfügen.

Die Funktion `=TEXT()` wandelt eine Zahl in einen Text um und verwendet für die Anzeige das Zahlenformat im zweiten Argument:

```
=TEXT(Zahl;Zahlenformat)
```

In der Formel für die Negativabweichung stellen Sie die Textfunktion vor die Wiederholungen. Achten Sie auf das Leerzeichen zwischen den beiden Formelteilen.

```
=WENN(D6<0;TEXT(ABS(D6);"-#.##0")&" "&WIEDERHOLEN(Zeichen;ABS(D6)*Faktor);"")
```

Die positive Abweichung bekommt den Text nach den Wiederholungen, das Leerzeichen steht wieder dazwischen:

```
=WENN(D6>0;WIEDERHOLEN(Zeichen;D6*Faktor)&" "&TEXT(D6;"+#.##0");"""")
```

Für die prozentuale Abweichung teilen Sie die Differenz durch die Plankosten und weisen das Ganze als Prozentsatz aus:

Positiv:

```
=WENN(D6>0;WIEDERHOLEN(Zeichen;D6*Faktor)&" "&TEXT((D6/B6);"+0,0%");"")
```

Negativ:

```
=WENN(D6<0;TEXT(ABS(D6)/B6;"0,0%")&" "&WIEDERHOLEN(Zeichen;ABS(D6)*Faktor);"")
```

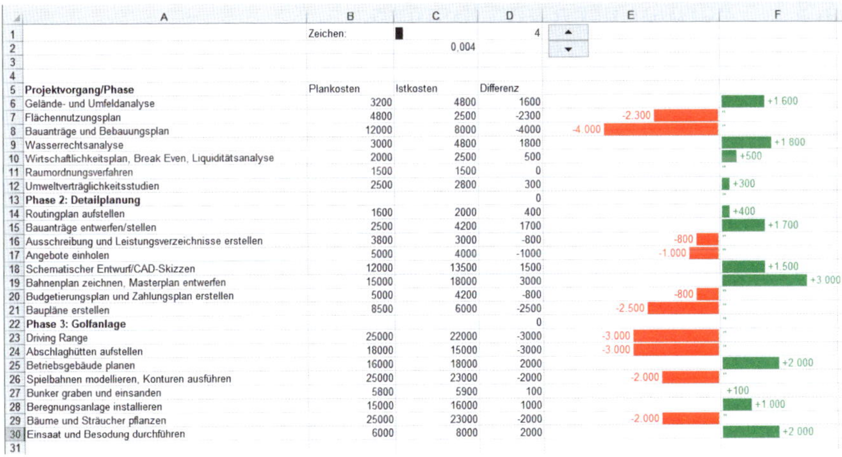

	A	B	C	D	E	F
1		Zeichen:	▮	4		
2			0,004			
3						
4						
5	**Projektvorgang/Phase**	Plankosten	Istkosten	Differenz		
6	Gelände- und Umfeldanalyse	3200	4800	1600		+1 600
7	Flächennutzungsplan	4800	2500	-2300	-2.300	
8	Bauanträge und Bebauungsplan	12000	8000	-4000	-4.000	
9	Wasserrechtsanalyse	3000	4800	1800		+1 800
10	Wirtschaftlichkeitsplan, Break Even, Liquiditätsanalyse	2000	2500	500		+500
11	Raumordnungsverfahren	1500	1500	0		
12	Umweltverträglichkeitsstudien	2500	2800	300		+300
13	**Phase 2: Detailplanung**			0		
14	Routingplan aufstellen	1600	2000	400		+400
15	Bauanträge entwerfen/stellen	2500	4200	1700		+1 700
16	Ausschreibung und Leistungsverzeichnisse erstellen	3800	3000	-800	-800	
17	Angebote einholen	5000	4000	-1000	-1.000	
18	Schematischer Entwurf/CAD-Skizzen	12000	13500	1500		+1.500
19	Bahnenplan zeichnen, Masterplan entwerfen	15000	18000	3000		+3 000
20	Budgetierungsplan und Zahlungsplan erstellen	5000	4200	-800	-800	
21	Baupläne erstellen	8500	6000	-2500	-2.500	
22	**Phase 3: Golfanlage**			0		
23	Driving Range	25000	22000	-3000	-3.000	
24	Abschlaghütten aufstellen	18000	15000	-3000	-3.000	
25	Betriebsgebäude planen	16000	18000	2000		+2 000
26	Spielbahnen modellieren, Konturen ausführen	25000	23000	-2000	-2.000	
27	Bunker graben und einsanden	5800	5900	100		+100
28	Beregnungsanlage installieren	15000	16000	1000		+1.000
29	Bäume und Sträucher pflanzen	25000	23000	-2000	-2.000	
30	Einsaat und Besodung durchführen	6000	8000	2000		+2 000
31						

Abbildung 6.30: Textdiagramme für positive und negative Abweichungen

6.2.8 Anzahl der Zeichen ermitteln

Wenn Sie wissen wollen, wie viele Zeichen eine Zelle enthält, schreiben Sie eine Formel mit der Funktion LÄNGE():

```
=LÄNGE(zellbezug)
```

Leider gibt es keine Formel, um die Anzahl der Wörter in einer Zelle zu zählen, aber mit einer Kombination aus LÄNGE(), GLÄTTEN() und WECHSELN() kommen Sie zum Ziel:

```
=LÄNGE(GLÄTTEN(A1))-LÄNGE(WECHSELN(A1;" ";""))+1
```

Wörter sind durch Leerzeichen getrennt. Die Anzahl der Wörter lässt sich aus der Differenz zwischen Gesamtlänge und der Länge des Wortes, aus dem vorher mit GLÄTTEN() führende und doppelte Leerzeichen entfernt wurden, ermitteln.

Die Formel rechnet auch richtig, wenn durch Tippfehler zwei oder mehr Leerzeichen zwischen den Wörtern stehen. Dazu wird vorher die Gesamtlänge ohne Leerzeichen ermittelt. GLÄTTEN() löscht hier nur überflüssige Leerzeichen aus dem Text.

6.3 Formatieren und Runden

TEXT formatiert eine Zahl und wandelt das Ergebnis in einen Text um. Geben Sie im zweiten Argument das Zahlenfomat an:

```
=TEXT(HEUTE();"TTTT, TT. MMMM JJJJ")
```

RUNDEN(), FEST() und DM() runden nach einer beliebigen Anzahl Stellen auf oder ab. Ab 0,5 wird stets aufgerundet. Sie liefern das identische Ergebnis, außer dass FEST() und DM() Texte liefern. DM() ist tatsächlich ein Relikt aus der Vor-Euro-Zeit, als unser Geld noch Deutsche Mark hieß, die Funktion liefert das gemäß Ländereinstellung aktuell gültige Währungssymbol. Bei DM() setzt die Multiplikation mit 1 voraus, dass das Währungssymbol mit einer Textfunktion abgeschnitten wurde. Die nicht dokumentierte Funktion USDOLLAR() macht exakt dasselbe.

ABRUNDEN(), KÜRZEN(), UNTERGRENZE() und GANZZAHL() runden nach unten ab. Bei ABRUNDEN() und KÜRZEN() kann eine beliebige Anzahl Stellen vorgegeben werden. Enthält das Argument *Anzahl_Stellen* eine negative Zahl, kann auf volle Zehnerpotenzen (vor dem Komma) gerundet werden. Mit UNTERGRENZE() kann man noch feiner justieren, da auf das nächstliegende Vielfache einer beliebig definierbaren Schrittweite abgerundet werden kann. GANZZAHL() schneidet alle Nachkommastellen ab. Die gleiche Funktion mit zwei G, also GGANZAHL(), führt die völlig banale Prüfung

```
=(A1>=B1)*1
```

durch. QUOTIENT() ist keinen Deut nützlicher und liefert lediglich den ganzzahligen Teil einer Division, genau wie

```
GANZZAHL(Zahl1/Zahl2)
```

AUFRUNDEN() und OBERGRENZE() runden nach oben auf und funktionieren ansonsten wie ihre Pendants zum Abrunden.

VRUNDEN() rundet auf das beliebige Vielfache einer Zahl auf oder ab und macht damit das Gleiche wie

```
=RUNDEN(Zahl/Vielfaches;0)*Vielfaches
```

VRUNDEN() liefert stets entweder das Ergebnis von UNTERGRENZE(), falls abgerundet wird, oder das von OBERGRENZE(), falls aufgerundet wird.

GERADE() und UNGERADE() runden positive Zahlen auf die nächste gerade bzw. ungerade Zahl auf und im negativen Bereich ab.

ABS() liefert den Absolutwert einer Zahl.

Wert	Formel	Ergebnis
2,336	`=TEXT(Wert;"#.##0,00")`	2,34
2,336	`=DM(Wert;2)`	2,34 €
2,336	`=FEST(Wert;2)`	2,34
2,336	`=ABRUNDEN(Wert;2)`	2,33
-2,336	`=ABS(Wert)`	2,336
2,336	`=AUFRUNDEN(Wert;2)`	2,34
2,336	`=GANZZAHL(Wert)`	2
2,336	`=GERADE(Wert)`	4
2,336	`=KÜRZEN(Wert;2)`	2,33
2,336	`=OBERGRENZE(Wert;0,05)`	2,35
2,336	`=VRUNDEN(Wert;0,05)`	2,35
2,336	`=RUNDEN(Wert;2)`	2,34
2,336	`=UNGERADE(Wert)`	3
2,336	`=UNTERGRENZE(Wert;0,05)`	2,3
12345	`=RUNDEN(Wert;-3)`	12000

Tabelle 6.3: Beispiele zu Rundungsfunktionen

6.3.1 Praxis: Quartal berechnen mit AUFRUNDEN

Nutzen Sie die Funktion, um das Quartal aus einem Datumswert zu berechnen:

Schreiben Sie den 1.1.2024 in die Zelle A1. Ziehen Sie das Füllkästchen rechts unten am Zellzeiger mit der rechten Maustaste bis zur Zelle A12. Wählen Sie *Monate ausfüllen*.

Schreiben Sie diese Formel in die Zelle B1, klicken Sie doppelt auf das Füllkästchen, um sie nach unten zu kopieren:

```
=AUFRUNDEN(MONAT(A1)/3;0)
```

6.3.2 Gerundete Werte summieren

Die Funktion RUNDEN() ist mit Vorsicht zu genießen, sie darf nicht zum Einsatz kommen, wenn die Werte in ihrer Genauigkeit weiterberechnet werden. Entscheiden Sie selbst, wann die Werte gerundet werden:

```
A1: 10,123456
A2: 10,123456
```

`=SUMME($A$1:$A$2)` liefert das Ergebnis 20,24691, also 20,25, auf zwei Nachkommastellen gerundet. Wollen Sie die Werte bereits gerundet summieren, schreiben Sie:

```
=SUMME(RUNDEN($A$1:$A$2;2))
```

Drücken Sie zum Abschluss der Formel [Strg]+[⇧]+[↵], dann wird das Ergebnis als Matrix berechnet.

6.4 Verweisfunktionen

Wer mit großen Datenmengen hantiert und verschiedene Datentabellen miteinander in Beziehung setzen muss, benutzt in der Regel eine Verweisfunktion. Ähnlich wie in der Datenbank verknüpft diese zwei Datenbestände über eine 1:n-Beziehung.

SVERWEIS() sucht in der ersten linken Spalte eines Bereichs nach einem Suchkriterium und gibt vom ersten Treffer eine rechts benachbarte Zelle zurück.

WVERWEIS() durchsucht die oberste Zeile eines Bereichs und gibt einen Wert zurück, der sich in derselben Spalte wie der Suchtreffer befindet.

In beiden Funktionen entscheidet ein weiteres Argument, ob eine genaue Übereinstimmung mit dem Suchkriterium erforderlich ist.

VERWEIS() ist bei der Suchrichtung etwas flexibler. Die Funktion kann zeilen- oder spaltenweise suchen, je nach Vorgabe, die Suchspalte muss aber aufsteigend sortiert sein.

XVERWEIS() ist flexibler als der SVERWEIS(), die Funktion fordert eine Suchspalte an, die nicht links im Suchbereich stehen muss, und eine Rückgabespalte, die rechts und links von der Suchspalte stehen kann.

VERGLEICH() durchsucht wahlweise eine Spalte oder eine Zeile und sucht nach Angabe in einem weiteren Argument entweder nach genauer Übereinstimmung oder dem nächstgelegenen Treffer. Das Ergebnis ist die Zeilen- oder Spaltennummer der Fundstelle.

XVERGLEICH() sucht wie der VERGLEICH() in einem Bereich, bietet aber eine Platzhaltersuche und eine Bewertung der Suchergebnisse an.

6.4.1 Der Spaltenverweis SVERWEIS()

Sucht einen Schlüssel in der ersten Spalte eines Bereichs und liefert als Ergebnis eine bestimmte Spalte der Zeile, in der sich der Suchbegriff befindet.

```
=SVERWEIS(suchbegriff;suchmatrix;spaltenindex;bereichsverweis)
```

Das letzte Argument ist besonders wichtig, es bestimmt, ob das Suchergebnis eindeutig sein muss:

- WAHR oder leer: Sucht den nächstkleineren Wert. Die Liste muss dazu aufsteigend nach der Suchspalte sortiert sein.
- FALSCH oder 0: Sucht genau den Wert. Wird dieser nicht gefunden, ist das Ergebnis #NV!.

Warum eigentlich FALSCH oder 0 im letzten Argument? Die Frage lässt sich wieder mit Blick zurück beantworten: Bis zur Excel-Version 4.0 (bis 1994) gab es den SVERWEIS nur mit drei Argumenten, und demzufolge konnte auch nur in sortierten Bereichen gesucht werden. Bei Personalnummern, Abrechnungs- oder Buchungsnummern war ein Zahlendreher oder eine falsche Nummer natürlich fatal, der Verweis lieferte einfach den nächsten Wert (nach oben). Deshalb beschlossen die Microsoft-Entwickler, die Version 5 mit einem logischen Schalter, einem booleschen Argument, auszustatten, und da ein solcher digital immer mit WAHR bzw. -1 oder FALSCH bzw. 0 bezeichnet wird, haben wir einen SVERWEIS mit einem verwirrenden, aber sehr nützlichen Argument.

Wenn Sie den SVERWEIS() noch benutzen und nicht bereits auf die wesentlich modernere Verknüpfungsart über Power Query umgestiegen sind (siehe unten), können Sie mit ein paar guten Tricks mehr herausholen.

Praxis: SVERWEIS() – Suche mit Wildcard

Sie waren in diversen Ländern im Urlaub und haben sich dort auf eine Cognac-/Brandy-Marke eingeschossen. Ihr Weinhändler zu Hause hat Ihnen sein exzellentes Sortiment als Tabelle (*tbl_Cognac*) geschickt, und Sie interessieren sich für die Flaschenpreise (Spalte D).

Suchen Sie nach dem ersten Land, geben Sie die Tabelle als Matrix an:

```
F2: Spanien
F3: =SVERWEIS(F2;tbl_Cognac;2;FALSCH)
```

	A	B	C	D
1	Provenience	Marke	Inhalt	Preis
2	Spanien	103	0,7	9,99
3	Deutschland	Asbach Uralt	0,7	13,79
4	Spanien	Cardenal Mendoza Carta Real	0,7	59,99
5	Spanien	Carlos I	1	19,95
6	Spanien	Carlos II	1,2	21,99
7	Frankreich	Davidoff Extra 0,7 L	1	144,00
8	Spanien	grand Duc d'Alba	0,7	31,00
9	Frankreich	Hennessy Richard 0,7 L	1	1.249,00
10	Spanien	Lepanto	0,7	37,95
11	Griechenland	Metaxa V	0,8	19,95
12	Griechenland	Metaxa XII	1,5	57,99
13	Spanien	Osborne negro	0,7	19,99
14	Frankreich	Remy Martin	1	28,70
15	Italien	Vecchia Romagna Etichetta	0,7	16,95

Abbildung 6.31: Erlesene Brände als Tabelle

Ist der Cognac-/Brandy-Name nur noch bruchstückhaft präsent (»Der hieß irgendwas mit Alba«), dann sind die "*"-Platzhalter wieder einmal hilfreich. Starten Sie die Suche aber in Spalte 2:

```
F2: alba
F3: =SVERWEIS("*"&F2&"*";tbl_Cognac[[Marke]:[Inhalt]];2;FALSCH)
```

Der Spaltenindex war beim klassischen SVERWEIS immer schon das größte Risiko. Verschiebt sich die Spalte mit der Fundstelle, stimmt er einfach nicht mehr und passt sich auch nicht an. Dabei ist es ganz einfach: Suchen Sie einfach per VERGLEICH() in der Kopfzeile nach dem Spaltennamen. Dann kann dieser stehen, wo er will:

```
=VERGLEICH("Provenience";tbl_Cognac[#Kopfzeilen];0)
```

Und alles zusammen:

```
=SVERWEIS("*"&F2&"*";tbl_Cognac[[Marke]:[Inhalt]];VERGLEICH("Provenience";tbl_
Cognac[#Kopfzeilen];0);FALSCH)
```

=SVERWEIS("*"&F2&"*";tbl_Cognac[[Marke]:[Inhalt]];VERGLEICH("Provenience";tbl_Cognac[#Kopfzeilen];0);FALSCH)

	D	E	F	G	H	I	J
	Preis		Suche:				
0,7	9,99		alba				
0,7	13,79		grand Duc d'Alba				
0,7	59,99						
1	19,95						

Abbildung 6.32: Wenn SVERWEIS, dann mit sicherem Spaltenindex

Da der SVERWEIS nicht nach links suchen kann, wurde er früher durch eine Kombination aus INDEX und VERGLEICH ersetzt:

```
F3: =INDEX(tbl_Cognac[Provenience];VERGLEICH("*"&F2&"*";tbl_Cognac[Marke];0))
```

Dafür gibt es in Microsoft 365 aber den XVERWEIS().

6.4.2 Flexibler als SVERWEIS(): XVERWEIS()

Diese Funktion bietet Excel nur in Microsoft 365 an. Hier die Syntax:

```
=XVERWEIS(Kriterium;Suchmatrix;Rückgabematrix;
[wenn nicht gefunden];[Vergleichsmodus];[Suchmodus])
```

- *Kriterium* ist der Text bzw. der Wert, den Sie suchen.
- *Suchmatrix* ist der Zellbereich, in dem Excel nach dem Kriterium suchen soll.
- *Rückgabematrix* ist der Zellbereich, aus dem die Ergebnisse des Suchvorgangs stammen.

Diese Parameter sind immer erforderlich. Die restlichen sind optional.

- *[wenn nicht gefunden]* ist ein Text oder ein Zahlenwert, den die Funktion liefert, wenn keine Übereinstimmung gefunden wird. Standardmäßig liefert XVERWEIS() in diesem Fall den Fehlerwert #NV.
- *[Vergleichsmodus]* bestimmt die Art der Suche. Standardmäßig sucht XVERWEIS() mit 1 nach einer exakten Übereinstimmung (-1 = nächstkleineres Element, 2 = Platzhaltersuche).
- *[Suchmodus]* beeinflusst die Suchrichtung. Standardmäßig sucht XVERWEIS() vom ersten bis zum letzten Eintrag in der Suchmatrix. Die Funktion bietet aber auch folgende Möglichkeiten:

1	vom ersten bis zum letzten Element suchen
-1	vom letzten bis zum ersten Element suchen
2	Binärsuche in aufsteigender Reihenfolge
-2	Binärsuche in absteigender Reihenfolge

Im Unterschied zum SVERWEIS() geben Sie den Bereich, aus dem die Ergebniswerte stammen sollen, als Zellbezug ein und nicht etwa als Spaltenindex. Excel passt diesen Zellbezug automatisch an, wenn Sie später z. B. eine Spalte in die Suchliste einfügen.

In einer SVERWEIS()-Formel müssten Sie selbst dafür sorgen, dass der Spaltenindex auf den korrekten Bereich verweist.

Mit XVERWEIS() können Sie auch waagerecht suchen. Dafür müssen Such- und Rückgabematrix nur eine entsprechende Orientierung aufweisen. Somit ist XVERWEIS() die bessere Alternative zu SVERWEIS() und zu WVERWEIS().

Unser Beispiel: Suchen Sie in der Adressliste nach dem Nachnamen »Schmid« in der Nachnamenspalte (A) und liefern Sie den Wohnort (Spalte E) ab:

```
B3: Schmid
B4: =XVERWEIS(B3;tbl_Personal[Nachname];tbl_Personal[Ort])
```

Oder umgekehrt: Gesucht wird der Ort, Lieferung Nachname:

```
E3: Belingen
E4: =XVERWEIS(E3;tbl_Personal[Ort];tbl_Personal[Nachname])
```

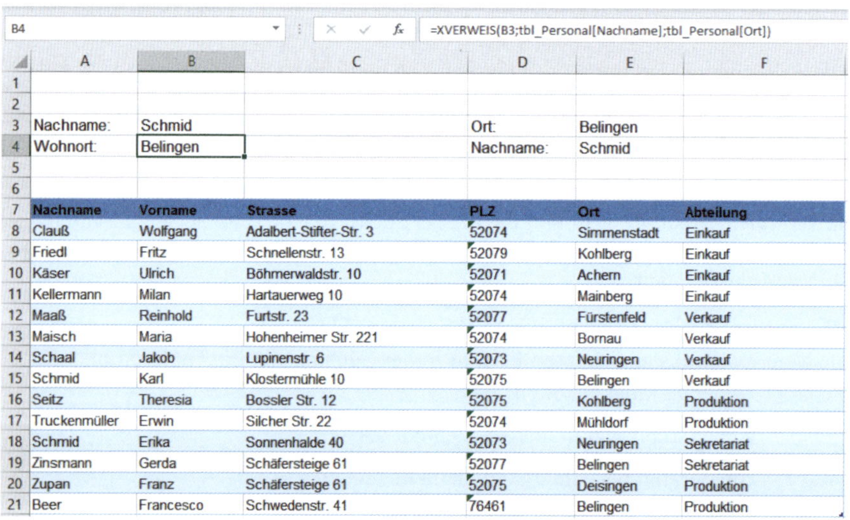

	A	B	C	D	E	F
1						
2						
3	Nachname:	Schmid		Ort:	Belingen	
4	Wohnort:	Belingen		Nachname:	Schmid	
5						
6						
7	Nachname	Vorname	Strasse	PLZ	Ort	Abteilung
8	Clauß	Wolfgang	Adalbert-Stifter-Str. 3	52074	Simmenstadt	Einkauf
9	Friedl	Fritz	Schnellenstr. 13	52079	Kohlberg	Einkauf
10	Käser	Ulrich	Böhmerwaldstr. 10	52071	Achern	Einkauf
11	Kellermann	Milan	Hartauerweg 10	52074	Mainberg	Einkauf
12	Maaß	Reinhold	Furtstr. 23	52077	Fürstenfeld	Verkauf
13	Maisch	Maria	Hohenheimer Str. 221	52074	Bornau	Verkauf
14	Schaal	Jakob	Lupinenstr. 6	52073	Neuringen	Verkauf
15	Schmid	Karl	Klostermühle 10	52075	Belingen	Verkauf
16	Seitz	Theresia	Bossler Str. 12	52075	Kohlberg	Produktion
17	Truckenmüller	Erwin	Silcher Str. 22	52074	Mühldorf	Produktion
18	Schmid	Erika	Sonnenhalde 40	52073	Neuringen	Sekretariat
19	Zinsmann	Gerda	Schäfersteige 61	52077	Belingen	Sekretariat
20	Zupan	Franz	Schäfersteige 61	52075	Deisingen	Produktion
21	Beer	Francesco	Schwedenstr. 41	76461	Belingen	Produktion

Abbildung 6.33: Flexible Suche in alle Richtungen mit XVERWEIS

Dass die beiden Bereiche für Suche und Rückgabe dieselbe Höhe haben müssen, versteht sich von selbst. Wenn Sie wie im Beispiel mit Tabellen arbeiten, kommen Sie gar nicht in Versuchung, hier einen Fehler zu machen.

Der XVERWEIS() liefert nicht nur eine Fundstelle, er kann sogar den ganzen Datensatz, in unserem Beispiel die komplette Adresse, als dynamisches Array ausgeben. Dazu wird im dritten Argument die ganze Tabelle oder ein Bereich daraus angegeben:

```
I3: Schmid
I4: =XVERWEIS(I3;tbl_Personal[Nachname];tbl_Personal)
```

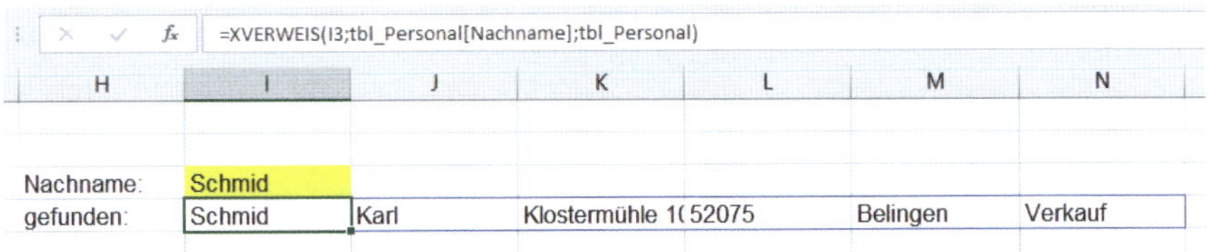

Abbildung 6.34: Suchergebnis ganze Adresse mit dynamischen Arrays

Die ungefähre Suche bietet nicht nur die Möglichkeit, einen Wert in der Nähe der Fundstelle auszugeben, Sie können auch eine Meldung absetzen, wenn der XVERWEIS() gar nichts findet – hier am Beispiel einer Portotabelle (*tbl_Porto*), die in der ersten Spalte das Gewicht der Pakete und in der zweiten Spalte das Porto anbietet. Der XVERWEIS() sucht nach einem Gewicht und liefert das passende Porto, vorausgesetzt, er findet ein ähnliches, leichteres Gewicht. Falls nicht, wird die Meldung *Kein Porto gefunden* ausgegeben.

```
=XVERWEIS(B3;tbl_Porto[Gewicht bis];tbl_Porto[Porto];"Kein Porto gefunden";1)
```

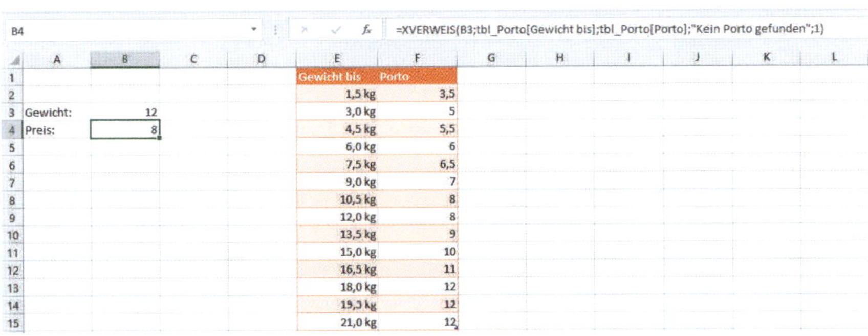

Abbildung 6.35: Ungefähre Übereinstimmung oder Meldung

6.4.3 Power Query statt SVERWEIS()

Keine Funktion außer der SUMME() ist in Excel-Kalkulationen so oft vertreten wie der SVERWEIS(). Für viele Anwender ist er das einzige Werkzeug, das eine relationale Verknüpfung zwischen zwei Datenmengen ermöglicht, obwohl das eigentlich die Aufgabe für eine relationale Datenbank wie Access oder SQL Server wäre. Aber die Aufgabenstellung rechtfertigt meist nicht den Aufwand für eine Datenbankinstallation. Und außerdem – Excel ist flexibler als Access.

Lassen Sie uns diese (falsche!) Aussage als Basis nehmen, um den SVERWEIS() zu beerdigen. Sie haben richtig gelesen, es gibt mittlerweile eine Alternative zum SVERWEIS(), die nicht nur flexibler, sondern auch wesentlich sicherer ist. Und diese Alternative heißt Power Query.

Nehmen wir ein einfaches Szenario als Beispiel: Ihr ERP-System liefert die aktuellen Personalzahlen des Unternehmens auf Knopfdruck. Die Liste wird aus Datenschutzgründen nur mit Personalnummer und Abteilung täglich in eine Excel-Mappe exportiert.

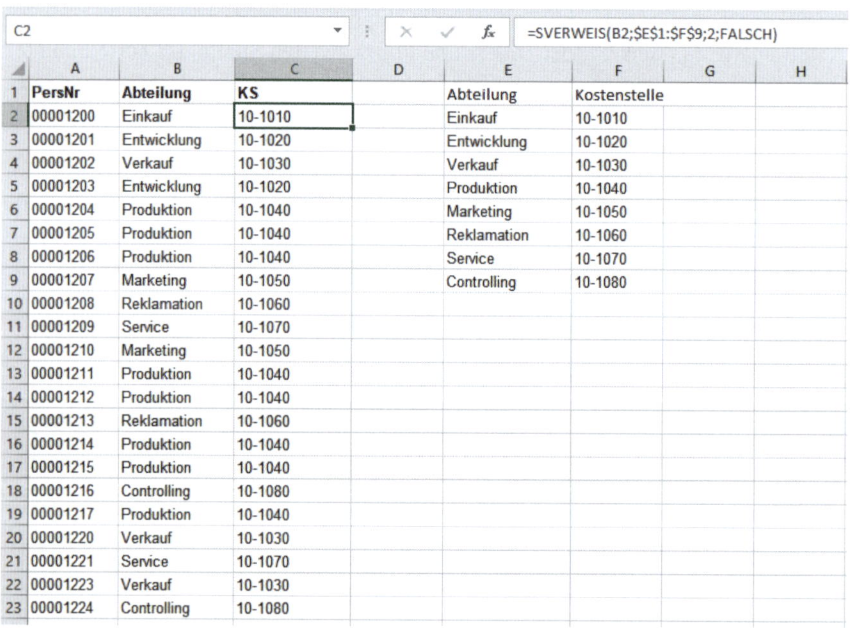
C2 =SVERWEIS(B2;$E$1:$F$9;2;FALSCH)

	A	B	C	D	E	F	G	H
1	PersNr	Abteilung	KS		Abteilung	Kostenstelle		
2	00001200	Einkauf	10-1010		Einkauf	10-1010		
3	00001201	Entwicklung	10-1020		Entwicklung	10-1020		
4	00001202	Verkauf	10-1030		Verkauf	10-1030		
5	00001203	Entwicklung	10-1020		Produktion	10-1040		
6	00001204	Produktion	10-1040		Marketing	10-1050		
7	00001205	Produktion	10-1040		Reklamation	10-1060		
8	00001206	Produktion	10-1040		Service	10-1070		
9	00001207	Marketing	10-1050		Controlling	10-1080		
10	00001208	Reklamation	10-1060					
11	00001209	Service	10-1070					
12	00001210	Marketing	10-1050					
13	00001211	Produktion	10-1040					
14	00001212	Produktion	10-1040					
15	00001213	Reklamation	10-1060					
16	00001214	Produktion	10-1040					
17	00001215	Produktion	10-1040					
18	00001216	Controlling	10-1080					
19	00001217	Produktion	10-1040					
20	00001220	Verkauf	10-1030					
21	00001221	Service	10-1070					
22	00001223	Verkauf	10-1030					
23	00001224	Controlling	10-1080					

Abbildung 6.36: Die alte Technik: zwei Listen, ein statischer SVERWEIS()

Was das System nicht liefert, ist die Zuordnung der Abteilung zu einer Kostenstelle, aber dafür gibt es eine weitere Liste. Mit einem SVERWEIS() verknüpfen Sie bisher die beiden Listen, um zu ermitteln, wie viele Mitarbeiter sich auf die einzelnen Kostenstellen verteilen.

Diese Verknüpfung ist nicht mehr zeitgemäß. Neue Daten lassen sich nur mit Copy-and-paste in die Auswertung holen, und bei Änderungen in einer der Listen müssen die Formeln nachgebessert werden. Lösen Sie die Aufgabe zukünftig mit Power Query:

Löschen Sie die Spalte mit dem SVERWEIS, speichern Sie die Personalliste als Mappe.

Pers.xlsx

	A	B
1	**PersNr**	**Abteilung**
2	00001200	Einkauf
3	00001201	Entwicklung
4	00001202	Verkauf
5	00001203	Entwicklung
6	00001204	Produktion
7	00001205	Produktion
8	00001206	Produktion

Legen Sie die Kostenstellenliste ebenfalls als Datei an.

Kostenstellen.xlsx

D	E
Abteilung	Kostenstelle
Einkauf	10-1010
Entwicklung	10-1020
Verkauf	10-1030
Produktion	10-1040
Marketing	10-1050
Reklamation	10-1060

Starten Sie in einer neuen Mappe eine Power-Query-Abfrage.

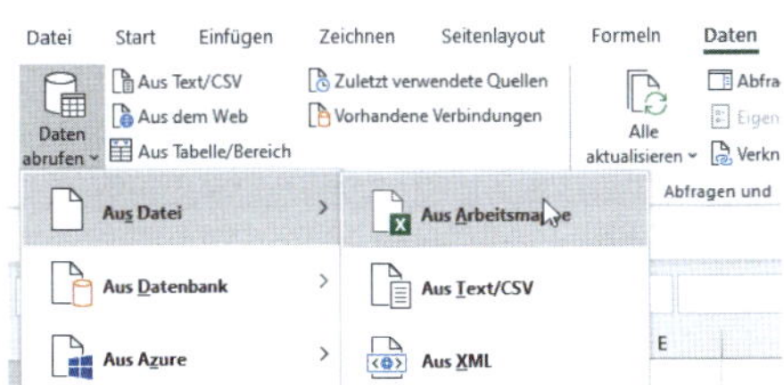

Markieren Sie die Datenquelle und wählen Sie *Daten transformieren*.

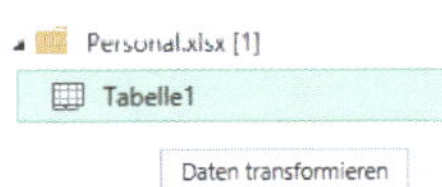

Geben Sie der Abfrage den Namen *Personal*, und passen Sie die Feldtypen der einzelnen Spalten an.

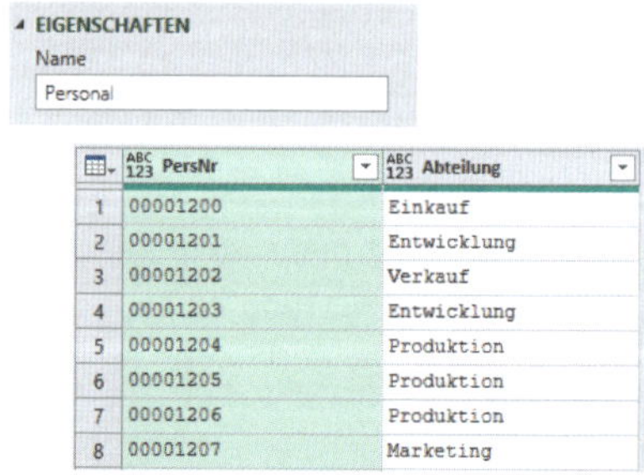

Die zweite Liste holen Sie über *Start/Neue Abfrage/Neue Quelle*. Suchen Sie die Datei *Kostenstelle.xlsx*.

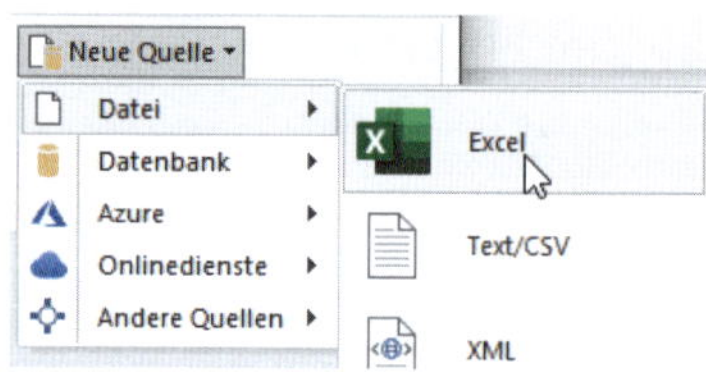

Markieren Sie wieder die Liste, und holen Sie die Daten mit *OK* in den *Power Query-Editor*.

Geben Sie der Abfrage den Namen *Kostenstellen*, und überprüfen Sie die Datentypen der einzelnen Spalten.

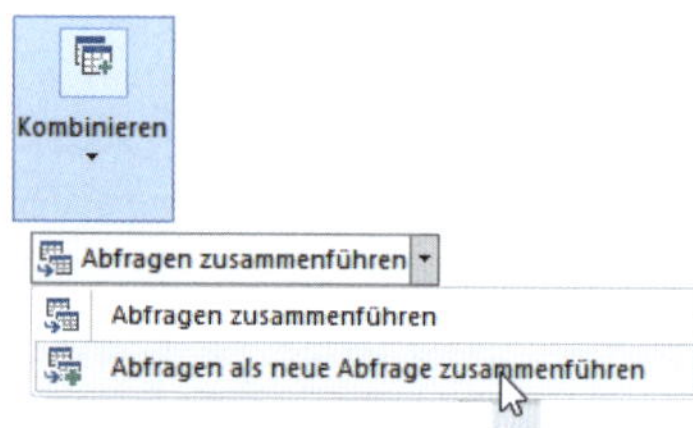

Wechseln Sie zur Abfrage *Personal*, wählen Sie *Start/Kombinieren/Abfragen zusammenführen* und führen Sie die beiden Abfragen als neue Abfrage zusammen.

Holen Sie die zweite Abfrage in die Liste unterhalb der ersten Abfrage. Markieren Sie in beiden Abfragen die Spalte *Abteilung*.

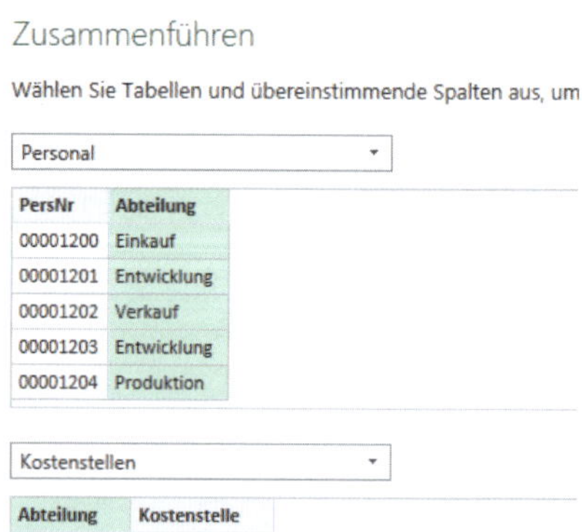

Bestätigen Sie die Join-Art *Linker äußerer Join*. Sie stellt sicher, dass alle Personaldaten erhalten bleiben und nur bei Übereinstimmung die Kostenstelle gelistet wird.

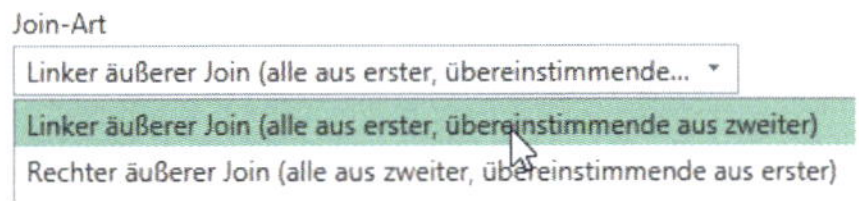

Klicken Sie auf das Doppelpfeilsymbol der neuen Spalte und kreuzen Sie die Spalte *Kostenstelle* an. Bestätigen Sie mit *OK* ...

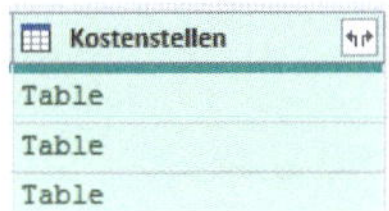

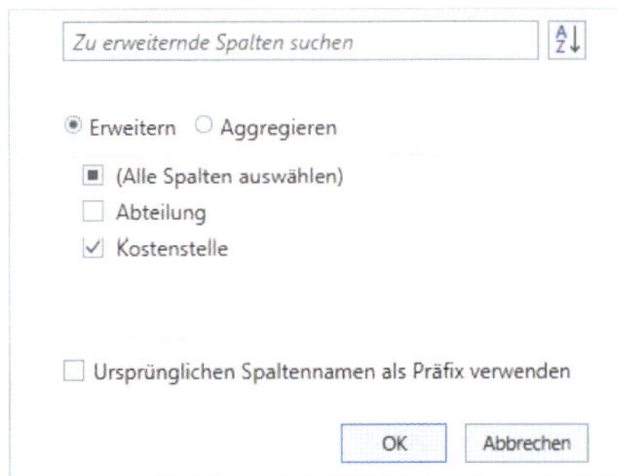

... und die Verknüpfung ist perfekt.

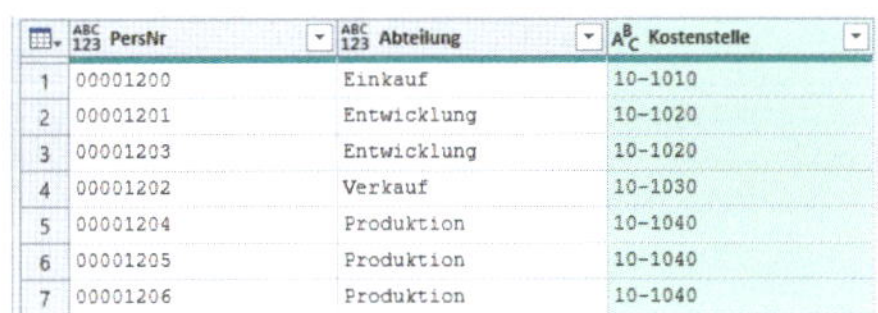

	PersNr	Abteilung	Kostenstelle
1	00001200	Einkauf	10-1010
2	00001201	Entwicklung	10-1020
3	00001203	Entwicklung	10-1020
4	00001202	Verkauf	10-1030
5	00001204	Produktion	10-1040
6	00001205	Produktion	10-1040
7	00001206	Produktion	10-1040

Geben Sie der neuen Abfrage einen passenden Namen. Mit *Start/Schließen und laden* holen Sie das Ergebnis in ein neues Tabellenblatt oder (mit *Laden in*) in das aktive Blatt.

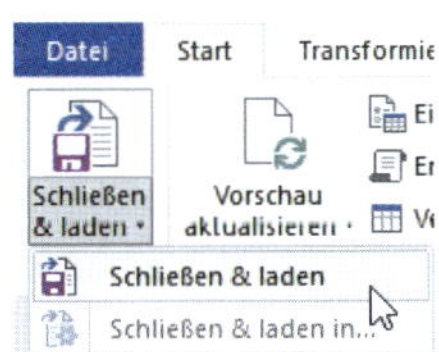

Und das ist das Ergebnis: eine dynamische Abfrage, die mit der Aktualisierung alle Verbindungen herstellt. Über die Eigenschaften der Abfrage können Sie die Aktualisierung sogar über ein Zeitintervall automatisieren.

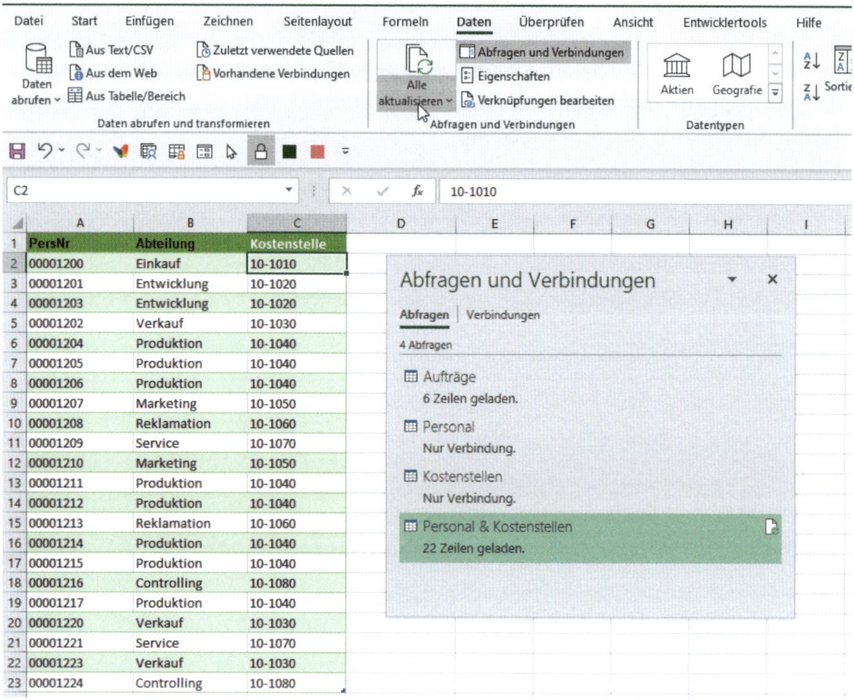

PersNr	Abteilung	Kostenstelle
00001200	Einkauf	10-1010
00001201	Entwicklung	10-1020
00001203	Entwicklung	10-1020
00001202	Verkauf	10-1030
00001204	Produktion	10-1040
00001205	Produktion	10-1040
00001206	Produktion	10-1040
00001207	Marketing	10-1050
00001208	Reklamation	10-1060
00001209	Service	10-1070
00001210	Marketing	10-1050
00001211	Produktion	10-1040
00001212	Produktion	10-1040
00001213	Reklamation	10-1060
00001214	Produktion	10-1040
00001215	Produktion	10-1040
00001216	Controlling	10-1080
00001217	Produktion	10-1040
00001220	Verkauf	10-1030
00001221	Service	10-1070
00001223	Verkauf	10-1030
00001224	Controlling	10-1080

Abbildung 6.37: Besser als SVERWEIS: Power Query

6.5 Bereichsrückgabefunktionen

Diese Funktionskategorie gilt als die Königsklasse für Excel-Experten. Viele Problemstellungen lassen sich durch die geschickte Anwendung von Matrizen lösen, und die Kombination mit anderen Funktionen macht diese Funktionen noch mächtiger. Mit der Einführung der dynamischen Arrays haben sich viele Lösungsansätze vereinfacht, und die Tabelle als dynamischer Bereich macht es noch leichter, mit Arrays zu arbeiten. Tabellen sind dynamisch, der Tabellenname passt sich den Größenänderungen durch Einfügen oder Löschen von Zeilen und Spalten an. Aber – Funktionen, die

Bereiche analysieren und zurückgeben, gehören nach wie vor zum Besten, was Excel kalkulatorisch zu bieten hat.

Formel	Ergebnis
`=ZEILE(A3)`	3
`=SPALTE(B3)`	2
`=ZEILEN(A1:E10)`	10
`=SPALTEN(A1:E10)`	5
`=BEREICHE((A1:B2;C5:D6))`	2
`=ADRESSE(20;30)`	$AD$20

Tabelle 6.4: Beispiele zu den Bereichsrückgabefunktionen

Mit den Funktionen BEREICH.VERSCHIEBEN() und INDIREKT() werden Excel-Bereiche (oder Arrays oder Matrizen) definiert und verändert. Bei INDEX() kann anstelle des Bereichs auch eine Matrix(-konstante) vorgegeben werden. Mit BEREICH.VERSCHIEBEN() können Bereiche sogar völlig neu dimensioniert und verschoben werden. INDIREKT() wandelt eine Bereichsangabe im Textformat in einen Bereich um. Dabei kann der Bereich (Bezug) direkt als Text oder aber auch als Bezug auf eine Zelle, die den Bereich in Textform enthält, angegeben werden. Die Bereichsangabe kann auch auf eine nicht aktive Tabelle und sogar auf eine andere Arbeitsmappe verweisen, die aber geöffnet sein muss, um ein Ergebnis zu erhalten.

MTRANS() transponiert einen Bereich oder eine Matrix, macht also aus Spalten Zeilen und aus Zeilen Spalten. Microsoft 365 bietet mit den Funktionen ZUZEILE() und ZUSPALTE() eine Alternative zu MTRANS() an.

Die Funktionen ZEILE() und SPALTE() liefern die fortlaufende Ganzzahl der Zeile bzw. Spalte des angegebenen Bezugs. Enthält der angegebene Bezug mehrere Zeilen oder Spalten, lassen sich flexibel einsetzbare Zahlenfolgen erzeugen. ZEILEN() und SPALTEN() geben die Anzahl der Zeilen und Spalten des angegebenen Bereichs zurück.

ADRESSE() gibt aus der Angabe von Zeilen- und Spaltennummer eine Zelladresse im Textformat aus. Da INDIREKT() eine solche Zelladresse in Textform erwartet, können diese beiden Funktionen gut miteinander kombiniert werden.

Die Funktion BEREICHE() zählt die innerhalb eines Bezugs aufgeführten Bereiche.

6.5.1 BEREICH.VERSCHIEBEN()

Die Königin der Excel-Funktionen arbeitet mit fünf Argumenten:

```
=BEREICH.VERSCHIEBEN(bezug;umZeilen;umSpalten;NeueHöhe;NeueBreite)
```

Jedes Argument ist numerisch, d. h., es kann seinen Wert aus einem Zahlenwert, einem Formelergebnis oder einem Bereichsnamen beziehen.

Vor der Einführung der Tabelle als Nachfolger der Liste war BEREICH.VERSCHIEBEN() das einzige Mittel, um einen Datenbereich dynamisch anzusprechen. Mit *Formeln/Definierte Namen/Namen definieren* wird der Name angelegt. Er bezieht sich auf eine Formel mit Bereichsverschiebung, in der die Zelle A1 den Ausgangspunkt bildet. Die beiden Parameter *umZeilen* und *umSpalten* sind nicht besetzt, sie können weggelassen oder mit 0 besetzt werden. Die Höhe und Breite des Bereichs liefert die Funktion ANZAHL2(), sie zählt die Anzahl Einträge in Spalte A und in Zeile 1.

```
=BEREICH.VERSCHIEBEN($A$1;;;ANZAHL2($A:$A);ANZAHL2($1:$1)
```

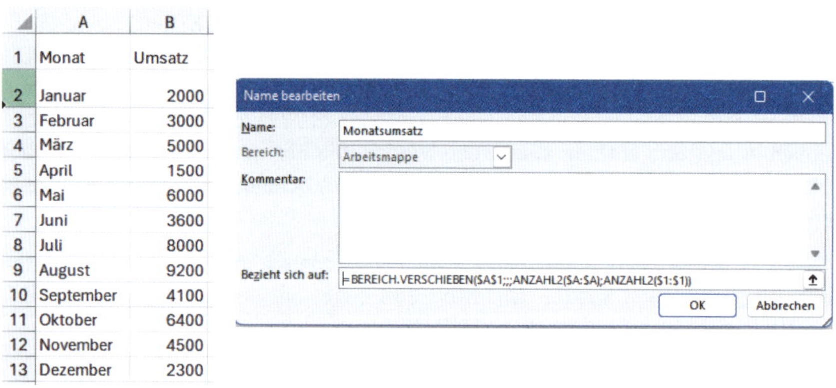

Abbildung 6.38: Dynamischer Bereichsname für die Liste

Das Beispiel eines dynamischen Diagramms über monatliche Umsatzwerte arbeitet mit einem Zeilenversatz und einer variablen Bereichshöhe.

Legen Sie zwei Parameter an, einen für den Startpunkt und einen für die Höhe, und berechnen Sie das Array aus einer Umsatzliste.

```
E3: =BEREICH.VERSCHIEBEN($A$1;$E$1+1;1;$E$2;1)
```

Ist die Liste benannt, kann der Bereichsname als Bezug angegeben werden, die Funktion startet in der linken oberen Ecke. Wie immer ist aber die Tabelle die bessere Basis, hier beginnt der Bezug im Datenbereich:

```
K3: =BEREICH.VERSCHIEBEN(tbl_Umsatz;$K$1;1;$K$2;1)
```

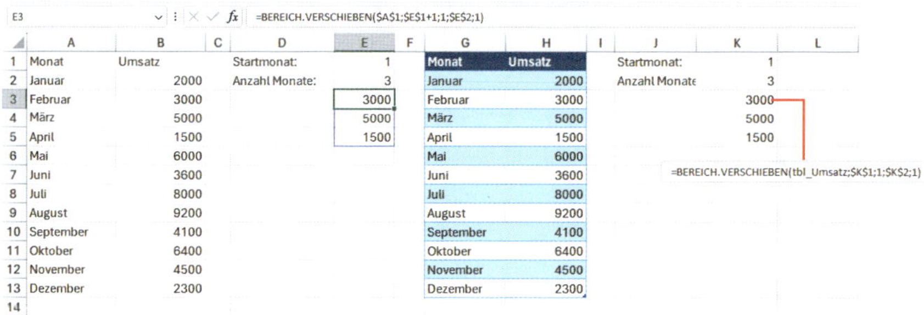

Abbildung 6.39: BEREICH.VERSCHIEBEN() produziert ein Array

Zeichnen Sie über die *Entwicklertools* je ein Drehfeld für die beiden Parameter in K1 und K2 (Eigenschaften: Maximalwert 12). Ein Diagramm ist über dieses Array schnell erstellt. Legen Sie zwei Bereichsnamen an:

```
Name: dia_Rubrik
Bereich: Lokale Tabelle
Bezieht sich auf:
=BEREICH.VERSCHIEBEN(tbl_Umsatz;$K$1;1;$K$2;1)

Name: dia_Daten
Bereich: Lokale Tabelle
Bezieht sich auf:
=BEREICH.VERSCHIEBEN(tbl_Umsatz;$K$1;0;$K$2;1)
```

Oder einfacher:

```
=$K$3#
```

Zeichnen Sie über *Einfügen/Diagramm* ein Säulendiagramm und weisen Sie diesem über *Diagrammentwurf/Daten auswählen* die beiden Bereichsnamen als Rubriken- bzw. Datenreihenbereich zu.

Die Überschrift bekommt noch eine dynamische Aussage, hier reicht die Funktion INDEX(): Schreiben Sie diese Formel in eine freie Zelle und verknüpfen Sie diese mit dem Überschrift-Element des Diagramms:

```
="Umsatz "&INDEX(tbl_Umsatz;$K$1;1)&" bis "&INDEX(tbl_Umsatz;$K$2;1)
```

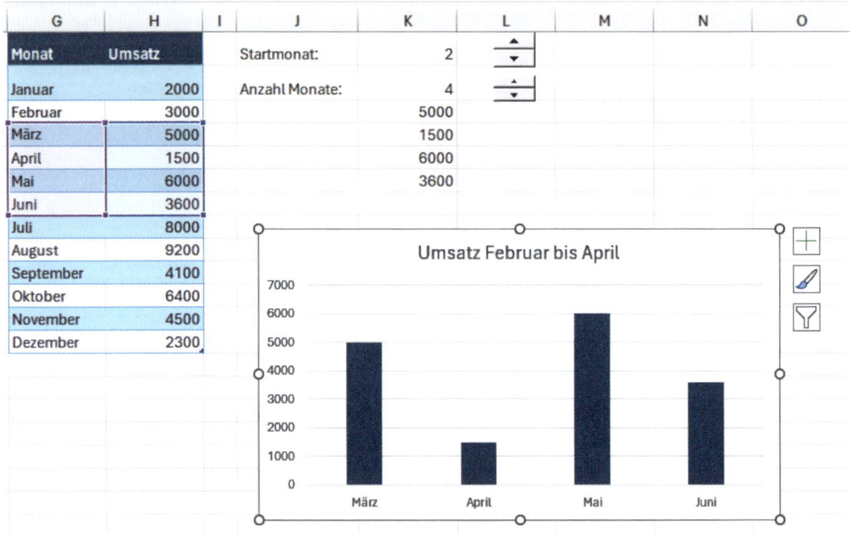

Abbildung 6.40: Ein dynamisches Diagramm über ein dynamisches Array

6.5.2 INDIREKT()

Mit der Funktion INDIREKT() entsteht ein Zellbezug aus vorliegenden Textelementen. Der einfachste, aber gleichzeitig nutzloseste Bezug wäre:

```
A1: 100
A2: =INDIREKT("A1") Ergebnis: 100
```

... was einfacher auch mit =A1 gehen würde. Spannender wird es, wenn der Textbezug selbst wieder konstruierbar wird:

```
A1: 100, B1: 200
A2: A (wahlweise B)
A3: =INDIREKT(A2&"1") Ergebnis: 100 bzw. 200
```

INDIREKT() bietet die Möglichkeit, den Namen eines Tabellenblatts dynamisch in eine Formel einzubinden. Ein Beispiel:

Im Tabellenblatt *Aktuell* steht die aktuelle Umsatzsumme in B7. Der Vorjahreswert steht ebenfalls in B7 im Tabellenblatt *Vorjahr. Auswertung* heißt das Tabellenblatt, in dem eine Datenüberprüfungsliste die beiden Blattnamen anbietet. Die Formel verknüpft den Blattnamen mit dem Zellbezug und bindet das Ganze in eine INDIREKT()-Funktion ein.

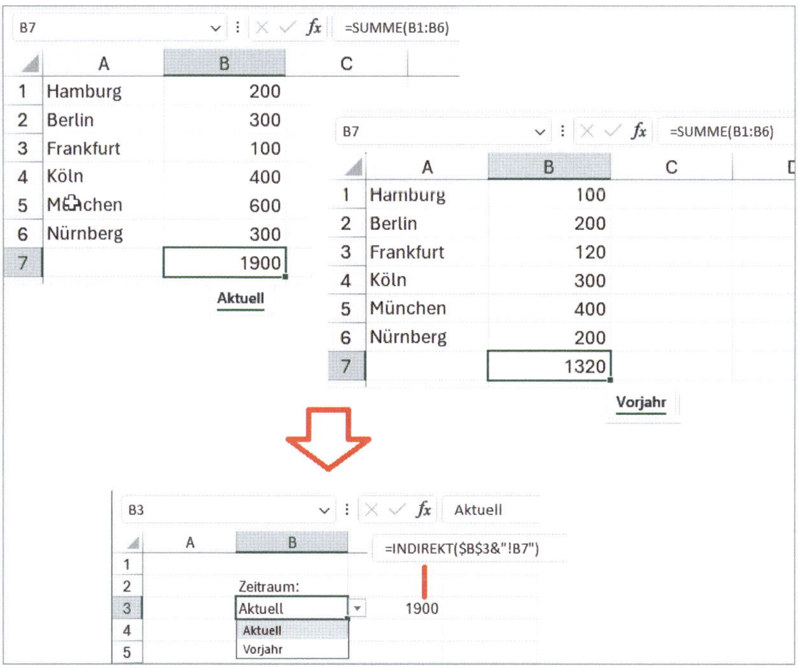

Abbildung 6.41: Blattnamen auswerten mit INDIREKT()

In der Praxis wird der verknüpfte Bezug variieren. In diesem Fall wird einfach in jedem Blatt der gleiche Bereichsname erstellt, was möglich ist, wenn er sich »lokal« auf das Blatt bezieht.

```
=INDIREKT($B$3&"!UmsatzSumme")
```

Kapitel 7

Datum und Zeit

Mit Datumswerten rechnen, das kann Excel, da ist unser Kalkulationsgenie in seinem Element. Dabei ist die Zahlenbasis eine ganz einfache, aber geniale: Der Excel-Kalender wurde mit dem Startdatum 1.1.1900 (ein Sonntag!) terminiert und wird programmtechnisch einfach um jeweils einen Tag hochgezählt. Das war's auch schon, am 31.12.9999 ist Schluss, das ist der letzte Tag. Aber bis dann gibt es sicher ein Update ...

Möchten Sie wissen, wie viele Tage zwischen dem 1.1.1900 und Ihrem Geburtstag liegen, geben Sie dieses einfach ein und sehen Sie sich das Ergebnis mit dem dezimalen Zahlenformat 0 an. Erst das Zahlenformat macht aus der Zahl ein Datum (und umgekehrt), und das öffnet schon viele Türen für geniale Zaubereien mit Datumswerten. Den Rest erledigen die Datumsfunktionen.

7.1 Kalenderdaten eingeben

Der Trick mit dem Tagesdatum und der Uhrzeit in der aktiven Zelle dürfte allseits bekannt sein:

Strg+. (Punkt) generiert das Tagesdatum.

Strg+⇧+. (Doppelpunkt) generiert die aktuelle Uhrzeit.

Beide Einträge sind allerdings fix und werden nicht mehr nachgerechnet. Aber – Excel weist der Zelle zumindest schon mal das passende Zahlenformat zu.

Für ein automatisches Datum mit oder ohne Uhrzeit sorgen diese Funktionen:

- =HEUTE()
- =JETZT()

Den Unterschied scheint das Zahlenfomat zu machen, z. B. *TT.MM.JJ* bzw. *TT.MM.JJ hh:mm*, dem ist aber nicht so. HEUTE() liefert tatsächlich nur die Uhrzeit 0:00, JETZT() zeigt mit jeder Aktualisierung die Systemzeit des Computers an.

Noch ein Eingabetipp: Alle diese Eingaben generieren bereits ein Datum. Excel nimmt alles, was nach einem Datum aussieht, und akzeptiert dabei Punkt, Minuszeichen und Schrägstrich (aus der amerikanischen Datumsschreibweise). Sehr nützlich für schnelle Datumsreihenabtipper!

Eingabe	**Ergebnis**
1.4 1-1 1/4	1.4.2024 (aktuelles Jahr)
3-4-3	03.04.2003
3/2/12	3. Februar 2012

7.1.1 Das zweistellige Kalenderdatum

Auf den ersten Blick verwirrend: Die Jahreszahl muss bei der Datumseingabe nicht vierstellig eingegeben werden. Excel macht aus einem 12.06.24 einen 12. Juni 2024, das passende Zahlenformat *TT. MMM JJJJ* vorausgesetzt. Aber – geben Sie einmal dieses Datum ein:

12.06.31
Ergebnis: 12. Juni 1931

Warum der Sprung in die Vergangenheit, warum wird der 12.06.31 nicht zum 12. Juni 2031? Hier ist Excel nicht schuld, denn die Datumseingabe mit zweistelliger Jahreszahl regelt Windows.

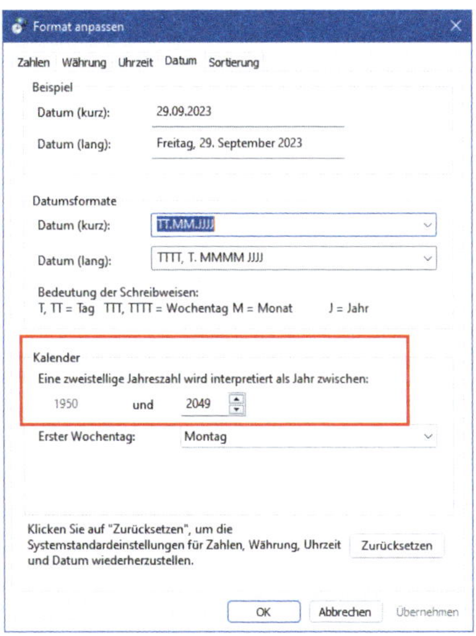

Abbildung 7.1: Windows bestimmt, was mit zweistelligen Jahreszahlen passiert

In den *Regions- und Sprachoptionen* der Windows-Einstellungen ist geregelt, was mit einer zweistelligen Jahreszahl passiert:

- 00 bis 29: wird als Jahr zwischen 2000 und 2029 interpretiert.
- 30 bis 99: wird als Jahr zwischen 1930 und 1999 interpretiert.

Windows 11 hat übrigens die Werte bereits hochgesetzt, eine zweistellige Jahreszahl wird als Jahr zwischen 1950 und 2049 gewertet. Leider weiß Excel noch nichts davon ...

7.2 Datumsfunktionen

Mit der Kategorie *Datum und Zeit* liefert der Funktionsassistent nützliche Werkzeuge für Kalenderberechnungen. Einige sind sogar so nützlich, dass sie gar nicht gelistet werden.

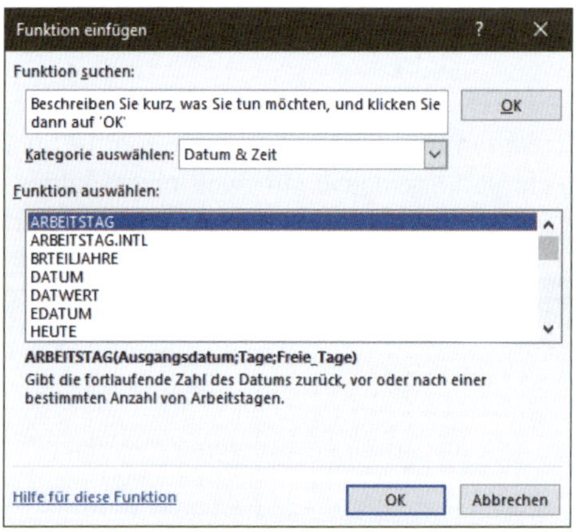

Abbildung 7.2: Datumsfunktionen

DATUM() ermittelt aus den Bestandteilen Jahr, Monat und Tag ein Datum. Mit den Funktionen JAHR, MONAT und TAG kann dieses Datum wieder in die Einzelteile Jahr, Monat und Tag zerlegt werden.

DATWERT() wandelt ein als String angegebenes Datum in die entsprechende fortlaufende Ganzzahl um.

HEUTE() ermittelt bei jeder Neuberechnung die fortlaufende Ganzzahl des aktuellen Datums.

WOCHENTAG() ermittelt eine Zahl von 1 bis 7, die den Tagen einer Woche entspricht.

Syntax	Beispiel	Wert	Datum
=DATUM(Jahr;Monat;Tag)	=DATUM(2021;6;9)	44356	09.06.2021
=JAHR(Datum)	=JAHR(44356)	2021	
=MONAT(Datum)	=MONAT(44356)	6	
=TAG(Datum)	=TAG(44356)	9	
=DATWERT(Datumstext)	=DATWERT("09.06.2021")	44356	09.06.2021
=WOCHENTAG(Datum;Typ)	=WOCHENTAG("09.06.2021";2)	5	

Tabelle 7.1: Beispiele zu herkömmlichen Datumsfunktionen

MONATSENDE() liefert den letzten Tag des Monats eines angegebenen Datums, wobei noch eine bestimmte Anzahl Monate voraus- oder zurückgerechnet werden kann. `MONATSENDE(Datum;0)` ergibt dasselbe wie

```
DATUM(JAHR(Datum);MONAT(Datum)+1;0)
```

EDATUM() addiert oder subtrahiert ebenfalls zu einem bestimmten Ausgangsdatum eine vorgegebene Anzahl Monate.

BRTEILJAHRE wandelt die Anzahl der ganzen Tage zwischen Ausgangsdatum und Enddatum in Bruchteile von Jahren um. Wie bei vielen finanzmathematischen Funktionen kann noch die Jahresbasis eingegeben werden. Bei einer Jahresbasis von 2 mit 360 Tagen gilt die Gleichung:

```
BRTEILJAHRE(A1;E1;2)=(E1-A1)/360
```

NETTOARBEITSTAGE() gibt es in einer erweiterten Fassung NETTOARBEITSTAGE.INTL. Sie gibt die Anzahl der Arbeitstage in einem Zeitintervall zurück. Feiertage in dem Intervall können subtrahiert werden.

ARBEITSTAG() macht genau das Gegenteil. Hier wird eine Anzahl Arbeitstage vorgegeben, und Excel berechnet das resultierende Enddatum des Intervalls. Feiertage können ebenfalls definiert und berücksichtigt werden.

ISOKALENDERWOCHE() rechnet die deutsche Kalenderwoche nach ISO 8601 bzw. DIN 1330. Wir definieren die erste Kalenderwoche eines Jahres als die Woche, in die mindestens vier Tage fallen. KALENDERWOCHE() kann das auch, aber nur mit dem Parameter 21:

```
=KALENDERWOCHE(A1;21)
```

7.2.1 Superfunktion DATEDIF

DATEDIF ist eine Funktion, die nicht im Funktionsassistenten gelistet wird. Microsoft hat sie für Excel nie dokumentiert, was vielleicht daran liegen mag, dass sie in bestimmten Konstellationen falsch rechnet.

```
=DATEDIF(Anfangsdatum;Enddatum;Rückgabewert)
```

Rückgabewert	Erklärung
"Y"	die Anzahl der vollständigen Jahre im Zeitraum
"M"	die Anzahl der vollständigen Monate im Zeitraum
"D"	die Anzahl der Tage im Zeitraum
"MD"	Die Differenz zwischen den Tagen in Anfangsdatum und Enddatum. Die Monate und Jahre der Datumsangaben werden ignoriert.
"YM"	Die Differenz zwischen den Monaten in "Ausgangsdatum" und "Enddatum". Die Tage und Jahre der Datumsangaben werden ignoriert.

Die Differenz zwischen zwei Datumswerten in Jahren wird korrekt und auf den Tag genau berechnet:

```
A1: 12.7.1989
A2: =1.5.2020
A3: =DATEDIF(A1;A2;"Y") Ergebnis:30
```

Auch das funktioniert noch problemlos:

```
=DATEDIF(A1;A2;"y")&" Jahre, "&DATEDIF(A1;A2;"ym")&" Monate und
"&DATEDIF(A1;A2;"md")& " Tage"
```

Ergebnis: 30 Jahre, neun Monate und 19 Tage

Das Argument "MT" sollte nicht verwendet werden, es rechnet falsch. Um die Resttage eines Monats zu berechnen, können Sie auch diese Formel nehmen:

```
=A2-DATUM(JAHR(A2);MONAT(A2);1)
```

7.2.2 Alter berechnen

Mithilfe des Excel-Kalenders das Alter einer Person zu berechnen, von der das Geburtsdatum bekannt ist, scheint nicht so schwer zu sein.

Aber Vorsicht: Mit der einfachen Differenz zwischen Tagesdatum und Geburtsdatum ist es nicht getan. Das Ergebnis ist bekanntlich die Anzahl Tage zwischen diesen beiden Werten, und die wird wahlweise mit dem Zahlenformat für Jahre formatiert oder durch die Anzahl Tage pro Jahr geteilt. Was dabei nicht berücksichtigt wird, ist die Tatsache, ob das Geburtstagskind in diesem Jahr bereits Geburtstag hatte. Dann ist es nämlich einen Tag älter. Die Differenz durch 365 (oder 365,25) zu teilen, funktioniert auch nicht sauber.

Am sichersten ist die WENN()-Funktion, die das Geburtsdatum im aktuellen Jahr abklärt, oder die Formel mit DATEDIF().

Hier sehen Sie entsprechende Beispiele (Tagesdatum in Zelle $A$1, Geburtsdatum in Zelle $A$2):

Differenz und Zahlenformat JJ

Formel: =$A$1-$A$2, Zahlenformat: JJ

Tagesdatum	Geburtsdatum	Ergebnis
12.03.2023	11.03.2000	22 (falsch)
	12.03.2000	22 (falsch)
	13.03.2000	22 (richtig)

Differenz und durch 365 teilen

Formel: =($A$1-$A$2)/365, Zahlenformat: 0

Tagesdatum	Geburtsdatum	Ergebnis
12.03.2023	11.03.2000	23 (richtig)
	12.03.2000	23 (richtig)
	13.03.2000	23 (falsch)

WENN()-Abfrage

Formel:
```
=WENN(DATUM(JAHR($A$1);MONAT($A$2);TAG($A$2))<=$A$1;JAHR($A$1)-
JAHR($A$2);JAHR($A$1)-JAHR($A$1)-1)
```

Tagesdatum	Geburtsdatum	Ergebnis
12.03.2023	11.03.2000	23 (richtig)
	12.03.2000	23 (richtig)
	13.03.2000	22 (richtig)

DATEDIF()

Formel: `=DATEDIF($A$2;$A$1;"Y")`

Tagesdatum	Geburtsdatum	Ergebnis
12.03.2023	11.03.2000	23 (richtig)
	12.03.2000	23 (richtig)
	13.03.2000	22 (richtig)

7.2.3 Datumsdifferenzen berechnen – Tage pro Monat

Ein Beispiel für den Einsatz von Datumsfunktionen in der Praxis: Die Berechnung von Zeitdifferenzen gehört zu den Standardaufgaben für Sachbearbeiter im Personalwesen. Zeiterfassungssysteme liefern Arbeits- und Pausenzeiten von Mitarbeitern, für Leiharbeiter und Teilzeitkräfte werden Listen mit Beginn und Ende der Beschäftigung angelegt und gepflegt. Was über die einfache Differenzberechnung hinausgeht, erledigt Excel mit Funktionen wie ARBEITSTAG(), MONATSENDE() oder NETTOARBEITSTAGE(). Diese Aufgabe lässt sich aber mit keiner Standardfunktion lösen:

Wie viele Tage pro Monat stecken in einer Datumsdifferenz?

Ausgangspunkt ist eine Personalliste mit Arbeitsbeginn und Arbeitsende. Für die Entgeltabrechnung und eine spätere Auswertung der Einsätze braucht der Sachbearbeiter neben der Differenz in Tagen auch eine Aufschlüsselung der Arbeitszeit auf die einzelnen Monate. Die Abbildung zeigt die Liste mit sieben Datensätzen und die (händisch) berechneten Arbeitstage für den ersten Arbeitnehmer.

Legen Sie ein neues Tabellenblatt an, und schreiben Sie das Auswertungsjahr in die erste Zelle. Geben Sie dieser Zelle den Bereichsnamen *Jahr*.

	A	B	C	D	E	F	G	H	I	J
1	**Name**	**Beginn**	**Ende**	**Januar**	**Februar**	**März**	**April**	**Mai**	**Juni**	**Juli**
2	Hans Meier	01.01.2021	15.04.2021	31	28	31	15			
3	Fritz Dietrich	04.01.2021	29.01.2021	26						
4	Berta Fröhlich	22.02.2021	03.06.2021		7	31	30	31	3	
5	Richard Weinmann	18.04.2021	12.06.2021				13	31	12	
6	Susanne Gärtner	01.01.2021	31.12.2021	31	28	31	30	31	30	31
7	Bernhard Lehmann	01.11.2021	31.12.2021							
8	Anna Kirchner	15.12.2021	17.12.2021							

Abbildung 7.3: Beschäftigungsliste mit Aufschlüsselung der Differenz nach Monaten

Schreiben Sie in Zelle B1 die Formel zur Berechnung des ersten Kalendertages. Die Funktion DATUM() berechnet ihn mit den Parametern Jahr, Monat und Tag. Für den letzten Parameter geben Sie die Spaltennummer der Formelzelle an (abzüglich 1, damit die Zeitschiene am 1. Januar beginnt):

```
=DATUM(Jahr;1;SPALTE()-1)
```

Formatieren Sie das Datum mit dem Zahlenformat TT.MM.

Ziehen Sie das Füllkästchen am Zellzeiger nach rechts, bis alle Kalendertage des Jahres berechnet sind.

Geben Sie dem markierten Bereich ($B$1:$NC$1) den Bereichsnamen *Zeitschiene*.

Wichtig ist, dass die Bereichsnamen global, also für die gesamte Arbeitsmappe, vergeben werden. Kontrollieren Sie die Namen im Namens-Manager (*Formeln/Definierte Namen*).

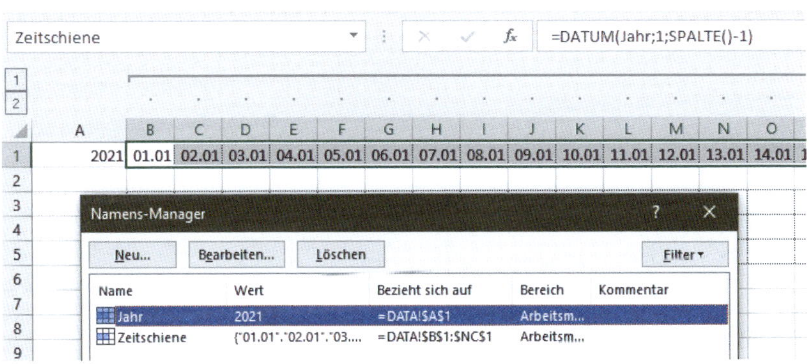

Abbildung 7.4: Die Zeitschiene wird mit einem globalen Bereichsnamen versehen

Wechseln Sie zum Tabellenblatt mit der Personaleinsatzliste mit den Spalten *Name*, *Beginn* und *Ende*, und tragen Sie die Monatsnamen in die anschließenden Spalten ein. Verwenden Sie aber eine Formel für die Berechnung. Auch hier leistet die Kombination DATUM() und SPALTE() wieder nützliche Dienste; der Monat wird aus der Spaltennummer berechnet:

```
D1: =DATUM(Jahr;SPALTE()-3;1)
```

Geben Sie der Zelle D1 das benutzerdefinierte Zahlenformat MMMM für den Monatsnamen, und kopieren Sie die Formel nach rechts bis zur Spalte O. Falls die Einsatzliste über mehrere Jahre geht, erweitern Sie die Zeitschiene entsprechend.

Um zu berechnen, wie viele Tage der Differenz zwischen Arbeitsbeginn und Arbeitsende auf den jeweiligen Monat fallen, vergleichen Sie die Datumswerte mit der Zeitschiene.

Setzen Sie den Zellzeiger in die Zelle D2 und schreiben Sie diese Formel:

```
=SUMME(WENN(Zeitschiene>=$B2;WENN(Zeitschiene<=$C2;WENN(MONAT(Zeitschiene)=MON
AT(D$1);1;0))))
```

Kopieren Sie die Formel mit dem Füllkästchen nach unten bis zum letzten Datensatz der Liste und anschließend nach rechts bis zum letzten Auswertungsmonat.

Die Formel verwendet drei geschachtelte WENN-Funktionen. Die ersten beiden prüfen, ob Beginn (B2) und Ende (C2) innerhalb der Zeitschiene liegen. Die dritte WENN-Funktion vergleicht den Monat der Zeitschiene mit dem Monat in der Kopfzeile (D$1). Über diesen Funktionen liegt eine Summe, die für jede Fundstelle eine 1 aufsummiert. Der Abschluss der Formel als Matrixformel sorgt dafür, dass die Berechnungen für jeden einzelnen Tag der Zeitschiene durchgeführt werden.

{=SUMME(WENN(Zeitschiene>=$B2;WENN(Zeitschiene<=$C2;WENN(MONAT(Zeitschiene)=MONAT(D$1);1;0))))}

	D	E	F	G	H	I	J	K	L	M	N	O	P
	Januar	Februar	März	April	Mai	Juni	Juli	August	September	Oktober	November	Dezember	
1	31	28	31	15									
1	26												
1		7	31	30	31	3							
1				13	31	12							
1	31	28	31	30	31	30	31	31	30	31	30	31	
1											30	31	
1												3	

Abbildung 7.5: Die Matrixformel berechnet, wie viele Tage des jeweiligen Monats in der Zeitdifferenz liegen

7.2.4 Das Zwillingsdatum

Wie wird eine Datumsreihe mit jedem Datum zweimal angelegt? Im Haushaltsplan brauchen wir diese Reihe z. B., um Soll und Haben untereinander auszuweisen.

In Zelle B1 steht das Tagesdatum:

```
B1: =HEUTE()
```

Schreiben Sie in B2 diese Formel:

```
=WENN(REST(ZEILE();2)<>0;DATUM(JAHR($B$1);MONAT($B$1);(ZEILE()-1)/2+1);B1)
```

Die Funktion REST() ermittelt den ganzzahligen Rest einer Division, d. h., in geraden Zeilennummern wird das Datum mit der Tagesberechnung (ZEILE()-1)/2+1 gebildet. Bei ungeraden Zeilennummern wird das Datum vom Vorgänger kopiert. Das Ergebnis von (ZEILE()-1)/2+1 ist eigentlich 1,5 – 2,5 – 3,5 etc., aber für den Tag wird nur der ganzzahlige Wert genommen.

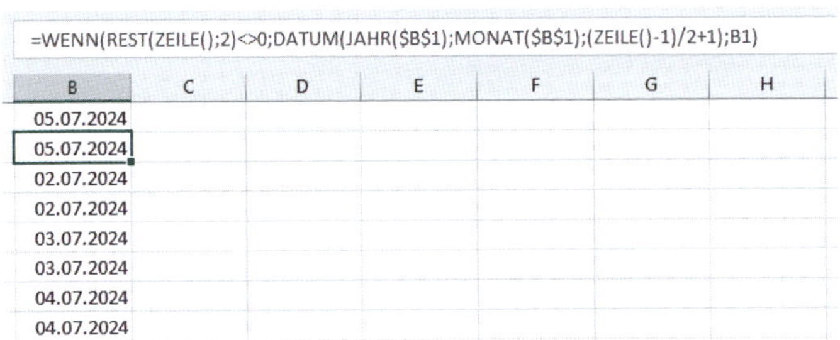

Abbildung 7.6: Zweimal hält besser – ein Zwillingsdatum

7.2.5 Die nächsten Geburtstage

Wer hat demnächst Geburtstag? Wenn Sie den Begriff »demnächst« noch etwas konkreter formulieren, können Sie Excel die Aufgabe überlassen, die anstehenden Geburtstage Ihrer Mitarbeiter, Freunde und Verwandten zu ermitteln.

Legen Sie eine Adressliste an, schreiben Sie ab Zeile 5 die Adressen mit Vorname, Nachname, Straße, Postleitzahl und Ort, und tragen Sie in Spalte F das Geburtsdatum ein.

Das Ausgangsdatum schreiben Sie in Zelle D1, nennen Sie diese Zelle *Tagesdatum*. Für das echte Tagesdatum sorgt natürlich `=HEUTE()` oder `=JETZT()`.

In Zelle $D$2 schreiben Sie die Zahl für die Differenz, z. B. 7, wenn Sie wissen wollen, wer die nächsten sieben Tage fällig ist für eine Bürofeier.

Legen Sie ein Bedingungsformat mit Formel für den Bereich $A$6:$F$24 an (*Start/Formatvorlagen/Bedingte Formatierung*). Definieren Sie eine Füllfarbe und geben Sie diese Formel ein:

```
=DATUM(JAHR(Tagesdatum);MONAT($F6);TAG($F6))
=MEDIAN(DATUM(JAHR(Tagesdatum);MONAT($F6);TAG($F6));
Tagesdatum;Tagesdatum+7)
```

Excel formatiert damit alle Datensätze mit Personen, die in den nächsten sieben Tagen Geburtstag haben. Die Formel konstruiert zunächst das Geburtsdatum der Person in diesem Jahr und vergleicht dieses anschließend über die MEDIAN()-Funktion mit dem aktuellen Datum und dem um die Tageszahl verschobenen Datum.

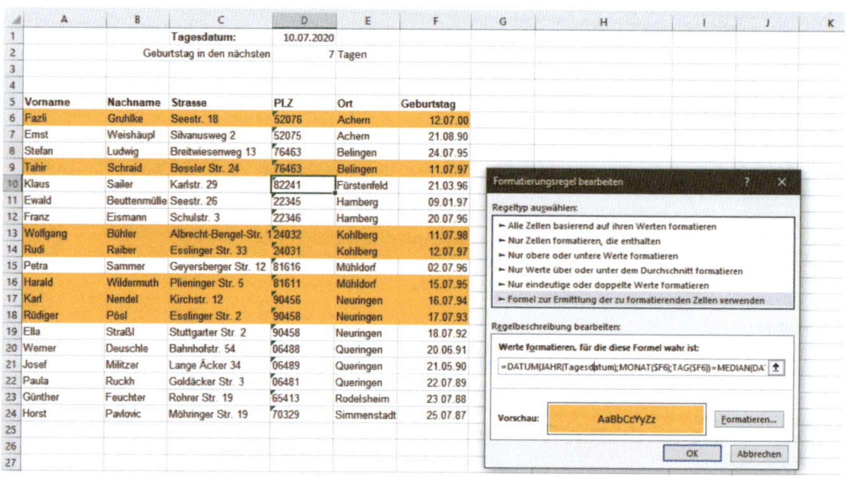

Abbildung 7.7: Die nächsten Kandidaten für die Geburtstagsfeier

7.2.6 Sommerzeit

Wann wird eigentlich die Uhr wieder umgestellt? Lassen sich der Beginn und das Ende der Sommerzeit berechnen? Aber sicher!

Die Sommerzeit beginnt in Deutschland immer am letzten Sonntag im März und endet am letzten Sonntag im Oktober. Schreiben Sie das Jahr in die Zelle D1 und berechnen Sie in den Zellen darunter:

Beginn: `=DATUM($D$1;3;31)-(WOCHENTAG(DATUM($D$1;3;31))-1)`
Ende: `=DATUM($D$1;10;31)-(WOCHENTAG(DATUM($D$1;10;31))-1)`

Wenn Sie die Datumswerte noch mit einem passenden Zahlenformat versehen, sollten sie jeweils auf einen Sonntag fallen.

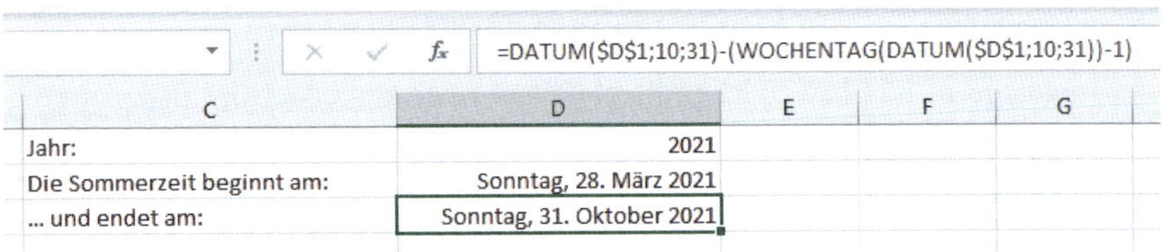

Abbildung 7.8: Uhr umstellen! Sommerzeit!

7.2.7 Wochenbeginn oder -ende

Wie bekomme ich zu einem Datum den Wochenanfang, also den Montag vor diesem Datum? Nehmen Sie die Funktion WOCHENTAG(), sie bietet einen Parameter, über den Sie den Wochenanfang regeln können:

```
A1: 12.05.2021
A2: =A1-WOCHENTAG(A1;2)+1
Ergebnis: Montag, 10.05.2021
```

Ziehen Sie den berechneten Wochentag vom Datum ab, erhalten Sie den letzten Tag der Vorwoche. Addieren Sie eine 1, wird der Wochenanfang ausgegeben. So berechnen Sie den letzten Tag der Woche:

```
A3: =A1-WOCHENTAG(A1;2)+7
Ergebnis: Sonntag, 16.05.2021
```

7.2.8 Folgender Wochentag

Auf welches Datum der auf ein Datum folgende Sonntag fällt, liefert diese Formel:

```
A1: 12.6.24
B1: =A1+7-WOCHENTAG(A1;2)
```

Für einen anderen Wochentag wird einfach die addierte Zahl ausgetauscht (7–13).

7.2.9 Feiertage berechnen

Eine Liste mit den Feiertagen des aktuellen Jahres gehört zur Standardausstattung vieler Kalkulationen im Personalbereich. Das Internet liefert uns diese Information zuverlässig, auch die unterschiedlichen Regelungen für die einzelnen Bundesländer sind längst kein Hindernis mehr. Unterscheiden wir aber zwischen beweglichen und festen Feiertagen.

Die Grundlage für die beweglichen (kirchlichen) Feiertage bildet der Ostersonntag, der immer auf den ersten Sonntag nach dem ersten Vollmond nach Frühlingsanfang fällt (beschlossen vom Ersten Konzil von Nizäa, 325 n. Chr.). Carl Friedrich Gauß entwickelte dafür als Erster im Jahre 1800 eine allgemeingültige Formel, die noch heute Gültigkeit besitzt (siehe Wikipedia, Suchbegriff *Gaußsche Osterformel*). Bis zum Jahr 2203 funktioniert sie auch einwandfrei (mit Ausnahme von 2079 – da ist sie eine Woche zu früh dran). Der Gaußsche Algorithmus berechnet das Datum des Ostersonntags und sieht in Excel so aus (Jahreszahl in A1 vorausgesetzt):

```
=RUNDEN((TAG(MINUTE(A1/38)/2+55)&".4."&$A$1)/7;)*7-6
```

D2 =FORMELTEXT(B2)

	A	B	C	D
1	2023	Datum	Feiertag	Formel
2		So 01. Januar	Neujahrstag	=DATUM($A$1;1;1)
3		Fr 06. Januar	Hl. Drei Könige	=DATUM($A$1;1;6)
4		Mi 08. März	Internationaler Frauentag	=DATUM($A$1;3;8)
5		Fr 07. April	Karfreitag	=B6-2
6		So 09. April	Ostersonntag	=RUNDEN((TAG(MINUTE(A1/38)/2+55)&".4."&$A$1)/7;)*7-6
7		Mo 10. April	Ostermontag	=B6+1
8		Mo 01. Mai	Tag der Arbeit	=DATUM($A$1;5;1)
9		Mi 17. Mai	Christi Himmelfahrt	=B6+38
10		So 28. Mai	Pfiingstsonntag	=B6+49
11		Mo 29. Mai	Pfingstmontag	=B6+50
12		Mi 07. Juni	Fronleichnam	=B6+59
13		Di 08. August	Augsburger Friedensfest	=DATUM($A$1;8;8)
14		Di 15. August	Mariä Himmelfahrt	=DATUM($A$1;8;15)
15		Di 03. Oktober	Tag der d. Einheit	=DATUM($A$1;10;3)
16		Di 31. Oktober	Reformationstag	=DATUM($A$1;10;31)
17		Mi 01. November	Allerheiligen	=DATUM($A$1;11;1)
18		Mi 22. November	Buß- und Bettag	=(DATUM($A$1;12;25)-WOCHENTAG("24.12." & $A$1)-32)
19		Mo 25. Dezember	1. Weihnachtsfeiertag	=DATUM($A$1;12;25)
20		Di 26. Dezember	2. Weihnachtsfeiertag	=DATUM($A$1;12;26)

Abbildung 7.9: Alle Feiertage

Für eine einfache Liste mit den Feiertagen des aktuellen Jahres schreiben Sie die Jahreszahl in die erste Zelle eines leeren Blattes, berechnen in Spalte B die Datumswerte und schreiben den Namen des Feiertags in Spalte C. Hier sehen Sie z. B. eine vollständige Liste, unabhängig von den Regelungen für die einzelnen Bundesländer. Für die Formelanzeige ist die Funktion FORMELTEXT() zuständig.

Um die Liste jetzt nach den Feiertagen eines spezifischen Bundeslandes zu filtern, brauchen wir eine Tabelle mit den Namen der Bundesländer. Da es Sonderregeln gibt, z. B. für den Feiertag *Mariä Himmelfahrt* oder das *Augsburger Hohe Friedensfest*, müssen manche Länder mehrfach angelegt werden. Tragen Sie die Namen ein und weisen Sie jedem Bundesland ein Kürzel zu. Der erste Eintrag bekommt den Namen und das Kürzel *Alle*. Geben Sie der Tabelle den Namen *tbl_Bundesländer*.

Bundesland	Kürzel
Alle	Alle
Baden-Württemberg	bw
Bayern – überwiegend kath. Bevölkerung	by_k
Bayern	bay
Bayern Stadtkreis Augsburg	by_a
Berlin	ber
Brandenburg	br
Mecklenburg-Vorpommern	mp
Bremen	brem
Hamburg	ham
Schleswig-Holstein	sh
Niedersachsen	ns
Hessen	hs
Nordrhein-Westfalen	nrw
Rheinland-Pfalz	rp
Saarland	sar
Sachsen – überwiegend kath. Bevölkerung	s_k
Sachsen	sc
Sachsen-Anhalt	s_a
Thüringen – überwiegend kath. Bevölkerung	th
Thüringen	th_k

Abbildung 7.10: Eine Tabelle mit allen Bundesländern

Die Feiertagstabelle bekommt die weitere Spalte *Bundesland*, tragen Sie hier mit Komma getrennt die Kürzel der Bundesländer ein, in denen der Feiertag gilt (siehe etwa *www.dgb.de/gesetzliche-feiertage-deutschland*).

Datum	Feiertag	Bundesland
So 01. Januar	Neujahrstag	Alle
Fr 06. Januar	Hl. Drei Könige	bw, bay, sa
Mi 08. März	Internationaler Frauentag	ber, mp
Fr 07. April	Karfreitag	Alle
So 09. April	Ostersonntag	br
Mo 10. April	Ostermontag	Alle
Mo 01. Mai	Tag der Arbeit	Alle
Mi 17. Mai	Christi Himmelfahrt	Alle
So 28. Mai	Pfiingstsonntag	br
Mo 29. Mai	Pfingstmontag	Alle
Mi 07. Juni	Fronleichnam	bw, bay, hs, nrw, rp, sar, s_k, th_k
Di 08. August	Augsburger Friedensfest	by_a
Di 15. August	Mariä Himmelfahrt	sar, by_k
Di 03. Oktober	Tag der d. Einheit	Alle
Di 31. Oktober	Reformationstag	ber, brem, ham, mp, ns, sc, s_a, sh, th
Mi 01. November	Allerheiligen	bw, bay, nrw, rp, sar
Mi 22. November	Buß- und Bettag	sc
Mo 25. Dezember	1. Weihnachtsfeiertag	Alle
Di 26. Dezember	2. Weihnachtsfeiertag	Alle

Abbildung 7.11: Die Zuweisung Bundesländer und Feiertage

Für die Auswahl eines Bundeslandes legen Sie ein neues Tabellenblatt an. Holen Sie die Jahreszahl in Zelle A2 und die Liste der Bundesländer mit einer Datenüberprüfung in Zelle B2. In Zelle B3 berechnen Sie das Kürzel des gewählten Bundeslandes:

```
=SVERWEIS($B$2;tbl_Bundesländer;2;FALSCH)
```

Jetzt werden die Feiertage mit der FILTER-Funktion gefiltert. Das erste dynamische Array berechnet alle Feiertage mit dem Eintrag *Alle* in der Spalte *Bundesland*. Mit SPALTENWAHL() lässt sich das Ergebnis auf die ersten beiden Spalten einschränken:

```
=SPALTENWAHL(FILTER(tbl_Feiertage;tbl_Feiertage[Bundesland]="Alle");{1;2})
```

Das zweite Array enthält die Feiertage, zu denen das Kürzel aus C2 gefunden wurde. Um das Kürzel in der Liste mit mehreren Kürzeln zu suchen, verknüpfen Sie die Funktion SUCHEN() mit ISTZAHL(). Das Ergebnis ist WAHR, wenn das Kürzel in der Spalte zu finden ist.

```
=SPALTENWAHL(FILTER(tbl_Feiertage;ISTZAHL((SUCHEN($C$2;tbl_Feiertage
[Bundesland]))));{1;2})
```

Jetzt fehlt nur noch die Kombination aus den beiden Listen, dazu steht die Funktion VSTAPELN() zur Verfügung. Sie sammelt die beiden Arrays über den #-Operator ein. Sortieren Sie das Ergebnis gleich aufsteigend nach der Datumsspalte:

```
=SORTIEREN(VSTAPELN(H2#;E2#);1;1)
```

Wie viele Feiertage das gewählte Bundesland hat, berechnet diese Formel:

```
="Anzahl Feiertage:" &ANZAHL(B5#)
```

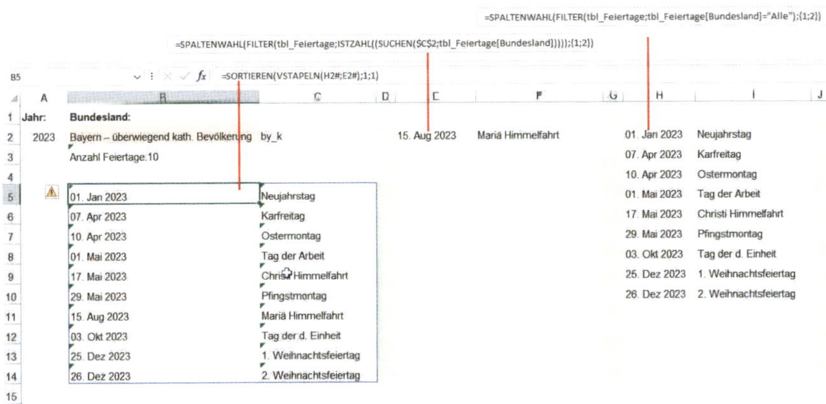

Abbildung 7.12: Die Feiertage für ein ausgewähltes Bundesland

Feiertage berechnen mit Power Query

Mithilfe des BI-Tools Power Query lässt sich die Feiertagsliste aus einer Webseite importieren bzw. verknüpfen. Mit einer dynamischen Tabelle filtern Sie die Webinfo sogar nach dem passenden Bundesland.

Legen Sie in einem neuen Tabellenblatt eine Parametertabelle für die Auswahl des Jahres, des Bundeslandes und der Webadresse an:

```
A1: Jahr
B1: Bundesland
C1: Webseite
```

Tragen Sie das aktuelle Jahr in A2 ein. Weisen Sie den Bereich A1:C2 als Tabelle aus, und geben Sie ihr den Namen *tbl_Parameter*. Legen Sie eine Liste mit den Namen aller Bundesländer an, und geben Sie ihr den Bereichsnamen *rng_Bundesländer*. Mit einer Datenüberprüfungsliste können Sie die Auswahl eines Bundeslandes in Zelle B2 sicherstellen.

Die Liste der Feiertage pro Bundesland lässt sich von der Website *www.arbeitstage.org* abholen. So sieht der Original-Link aus, mit dem per Power Query die Webseite angesteuert wird (hier für Thüringen):

```
https://www.arbeitstage.org/Thueringen/feiertage-2024-Thueringen/
```

Der Pfad zur Webseite muss also aus dem Standard-Link, dem eingetragenen Jahr und dem gewählten Bundesland konstruiert werden. Da die Adresse keine Umlaute (Baden-Württemberg, Thüringen) akzeptiert, schalten wir diese mit der Funktion WECHSELN() aus. Und so sieht die Formel aus, die alle Umlaute ersetzt, beispielsweise **ü** durch **ue**, und das Jahr aus der ersten Spalte der Parametertabelle holt:

```
="https://www.arbeitstage.org/"&WECHSELN([@Bundesland];"ü";"ue")&"/feiertage-
"&[@Jahr]&"-"&WECHSELN([@Bundesland];"ü";"ue")&"/"
```

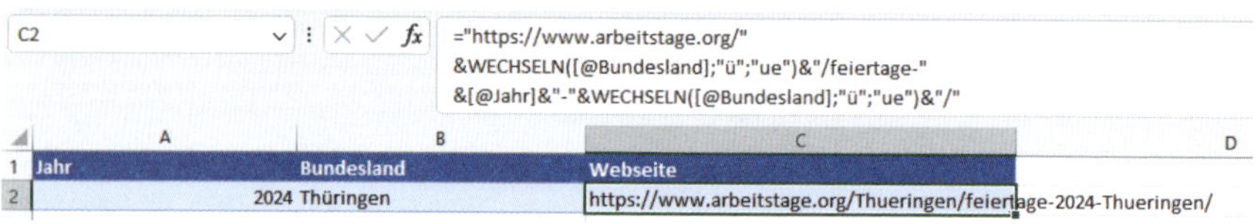

Abbildung 7.13: Der Weblink wird konstruiert aus Jahr und Bundesland

Die Parametertabelle wird mit *Daten/Daten abrufen und transformieren/Aus Tabelle/Bereich* an Power Query übergeben. Löschen Sie im *Power Query-Editor* die automatische Typänderung, schalten Sie in den erweiterten Editor und ändern Sie den M-Code der Abfrage. Holen Sie die erste Zeile der Spalte *Webseite* als Variable in die Abfrage:

```
Let
    Source = Excel.CurrentWorkbook(){[Name="tbl_Parameter"]}[Content],
    fktWebseite = Source{0}[Webseite]
in
    fktWebseite
```

Ändern Sie den Namen der Abfrage in *Webseite*. Für die Webabfrage erstellen Sie zunächst mit *Daten/Daten abrufen und transformieren/Aus dem Web* eine manuelle

Abfrage auf eine beliebige Liste. Geben Sie den Link ein, wählen Sie im Navigator das *Dokument 0* und bearbeiten Sie die Abfrage im erweiterten Editor. Der Weblink wird durch die Variable aus der ersten Abfrage ersetzt:

```
Let
  varWebseite = Webseite,
  Quelle = Web.Page(Web.Contents(Webseite)),
    Data = Quelle{0}[Data]
in
    Data
```

Mit *Schließen und Laden* wird das Ergebnis als Tabelle an Excel zurückgegeben. Damit die Abfrage sofort nach Auswahl eines Bundeslandes aktiv wird, schreiben Sie noch ein Tabellenblattmakro für das Change-Ereignis. Es prüft ab, in welcher Zelle etwas geändert wurde, und aktiviert, falls B2 der Auslöser war, die Abfrage:

```
Private Sub Worksheet_Change(ByVal Target As Range)
  If Target.Address = "$B$2" Then ActiveWorkbook.Connections(1).Refresh
End Sub
```

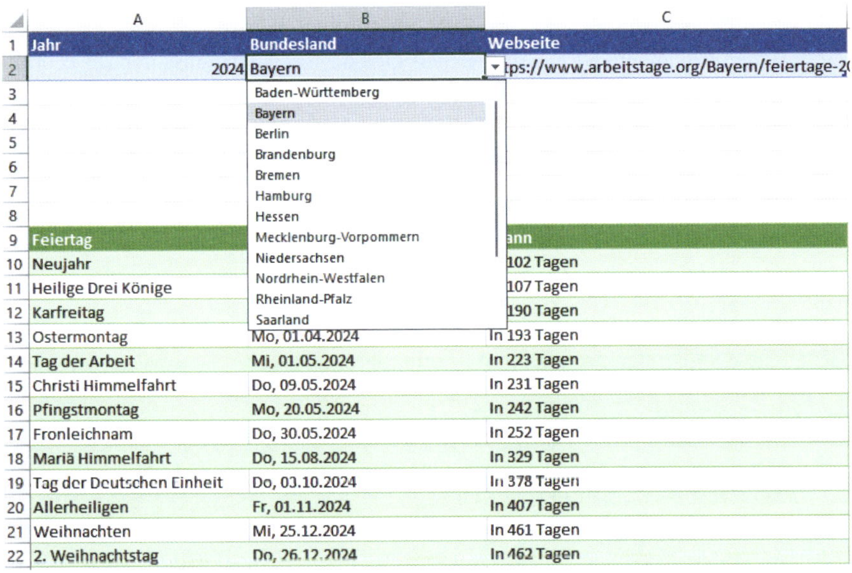

Abbildung 7.14: Bundeslandauswahl per Datenüberprüfung und Webabfrage

7.2.10 Kalender

Der Terminkalender gehört zu den Standards im Excel-Kalkulationsblatt, und die Funktionspalette bietet alles auf, was es dazu braucht. Ein einfacher Kalender ist schnell erstellt, die Funktion DATUM() leistet hier wertvolle Dienste, weil sie mit den Parametern *Jahr*, *Monat* und *Tag* gefüttert werden kann.

Ein ewiger Kalender aus einer Formel

Wie Sie mit einer einzigen Formel einen kompletten Kalender mit dynamischer Jahreszahl erstellen können, zeigt dieser Trick: Schreiben Sie in die Zelle A1 die Jahreszahl und geben Sie der Zelle den Bereichsnamen *Jahr*. Schreiben Sie die Monatsnamen von Januar bis Dezember in Zeile 3, und schreiben Sie diese Formel in die Zelle A4:

```
=DATUM(Jahr;SPALTE();ZEILE($A1))
```

Die Funktion übernimmt die Jahreszahl, konstruiert die Monatsnummer aus der eigenen Spalte (SPALTE()) und berechnet den Tag aus der relativen Zeilennummer `ZEILE($A1)`. Achten Sie auf den korrekten Bezug.

Im nächsten Schritt berechnen Sie mithilfe einer WENN-Funktion, ob das Datum größer als seine Spaltennummer ist. Falls ja, bleibt die Zelle leer. Damit schalten Sie die falschen Monatsenden aus und stellen gleichzeitig sicher, dass der 29. Februar nur in Schaltjahren angezeigt wird:

```
A4:=WENN(MONAT(DATUM(Jahr;SPALTE();ZEILE($A1)))>SPALTE();"";DATUM(Jahr;SPALTE();
ZEILE($A1)))
```

Kopieren Sie die Formel über den Bereich A4:L34, und formatieren Sie den Bereich:

```
Ausrichtung: Linksbündig
Zahlenformat: TT TTT
```

Geben Sie dem Bereich zwei Bedingte-Formatierung-Regeln:

```
1. Formel: =UND(A4<>"";WOCHENTAG(A4)=7)
Formatierung: Ausfüllfarbe Hellrot

2. Formel: =UND(A4<>"";WOCHENTAG(A4)=1)
Formatierung: Ausfüllfarbe Hellblau
```

Der Kalender bekommt noch eine Fensterfixierung unterhalb der Monatsnamen, markieren Sie dazu Zeile 4 und wählen Sie *Ansicht/Fenster fixieren*.

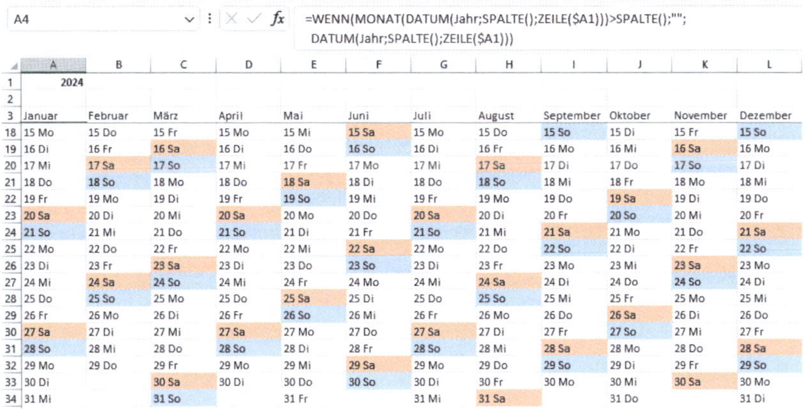

Abbildung 7.15: Ein ewiger Kalender

Wenn Sie, wie zuvor beschrieben, eine Feiertagsliste angelegt haben, können Sie mit einem weiteren Bedingungsformat auch noch die Feiertage im ewigen Kalender farbig kennzeichnen. Dazu sollte die Liste aber in die Mappe kopiert werden. Stammt die Liste aus einem dynamischen Array, legen Sie einen Bereichsnamen an, der auf die erste Spalte des dynamischen Arrays verweist (hier beginnend in B3):

```
Name: rng_Feiertagsliste
Bezieht sich auf: =INDEX(Feiertage!$B$5#;;1)
```

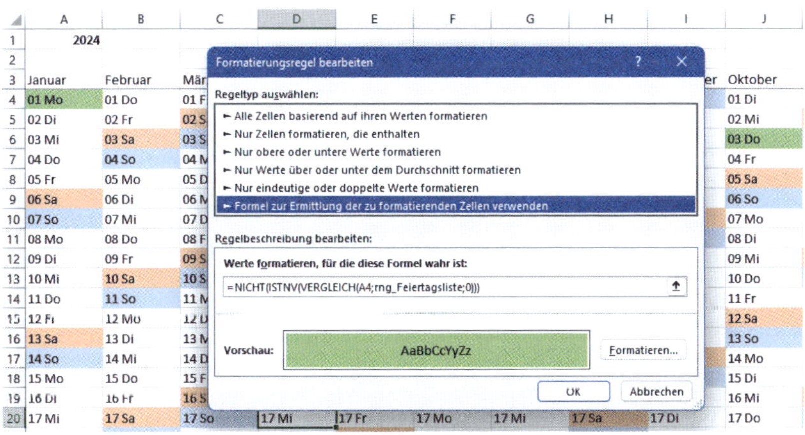

Abbildung 7.16: Jetzt sind auch die Feiertage farbig markiert

Das Datum ist der Suchwert für die Funktion VERGLEICH(), die in der mit *rng_Feiertage* benannten Matrix nach genau diesem Datum sucht. Ist das Datum nicht vorhanden, liefert VERGLEICH() als Ergebnis `#NV` – und `ISTZAHL(#NV)` ist wiederum FALSCH. Also ist die gesamte Bedingung FALSCH und es erfolgt keine Einfärbung des entsprechenden Datums. Ergibt VERGLEICH() aber einen Treffer, liefert ISTZAHL() im Ergebnis WAHR, und das entsprechende Datum wird bedingt farblich hervorgehoben.

Ein multilingualer Kalender

Das geht natürlich noch besser: Führen wir einen multilingualen Kalender mit dem Kollegen aus Litauen, den Kolleginnen aus Israel und China und dem Chef aus Griechenland, denn Excel spricht gleichzeitig sowohl Deutsch als auch Hebräisch, Chinesisch, Litauisch und Griechisch. Insgesamt beherrscht Excel 114 Sprachen und zudem 24 Zahlensysteme!

Wir brauchen vier Tabellenblätter: *Kalender*, *Feiertage*, *Ländercodes* und *Zahlencodes*. Im Blatt *Kalender* legen Sie wie im Beispiel zuvor den ewigen Kalender an. Lassen Sie im Kopfbereich etwas Platz:

```
A6: Jahreszahl, Bereichsname Jahr
A7:L7: Januar bis Dezember
A8:L38:
=WENN(MONAT(DATUM(Jahr;SPALTE();ZEILE($A1)))>SPALTE();"";DATUM(Jahr;SPALTE();
ZEILE($A1)))
Zahlenformat: TTT* TT
```

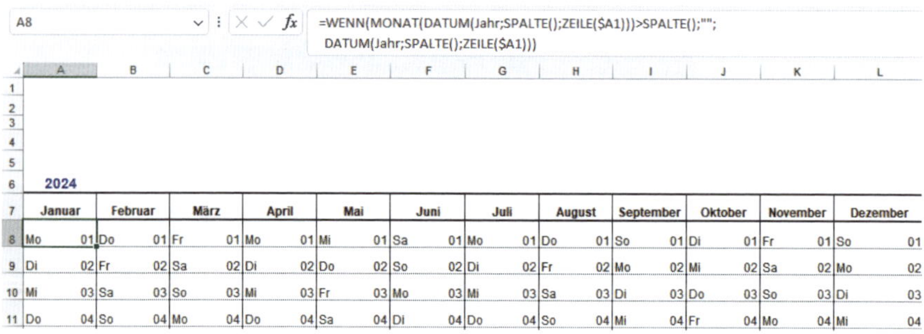

Abbildung 7.17: Aufbau des Schnellkalenders

Im nächsten Tabellenblatt *Feiertage* sollte eine Liste mit den Feiertagen des im Kalender gewählten Jahres bereitstehen. Die Liste ist einspaltig, Sie können die zuvor beschriebene Feiertagsberechnung in die Mappe kopieren oder einfach eine zweispaltige Liste anlegen. Der Bereichsname *Feiertage* bezieht sich nur auf die erste Spalte mit den Datumswerten. Stammt die Liste aus einem dynamischen Array, legen Sie einfach einen Bereichsnamen auf die Zelle ($B$5) mit dem #-Operator an. Eine INDEX()-Funktion reduziert den Bereich auf die erste Spalte:

```
=INDEX(Feiertage!$B$5#;;1)
```

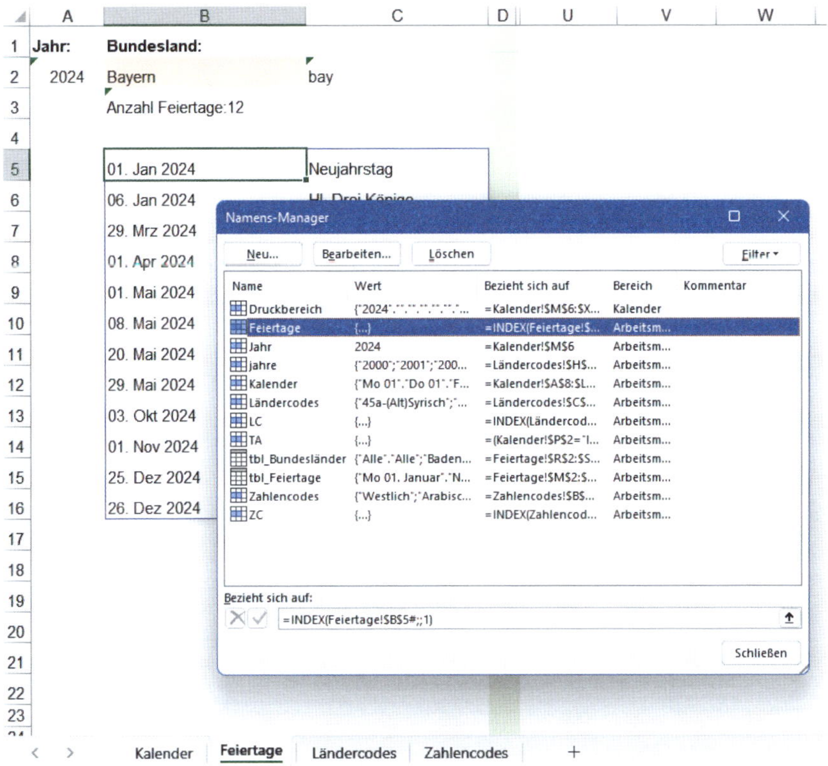

Abbildung 7.18: Ein Bereichsname für die Datumswerte der Feiertage

Im nächsten Tabellenblatt *Landercodes* bringen wir Excel bei, Fremdsprachen zu sprechen. Dazu muss man wissen, dass jedes Land einen Ländercode hat, den man sowohl in ein benutzerdefiniertes Zahlenformat als auch in die Funktion TEXT() inte grieren kann. Beispielsweise hat Frankreich den Ländercode *40C*. Kleidet man ihn nach diesem Muster in eckige Klammern, wird das Datum auf Französisch angezeigt.

`[$-Ländercode]TTTT, TT.MMMM JJJJ` – also für Frankreich:
`[$-40C]TTTT, TT.MMMM JJJJ`

Das gleiche Ergebnis erzielt man mit der Funktion TEXT(), mit dem Unterschied, dass das Ergebnis im Textformat und nicht mehr als Zahl vorliegt:

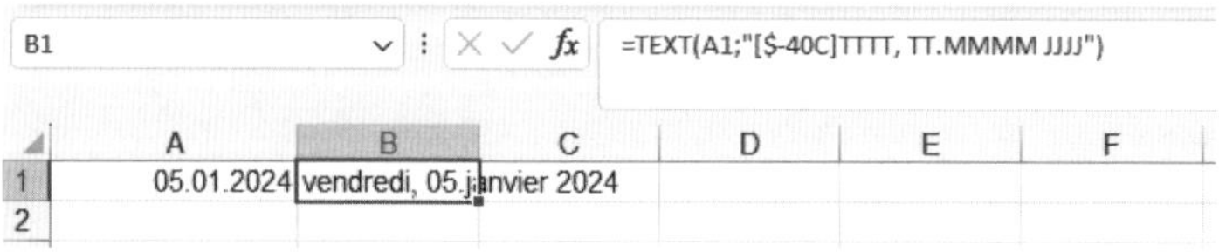

Abbildung 7.19: Zahlenformat mit internationalem Ländercode über die Funktion TEXT() sichtbar machen

Legen Sie im Tabellenblatt *Ländercodes* eine Liste an. In Spalte A steht der Ländercode, in Spalte B die Sprache und in Spalte C verketten Sie die Spalten A und B. Der Bereichsname *Ländercodes* verweist global auf: *=Ländercodes!$C$1:$C$114.*

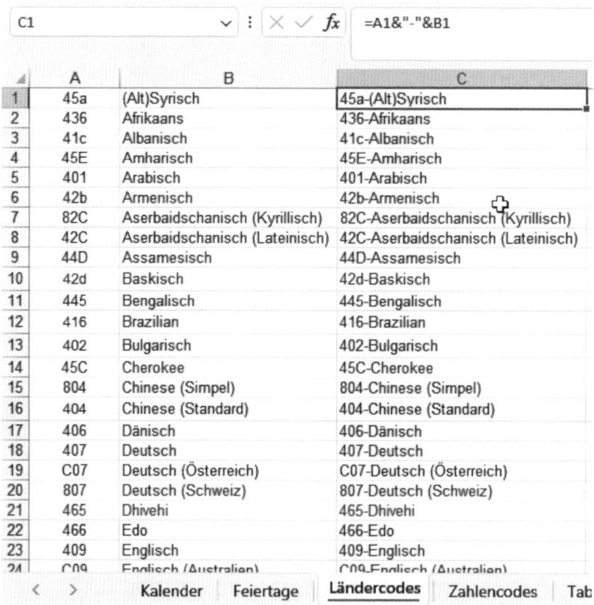

	A	B	C
1	45a	(Alt)Syrisch	45a-(Alt)Syrisch
2	436	Afrikaans	436-Afrikaans
3	41c	Albanisch	41c-Albanisch
4	45E	Amharisch	45E-Amharisch
5	401	Arabisch	401-Arabisch
6	42b	Armenisch	42b-Armenisch
7	82C	Aserbaidschanisch (Kyrillisch)	82C-Aserbaidschanisch (Kyrillisch)
8	42C	Aserbaidschanisch (Lateinisch)	42C-Aserbaidschanisch (Lateinisch)
9	44D	Assamesisch	44D-Assamesisch
10	42d	Baskisch	42d-Baskisch
11	445	Bengalisch	445-Bengalisch
12	416	Brazilian	416-Brazilian
13	402	Bulgarisch	402-Bulgarisch
14	45C	Cherokee	45C-Cherokee
15	804	Chinese (Simpel)	804-Chinese (Simpel)
16	404	Chinese (Standard)	404-Chinese (Standard)
17	406	Dänisch	406-Dänisch
18	407	Deutsch	407-Deutsch
19	C07	Deutsch (Österreich)	C07-Deutsch (Österreich)
20	807	Deutsch (Schweiz)	807-Deutsch (Schweiz)
21	465	Dhivehi	465-Dhivehi
22	466	Edo	466-Edo
23	409	Englisch	409-Englisch
24	C09	Englisch (Australien)	C09-Englisch (Australien)

Abbildung 7.20: Zahlenformat mit internationalem Ländercode über die Funktion TEXT() sichtbar machen

Eine vollständige Liste aller 114 Codes bietet die Arbeitsmappe Ländercodes.xlsx in den Beispiel- und Übungsdaten zu diesem Buch.

Zum Abschluss unserer Vorarbeiten wandern wir weiter in das Blatt *Zahlencodes*. Was jetzt noch fehlt, sind die 24 verschiedenen Zahlenformate, die unser Sprachgenie Excel außerdem noch kennt. Diese besitzen jeweils einen Hexadezimalwert, seltsamerweise aber nicht durchnummeriert von 1 bis 24. Nach 1 bis 19 kommen 27, 30, 31, 39 und 153. Wenn man diesen Hexadezimalwert mit dem Zusatz **1E0407** verkettet, dann hat man ein gültiges Zahlenformat erzeugt.

D2 =TEXT(12;C2)

	A	B	C	D
1	**Hexadezimalwert**	**Ziffertyp**	**Format**	**Darstellung**
2	01	Westlich	[$-011E0407] T	12
3	02	Arabisch-Indisch	[$-021E0407] T	١٢
4	03	Erweitertes Arabisch-Indisch	[$-031E0407] T	۱۲
5	04	Devanagari	[$-041E0407] T	१२
6	05	Bengalisch	[$-051E0407] T	১২
7	06	Gurmukhi	[$-061E0407] T	੧੨
8	07	Gujarati	[$-071E0407] T	૧૨
9	08	Oriya	[$-081E0407] T	୧୨
10	09	Tamilisch	[$-091E0407] T	௧௨
11	0A	Telugu	[$-0A1E0407] T	౧౨
12	0B	Kannada	[$-0B1E0407] T	೧೨
13	0C	Malayalam	[$-0C1E0407] T	൧൨
14	0D	Thai	[$-0D1E0407] T	๑๒
15	0E	Laotisch	[$-0E1E0407] T	໑໒
16	0F	Tibetanisch	[$-0F1E0407] T	༡༢
17	1B	Japanisch 1	[$-1B1E0407] T	十二
18	1E	Chinesisch 1	[$-1E1E0407] T	十二
19	1F	Chineisch 2	[$-1F1E0407] T	壹拾贰
20	27	Koreanisch	[$-271E0407] T	십이
21				

Kalender | Feiertage | Ländercodes | **Zahlencodes**

Abbildung 7.21: Liste der internationalen Zahlencodes

Die Spalten A bis C übernehmen wir genau so in unseren Kalender (Spalte D sollte hier nur das Ergebnis darstellen). Zu beachten ist dabei, dass Spalte A unbedingt als Text formatiert werden muss, um die führenden Nullen nicht bloß anzuzeigen, sondern sie müssen auch effektiv in der Zelle enthalten sein, da andernfalls die Verkettung nicht funktionieren würde.

Und auch für die Zahlencodes definieren wir noch den Namen *Zahlencodes* mit Bezug auf:

```
=Zahlencodes!$B$2:$B$25
```

Für den multilingualen Kalender wechseln wir wieder zurück in das Blatt *Kalender*. Den letztlich sichtbaren, formatierten Kalender platzieren wir rechts neben dem Zahlengerüst der ersten zwölf Spalten (A:L). Wir beginnen ab Spalte M. Die mit *Jahr* benannte Zelle A6 verschieben wir nach M6 und blenden anschließend die Spalten A:L aus. Der Name *Jahr* bezieht sich also ab sofort auf M6. So wird das Endergebnis aussehen:

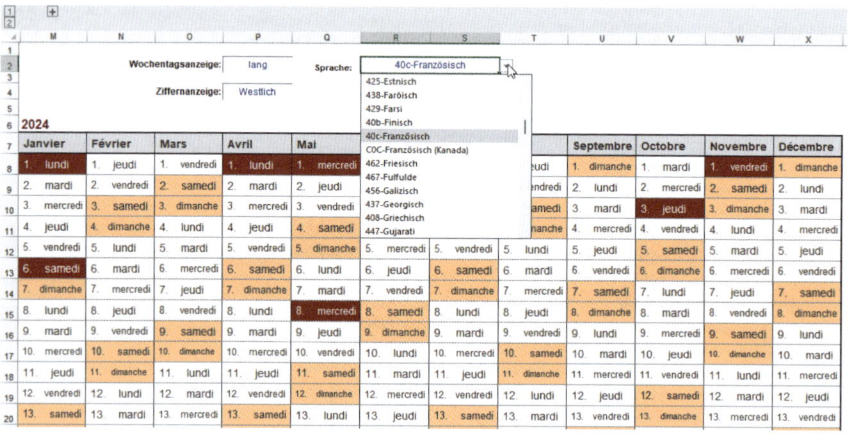

Abbildung 7.22: Ausschnitt des internationalen Kalenders (hier in Französisch)

Insgesamt gibt es drei Einstellungsmöglichkeiten:

- Einstellung der Wochentagsanzeige in Zelle P2 mit der Auswahl: lang oder kurz (*Daten/Datenüberprüfung/Liste/Quelle*: `lang;kurz`). Dadurch wird später gesteuert, ob ein Wochentag als Sonntag (lang) oder So (kurz) dargestellt wird.
- Außerdem wird in Zelle P4 die Ziffernanzeige gesteuert (aus den 24 Zahlencodes). Auch dies erfolgt mit *Daten/Datenüberprüfung/Liste/Quelle*: `=Zahlencodes`.
- Die dritte Einstellung ist die eigentlich entscheidende, denn hier bestimmen Sie die Sprache aus der Liste der 114 Ländercodes. In R2 haben wir über *Daten/Datenüberprüfung/Liste/Quelle*: `=Ländercodes` eine Auswahlliste geschaffen.

Zunächst lesen wir den Ländercode mithilfe der in R2 getroffenen Auswahl aus, indem wir die Auswahl im Blatt *Ländercodes* vergleichen. Dazu legen Sie den berechneten Bereichsnamen *LC* (steht für Ländercode) mit dieser Formel an:

Name: `LC`
Bezieht sich auf: `=INDEX(Ländercodes!$A:$A;VERGLEICH(Kalender!$R$2;Ländercodes!$C:$C;0))`

Der nächste Bereichsname *TA* prüft die in P2 gewählte Wochentagsanzeige auf »lang«. Das Ergebnis ist entweder WAHR oder FALSCH.

Name: `TA`
Bezieht sich auf: `=(Kalender!$P$2="lang")*1`

Darüber hinaus lesen wir in Abhängigkeit von der in P4 getroffenen Ziffernanzeige noch den zugehörigen Zahlencode aus (im Hexadezimalformat). Der Name *ZC* (Zahlencode) erhält den Bezug:

Name: `ZC`
Bezieht sich auf: `=INDEX(Zahlencodes!$A:$A;VERGLEICH(Kalender!$P$4;Zahlencodes!$B:$B;0))`

Zunächst erzeugen wir die Formeln für die Wochentage.

```
Wochentag =TEXT(A8;"[$-"&LC&"]"&WENN(TA=1;"TTTT";"TTT"))
```

In Abhängigkeit vom Datum aus A8 in unserem Schnellkalender erzeugen wir mit der Funktion TEXT, unter Berücksichtigung des ausgewählten Ländercodes *LC*, das als Wochentag formatierte Datum. Die Ausgabe erfolgt im Format TTTT (*TA* = WAHR) oder TTT (*TA* = FALSCH). Für die Franzosen unter uns ergibt sich für den 01.01.2024 bei *LC* = 40c und *TA* = WAHR:

```
Wochentag =TEXT(A8;"[$-40c]TTTT")="jlundi"
```

Die formatierte Tageszahl erhalten wir auf die gleiche Weise, diesmal nur mit dem Verweis auf den Zahlencode *ZC*:

`Tageszahl =TEXT(A8;"[$-"&ZC&"1E0407] T")=" 1"` (bei westlichem Zahlencode)

Anschließend verketten wir noch Tageszahl und Wochentag und machen die Anzeige von der Referenzzelle unseres Schnellkalenders abhängig:

```
M8: =WENN(A8<>"";Tageszahl&".    "&Wochentag;"")
```

Die Formel aus M8 kopieren wir jetzt bis X38 herunter, denn dort landen wir mit dem 31. Dezember.

Nachdem das geschafft ist, bringen wir noch ein wenig Farbe ins Spiel, indem wir die Wochenenden und die Feiertage farblich hervorheben. Dazu bedienen wir uns der bedingten Formatierung. Wir markieren – beginnend bei M8 – den gesamten Bereich M8:X38 und rufen *Start/Bedingte Formatierung/Neue Regel* auf.

Die erste Bedingung prüft das Datum auf einen Feiertag, die zweite Bedingung prüft auf ein Wochenende, also Samstag oder Sonntag. Die Formeln verstehen sich aus Sicht der Zelle M8, denn sie ist die aktive (= aufrufende) Zelle.

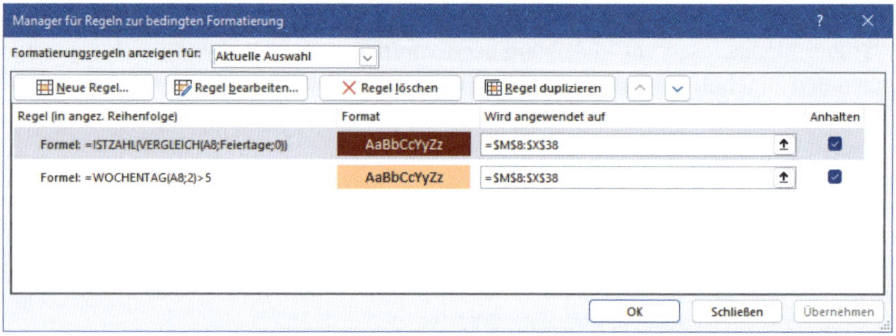

Abbildung 7.23: Bedingte Formatierung: Wochenenden und Feiertage einfärben

Zu guter Letzt müssen wir noch die Monatsnamen erzeugen, wiederum in Abhängigkeit vom gewählten Ländercode *LC* und mit Bezug auf die Monatsersten des Schnellkalenders. Mit GROSS2 wird der erste Buchstabe des Wochentags großgeschrieben:

```
M7: =GROSS2(TEXT(A8;"[$-"&@LC&"] MMMM"))
```

Und siehe da: Unser Kalender ist fertig. Er spricht 114 Sprachen, beherrscht 24 Zahlensysteme und passt sich natürlich hinsichtlich der Wochenenden, Feiertage, Schaltjahre etc. immer an das ausgewählte Jahr an.

7.2.11 Einen bestimmten Arbeitstag ermitteln

Man könnte die bedingte Formatierung auch dafür nutzen, einen ganz bestimmten Arbeitstag je Monat hervorzuheben, an dem z. B. eine Videokonferenz mit allen »multilingualen« Mitarbeitern stattfindet.

Schreiben Sie das Ausgangsdatum in Zelle A1 (z. B. den Vormonatsletzten), und geben Sie der Zelle den Bereichsnamen *Start*. Tragen Sie den gewünschten x-ten Arbeitstag in Zelle B1 ein und nennen Sie die Zelle *xter*.

```
A1: 31.3.2023
B1: 4
```

Nun erzeugen wir ein dynamisches Array vom ersten bis zum x-ten Tag des Monats. Und damit das auch für *xter* = 1 oder 2 funktioniert, multiplizieren wir *xter* noch mit 3, damit das Array auf jeden Fall eine ausreichende Größe erreicht.

Das dynamische Array *VonBis* lautet dann:

```
VonBis: =ZEILE(INDIREKT("1:"&xter*3))
```

Bei *Start* = 31.03.2023 und *xter* = 4 (um beispielhaft den vierten Arbeitstag im April 2023 zu ermitteln) erzeugt die Addition von *Start* und *VonBis* das Array mit den zugehörigen Ganzzahlen vom 01.04.2023 bis zum 12.04.2023. Das dynamische Array wird über den #-Operator angesprochen:

```
=Start+VonBis# =45016+{1;2;3;4;5;6;7;8;9;10;11;12}
={45017;45018;45019;45020;45021;45022;45023;45024;45025;45026;45027;45028}
```

Dieses Array überprüfen wir jetzt mit der Funktion WOCHENTAG(Datum;2) auf <6 (Samstag = 6 und Sonntag = 7), um ein neues Array ohne Wochenenden zu erhalten:

```
=WENN(WOCHENTAG(Start+VonBis#;2)<6;VonBis#)
={FALSCH;FALSCH;3;4;5;6;7;FALSCH;FALSCH;10;11;12}
```

Der x-te Arbeitstag ist jetzt der x-kleinste Eintrag in diesem Array. Also setzen wir nur noch `KKLEINSTE(Matrix;k)` mit k = *xter* darum herum (FALSCH wird von KKLEINSTE ignoriert) und addieren dazu das Startdatum:

```
{=Start+KKLEINSTE(WENN(WOCHENTAG(Start+VonBis#;2)<6;VonBis#);xter)}
```

Das Ergebnis: der 6. April 2023, ein Donnerstag und der vierte Arbeitstag im April 2023.

Erweitern Sie die Wochentagsprüfung auf

```
(WOCHENTAG(Start+VonBis#;2)<6)*(ZÄHLENWENN(Feiertage;Start+VonBis#)=0)
```

um auch noch Feiertage auszuschließen, die in den Betrachtungszeitraum fallen. *Feiertage* ist der Name eines Bereichs, der die Datumsangaben von Feiertagen enthält, die Sie ausschließen wollen. ZÄHLENWENN liefert hier für jeden Tag des Intervalls, der kein Feiertag ist, WAHR.

7.2.12 Kegeln am dritten Samstag des Monats

Ihr Kegelclub trifft sich immer am dritten Samstag des Monats. Da unentschuldigtes Fehlen mit einer Lokalrunde bestraft wird (und es sind stets sehr viele Gäste im Lokal), ist Ihnen sehr daran gelegen, diesen Termin nicht zu verschlafen. Also möchten Sie gern daran erinnert werden. *Startdatum* ist das Ausgangsdatum, z. B. der 01.05.2024 (Ganzzahl 45413). Der Wochentag hat den Namen *WT*, wobei die Tage von Montag bis Sonntag von 1 bis 7 durchnummeriert sind – für den Samstag also die 6. Der wievielte Wochentag es sein soll, geht aus dem Namen *xte* hervor – im Beispiel also 3. Die Lösung:

```
=Startdatum-1-WOCHENTAG(Startdatum-WT;3)+7*xte
=45413-1-WOCHENTAG(45413-6;3)+7*3=18.05.2024
```

WOCHENTAG mit der 3 für den Parameter *Typ* lässt die Woche bei 0 (Montag) beginnen und bei 6 (Sonntag) enden (nicht irritieren lassen: *WT* enthält dennoch den Wochentag als Zahl zwischen 1 und 7!). Alternativ zu WOCHENTAG kann man auch die Funktion REST verwenden, die mit dem Divisor 7 und dem um zwei Tage verminderten Startdatum ebenfalls zum Ziel führt:

```
=Startdatum-1-REST(Startdatum-2-WT;7)+7*xte
```

7.2.13 Kalenderwoche

Die Kalenderwoche hat Excel lange Zeit (bis Version 2010) über eine Analysefunktion falsch berechnet, da diese nach amerikanischem Standard rechnete. Der amerikanische (der weltweit am häufigsten verbreitete) Standard besagt, dass die erste Kalenderwoche eines Jahres die Woche ist, die den 01. Januar enthält. Der Wochentag des Beginns der nächsten Kalenderwochen ist unterschiedlich. In den USA ist es der Sonntag.

In Deutschland ist die erste Kalenderwoche eines Jahres als die Woche definiert, in die mindestens vier Tage fallen (DIN 1355). Das ist seit 1976 der Fall, als der Wochenbeginn auf Montag festgelegt wurde. Vorher gab es die Kalenderwoche im heute bekannten Sinn noch gar nicht. Das bedeutet aber auch, dass ein Datum in die 52. oder 53. KW des Vorjahres fallen kann. Diese Funktion berechnet die Kalenderwoche nach DIN in allen Versionen korrekt:

```
=KÜRZEN((A1-WOCHENTAG(A1;2)-DATUM(JAHR(A1+4-WOCHENTAG(A1;2));1;-10))/7)
```

Seit Excel 2010 hat die KALENDERWOCHE-Funktion noch einen zweiten Parameter *Zahl_Typ*, und der Wert 21 ist der einzige Wert, der für ein korrektes Ergebnis sorgt:

```
=KALENDERWOCHE(Datum;21)
```

Später kam auch noch die Funktion ISOKALENDERWOCHE() hinzu, und die braucht keine Parameter für die korrekte KW-Berechnung:

```
=ISOKALENDERWOCHE(Datum)
```

Die umgekehrte Berechnung ist ebenfalls von Bedeutung. Der Hersteller einer Ware schreibt »Lieferung in KW 41«, und der Besteller will nun ohne Kalender wissen, wann er mit der Ware rechnen kann. In A1 steht die Kalenderwoche und in A2 die vierstellige Jahreszahl. Den Montag der KW 41 (jetzt natürlich wieder nach EU-Norm) liefert

```
=DATUM(A2;1;7*A1-3-WOCHENTAG(DATUM(A2;;);3))
```

7.2.14 Quartal

Außerdem könnte man bestimmen, in welchem Quartal ein bestimmtes Datum liegt. Dafür gibt es mehrere Varianten.

```
=AUFRUNDEN(MONAT(Datum)/3;0)&". Quartal"
```

liest aus dem Datum den Monat aus, teilt diesen durch 3 und rundet das Ergebnis auf. Am Beispiel des 15.04.2014 ergibt die Berechnung `=AUFRUNDEN(6/3;0)=2`. Und für den 23.07.1977: `=AUFRUNDEN(7/3;0)=3`, denn 7/3 = 2,33 und aufgerundet = 3.

Eine andere Variante

```
=MONAT(MONAT(Datum)&0)&". Quartal"
```

liest ebenfalls den Monat aus dem Datum aus und verkettet diesen mit 0. Durch die Verkettung entsteht eine neue Textzahl, die von der äußeren MONAT-Funktion ausgewertet werden kann. Das Ergebnis kann nur eine Ganzzahl zwischen 1 und 4 sein.

Sollten Sie einmal ein Quartal außerhalb der normalen Jahresfrist 1.1. bis 31.12. berechnen müssen (z. B. zum Bilanzstichtag 30.09.), können Sie das mit dieser Formel erledigen (Datum steht in A1, der Monat des Bilanzstichtags – hier 9 – steht in B1):

```
=AUFRUNDEN(((MONAT(A1)+(MONAT(A1)<=B1)*12)-B1)/3;0)&". Quartal"
```

7.2.15 Schaltjahr

Ob das Jahr eines Datums ein Schaltjahr ist, lässt sich über das Datum des 29. Februar ermitteln. Ob es den gibt oder nicht, ist der Formel

```
=DATUM(JAHR(A1);2;29)
```

eigentlich ziemlich egal, sie liefert halt dann den 1. März ab. Und wenn Sie den Tag dieses Ermittlungsergebnisses abfragen, wissen Sie, ob ein Datum in einem Schaltjahr liegt:

```
A1: 1.1.2024
B1: =WENN(TAG(DATUM(JAHR(A1);2;29))=1;"kein ";"")&"Schaltjahr"
```

Etwas aufwendiger ist die Formel, die das nächste anstehende Schaltjahr ermittelt:

```
=MAX((REST(JAHR(EDATUM(A1;{0;12;24;36}));4)=0)*(JAHR(EDATUM(A1;{0;12;24;36}))))
```

7.2.16 Sternkreiszeichen

Für die Berechnung des Sternkreiszeichens aus einem (Geburts)datum benötigen wir ein Array aller Sternkreiszeichen in der Reihenfolge, wie sie innerhalb eines Jahres angeordnet sind. Dazu gehört auch, dass der Steinbock zweimal vorkommt, da er über den Jahreswechsel Gültigkeit hat.

Somit bezieht sich der Bereich *Sternkreiszeichen* auf:

```
={"Steinbock";"Wassermann";"Fische";"Widder";"Stier";"Zwillinge";"Krebs";
"Löwe";"Jungfrau";"Waage";"Skorpion";"Schütze";"Steinbock"}
```

Der Einfachheit halber versetzen wir das abgefragte Datum (Name: *Dat*) zurück in das Jahr 1900 und vergeben dafür den Namen *Dat1900* mit Bezug auf:

```
=DATUM(;MONAT(Dat);TAG(Dat))
```

Zum Schluss bilden wir ein aufsteigend sortiertes Array *Tag* aus den Tagen (im Jahr 1900), ab denen das jeweilige Sternkreiszeichen beginnt:

```
={1;21;51;81;112;142;174;205;237;268;298;328;357}
```

Auch hier erhält der Steinbock wieder die Extrawurst mit dem ersten und letzten Eintrag.

Wenn wir jetzt *Dat1900* mit dem Array *Tag* vergleichen, dabei den Vergleichstyp WAHR wählen (bzw. ihn einfach weglassen) und diese Zahl an den Sternkreiszeichen-Index übergeben, dann sind wir auch schon am Ziel:

```
=INDEX(Sternkreiszeichen;VERGLEICH(Dat1900;Tag))
```

7.2.17 Muttertag

Die Excel-Mütter werden nicht vergessen – aber was hat eine Mutter mit Gauß zu tun? Muttertag ist der zweite Sonntag im Mai. Dieser lässt sich mit derselben Logik wie die Sommer- und Winterzeit ermitteln:

```
=DATUM(Jahr;5;)-WOCHENTAG(DATUM(Jahr;5;);1)+15
```

Stopp: Eine Mutter will nicht an Pfingsten geehrt werden. Sprich: Fällt der Muttertag auf den Pfingstsonntag, findet er eine Woche vorher statt, um den Müttern die uneingeschränkte Aufmerksamkeit zukommen zu lassen! Das soeben ermittelte Datum *Zweiter_Maisonntag* muss also mit dem *Pfingstsonntag* (Osterformel von Gauß plus 55 Tage) verglichen und bei Übereinstimmung um sieben Tage vorverlegt werden.

```
=Zweiter_Maisonntag-7*(Pfingstsonntag=Zweiter_Maisonntag)
```

Wobei der *Pfingstsonntag* mit dieser Formel ermittelt wird:

```
=DM((TAG(MINUTE(Jahr/38)/2+55)&".4."&Jahr)/7;)*7+43
```

Dieser Fall trat 2008 auf und tritt dann wieder 2035, 2046, 2103 und 2160 auf.

7.2.18 Weihnachten

Zusätzlich zu den vom Ostersonntag abhängigen Feiertagen gibt es weitere, vom ersten Weihnachtstag abhängige, bewegliche Feiertage. Das zu berechnen, ist unspektakulär, da die Beweglichkeit nur darin liegt, dass diese auf einen bestimmten Wochentag (zumeist Sonntag) fallen müssen. Die Ausnahme davon ist der bis 1995 äußerst beliebte Buß- und Bettag: Das ist ein Mittwoch. Die Popularität hat sich mittlerweile aber auf nahe null reduziert, da dieser Feiertag seit 1995 nicht mehr überall arbeitsfrei ist. Nur in Sachsen ist das noch ein Feiertag. Dafür wird dort aber auch ein höherer Anteil zur Pflegeversicherung fällig. Die sich um Weihnachten rankenden Feiertage errechnen sich wie folgt:

```
=DATUM(Jahr;12;25)-WOCHENTAG(DATUM(Jahr;12;25);2)-Tage
```

Dabei nimmt *Tage* für die unterschiedlichen Feiertage folgende Werte an:

- 35: Volkstrauertag
- 32: Buß- u. Bettag
- 28: Totensonntag
- 21: 1. Advent
- 14: 2. Advent
- 7: 3. Advent

Für den 4. Advent entfällt die Subtraktion von *Tage*.

7.3 Zeitfunktionen

Die Funktion ZEIT ermittelt aus den Bestandteilen Stunde, Minute und Sekunde eine Uhrzeit. In Excel steht hinter jeder Zeit eine Bruchzahl zwischen 0 und 1. 0,25 steht für 06:00 Uhr morgens, 0,5 steht für 12:00 mittags und 0,75 für 18:00 Uhr abends.

Die Funktionen STUNDE, MINUTE und SEKUNDE zerlegen diese als Bruchzahl ausgedrückte Uhrzeit wieder in ihre Bestandteile Stunde, Minute und Sekunde.

Die Funktion ZEITWERT wandelt eine als Zeichenkette angegebene Uhrzeit in die entsprechende Bruchzahl um.

Die Funktion JETZT ermittelt bei jeder Neuberechnung die fortlaufende Ganzzahl des aktuellen Datums, analog zu HEUTE zuzüglich der Bruchzahl der aktuellen Uhrzeit. Nur die aktuelle Uhrzeit erhalten Sie durch Subtraktion beider Funktionen: =JETZT()-HEUTE().

Syntax	**Beispiel**	**Wert**	**Zeit**
`=ZEIT(Stunde;Minute;Sekunde)`	`=ZEIT(15;20;15)`	0,6390625	15:20:15
`=STUNDE(Zahl)`	`=STUNDE(0,6390625)`	15	
`=MINUTE(Zahl)`	`=MINUTE(0,6390625)`	20	
`=SEKUNDE(Zahl)`	`=SEKUNDE(0,6390625)`	15	
`=ZEITWERT(Zeit)`	`=ZEITWERT("15:20:15")`	0,6390625	15:20:15

Tabelle 7.2: Beispiele zu Zeitfunktionen

Da als Zeichenkette ausgedrückte Zahlen durch Multiplikation mit 1 auch in Zahlen umgewandelt werden können, funktioniert im letzteren Fall auch

```
="15:20:15"*1 = 0,6390625
```

7.3.1 Industriezeit

Wird eine Zeitspanne in Industriezeit angegeben, stehen anstelle der Minuten die Bruchteile einer Stunde in der Zahl:

```
07:45 = 7,75 Stunden
```

Uhrzeiten sind Bruchteile eines ganzen Tages. Ein Dezimalwert liegt damit zwischen 0 und 1. Um eine Industriezeit in eine Excel-Zeit umzurechnen, teilen Sie die Dezimalzahl durch die Anzahl der Stunden eines Tages – also durch 24 –, und weisen der Formel das Zahlenformat *h:mm* zu. Der Wert wird in Excel als Zeit angezeigt:

```
A1: 6,5
A2: =A1/24 Ergebnis: 6:30
```

Umgekehrt wird eine Excel-Zeit mit 24 multipliziert und mit dem Zahlenformat *0,0* als Industriezeit ausgewiesen.

```
A1: 6:30
A2: =A1*24 Ergebnis: 6,5
```

Um nur den Minutenwert auszugeben, wird der Stundenwert als Ganzzahl abgezogen:

```
A3: =(A2-GANZZAHL(A2))*60
```

7.3.2 Zeitformat über 24 Stunden

Wenn Sie mit Stundenangaben rechnen, die über die Tagesgrenze hinausgehen (größer als 24), wird das Platzhalterformat *Benutzerdefiniert* gewählt:

```
[h]:mm:ss;@
```

Das Zahlenformat, das nur Stunden und Minuten ausgibt, rundet das Ergebnis aber nicht korrekt auf die nächste Minute. Excel schneidet einfach den Sekundenanteil ab, aus 6,36 Stunden wird der Zeitwert "6:21". Da sich bei sekundengenauer Darstellung "6:21:36" ergibt, müsste der Zeitwert aber eigentlich auf "6:22" aufgerundet werden. So korrigieren Sie den Wert:

Rechnen Sie die dezimale Stundenangabe in Minuten um, und runden Sie das Ergebnis auf die nächste ganze Zahl. Damit daraus anschließend ein Excel-typischer Zeitwert entsteht, müssen Sie die Minuten noch durch die Anzahl der Minuten eines ganzen Tages – also durch 24*60 = 1440 – teilen.

```
=RUNDEN(A1*60;0)/1440 Ergebnis: 6:22
```

Kapitel 8

Matrix oder Array – die dritte Dimension

Das Arbeiten mit Matrizen bzw. Arrays wird häufig als die Krönung der Kalkulation bezeichnet. Mit Arrays lassen sich tatsächlich interessante Formeln konstruieren, aber der praktische Nutzen hält sich doch in Grenzen, und mit der Einführung der dynamischen Arrays hat Excel den Zauber noch ein wenig entschärft. Wagen wir trotzdem einen Ausflug in die dritte Dimension, die Matrix.

8.1 Was jetzt – Matrix oder Array?

Diese beiden Begriffe werden auf allen Supportseiten und in Dokumentationen unkontrolliert und beliebig benutzt. Im englischsprachigen Bereich gibt es nur das Array, die Matrix ist eine deutsche Übersetzung davon. Der Begriff Matrixformel hat sich zwar etabliert, das Array setzt sich aber mit Einführung der dynamischen Arrays durch.

Gewöhnen wir uns also langsam an das Array, auch wenn die Matrix gemeint ist.

8.1.1 Mit Arraykonstanten arbeiten

Es gibt nicht viele Situationen, in denen Arraykonstanten benötigt werden. Für die meisten Problemstellungen gibt es Alternativen mit Verweisfunktionen und dynamischen Arrays. Aber werfen wir trotzdem einen Blick darauf.

Ein Array wird grundsätzlich durch {geschweifte Klammern} dargestellt. Schreiben Sie die Klammern selbst (mit AltGr+7 und AltGr+0 oder mit Alt+125 und Alt+126 auf dem Zahlenblock):

Array	Bedeutung
={2.5.7}	Eine horizontale Matrix. Der Punkt ist das Trennzeichen (abhängig von der Windows-Ländereinstellung).
={5;6;9}	Eine vertikale Matrix, das Trennzeichen ist das Semikolon.
={1.2.3;4.5.6;7.89}	Eine zweidimensionale Matrix mit drei Spalten und drei Zeilen.

Zulässige Elemente eines Arrays sind Zahlen, Texte, logische Werte (WAHR und FALSCH) sowie Fehlerwerte. Nicht zulässig sind hingegen Zellbezüge, Namen und die Sonderzeichen $, % sowie Klammern (). Zudem dürfen keine Zeilen oder Spalten unterschiedlicher Größe vorhanden sein, wie z. B. `={1.2.3;3.4.5.6}`.

Die Elemente eines Arrays können auch unterschiedlichen Typs sein:

```
={1.2.3."A".WAHR.#NV."XY".22,55.1E+307}
```

Zu beachten ist dabei, dass Texte in "Anführungszeichen" gesetzt werden. Zahlen können auch dezimal oder im wissenschaftlichen Format (1E+307) angegeben werden. Für alle Arraykonstanten gilt, dass die {geschweiften Klammern} manuell erzeugt werden.

Matrizen können mit mathematischen Operationen kombiniert oder miteinander multipliziert werden.

`={2.4.6}*5` ergibt `{10.20.30}`

da jedes Element mit der Zahl 5 multipliziert wird. Das Ergebnis ist wieder ein Array mit der gleichen Anzahl von Elementen wie das Ausgangsarray.

Bei zwei Arrays, die gleich dimensioniert sind, korreliert jedes x-te Element von Array A mit dem zugehörigen x-ten Element von Array B.

`={2.4.6}*{3.4.5}` ergibt `={6.16.30}`

Sind beide Arrays unterschiedlich dimensioniert, wird jedes Element von Array A mit jedem Element von Array B multipliziert:

`={2.4.6}*{3;4}` ergibt `={6.12.18;8.16.24}`

Die Arraydimensionen müssen sinnvoll zusammenpassen. Eine Konstruktion wie

`={1.2;3.4}*{2;3;4}` ergibt `={2.4;9.12;#NV.#NV}`

da das zweite Array aus drei Zeilen besteht, das erste hingegen nur aus zwei. Die ersten Berechnungen werden mit 1*2, 2*2, 3*3 und 4*3 korrekt ausgeführt. Für die letzte 4 im zweiten Array gibt es hingegen kein Pendant mehr im ersten Array, und somit führt dies zu den Fehlerwerten #NV.

Sollte Ihr Array einmal Zahlen enthalten, die aus verschiedensten Gründen im Textformat vorliegen, bekommen Sie im weiteren Verlauf oftmals Schwierigkeiten:

```
=SUMME({"1";"2";"3"})
```

ergibt eine humorlose Null. Abhilfe schafft hier eine mathematisch neutrale Bearbeitung des Arrays. Eine Zahl wird mathematisch nicht verändert, wenn man sie mit 1 multipliziert, durch 1 dividiert oder 0 addiert. Und genau das kann man auch mit einem Array machen. Dabei ist Excel so intelligent, aus allem, was wie eine Zahl aussieht, eine echte Zahl zu machen, den Datentyp also zu verändern.

```
=SUMME({"1";"2";"3"}+0) = SUMME({1;2;3}) = 6
```

Noch ein schönes Beispiel für eine Arraykonstante: Die Funktion INDEX() ist prädestiniert für die Analyse eines Arrays. Hier sucht sie den Wochentag in der Arraykonstanten und liefert das passende Ergebnis:

```
A1: =HEUTE()
A2: =INDEX({"So";"Mo";"Di";"Mi";"Do";"Fr";"Sa"};WOCHENTAG(A1);1)
```

Oder so:

```
=INDEX({"Montag? Kein Bock!";"Erst Dienstag?";"Halbzeit!";"Einbiegen in die
Zielgerade";"Fast geschafft!";"Wochenende!";"Tag des Herrn"};WOCHENTAG(A1);1)
```

8.1.2 Matrix anzeigen und berechnen

Ist das Ergebnis einer Formel eine Matrix, wird diese im Tabellenblatt aufgebaut. Die Formel bleibt dabei in der ersten Zelle, die übrigen Zellen bleiben leer. Wenn der Bereich für die Anzeige der Matrix nicht leer ist, entsteht ein Überlauffehler (siehe unten).

Um eine Matrix zu berechnen, markieren Sie alle Zeichen der Formel in der Bearbeitungsleiste oder in der Zelle und drücken F9. Damit wird die Matrix aufgelöst, und wenn Sie mit ↵ bestätigen, erhalten Sie das Ergebnis anstelle der Formel. Beispiel:

Legen Sie eine Zahlenreihe im Bereich A1:A6 an.

Schreiben Sie diese Formel:

```
=WENN(A1:A6>5;A1:A6;"")
```

Markieren Sie den Formelteil "A1:10>5" und drücken Sie F9:

```
=WENN({FALSCH;FALSCH;FALSCH;WAHR;WAHR;FALSCH};A1:A6;"")
```

Markieren Sie den zweiten Teil und drücken Sie wieder F9:

```
=WENN({FALSCH;FALSCH;FALSCH;WAHR;WAHR;FALSCH};{2;4;5;6;7;1};"")
```

Die Formelteile werden in Arraykonstanten umgewandelt, und so können die Arrayformeln besser korrigiert werden.

8.2 Die CSE-Formel

Gebräuchlicher und auch nützlicher als die direkt mit Klammern erzeugte Arraykonstante ist die Arrayformel, und diese musste in älteren Versionen noch mit einer Tastenkombination erzeugt werden:

Halten Sie [Strg] und [⇧] gleichzeitig gedrückt, und drücken Sie dann die [↵]-Taste. Die Formel wird mit {geschweiften Klammern} umrandet und damit zur Array- oder Matrixformel. Diese Formel wird CSE-Formel genannt (CSE = Ctrl+Shift+Enter), auch der Begriff *Legacy Arrayformel* taucht manchmal dafür auf.

Seit September 2018 ist diese Eingabeform überflüssig. Ein Array als Formelergebnis wird in den umliegenden Zellen aufgebaut. Liefert die Formel einen Wert, wird dieser ohne geschweifte Klammern ausgegeben. Dazu reicht ein einfacher Bezug, der als Array interpretiert wird:

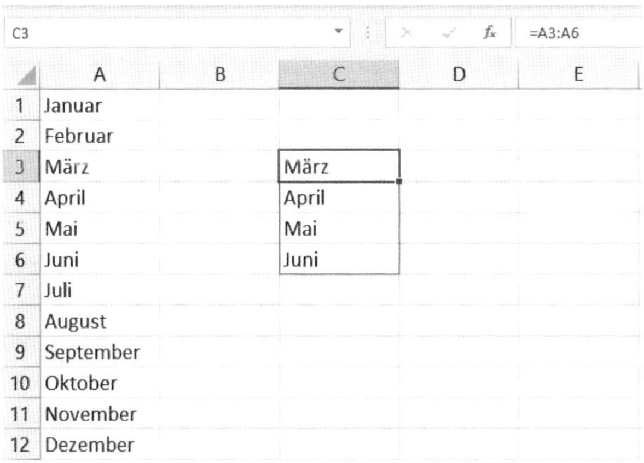

Abbildung 8.1: Ein dynamisches Array entsteht bereits durch einen mehrzelligen Bezug

Kalkulationen mit CSE-Formeln werden aber weiterhin korrekt berechnet und können auch in dynamische Arrays umgewandelt werden. Markieren Sie dazu den Bereich rund um die Formel (*F5/Inhalte/Aktueller Array* oder [Strg]+[⇧]+[+]). Löschen Sie den Bereich, und geben Sie die Formel ohne die CSE-Tastenkombination ein.

Problematisch ist die Verwendung von Arbeitsmappen mit dynamischen Arrays in älteren Excel-Versionen. Einfache Bezüge werden noch in CSE-Arrays umgewandelt. Arrayfunktionen versucht Excel noch mit dem Formelzusatz *xlfn* zu retten (xlfn.SEQUENCE oder XLFN.ANCHORARRAY), aber bei Neuberechnungen geben auch diese Fehler aus.

8.3 Dynamische Arrays

Mit dem Office-365-Update vom September 2018 wurde Excel mit einer revolutionären Neuerung ausgestattet: Dynamische Arrays lösten die alte Matrixtechnik ab und schufen ganz neue Möglichkeiten in der Kalkulation. Das Prinzip: Mit der Eingabe einer Matrixformel wird gleich die Matrix bzw. das Array produziert, die Kennzeichnung der Formel mit Strg+⇧+↵ (CSE = Control+Shift+Enter) fällt weg.

8.3.1 Nur mit Tabellen

Dynamische Arrays funktionieren sowohl für Listen als auch für Tabellen. Für den Power-User sollte die Liste aber keine Option mehr sein. Jede Datenmenge in einem Tabellenblatt wird konsequent als Tabelle ausgezeichnet, damit erübrigt sich das »Gebastel« mit relativen und absoluten Bezügen, und die Formeln sind überschaubar sowie nachvollziehbar.

8.3.2 Das Prinzip »Überlauf«

Legen Sie ein Array an oder verwenden Sie eine Funktion, die ein Array zum Ergebnis hat, erzeugen Sie einen Überlauf (Spill). So wird das dynamische Array in der Dokumentation genannt, und aus diesem Begriff leitet sich auch der Überlauffehler ab. Schreiben Sie den mehrzelligen Bezug deshalb nur in die erste (oberste linke) Zelle des Ausgabebereichs und bestätigen Sie mit ↵:

```
=A1:A7
```

Die Tastenkombination Strg+⇧+↵ wird überflüssig. Die Formel steht in der ersten Zelle, alle anderen Überlaufzellen sind leer. Die Formel wird zwar (ausgegraut) angezeigt, kann aber nicht bearbeitet werden. Löschen Sie die Formel in der ersten Zelle, verschwindet auch der Überlauf.

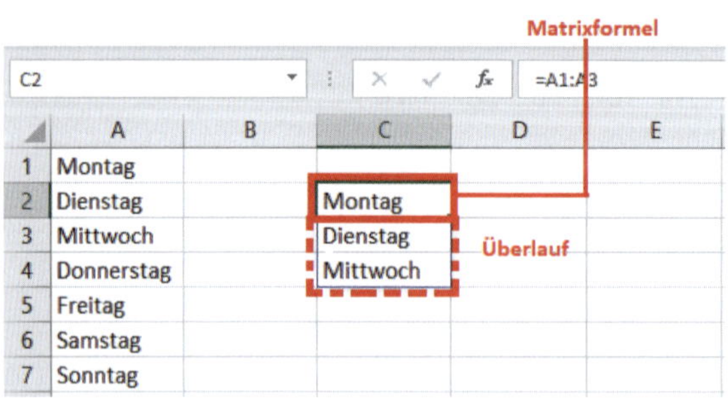

Abbildung 8.2: Neue Matrixtechnik – nur eine Formel mit Überlauf

Dynamische Arrays werden automatisch erzeugt, wenn eine Formel oder ein Formelteil einen mehrdimensionalen Bezug oder eine Matrix enthält. Mit dieser Formel konnte bisher eine Zahlenreihe von 1 bis 5 erzeugt werden, dazu musste sie aber mit CSE abgeschlossen werden:

```
={1;2;3;4;5}
```

Seit dem besagten Update auf Microsoft 365 wird das Array automatisch erzeugt, die Formel bleibt in der ersten Zelle, die übrigen Zellen sind leer. Ein weiteres Beispiel: Die Funktion =ZEILE(1:6) liefert in der »alten« Excel-Version nur die erste Zeilennummer, mit dynamischen Arrays aber automatisch sechs Zahlen ab der Ausgangszelle.

```
=ZEILE(1:6)
```

Und die gute alte Kurvenfunktion braucht jetzt nur noch eine Formel am Ausgangspunkt, die übrigen Zeilen werden automatisch gefüllt (siehe Abbildung).

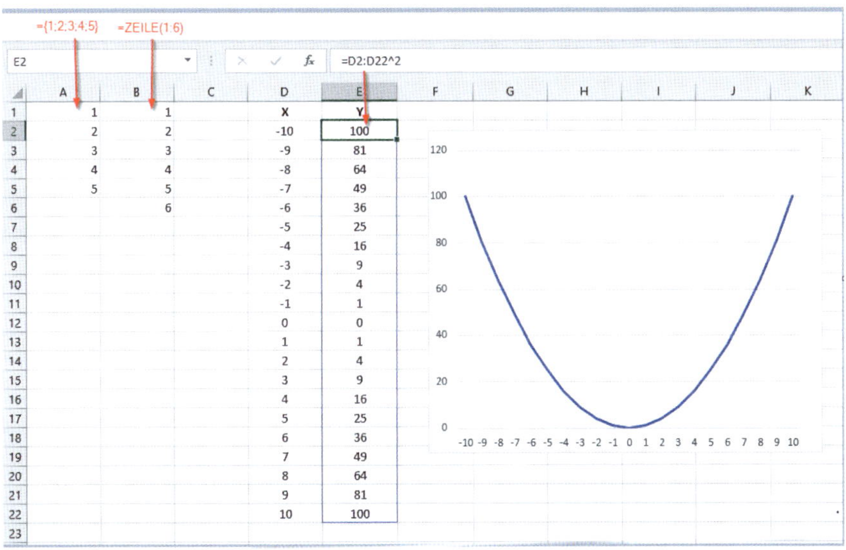

Abbildung 8.3: Dynamische Arrays brauchen nur noch eine Formel am Ausgangspunkt

8.3.3 Beispiel: Monatsreihe auswerten

Schreiben Sie eine Liste mit Monatsnamen, und verweisen Sie mit einfachen Bezügen auf die Liste bzw. Teile dieser Liste.

Schreiben Sie in die Zelle A1 *Januar.* Setzen Sie den Zellzeiger zurück auf A1. Ziehen Sie das Füllkästchen am rechten unteren Rand der Zelle A1 nach unten bis zum Endwert *Dezember.*

Schreiben Sie in die Zelle C1 den Bezug =A1:A12 und drücken Sie ⏎. Berechnen Sie in der nächsten Spalte das erste Quartal:

```
D1: =A1:A3
```

Geben Sie alle Monatsnamen aus, die mit *J* beginnen:

```
E1: =WENN(LINKS(A1:A12)="J";A1:A12;"")
```

Berechnen Sie den Monatsnamen jedes zweiten Monats:

```
F1: =WENN(REST(ZEILE(A1:A12);2)>0;A1:A12;"")
```

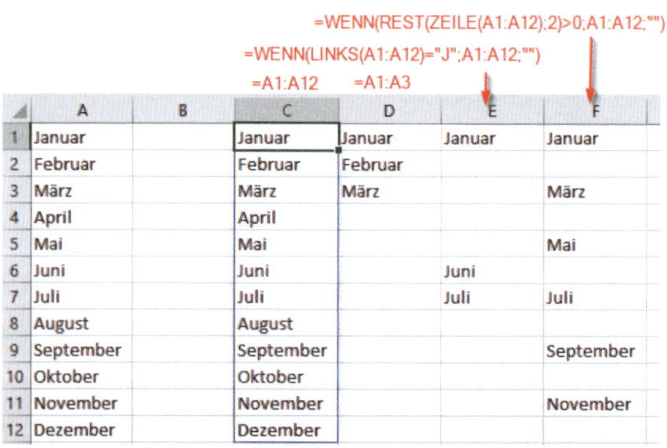

	A	B	C	D	E	F
1	Januar		Januar	Januar	Januar	Januar
2	Februar		Februar	Februar		
3	März		März	März		März
4	April		April			
5	Mai		Mai			Mai
6	Juni		Juni		Juni	
7	Juli		Juli		Juli	Juli
8	August		August			
9	September		September			September
10	Oktober		Oktober			
11	November		November			November
12	Dezember		Dezember			

Abbildung 8.4: Dynamische Arrays berechnen Matrizen ohne Matrixformel

8.3.4 Überlauffehler

Das neue dynamische Array braucht Platz: Stellen Sie sicher, dass der Bereich frei ist, den das Array belegen wird. Ist der Ausgabebereich in nur einer einzelnen Zelle blockiert, liefert die Arrayformel diesen Fehler:

```
#ÜBERLAUF!
```

Der Indikator, das Symbol links oben in der Fehlerzelle, meldet den Grund und bietet auch gleich eine Option, um die blockierende(n) Zelle(n) zu finden. Entfernen Sie die Blockade, funktioniert die Formel wieder.

Fehlermeldung	**Erklärung**
Der Überlaufbereich ist nicht leer.	Mindestens eine Zelle in dem Bereich, den das dynamische Array belegen würde, ist nicht leer.
Der Überlaufbereich ist zu groß.	Der dynamische Bereich überschreitet die Grenze des Tabellenblatts (1.048.576 Zeilen oder 16.384 Spalten).
Blockierende Zellen anzeigen	Markiert alle Zellen, die den Fehler auslösen.
Berechnungsschritte anzeigen	Startet die Formelauswertung. Werten Sie die Formel Schritt für Schritt aus, um den Fehler zu finden.
Fehler ignorieren	Entfernt den Indikator und das Fehlermenü. Der #ÜBERLAUF-Fehler bleibt bestehen.
In Bearbeitungsleiste bearbeiten	Setzt den Cursor in die Formel in der Bearbeitungsleiste.
Optionen zur Fehlerüberprüfung	Aktiviert die *Optionen* im *Datei*-Menü, die für die Fehlerprüfung verfügbar sind.

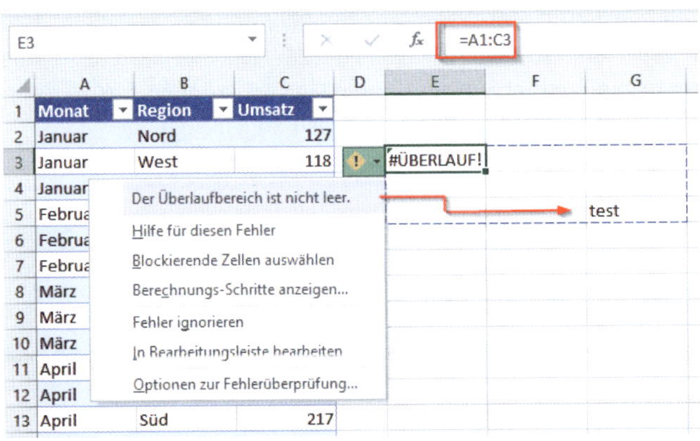

Abbildung 8.5: Überlauffehler: Der Arraybereich ist nicht leer, die Zelle G5 blockiert

Tipp: Verbundene Zellen führen ebenfalls zu Überlauffehlern. Lösen Sie für dynamische Arrays alle verbundenen Zellen auf.

Überlaufformeln können auch nicht in Tabellen verwendet werden, lassen aber Bezüge auf Tabellen (strukturierte Verweise) zu. Diese sind besonders vorteilhaft in dynamischen Arrays, weil sie sich dynamisch an die Tabellengröße anpassen. Beim Versuch, ein Array in einer Tabelle zu verwenden, erhalten Sie einen Überlauffehler. Zwischen zwei Arbeitsmappen funktionieren dynamische Arrays nur, wenn beide Mappen geöffnet sind. Wird eine Mappe geschlossen, liefert die Überlaufformel einen #BEZUG!-Fehler.

8.3.5 Einzelwert und implizite Schnittmenge

Dynamische Arrays werden, so praktisch sie sind, in der Praxis nicht immer die beste Lösung sein. Es gibt Formeln, die zwar mit Arrays arbeiten, aber nur einen bestimmten Wert daraus als Ergebnis brauchen. Für diese Aufgabe hat Excel die Funktion EINZELW() eingeführt:

```
=EINZELW(Wert)
```

Wird im Argument *Wert* ein Array angegeben, gibt die Funktion einen einzelnen Wert davon aus, und zwar den aus der impliziten Schnittmenge. Excel nimmt die Funktion EINZELW() aber heraus und ersetzt sie durch ein @-Zeichen, den Schnittmengenoperator.

Die implizite Schnittmenge liefert den Wert an der Schnittstelle zwischen dem berechneten Bereich und dem Standpunkt der Formel. Schreiben Sie z. B. die Wochentage von Montag bis Sonntag in den Bereich A1:A7, können Sie an jeder beliebigen Stelle ein dynamisches Array als Kopie dieses Bereichs erzeugen:

```
=A1:A7
```

Um nur einen einzelnen Wert aus dem Quellbereich zu ermitteln, verwenden Sie die Funktion EINZELW() bzw. den Schnittmengenoperator:

```
B2: =EINZELW(A1:A7)
```

oder

```
B2: =@A1:A7
```

Das Ergebnis ist der Wert aus der Zelle der gleichen Spalte (*Dienstag*). Anstelle der Funktion EINZELW() erhalten Sie ein @-Zeichen:

```
=@A1:A7
```

Verschieben Sie die Formel in eine andere Zeile, wird sie automatisch wieder den Schnittmengenwert ausgeben, vorausgesetzt, die Formel bleibt im Bereich der Zeilen 1 bis 7. Landet sie nämlich außerhalb des Bereichs, ist das Ergebnis ein #WERT!-Fehler.

8.3.6 Der #-Operator für dynamische Arrays

Ein dynamisches Array muss in der Kalkulation natürlich auch »greifbar« sein. Seine berechnete Größe definiert sich über die Arrayformel, und das Ergebnis ist eine virtuelle Liste. Die lässt sich im Unterschied zur Tabelle nicht so einfach weiterverarbeiten. Damit das dynamische Array für weitere Berechnungen verfügbar ist, führt Excel einen neuen Operator ein. Ein #-Zeichen (Hashtag) wird neben den Bezug auf ein Array geschrieben, um diesen vollständig zu adressieren.

Auf den Hilfeseiten wird der Operator etwas holprig als »verschütteter Bereichsoperator« bezeichnet, was aus der Übersetzung von »spill range operator« stammt.

Ein Beispiel: Tragen Sie eine Monatsliste in den Bereich A1:A12 ein. Geben Sie in Spalte B für jeden Monat einen Betrag ein. Schreiben Sie in C1 die Formel für ein dynamisches Array, das die Beträge für das 1. Halbjahr ausgibt:

```
D1: =B1:B6
```

So verknüpfen Sie das dynamische Array mit der nächsten Zelle:

```
E1:=C1#
```

Mit dem #-Operator bzw. Hashtag-Operator wird die Anzahl der Zeilen, die Summe und der Durchschnitt der Zahlen im dynamischen Array berechnet:

```
G1:=ZEILEN(C1#)
G2: =SUMME(C1#)
```

Der #-Operator lässt sich in Formeln und in Bereichsnamen verwenden. Besonders nützlich ist er in Verbindung mit Tabellen und dynamischen Arrayfunktionen wie FILTER(), SORTIEREN() und EINDEUTIG().

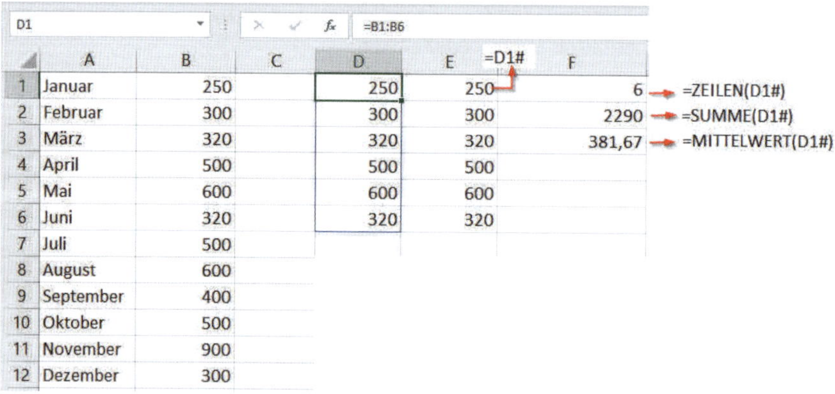

Abbildung 8.6: Der #-Operator adressiert das dynamische Array

Datenüberprüfungslisten sollten den Operator in der Quelle akzeptieren. Falls nicht, legen Sie einen Bereichsnamen mit dem #-Operator als Bezug an und verweisen Sie in der Datenüberprüfung auf diesen Namen.

8.3.7 Logische Operatoren in Arrays

Eine kleine Hürde gilt es bei dynamischen Arrays zu umgehen: Logische (boolsche) Operatoren funktionieren nicht ganz so wie in den früheren Listen. Hier an einem Beispiel gezeigt: Die zweispaltige Liste enthält Länderkürzel in der ersten Spalte.

Ein direkter Vergleich mit einem Suchkriterium würde so aussehen:

```
=A2:A10="DE"
```

Das dynamische Array liefert eine Reihe von WAHR- und FALSCH-Ausdrücken. Nun ermitteln Sie zuerst, wie oft ein bestimmtes Land vorkommt. Die Summe aus dem Array liefert aber ein falsches Ergebnis, denn Excel summiert WAHR und FALSCH nicht als 1 und 0.

Hier gibt es natürlich bekannte Varianten. Mit ZÄHLENWENN() ließe sich das Ergebnis ermitteln:

```
=ZÄHLENWENN(A1:A2=;"DE")
```

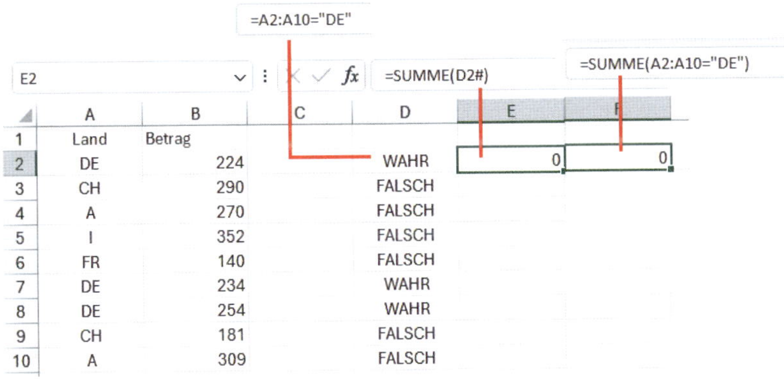

Abbildung 8.7: Keine Summe über WAHR und FALSCH

Die Multiplikation mit der Zahlenreihe könnte ebenfalls eine Alternative sein, sie führt aber nicht zum gewünschten Ergebnis. Das Gleiche gilt für SUMMENPRODUKT().

```
=(A2:A10="DE")*B2:B10
=SUMMENPRODUKT((A2:A10="DE");B2:B19)
```

Der Trick besteht darin, den Ausdruck einfach in eine mathematische Operation einzubinden. Damit wandelt Excel WAHR und FALSCH automatisch in 1 und 0 um. Zwei negative Vorzeichen sind problemlos möglich und ohne Auswirkung auf das Ergebnis:

```
=--(A2:A10="DE")
=SUMME(--D2#) Ergebnis: 3
```

Diese Technik ist besonders nützlich, um Formeln »schlanker« zu halten und Ausdrücke beispielsweise für die LAMBDA()-Funktion (siehe Kapitel 9) besser lesbar zu machen.

8.4 Arrayfunktionen

Mit der Einführung der dynamischen Arrays hat Microsoft auch Funktionen mitgebracht, die diese geniale Technik unterstützen und so richtig zum Zaubern einladen. Mit jedem Update kommen neue Funktionen hinzu, und nicht selten bietet die Kombination aus Arrayfunktionen neue, ungeahnte Dimensionen für die Kalkulation.

Diese Arrayfunktionen sind aktuell an Bord:

Funktion	**Bedeutung**
=EINDEUTIG()	Liefert ein Array mit eindeutigen Einträgen.
=ERWEITERN()	Erstellt eine Kopie aus einem Array, in der dieses um die angegebene Anzahl Zeilen und/oder Spalten erweitert ist.
=FILTERN()	Liefert eine gefilterte Kopie eines Arrays.
=HSTAPELN()	Stapelt mehrere Arrays horizontal.
=MATRIXERSTELLEN() =MATRIXZUTEXT()	Legt ein neues Array an bzw. konvertiert ein Array in Text.
=SEQUENZ()	Erstellt ein Array in Zeilen und/oder Spalten mit fortlaufenden Werten.
=SORTIEREN()	Liefert eine sortierte Kopie eines Arrays.
=SORTIERENNACH()	Liefert die nach einem anderen Array sortierte Kopie eines Arrays.
=SPALTENUMBRUCH()	Erstellt eine mehrspaltige Kopie aus einem einspaltigen Array.
=SPALTENWAHL()	Erstellt die Kopie eines Arrays mit einer definierten Auswahl an Spalten.
=TEXTVOR() =TEXTNACH() =TEXTTEILEN()	Textfunktionen zum Aufteilen von Text.
=ÜBERNEHMEN()	Erstellt eine Kopie aus einem Array, in der die angegebene Anzahl Zeilen und Spalten übernommen wurde.
=VSTAPELN()	Stapelt mehrere Matrizen vertikal.
=WEGLASSEN()	Erstellt eine Kopie aus einem Array, in der die angegebene Anzahl Zeilen und Spalten weggelassen wurde.
=ZEILENUMBRUCH()	Erstellt eine mehrzeilige Kopie aus einem einzeiligen Array.
=ZEILENWAHL()	Erstellt eine Kopie eines Arrays mit einer definierten Auswahl an Zeilen.
=ZUFALLSMATRIX()	Gibt ein Array mit Zufallszahlen zurück.

Funktion	Bedeutung
=ZUSPALTE()	Transformiert ein Array in ein einspaltiges dynamisches Array.
=ZUZEILE()	Transformiert ein Array in ein einzeiliges dynamisches Array.

8.4.1 Dynamisch sortieren

Die Funktion SORTIEREN() lässt sich sowohl in Tabellen als auch in Listen verwenden. Das Ergebnis ist im Unterschied zur manuellen Sortierung (*Daten*-Menü oder *Start/ Bearbeiten*) ein dynamisches Array, das die sortierten Daten wiedergibt.

Die Syntax:

```
=SORTIEREN(Bereich;[Spalte];[Sortierreihenfolge];[nach Spalte])
```

Im Argument *Bereich* wird ein Array angegeben. Das kann eine Liste oder eine Tabelle oder ein benannter Bereich sein. Ein einfaches Beispiel: Tragen Sie in Spalte A eine Wertereihe ein (A1:A10). Markieren Sie eine leere Zelle und geben Sie diese Formel ein:

```
=SORTIEREN(A1:A10;1;1)
```

Das Ergebnis ist der aufsteigend sortierte Bereich in einem dynamischen Array. Mit -1 im letzten Argument erhalten Sie einen absteigend sortierten Bereich. Das Argument *Bereich* muss angegeben sein, die beiden anderen Argumente sind optional. Geben Sie diese nicht an, wird der Bereich nach der ersten Spalte aufsteigend sortiert. Das letzte Argument bietet die Möglichkeit, den Bereich nach Zeilen (Standard, WAHR) oder nach Spalten (FALSCH) zu sortieren.

Beispiel: Mehrspaltige Tabelle sortieren

Geben Sie bei mehrspaltigen Bereichen die zu sortierende Spalte an. Hier ein Beispiel:

Die Tabelle *tbl_Umsatz* wird aufsteigend nach der letzten Spalte sortiert:

```
=SORTIEREN(tbl_Umsatz;SPALTEN(tbl_Umsatz);1)
```

Die Überschrift wird in diesem Fall nicht mit sortiert, weil nur der Datenbereich der Tabellen angegeben ist (`tbl_Umsatz[#Alle]` würde auch die Überschrift einsortieren). Verknüpfen Sie die Überschrift in einem eigenen Array über den Daten:

```
=tbl_Umsatz[#Kopfzeilen]
```

Um sicherzustellen, dass nach der Spalte *Umsatz* sortiert wird, unabhängig davon, wo diese in der Tabelle steht, geben Sie einfach den Bezug auf die Spalte als Sortierschlüssel ein:

```
=SORTIEREN(tbl_Umsatz;SPALTE(tbl_Umsatz[Umsatz]);1)
```

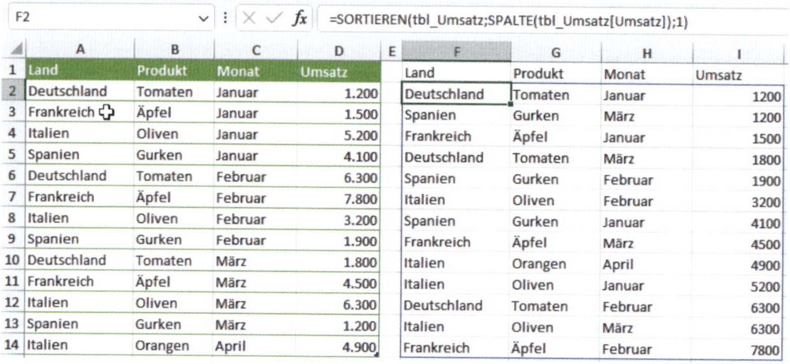

F2 =SORTIEREN(tbl_Umsatz;SPALTE(tbl_Umsatz[Umsatz]);1)

	A	B	C	D	E	F	G	H	I
1	Land	Produkt	Monat	Umsatz		Land	Produkt	Monat	Umsatz
2	Deutschland	Tomaten	Januar	1.200		Deutschland	Tomaten	Januar	1200
3	Frankreich	Äpfel	Januar	1.500		Spanien	Gurken	März	1200
4	Italien	Oliven	Januar	5.200		Frankreich	Äpfel	Januar	1500
5	Spanien	Gurken	Januar	4.100		Deutschland	Tomaten	März	1800
6	Deutschland	Tomaten	Februar	6.300		Spanien	Gurken	Februar	1900
7	Frankreich	Äpfel	Februar	7.800		Italien	Oliven	Februar	3200
8	Italien	Oliven	Februar	3.200		Spanien	Gurken	Januar	4100
9	Spanien	Gurken	Februar	1.900		Frankreich	Äpfel	März	4500
10	Deutschland	Tomaten	März	1.800		Italien	Orangen	April	4900
11	Frankreich	Äpfel	März	4.500		Italien	Oliven	Januar	5200
12	Italien	Oliven	März	6.300		Deutschland	Tomaten	Februar	6300
13	Spanien	Gurken	März	1.200		Italien	Oliven	März	6300
14	Italien	Orangen	April	4.900		Frankreich	Äpfel	Februar	7800

Abbildung 8.8: Dynamische Arrays sortieren

Mit SORTIERENNACH() lässt sich die Tabelle nach mehreren Kriterien sortieren. Im ersten Argument wird das zu sortierende Array angegeben, dann folgt eine Reihe von Argumentpaaren, jeweils bestehend aus Sortierspalte und Sortierfolge (1 = aufsteigend, -1 = absteigend):

```
=SORTIERENNACH(Array;Sortierspalte1;Sortierfolge1;Sortierspalte2;Sortierfolge2 ...)
```

Damit erhalten Sie im Beispiel ein nach Produkten sortiertes Array, das alle Umsätze jedes einzelnen Produkts noch einmal absteigend sortiert:

```
=SORTIERENNACH(tbl_Umsatz;tbl_Umsatz[Produkt];1;tbl_Umsatz[Umsatz];-1)
```

8.4.2 Filtern, aber kalkuliert

Die Funktion FILTER() produziert eine gefilterte Kopie des Arrays, das idealerweise natürlich wieder über eine Tabelle geliefert wird:

```
=FILTER(Bereich;Bedingung;[wenn leer])
```

So filtern Sie die Tabelle nach allen Umsätzen im Monat Januar. Schreiben Sie die Formel in einen freien Bereich, stellen Sie sicher, dass nach unten und nach rechts genügend Platz für das dynamische Array vorhanden ist:

```
=FILTER(tbl_Umsatz;tbl_Umsatz[Monat]="Januar";"")
```

Kombinieren Sie SORTIEREN() und FILTER(), übergeben Sie den gefilterten Bereich als Sortierbereich:

```
=SORTIEREN(FILTER(tbl_Umsatz;tbl_Umsatz[Monat]="Januar";"");SPALTEN(tbl_
Umsatz);1)
```

Kombinieren Sie das dynamische Array mit einer Datenüberprüfungsliste, erhalten Sie eine flexible Filterfunktion (siehe unten).

=FILTER(tbl_Umsatz;tbl_Umsatz[Monat]="Januar";"")

M	N	O	P
Land	Produkt	Monat	Umsatz
Deutschland	Tomaten	Januar	1.200
Frankreich	Äpfel	Januar	1.500
Italien	Oliven	Januar	5.200
Spanien	Gurken	Januar	4.100

=SORTIEREN(FILTER(tbl_Umsatz;tbl_Umsatz[Monat]="Januar";"");SPALTEN(tbl_Umsatz);1)

Land	Produkt	Monat	Umsatz
Deutschland	Tomaten	Januar	1.200
Frankreich	Äpfel	Januar	1.500
Spanien	Gurken	Januar	4.100
Italien	Oliven	Januar	5.200

Abbildung 8.9: Sortieren und Filtern, kombiniert in einem dynamischen Array

8.4.3 Von zweideutig zu eindeutig

Darauf haben Excel-Anwender lange gewartet: Was bisher nur mit komplexen und komplizierten Funktionsschachteln oder eben händisch über *Duplikate entfernen* (*Daten*-Register) machbar war, lässt sich mit der dynamischen Arrayfunktion EINDEUTIG() schnell und einfach erledigen. Sie gibt ein Array aus, in dem alle Zellinhalte der angegebenen Quelle nur einmal vorkommen.

```
=EINDEUTIG(Bereich;[anhand Spalte];[einmaliges Vorkommen])
```

Markieren Sie eine leere Zelle und geben Sie diese Formel ein. Sie erzeugt ein dynamisches Array mit allen eindeutigen Werten in der Tabelle *tbl_Umsatz*, Spalte *Produkt*:

```
=EINDEUTIG(tbl_Umsatz[Produkt])
```

Kombinieren Sie die Funktion mit SORTIEREN(), erhalten Sie eine sortierte Produktliste:

```
=SORTIEREN(EINDEUTIG(tbl_Umsatz[Produkt];FALSCH;FALSCH))
```

Zu den Hauptabnehmern der Funktion EINDEUTIG() zählen natürlich Formularsteuerelemente, allen voran die Listen und Kombinationsfelder. Die Datenüberprüfungsliste wird automatisch nur eindeutige Werte enthalten, wenn der Bereich bestimmt wird, aber um sicherzugehen, lässt sich der Bereich über die Funktion schnell und komfortabel erzeugen.

```
W2: =EINDEUTIG(tbl_Umsatz[Monat])
```

Abbildung 8.10: Die Funktion liefert eine eindeutige Liste für die Datenüberprüfung

Fügen Sie mit *Daten/Datentools/Datenüberprüfung* eine Überprüfungsliste in eine Zelle ein:

```
Zulassen: Liste
Quelle: =$W$2#
```

Mit dem #-Operator verweisen Sie auf das dynamische Array, das mit der EINDEUTIG()-Funktion generiert wird.

Legen Sie eine Filterliste mit den Produkten des ausgewählten Monats an:

```
=FILTER(tbl_Umsatz;tbl_Umsatz[Monat]=$M$16)
```

Wählen Sie einen Monat in der Datenüberprüfungsliste, um die Filterliste zu generieren.

Abbildung 8.11: Dynamisches Array, nach Auswahlmonat gefiltert

8.4.4 Zufälle gibt's

Mit ZUFALLSZAHL() und ZUFALLSBEREICH() hat Excel bereits nützliche Funktionen für statistische Auswertungen im Gepäck. ZUFALLSZAHL() produziert einen zufälligen Wert kleiner als 1, im ZUFALLSBEREICH() wird die minimale und maximale Bereichsgrenze angegeben. ZUFALLSMATRIX() liefert nicht nur eine Zahl, sondern ein ganzes Array mit Zufallszahlen, vorausgesetzt, die Anzahl der Zeilen und Spalten wird angegeben. Die Syntax:

```
=ZUFALLSMATRIX([Zeilen];[Spalten];[min];[max];[ganze Zahl]
```

8.4.5 Bevorzugt sequentiell

Eine nützliche Funktion zum Anlegen und Berechnen dynamischer Arrays ist die Funktion SEQUENZ(). Die Syntax:

```
=SEQUENZ(Zeilen;[Spalten];[Anfang];[Schritt])
```

Alle Argumente sind numerisch und lassen sich natürlich auch mit Zellbezügen oder Bereichsnamen besetzen. Damit bietet die Funktion interessante Varianten.

Hier einige Beispiele:

Formel	**Ergebnis**
=SEQUENZ(12;1)	eine Zahlenreihe von 1 bis 12
=SEQUENZ(12;3)	ein Array mit 36 Zahlen, aufgeteilt in drei Spalten und zwölf Zeilen
=SEQUENZ(1;10;2;2)	eine Reihe mit ganzen Zahlen von 2 bis 20

Formel	**Ergebnis**
`=TEXT(DATUM(JAHR(HEUTE()); SEQUENZ(1;3);1);"MMMM")`	die ersten drei Monate des aktuellen Jahres
`=TEXTVERKETTEN("-";WAHR; ZEICHEN(SEQUENZ(26;;65;1)))`	eine Textkette mit allen Zeichen aus der ANSI-Tabelle von A bis Z

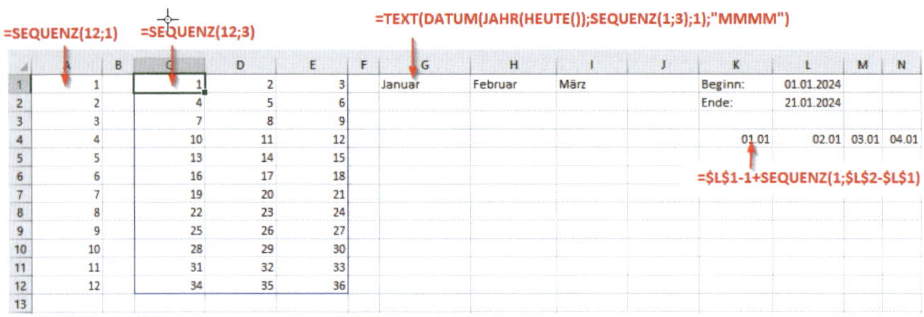

Abbildung 8.12: Vielfältig: die Funktion SEQUENZ()

Barwert einer Investition

Ein Beispiel aus der Finanzwelt: Sie legen sich für den wohlverdienten Ruhestand ein wenig Geld zurück, möchten dieses aber so gut wie möglich verzinsen, damit es sich gut vermehrt. Für die Berechnung des Endwertes einer Investition mit konstanten, periodischen Zahlungen bietet Excel die Funktion ZW() an. Schreiben Sie die Parameter für die Funktion in eine Liste oder Tabelle:

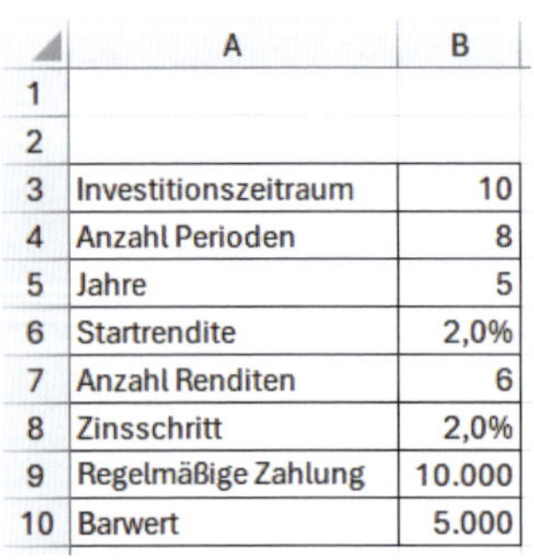

	A	B
1		
2		
3	Investitionszeitraum	10
4	Anzahl Perioden	8
5	Jahre	5
6	Startrendite	2,0%
7	Anzahl Renditen	6
8	Zinsschritt	2,0%
9	Regelmäßige Zahlung	10.000
10	Barwert	5.000

Abbildung 8.13: Parameter für die Berechnung der Investition

Das Array für die ZW()-Funktion bekommt horizontal die Zinssätze:

```
E2: =SEQUENZ(;B7;B6;B8)
```

Vertikal werden die Perioden nach dem Startwert eingetragen:

```
D3: =SEQUENZ(B4;;B3;B5)
```

Jetzt genügt eine einzige Formel im Schnittmengenbereich, um den Barwert der Investition zu berechnen. Der #-Operator holt die beiden Arrays zur Berechnung ab:

```
E3: =ZW(E2#;D3#;-B9;-B10)
```

E3 =ZW(E2#;D3#;-B9;-B10)

=SEQUENZ(B4;;B3;B5) — =SEQUENZ(;B7;B6;B8)

	A	B	D	E	F	G	H	I	J
1									
2			Jahre/Zins	0,02	0,04	0,06	0,08	0,1	0,12
3	Investitionszeitraum	10	10	115.592	127.462	140.762	155.660	172.343	191.017
4	Anzahl Perioden	8	15	179.664	209.241	244.742	287.382	338.611	400.165
5	Jahre	5	20	250.403	308.736	383.892	480.924	606.387	768.756
6	Startrendite	2,0%	25	328.506	429.788	570.104	765.302	1.037.644	1.418.339
7	Anzahl Renditen	6	30	414.738	577.066	819.299	1.183.145	1.732.187	2.563.126
8	Zinsschritt	2,0%	35	509.944	756.253	1.152.778	1.797.095	2.850.756	4.580.633
9	Regelmäßige Zahlung	10.000	40	615.060	974.260	1.599.048	2.699.188	4.652.222	8.136.169
10	Barwert	5.000	45	731.116	1.239.500	2.196.258	4.024.658	7.553.501	14.402.238

Abbildung 8.14: Barwert der Investition berechnen mit zwei SEQUENZ-Überschriften

Mit der Funktion LET() lässt sich die Kalkulation sogar auf eine einzige Formel reduzieren. LET() ermittelt in einer Variablen *Jahr* im ersten Argument die erste Sequenz und in einer zweiten Variablen *Zins* die zweite Sequenz. Dann folgt die Berechnung, und hier wird mit HSTAPELN() und VSTAPELN() gearbeitet, um die Kalkulation in das Array zu befördern:

```
=LET(Jahr;SEQUENZ(B4;;B3;B5);
       Zins;SEQUENZ(;B7;B6;B8);
       HSTAPELN(VSTAPELN("Jahre/Zins";Jahr);VSTAPELN(Zins;ZW(Zins;Jahr;
-B9;-B10))))
```

8.4.6 Bitte wählen

Geht es in einem Array nur um eine bestimmte Anzahl Zeilen oder Spalten, bieten sich die Funktionen ZEILENWAHL() und SPALTENWAHL() für die Auswahl an. Im ersten Argument wird das Array, in der Regel eine Tabelle oder auch ein Bereich oder eine Liste, angegeben, im zweiten und folgenden die Zeilen- oder Spaltennummern. Das kann auch eine Liste mit Nummern oder eine Funktion sein:

Funktion	Ergebnis
=ZEILENWAHL(array;3)	die dritte Zeile
=ZEILENWAHL(array;1;3)	Zeile 1 und 3
=ZEILENWAHL(array;1;2;3;4;5)	die ersten fünf Zeilen
=ZEILENWAHL(array;ZEILEN(array))	die letzte Zeile
=SPALTENWAHL(array;3)	die dritte Spalte
=SPALTENWAHL(array;1;2;3;4;5)	die ersten fünf Spalten
=SPALTENWAHL(array;SPALTEN(array))	die letzte Spalte

Um die Auswahl ab der letzten Zeile oder Spalte zu treffen, werden die Nummern negativ angegeben:

Funktion	Ergebnis
=ZEILENWAHL(array;-1;-2;-3)	die letzten drei Zeilen
=SPALTENWAHL(array;-3;-2;-1)	die letzten drei Spalten

Mit der Funktion SEQUENZ() lässt sich die Nummernfolge automatisieren:

Funktion	Ergebnis
=ZEILENWAHL(array;SEQUENZ(5))	die ersten fünf Zeilen
=ZEILENWAHL(array;-SEQUENZ(5))	die letzten fünf Zeilen

Wenn die Position der Spalte nicht bekannt oder nicht sicher ist, hilft der VERGLEICH() weiter. Er sucht in der Kopfzeile der Tabelle und liefert die Spaltennummer für die Spaltenwahl:

```
=SPALTENWAHL(tbl_Projekte;VERGLEICH("Projekt";tbl_Projekte[#Kopfzeilen];0);
VERGLEICH("Kosten";tbl_Projekte[#Kopfzeilen];0))
```

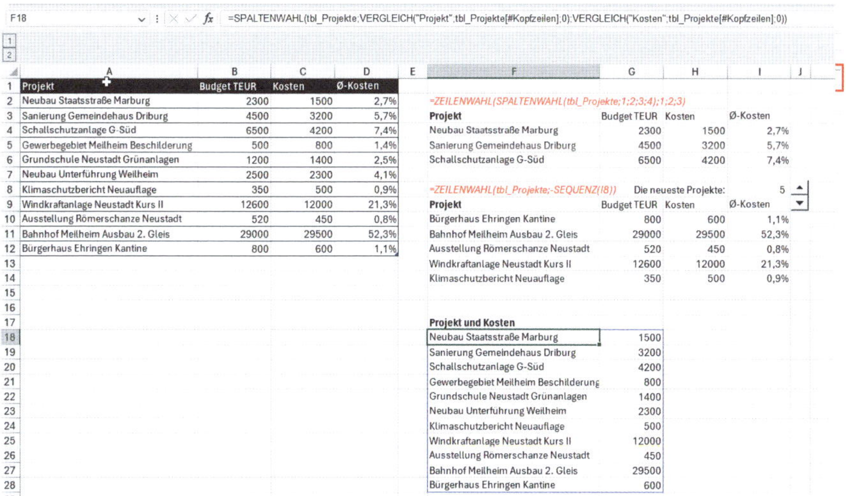

Abbildung 8.15: Zeilen- und Spaltenwahl mit vielen Varianten

8.4.7 Diagramme und dynamische Arrays

Die Datenbasis für Diagramme bilden in der Praxis PivotTables, und PivotCharts sind die bevorzugten Charttypen für komprimierte, aggregierte Zahlen. Wenn die Aggregation über dynamische Arrays läuft, können auch die Diagramme entsprechend angepasst werden. Die Datenbasis ist eine Tabelle, hier mit Umsatzzahlen für Länder, Produkte und Monate und dem Tabellennamen *tbl_U*. Das Tabellenblatt heißt *DynArray_Charts*.

	A	B	C	D
1	Land	Produkt	Monat	Umsatz
2	Deutschland	Tomaten	Januar	1.200
3	Frankreich	Äpfel	Januar	1.500
4	Italien	Oliven	Januar	5.200
5	Spanien	Gurken	Januar	4.100
6	Deutschland	Tomaten	Februar	6.300
7	Frankreich	Äpfel	Februar	7.800
8	Italien	Oliven	Februar	3.200
9	Spanien	Gurken	Februar	1.900
10	Deutschland	Tomaten	März	1.800
11	Frankreich	Äpfel	März	4.500
12	Italien	Oliven	März	6.300
13	Spanien	Gurken	März	1.200
14	Italien	Orangen	April	4.900

Abbildung 8.16: Die Datenbasis

Die Rubrik für das Diagramm wird über EINDEUTIG() gebildet, hier mit Verweis auf die Spalte *Land*. SUMMEWENN() ermittelt die passenden Umsatzdaten.

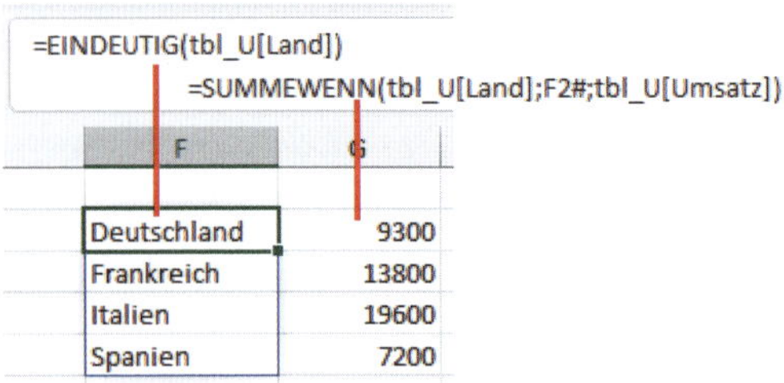

Abbildung 8.17: EINDEUTIG() und SUMMEWENN() im Einsatz

Das dynamische Array bekommt einen Bereichsnamen:

```
ddia_Rubrik
```

Achten Sie darauf, dass dieser lokal angelegt wird, er gilt nur für das aktuelle Blatt. Der zweite Bereichsname verweist auf die Daten:

Name: `ddia_Umsatz`
Bereich: `Lokal`
Bezieht sich auf: `=DynArray_Charts!$F$2#`

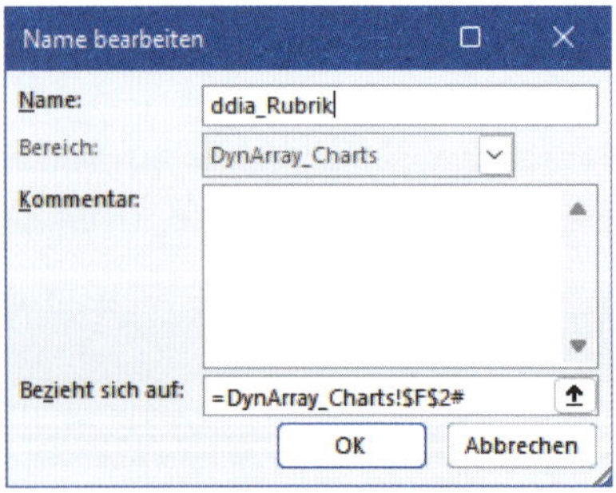

Abbildung 8.18: Die Eingaben im Dialogfeld Namen bearbeiten

Markieren Sie das dynamische Array und erstellen Sie mit *Einfügen/Diagramm* ein Säulendiagramm.

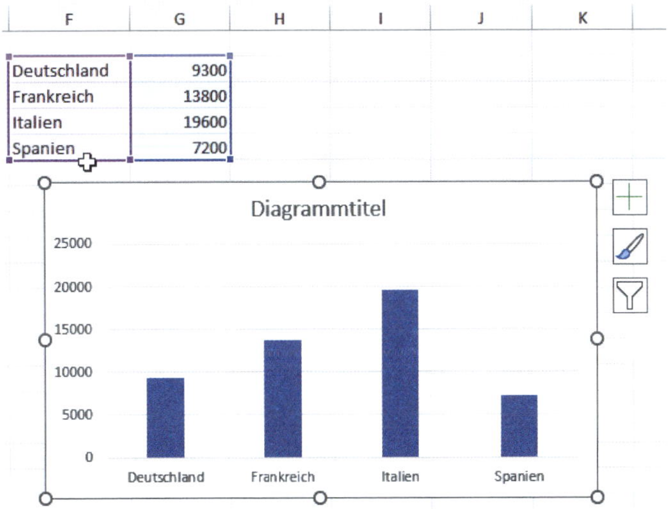

Abbildung 8.19: Ein Säulendiagramm anlegen

Öffnen Sie im Register *Diagrammentwurf* für das markierte Diagrammobjekt die Option *Daten auswählen.*

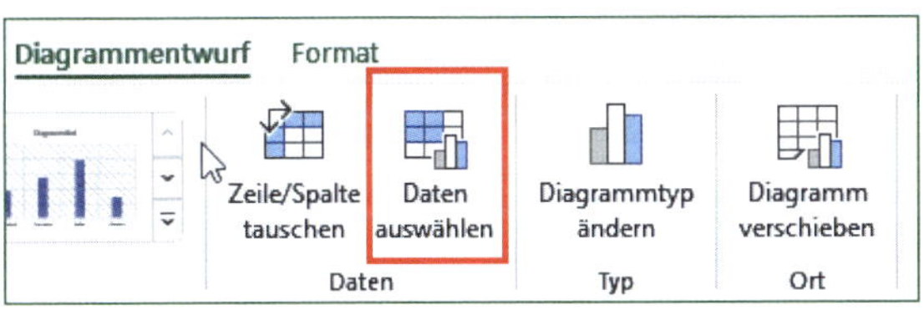

Abbildung 8.20: Daten auswählen

Tragen Sie die beiden Bereichsnamen als Datenbasis für das Diagramm ein:

Rubrik: `=DynArray_Charts!ddia_Rubrik`
Reihe: Umsatz
`=DynArray_Charts!ddia_Umsatz`

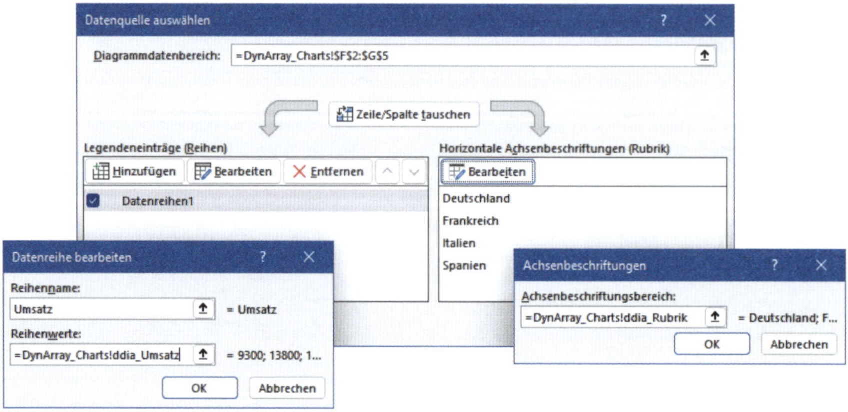

Abbildung 8.21: Die Datenbasis für das Diagramm

Berechnen Sie weitere Kennzahlen und erstellen Sie Ihr persönliches Dashboard mit dynamischen Arrays und Diagrammen.

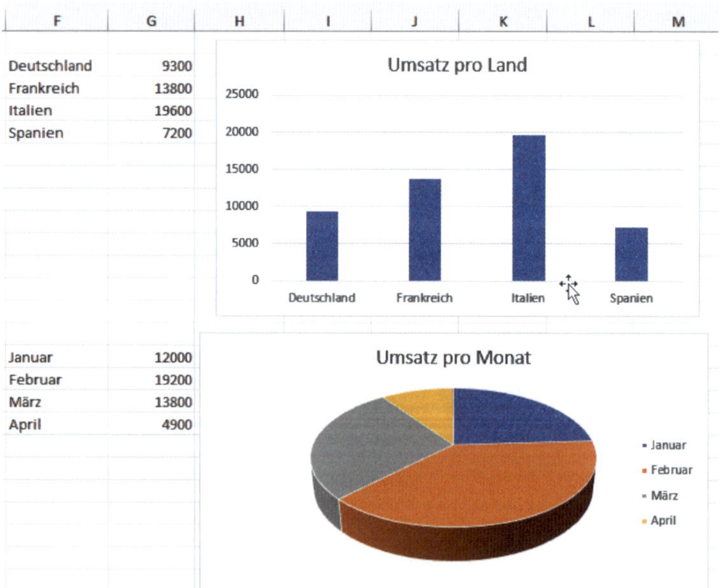

Abbildung 8.22: Dynamische Arrays und Diagramme

8.4.8 Gute Zeiten für Hochstapler

Mehrere Listen oder Tabellen mit gleicher Spaltenausstattung zu einer Datenmenge zusammenzufassen, war vor der Einführung der BI-Tools nur per Copy-and-paste oder mit VBA-Makro-Unterstützung möglich. Power Query bietet mit der M-Anweisung *Text.Combine* eine nützliche Alternative, vorausgesetzt, für die zu kombinierenden Daten liegen ebenfalls Abfragen vor.

Der Aufwand ist doch ziemlich hoch, aber gerechtfertigt, denn die Daten sollten schon dynamisch änderbar sein und trotzdem wieder zusammenpassen. Mit den neuen Arrayfunktionen lässt sich die Aufgabe auch kalkulatorisch lösen:

- HSTAPELN() stapelt die Inhalte von Listen oder Tabellen horizontal nebeneinander.
- VSTAPELN() stapelt die Inhalte von Listen oder Tabellen vertikal untereinander.

Sehen wir uns die Funktion VSTAPELN() an, sie wird sicher häufiger zum Einsatz kommen als die horizontale Variante. Als Argument wird der Funktion einfach eine Liste von Bezügen übergeben. Um die Kopfzeile mit abzubilden, wird sie in den ersten Bezug integriert:

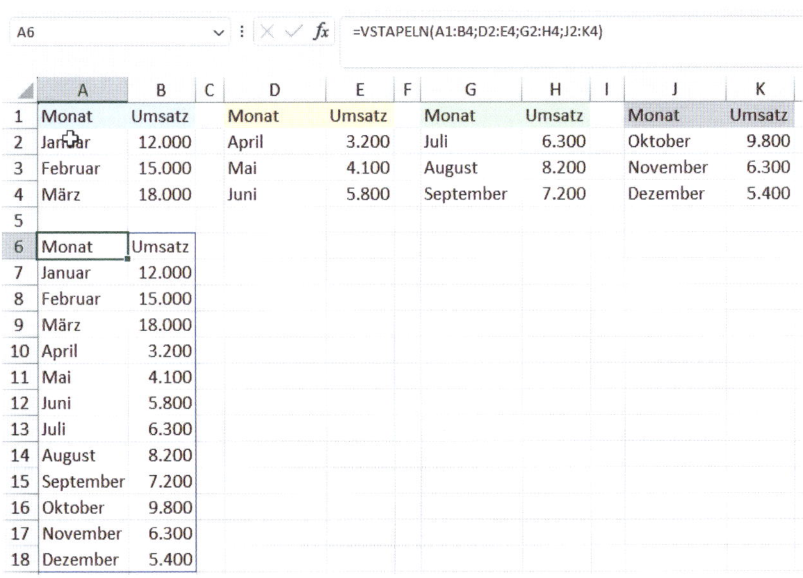

Abbildung 8.23: Quartalsumsätze zum Jahresumsatz stapeln

Die Verwendung von Tabellen anstelle von Listen ist natürlich wie immer wärmstens zu empfehlen. Kopfzeilen lassen sich mit der Angabe der Array-Eigenschaft *[#Alle]* abbilden. Für eine alternative, nicht aus den Daten bezogene Kopfzeile kann auch eine Arraykonstante angegeben werden:

```
=VSTAPELN(tbl_Q1[#Alle];tbl_Q2;tbl_Q3;tbl_Q4)
```

Der altehrwürdige 3D-Bezug kommt hier auch zum Einsatz, allerdings nur mit Listen, denn Tabellen müssen eindeutige Namen haben.

```
=VSTAPELN(Jan:Dez!A1:B20)
```

8.4.9 Nimm es oder lass es

Manche Arrayfunktionen ergeben auf den ersten Blick wenig Sinn. Als umso nützlicher erweisen sie sich aber bei kniffligen Praxisaufgaben. So zum Beispiel die Funktionen ÜBERNEHMEN() und WEGLASSEN().

Mit der Funktion ÜBERNEHMEN() wird ein Bereich teilweise oder vollständig in einen Zielbereich übernommen. Das spart umständliche Kombinationen mit Zeilen- und Spaltenwahl.

```
=ÜBERNEHMEN(array;zeilen;spalten)
```

Im ersten Argument wird das Array angegeben. Das zweite und dritte Argument bezeichnen die Anzahl der Zeilen und Spalten, die zu übernehmen sind. Ohne Angabe gilt immer das gesamte Array.

In unserem Beispiel wären das die ersten drei Projekte einer Tabelle *tbl_Projekte*:

```
=ÜBERNEHMEN(tbl_Projekte;$I$1)
```

Die Anzahl der Spalten kann natürlich auch bestimmt werden, und mit dem negativen Argument wird wieder von unten gezählt.

```
=ÜBERNEHMEN(tbl_Projekte;$I$1;4)
=ÜBERNEHMEN(tbl_Projekte;-5)
```

Hier im Beispiel werden die neusten Projekte gelistet. Die Anzahl lässt sich mit einem Drehfeld aus den Formularsteuerelementen einstellen.

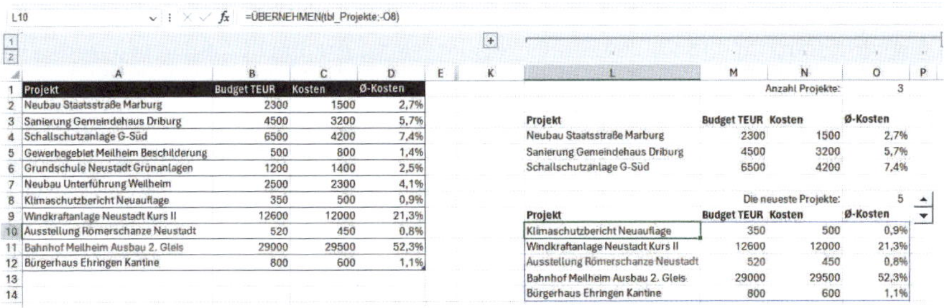

Abbildung 8.24: ÜBERNEHMEN() holt die letzten Projekte aus der Tabelle

Mit geschickter Sortierung und einer Arraykonstante kann man auch Maximal-/ Minimalwerte analysieren, ohne die alten Statistikfunktionen zu bemühen. Zuerst wird die Projektspalte nach dem Budget sortiert, dann übernimmt das Zielarray die erste und die letzte Zeile:

```
=ÜBERNEHMEN(SORTIERENNACH(tbl_Projekte[Projekt];tbl_Projekte[Budget TEUR];
-1);{1;-1})
```

Das funktioniert auch für das Budget selbst, das aber einfach nur sortiert wird:

```
=ÜBERNEHMEN(SORTIEREN(tbl_Projekte[Budget TEUR];;-1);{1;-1})
```

Ob das Ergebnis zeilen- oder spaltenweise ausgegeben wird, entscheidet die Arraykonstante:

```
1;-1} = Zeilen
{1.-1} = Spalten
```

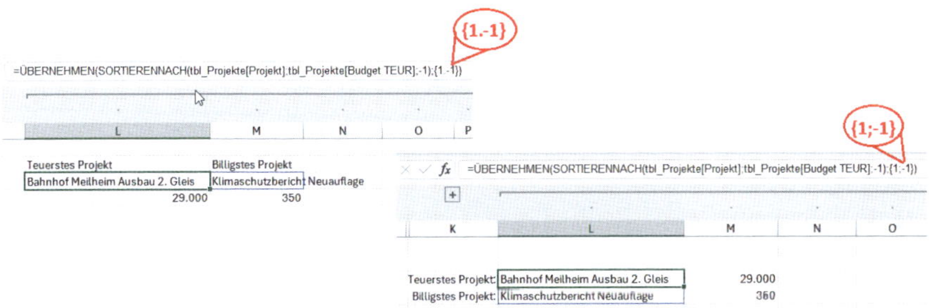

Abbildung 8.25: Maximal- und Minimalwerte aus der sortierten Spalte ermitteln

Die Funktion WEGLASSEN() tut das, was sie ausdrückt, sie lässt Daten weg. Und zwar Zeilen und/oder Spalten eines Arrays, das im ersten Argument angegeben wird. Die beiden folgenden Parameter sind optional:

```
=WEGLASSEN(array;zeilen;spalten)
```

Funktion	**Ergebnis**
=WEGLASSEN(array;1)	die erste Zeile
=WEGLASSEN(array;-1)	die letzte Zeile
=WEGLASSEN(array;ZEILEN(array)-1)	alle Zeilen bis auf die letzte Zeile

Beispiel: Bedingungssummen mit integrierter Gesamtsumme

Für die Summe von Werten, die aus der Tabelle *tbl_VG* mit SUMMEWENN() ermittelt werden, holen Sie die Suchkriterien mit EINDEUTIG() aus der Tabelle. Der #-Operator liefert das Ergebnis als Matrix. Damit Sie im Ergebnis auch gleich die Gesamtsumme erhalten, stapeln Sie die eindeutigen Werte noch über einen Zelleintrag *Gesamt*:

```
D2: =VSTAPELN(EINDEUTIG(tbl_VG[Verkaufsgebiet]);"Gesamt:")
```

Das hat aber zur Folge, dass die Bedingungssummen in der letzten Zelle eine Null liefern:

```
E2: =SUMMEWENN(tbl_VG[Verkaufsgebiet];D3#;tbl_VG[Umsatz])
```

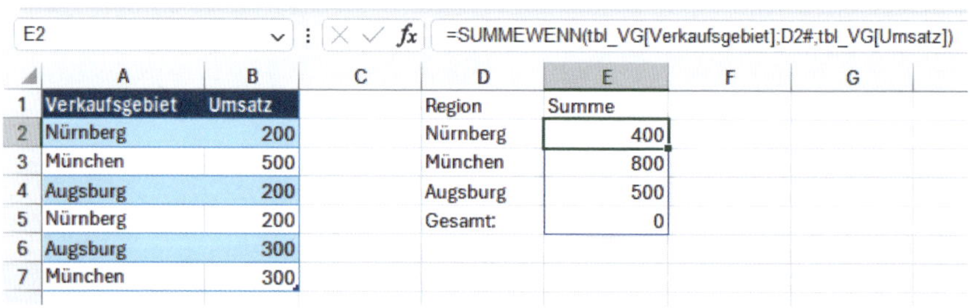

Abbildung 8.26: Bedingungssumme mit Gesamtsumme

Das Problem ist schnell behoben: Zuerst entfernen Sie die letzte Zeile mit WEGLASSEN():

```
=SUMMEWENN(tbl_VG[Verkaufsgebiet];WEGLASSEN(D2#;-1);tbl_VG[Umsatz])
```

Dann stapeln Sie die übrig gebliebenen Summen mit einer weiteren Summe, und zwar der Gesamtsumme über die ganze Spalte:

```
=VSTAPELN(SUMMEWENN(tbl_VG[Verkaufsgebiet];WEGLASSEN(D2#;-
1);tbl_VG[Umsatz]);SUMME(tbl_VG[Umsatz]))
```

Das Ergebnis ist ein variables Array, in dem die Gesamtsumme immer in der letzten Zeile steht.

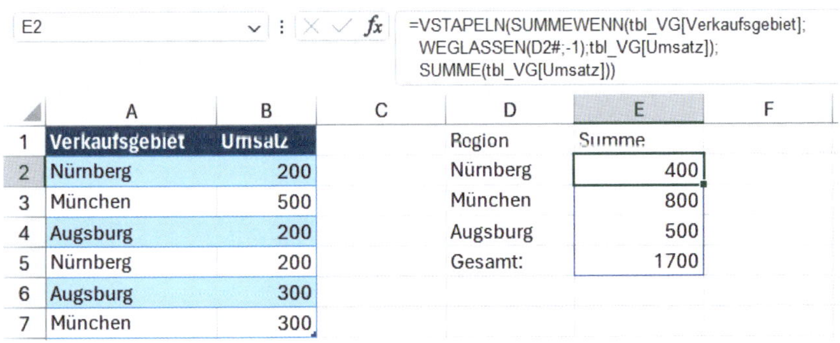

Abbildung 8.27: Die Gesamtsumme wird in der letzten Zeile gestapelt

8.4.10 Anders pivotieren

Die PivotTable ist das Standardwerkzeug, um Zahlen zu aggregieren und systematisch auszuwerten. Aber: PivotTables sind halbdynamisch und müssen bei Änderungen in der Datenquelle aktualisiert werden. Das geht zwar automatisch mit einem Änderungsintervall, aber die Analyse ist zunächst einmal statisch.

Mit einer geschickten Kombination dynamischer Arrays lässt sich eine Alternative zur PivotTable aufbauen, die bei Änderungen automatisch neu berechnet wird:

Die Tabelle *tbl_Verkauf* liefert mit den Spalten *Land*, *Produkt* und *Monat* die Dimensionen, die Umsatzspalte wird aggregiert.

	A	B	C	D
1	Land	Produkt	Monat	Umsatz
2	Deutschland	Tomaten	Januar	1.200
3	Frankreich	Äpfel	Januar	1.500
4	Italien	Oliven	Januar	5.200
5	Spanien	Gurken	Januar	4.100
6	Deutschland	Tomaten	Februar	6.300
7	Frankreich	Äpfel	Februar	7.800
8	Italien	Oliven	Februar	3.200
9	Spanien	Gurken	Februar	1.900
10	Deutschland	Tomaten	März	1.800
11	Frankreich	Äpfel	März	4.500
12	Italien	Oliven	März	6.300
13	Spanien	Gurken	März	1.200
14	Italien	Orangen	April	4.900

Abbildung 8.28: Die Ausgangsbasis

Mit EINDEUTIG() entsteht ein eindeutiges Array mit dem Inhalt der Spalte *Land*. Schreiben Sie die Formel in die Zelle F2.

```
=EINDEUTIG(tbl_Verkauf[Land])
```

=EINDEUTIG(tbl_Verkauf[Land])

D	E	F
		Deutschland
		Frankreich
		Italien
		Spanien

Abbildung 8.29: Die EINDEUTIG()-Formel

Die horizontale Beschriftung entsteht aus den Produktnamen, mit ZUZEILE() wird das Ergebnis in eine Zeile gebracht.

=ZUZEILE(EINDEUTIG(tbl_Verkauf[Produkt]))

F	G	H	I	J	K
	Tomaten	Äpfel	Oliven	Gurken	Orangen
Deutschland					
Frankreich					
Italien					
Spanien					

Abbildung 8.30: Die Funktion ZUZEILE()

Für die Aggregation sorgt die Funktion SUMMEWENNS(). Summiert wird die Spalte *Umsatz*, der Filter wird konstruiert aus dem Spaltennamen und einem #-Operator auf die horizontale bzw. vertikale Beschriftung:

```
=SUMMEWENNS(tbl_Verkauf[Umsatz];
  tbl_Verkauf[Produkt];G1#;
  tbl_Verkauf[Land];F2#)
```

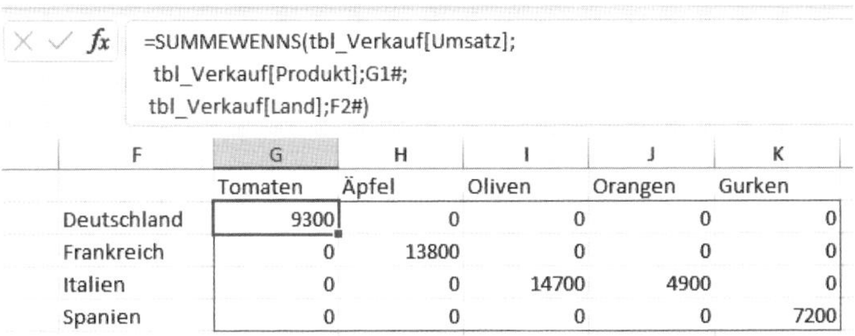
=SUMMEWENNS(tbl_Verkauf[Umsatz];
tbl_Verkauf[Produkt];G1#;
tbl_Verkauf[Land];F2#)

F	G	H	I	J	K
	Tomaten	Äpfel	Oliven	Orangen	Gurken
Deutschland	9300	0	0	0	0
Frankreich	0	13800	0	0	0
Italien	0	0	14700	4900	0
Spanien	0	0	0	0	7200

Abbildung 8.31: Der angewandte Filter

Den ganzen Komfort eines Pivot-Layouts wird diese Pivot-Alternative mit dynamischen Arrays nicht erreichen, aber mit etwas Zauberei lässt sich noch einiges herausholen:

Zeichnen Sie mithilfe der Entwicklertools zwei Optionsfeldrahmen mit jeweils drei Optionen in das Tabellenblatt. Verknüpfen Sie jede Optionsgruppe über die Eigenschaften mit einer Zelle (im Beispiel $K$7 und $K$8).

Legen Sie im Namens-Manager zwei lokale Bereichsnamen an. Mit der Funktion WAHL() können Sie die gewählte Option abfragen und die passende Tabellenspalte zuweisen:

Name: `pvZeile`
Bezieht sich auf: `=WAHL(Pivot!$K$7;tbl_Verkauf[Land];tbl_Verkauf[Produkt];tbl_Verkauf[Monat])`

Name: `pvSpalte`
Bezieht sich auf: `=WAHL(Pivot!$K$8;tbl_Verkauf[Land];tbl_Verkauf[Produkt];tbl_Verkauf[Monat])`

Das Array verwendet jetzt die Bereichsnamen anstelle der Tabellenspalten:

```
G14: =ZUZEILE(EINDEUTIG(PvZeile))
F15: =EINDEUTIG(pvSpalte)
G15: =SUMMEWENNS(tbl_Verkauf[Umsatz]; PvZeile;G14#;pvSpalte;F15#)
```

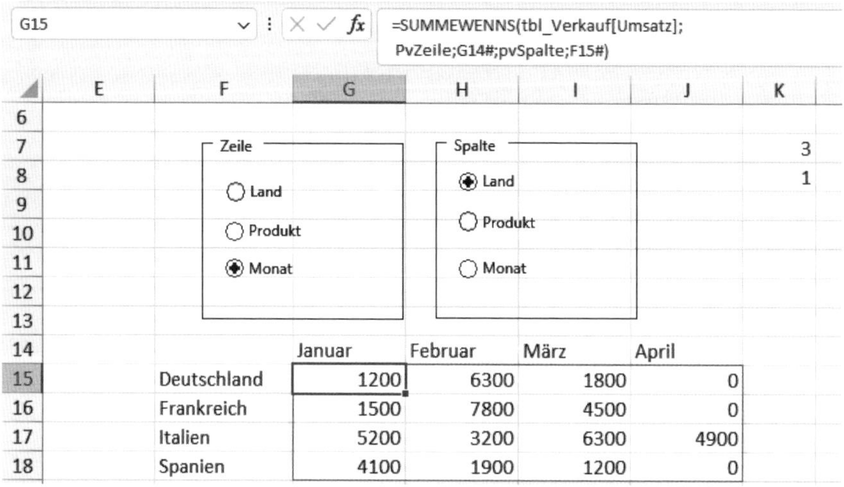

Abbildung 8.32: Ein Pivot-Array mit Optionen-Steuerung

Kapitel 9

Die Funktionsfabrik: LAMBDA()

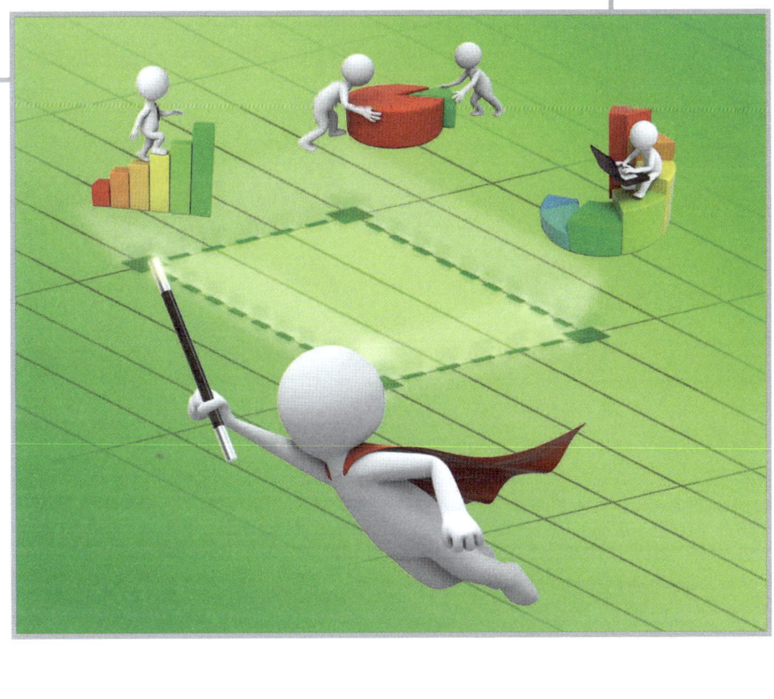

Die Funktion LAMBDA() als nächste Stufe der Excel-Evolution zu bezeichnen, ist keine Übertreibung. Sie kann nämlich etwas, was keine andere Funktion kann. Funktionen kalkulieren in der Regel Ergebnisse oder produzieren Arrays. LAMBDA() produziert Funktionen. Das war bisher nur mit der Makrosprache VBA möglich und setzte entsprechende Kenntnisse in der Excel-Programmiersprache voraus.

Jetzt hören wir schon die Nörgler im Hintergrund: Über 600 Funktionen an Bord, die meisten kennen maximal 20 davon, reicht das denn nicht langsam? Was bitte kann Excel mit seiner Funktionspalette nicht abdecken?

Zunächst mal: Die Welt wird sich auch ohne LAMBDA() weiterdrehen. Die Funktion ist nur für die Power-User und die Zauberer unter uns, zu denen die Leser dieses Buches ja gehören. LAMBDA() hat zudem einen anderen Problemlösungsansatz als andere Funktionen.

Wer komplexe Funktionskonstrukte entwirft, Funktionen schachtelt und Bedingungen kombiniert, erhöht nicht nur seinen eigenen Arbeits- und Zeitbedarf, sondern auch den seiner Mitmenschen, falls diese mit seinen Kunstwerken arbeiten müssen. Außerdem steigt das Risiko für Kalkulationsfehler proportional zur Länge der Formeln.

Mit LAMBDA() werden Funktionsmonster in verständliche Begriffe verpackt. Der Benutzer muss nicht den ganzen Weg zum Ergebnis verstehen, er bekommt eine Anleitung, welche Parameter er angeben muss, den Rest macht die LAMBDA()-Funktion.

9.1 Das Prinzip

Zunächst die Syntax. In der Funktionsklammer wird eine Reihe von maximal 255 Argumenten angegeben, die entweder Parameter für die Weiterberechnung oder die Berechnung selbst darstellen. Das letzte Argument ist immer die Kalkulation. Sie kann, muss aber nicht, alle zuvor bestimmten Parameter enthalten.

```
=LAMBDA(Parameter oder Kalkulation; ... Kalkulation)
```

Hier ein Beispiel: Für das Produkt aus zwei Zahlen genügt die Formel

```
=zahl1*zahl2
```

Stehen die beiden Parameter in A1 und A2, sieht das Ganze so aus:

```
A1: 100
A2: 3
A3: =A1*A2
```

Die LAMBDA()-Funktion bekommt zwei (willkürlich benannte) Parameter und anschließend die Kalkulation:

```
=LAMBDA(zahl1;zahl2;zahl1*zahl2)
```

Damit die Funktion richtig rechnet, werden ihr in einem weiteren Klammernpaar die Zahlen übermittelt:

```
=LAMBDA(zahl1;zahl2;zahl1*zahl2)(A1;A2)
```

C2 | =LAMBDA(zahl1;zahl2;zahl1*zahl2)(A1;A2)

	A	B	C	D	E	F
1	100					
2	3		300			
3						

Abbildung 9.1: LAMBDA() berechnet einen Ausdruck mit zwei Variablen

Legen wir einen Bereichsnamen MULTI an und weisen diesem die LAMBDA()-Formel – ohne die zweite Klammer – als Bezug zu, lässt sich die Kalkulation anschließend so ausführen:

```
=MULTI(A1;A2)
```

9.2 Eine neue Funktion entsteht

In der Praxis sind die Formeln, die LAMBDA() übernimmt, natürlich komplexer. Entwickeln Sie eine weitere Funktion, die Excel so nicht hat: Sie berechnet, ob ein Suchkriterium in einem Textstring enthalten ist. Wir nennen die Funktion ENTHÄLT().

Beispieldaten: Die Liste in A1:B6 enthält Namen von Mitarbeitern und ihre Hobbys in einem Textstring mit dem Semikolon als Trennzeichen.

	A	B
1	Mitarbeiter	Hobbys
2	Marco	Golf;Tennis;Skifahren
3	Hennes	Tennis;Skateboarden;Kitesurfen
4	Stefan	Golf;Squash
5	Emma	Radfahren;Schwimmen
6	Kerstin	Tischtennis;Snowboarden;Tennis

Abbildung 9.2: Die Ausgangsbasis unseres Beispiels

Die Formel: Die erste Funktion, die zum Einsatz kommt, ist FINDEN(), sie sucht den Text (hier in $C$1) in der ersten Mitarbeiterzeile (B2) und liefert die Position des Textes oder #WERT.

Das Ergebnis wird mit ISTZAHL() in WAHR oder FALSCH umgewandelt und mit SUMME() aufsummiert:

```
=SUMME(--ISTZAHL(FINDEN($C$1;B2))>0)
```

Die doppelten Negativzeichen stellen sicher, dass die Summe WAHR und FALSCH in 1 und 0 umwandelt.

Das Ergebnis für die Liste sieht so aus:

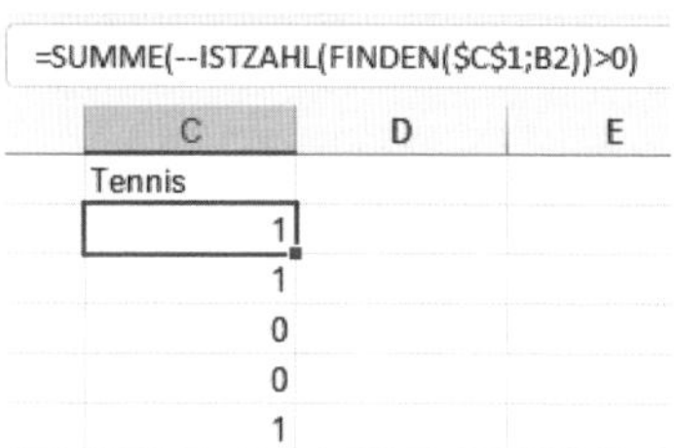

Abbildung 9.3: Ein Zwischenergebnis

LAMBDA()-Funktion anlegen: Die Formel wird in eine LAMBDA()-Funktion verpackt. Die startet mit zwei Variablen (*text* und *suchtext*) und verwendet diese in der Suchformel:

```
=LAMBDA(suchtext;text;SUMME(--ISTZAHL(FINDEN(suchtext;text))>0)
```

LAMBDA()-Funktion anwenden: Ohne zusätzliche Parameter würde die Funktion einen Fehlerwert ausgeben. Deshalb wird in einer weiteren Klammer Suchtext und Text angegeben:

```
=LAMBDA(text;suchtext;
  SUMME(--ISTZAHL(FINDEN(suchtext;text))>0))(B2;"Tennis")
```

Funktion ENTHÄLT() anlegen: Mit *Formel/Definierte Namen/Namen definieren* wird ein neuer Bereichsname ENTHÄLT angelegt. Als Bereich wird die Arbeitsmappe definiert, damit die Funktion für die gesamte Mappe gilt. Im Kommentar sind die Parameter erklärt, und die Bezugszeile enthält die LAMBDA()-Funktion ohne die Parameter in der zweiten Klammer.

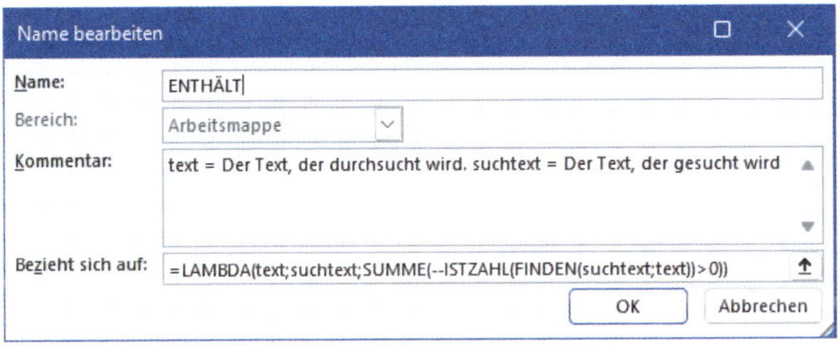

Abbildung 9.4: Ein neuer Bereichsname wird angelegt

Funktion ENTHÄLT() anwenden: Anstelle der LAMBDA()-Formel kann jetzt die neue Funktion verwendet werden, um die Liste nach einzelnen Hobbys zu durchsuchen.

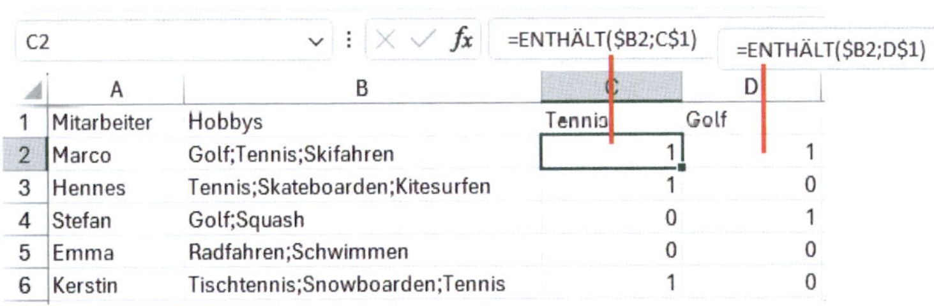

	A	B	C	D
1	Mitarbeiter	Hobbys	Tennis	Golf
2	Marco	Golf;Tennis;Skifahren	1	1
3	Hennes	Tennis;Skateboarden;Kitesurfen	1	0
4	Stefan	Golf;Squash	0	1
5	Emma	Radfahren;Schwimmen	0	0
6	Kerstin	Tischtennis;Snowboarden;Tennis	1	0

Abbildung 9.5: Auf der Suche nach Hobbys

9.3 LAMBDA() in Tabellen

Für die Arbeit mit Tabellen bietet LAMBDA() den Vorteil, dass keine strukturierten Verweise in der Rechenformel nötig sind. Die »blasen« die Tabellenformeln in der Praxis nämlich ziemlich auf. Hier im Beispiel wird die Abfindung für die scheidenden Mitarbeiter berechnet. Die Parameter können wahlweise als Verweis oder als Bezug eingegeben werden.

Funktion Abfindung:

```
=LAMBDA(Austrittsjahr;Eintrittsjahr;Gehalt;Abfindung;(Austrittsjahr-
Eintrittsjahr)*Gehalt*(100%-Abfindung))
```

In der Tabelle:

```
=Abfindung([@Austrittsjahr];[@Eintrittsjahr];[@Gehalt];[@[Abfindung %]])
```

Oder:

```
=Abfindung(B2;C2;D2;E2)
```

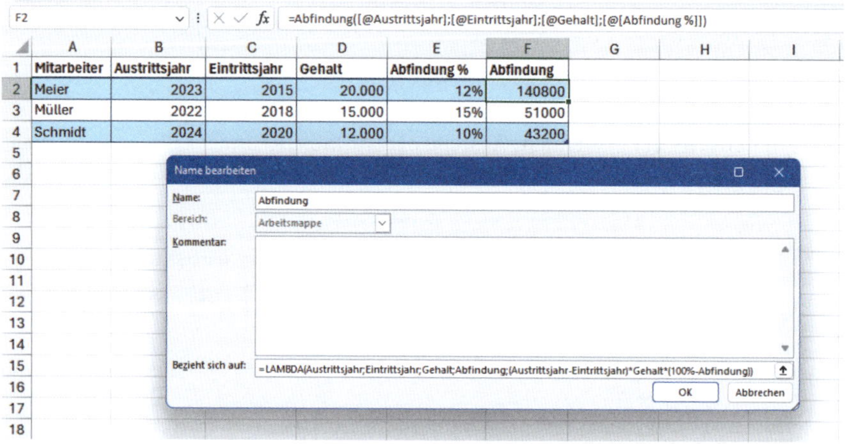

Abbildung 9.6: LAMBDA()-Funktion für die Tabelle

Strukturierte Verweise lassen sich als Parameter in Textform in der LAMBDA()-Funktion verwenden. Werden sie über Bezüge oder Bereichsnamen geliefert, müssen sie mit INDIREKT() vorbehandelt werden.

Hier ein Beispiel:

Die Tabelle enthält Umsätze über Produkte, in J1 steht der Name der Tabelle, in J2 die auszuwertende Spalte. Die sortierte Liste mit eindeutigen Werten aus der bezeichneten Spalte liefert diese Funktionsschachtel:

```
=SORTIEREN(EINDEUTIG(INDIREKT(J1&"["&J2&"]")))
```

Die LAMBDA()-Funktion führt Tabellenname und Spalte als Parameter.

```
=LAMBDA(tbl;spalte;SORTIEREN(EINDEUTIG(INDIREKT(tbl&spalte))))(J1;"["&J2&"]")
Bereichsname: OBST
=OBST(J1;J2)
```

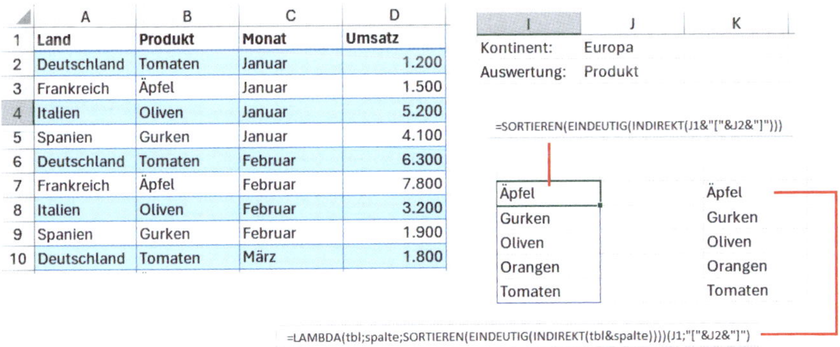

Abbildung 9.7: Tabelle und Tabellenspalte als LAMBDA()-Parameter

9.4 LAMBDA() für Diagramme

Die Entscheidung, das eigene Reporting oder Berichtswesen von PivotCharts auf Standard-Diagramme auf Basis von dynamischen Arrays umzustellen, ist nicht die falsche. Die Vorteile liegen auf der Hand: PivotCharts müssen händisch oder per Intervall aktualisiert werden und brauchen PivotTables als Basis.

LAMBDA() kann hier den Arbeitsaufwand drastisch reduzieren. Aufwendige Formeln werden in LAMBDA()-Funktionen geschrieben und für die Diagrammdaten abgerufen.

Hier ein Beispiel mit Formularelement-Unterstützung:

Das Tabellenblatt *Obstimport* enthält zwei Tabellen, *Europa* und *Südamerika*, mit Importdaten und Umsätzen für Obst. Für die Auswahl des Kontinents wird über *Entwicklertools/Steuerelemente einfügen* ein Optionsfeldrahmen mit zwei Optionen gezeichnet, die gemeinsame Verknüpfung ist die Zelle $H$3.

Die zweite Optionsfeldgruppe bietet drei Optionen für die Spaltenwahl an, Ausgabeverknüpfung ist $H$8.

Das gewählte Ergebnis liefert je eine WAHL-Funktion in $J$1 und $J$2:

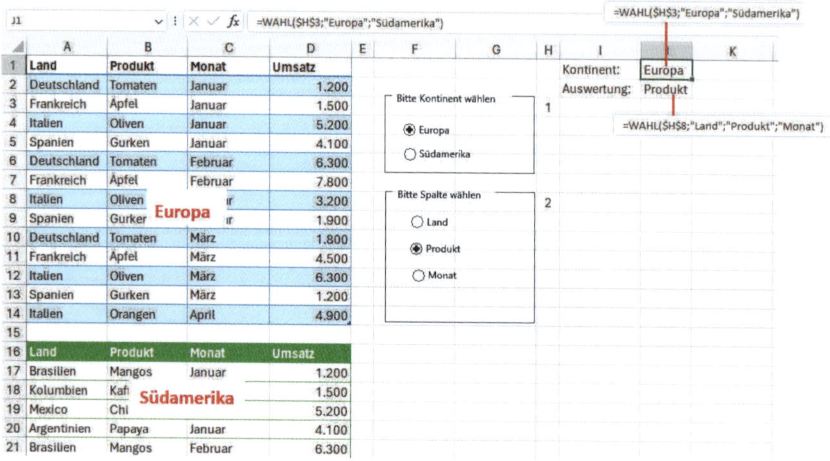

Abbildung 9.8: Auswahl der Tabelle und Spalte über Optionsfelder

Für Diagramme müssen alle Daten, also Rubrikenachse und Datenreihen, in Form von Bereichsnamen vorliegen. Schreiben Sie die komplexen Formeln als LAMBDA()-Funktionen und verwenden Sie diese für die beiden Bereiche *Obst_Rubrik* und *Obst_Umsatz*. Die Bereichsnamen sollten lokal sein, d. h. sich auf das Tabellenblatt beziehen.

Name	Formel
OBST	`=LAMBDA(tbl;spalte;` `SORTIEREN(EINDEUTIG(INDIREKT(tbl&"["&spalte&"]"))))`
Obst_Rubrik	`=OBST($J$1;$J$2)`

Obst_Daten	`=LAMBDA(produkt;SUMMEWENN(`
	`INDIREKT(Obstimport!$J$1&"["&Obstimport!$J$2&"]");`
	`produkt;INDIREKT(Obstimport!$J$1&"[Umsatz]")))`

Obst_Umsatz	`=Obst_Daten(Obstimport!$H$11#)`

Zeichnen Sie ein leeres Säulendiagramm in das Tabellenblatt und aktivieren Sie *Diagrammentwurf/Daten/Daten auswählen*. Der Rubrikenbereich wird aus *Obst_Rubrik* gebildet, die erste und einzige Datenreihe bekommt den Namen *Umsatz* und den Bezug auf *Obst_Umsatz*.

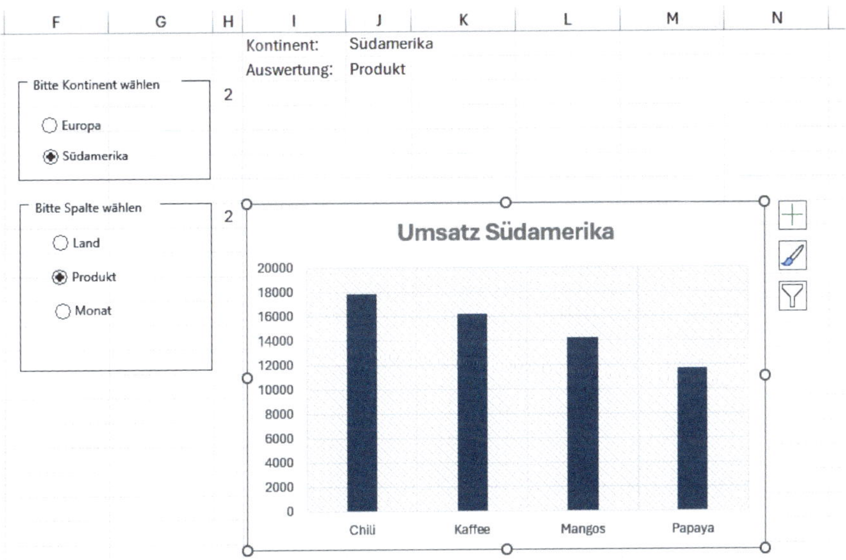

Abbildung 9.9: Das Diagramm mit Rubrik und Daten aus den Bereichsnamen

9.5 LAMBDA-Funktionen

Kurze Zeit nach der Einführung von LAMBDA() als Funktion tauchten im Microsoft-365-Update die ersten LAMBDA-Funktionen auf. Das sind Funktionen, die Aufgaben unter Verwendung einer LAMBDA-Funktion lösen. Hier eine Übersicht:

Funktion	**Bedeutung**
MAP()	Erstellt ein Array, in dem jedes Element über eine LAMBDA()-Funktion neu berechnet ist.
MATRIXERSTELLEN()	Generiert ein Array unter Verwendung einer LAMBDA()-Funktion.

Funktion	Bedeutung
NACHSPALTE()	Erstellt ein Spaltenarray unter Verwendung einer LAMBDA()-Funktion.
NACHZEILE()	Erstellt ein Zeilenarray unter Verwendung einer LAMBDA()-Funktion.
REDUCE()	Reduziert ein Array auf eine berechnete Größe unter Verwendung einer LAMBDA()-Funktion.
SCAN()	Scannt ein Array und berechnet jedes einzelne Element davon über eine LAMBDA()-Funktion

9.5.1 MAP()

Mit dieser Funktion wird ein Array Wert für Wert analysiert. Die LAMBDA()-Formel im zweiten Argument berechnet den Wert und gibt das Ergebnis in einem dynamischen Array aus. So werden zum Beispiel Wertebereiche mit logischen Bedingungen ermittelt: In E2 und E3 stehen die Grenzwerte für die Zahlen von A2 bis A10.

```
=MAP(A2:A10;LAMBDA(b;UND(b>E2;b<E3)))
```

Wie viele Werte ermittelt wurden, liefert die SUMME()-Funktion. Da diese aber WAHR und FALSCH nicht zählt, wird der Bezug noch mit Doppelminus berechnet.

```
=SUMME(--B2#)
```

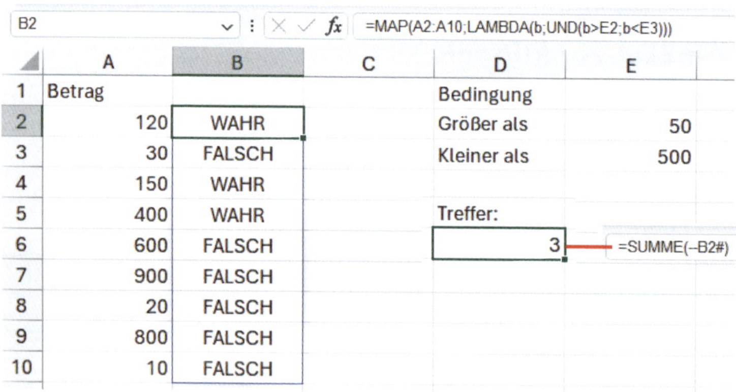

Abbildung 9.10: Das Diagramm mit Rubrik und Daten aus den Bereichsnamen

9.5.2 St Andrews

Der berühmteste Golfplatz der Welt befindet sich in St. Andrews in Schottland, und wer sich den Spaß gönnt, ihn zu spielen, sollte sich vorher über die Länge der 18 Bahnen (Löcher) informieren. Das Yardage-Book listet die Entfernungen vom Abschlag zum Grün in Yards, aber eine Umrechnung in Meter ist für Excel das geringste Problem. Die Funktion UMWANDELN() kennt alle Maßeinheiten.

Hier im Beispiel wird über *Entwicklertools/Steuerelemente einfügen* eine Optionsfeldgruppe mit zwei Optionen (Yards und Meter, gemeinsame Zellverknüpfung auf $G$1) eingezeichnet. Die Längenangaben in Yards stehen im benannten Bereich *OC_Yards*, die Liste enthält die Nummern und Bezeichnungen der 18 Löcher sowie eine Überschrift (Weiß;Gelb;Rot).

So entsteht in Zelle $E$3 ein dynamisches Array, in dem die Yards-Entfernungen in Meter umgewandelt werden:

```
=MAP(OC_Yards;LAMBDA(y;UMWANDELN(y;"yd";"m")))
```

Um die Umwandlung von der Auswahl einer Option im Optionsfeld abhängig zu machen, wird eine WAHL()-Funktion davorgeschaltet:

```
=WAHL($G$1;OC_Yards;MAP(OC_Yards;LAMBDA(y;UMWANDELN(y;"yd";"m"))))
```

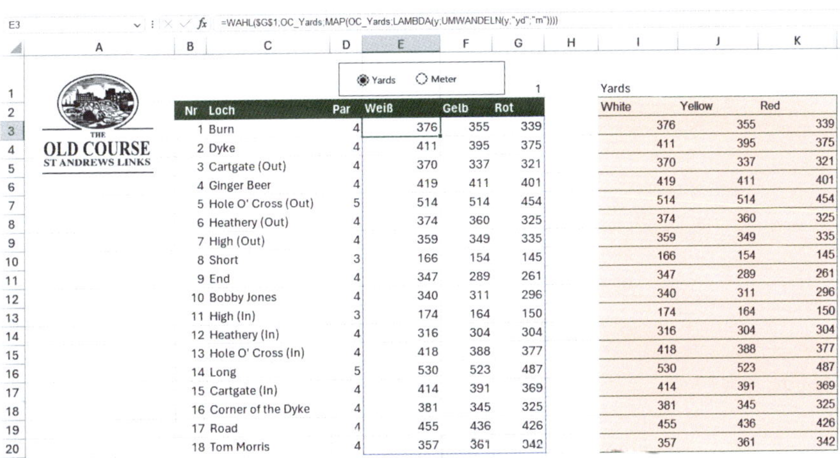

Nr	Loch	Par	Weiß	Gelb	Rot
1	Burn	4	376	355	339
2	Dyke	4	411	395	375
3	Cartgate (Out)	4	370	337	321
4	Ginger Beer	4	419	411	401
5	Hole O' Cross (Out)	5	514	514	454
6	Heathery (Out)	4	374	360	325
7	High (Out)	4	359	349	335
8	Short	3	166	154	145
9	End	4	347	289	261
10	Bobby Jones	4	340	311	296
11	High (In)	3	174	164	150
12	Heathery (In)	4	316	304	304
13	Hole O' Cross (In)	4	418	388	377
14	Long	5	530	523	487
15	Cartgate (In)	4	414	391	369
16	Corner of the Dyke	4	381	345	325
17	Road	4	455	436	426
18	Tom Morris	4	357	361	342

Yards

White	Yellow	Red
376	355	339
411	395	375
370	337	321
419	411	401
514	514	454
374	360	325
359	349	335
166	154	145
347	289	261
340	311	296
174	164	150
316	304	304
418	388	377
530	523	487
414	391	369
381	345	325
455	436	426
357	361	342

Abbildung 9.11: Das Yardage-Book von St Andrews mit Maßeinheit-Umwandlung

9.5.3 MATRIXERSTELLEN()

Einfach so ein Array anlegen, das geht mit den Zufallsfunktionen ZUFALLSBEREICH() und ZUFALLSMATRIX(). Die beiden Funktionen können aber nur willkürliche Zahlenwolken produzieren, allenfalls brauchbar für statistische Zwecke. MATRIXERSTELLEN() ist hier schon flexibler. Zum Beispiel für eine 10-x-3-Datenwolke mit zufälligen Farbnahmen (wozu auch immer ...):

```
=MATRIXERSTELLEN(10;3;LAMBDA(z;s;WAHL(ZUFALLSBEREICH(1;4);"Rot";"Gelb";"Blau";
"Grün")))
```

9.5.4 NACHSPALTE()

Spalten- und Zeilenberechnungen sind meist an ein Array gebunden und müssen nachgebessert werden, wenn sich dessen Größe ändert. Mit dieser Funktion lassen sich Spalten- und Zeilenauswertungen mit LAMBDA()-Ausdrücken an beliebiger Stelle platzieren:

```
=NACHSPALTE(array;LAMBDA(Akkumulator;Wert))
```

Hier im Beispiel werden die monatlichen Ausgaben in einer Tabelle spaltenweise aufsummiert. Dazu wird der LAMBDA()-Funktion das Argument s für die Summe übergeben:

```
=NACHSPALTE(tbl_Ausgaben;LAMBDA(s;SUMME(s)))
```

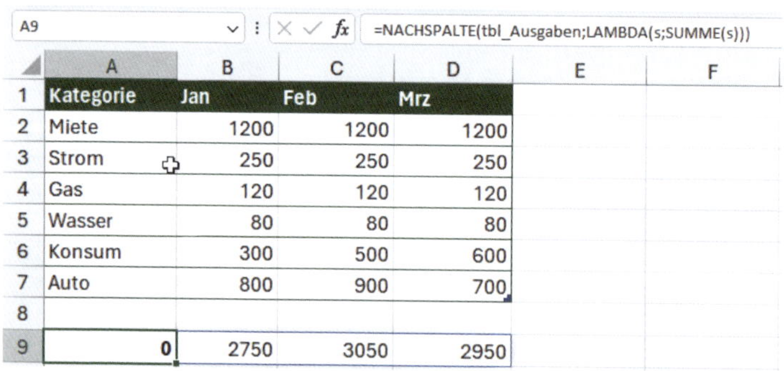
A9 | =NACHSPALTE(tbl_Ausgaben;LAMBDA(s;SUMME(s)))

	A	B	C	D	E	F
1	Kategorie	Jan	Feb	Mrz		
2	Miete	1200	1200	1200		
3	Strom	250	250	250		
4	Gas	120	120	120		
5	Wasser	80	80	80		
6	Konsum	300	500	600		
7	Auto	800	900	700		
8						
9	0	2750	3050	2950		

Abbildung 9.12: Mit NACHSPALTE() alle Spaltensummen berechnen

Um eine oder mehrere Spalten auszuschließen, wird das Array in eine SPALTENAUSWAHL() mit Arraykonstante verpackt:

```
=NACHSPALTE(SPALTENWAHL(tbl_Ausgaben;{2.3.4});LAMBDA(s;SUMME(s)))
```

Die Funktion kann natürlich auch komplexer ausfallen und nicht nur Summen berechnen.

9.5.5 NACHZEILE()

Ähnlich wie die Spaltenfunktion produziert NACHZEILE() ein horizontales Array mit den Zeilenergebnissen. So würde die Summe der Ausgaben über alle Monate für einzelne Kategorien aussehen:

```
=NACHZEILE(tbl_Temp;LAMBDA(s;SUMME(s)))
```

In diesem Beispiel liefert die Funktion ein Array aus der Tabelle *tbl_Temp* mit allen Wochen, die über der Durchschnittstemperatur (in $K$2) liegen. Diese wird zur Kontrolle in der letzten Spalte berechnet:

```
=MITTELWERT(tbl_Temp[@[Mo]:[So]])
```

Der logische Ausdruck wird der LAMBDA()-Funktion übergeben:

```
=FILTER(tbl_Temp;NACHZEILE(tbl_Temp;LAMBDA(woche;MITTELWERT(woche)>=$K$2)))
```

Noch etwas Kosmetik: Mit SPALTENWAHL() entsteht eine Kopfzeile mit den Wochentagen, und das Array wird ebenfalls um eine Spalte erweitert.

```
L4: =SPALTENWAHL(tbl_Temp[#Kopfzeilen];2;3;4;5;6;7;8)
K5: =FILTER(SPALTENWAHL(tbl_Temp;{1.2.3.4.5.6.7.8});NACHZEILE(tbl_Temp;
LAMBDA(woche;MITTELWERT(woche)>=$K$2)))
```

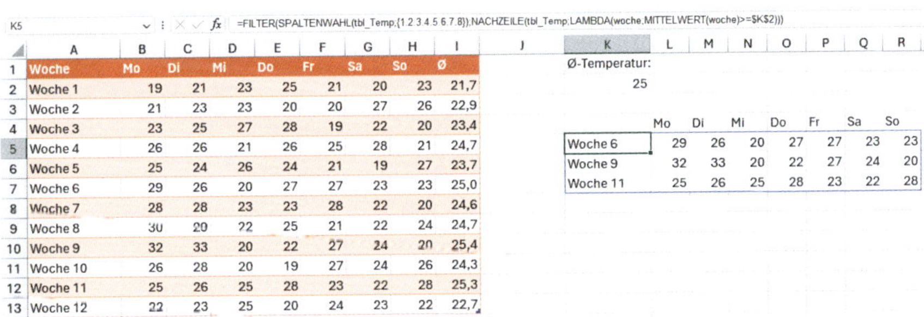

K5 =FILTER(SPALTENWAHL(tbl_Temp;{1.2.3.4.5.6.7.8});NACHZEILE(tbl_Temp;LAMBDA(woche;MITTELWERT(woche)>=$K$2)))

	A	B	C	D	E	F	G	H	I
1	Woche	Mo	Di	Mi	Do	Fr	Sa	So	Ø
2	Woche 1	19	21	23	25	21	20	23	21,7
3	Woche 2	21	23	23	20	20	27	26	22,9
4	Woche 3	23	25	27	28	19	22	20	23,4
5	Woche 4	26	26	21	26	25	28	21	24,7
6	Woche 5	25	24	26	24	21	19	27	23,7
7	Woche 6	29	26	20	27	27	23	23	25,0
8	Woche 7	28	28	23	23	28	22	20	24,6
9	Woche 8	30	20	22	25	21	22	24	24,7
10	Woche 9	32	33	20	22	27	24	20	25,4
11	Woche 10	26	28	20	19	27	24	26	24,3
12	Woche 11	25	26	25	28	23	22	28	25,3
13	Woche 12	22	23	25	20	24	23	22	22,7

	K	L	M	N	O	P	Q	R
1	Ø-Temperatur:							
2	25							
4		Mo	Di	Mi	Do	Fr	Sa	So
5	Woche 6	29	26	20	27	27	23	23
6	Woche 9	32	33	20	22	27	24	20
7	Woche 11	25	26	25	28	23	22	28

Abbildung 9.13: NACHZEILE() holt die Werte über dem Durchschnitt

9.5.6 REDUCE()

Die Funktion wird wahrscheinlich noch eingedeutscht, aktuell heißt sie noch REDUCE(). Wie der Name schon andeutet, reduziert die Funktion ein Array. Im ersten Argument wird der Startwert angegeben, das kann eine Zelle oder ein Wert aus dem Array sein. Das Array selbst bildet das zweite Argument, und dann folgt eine LAMBDA()-Funktion, die das Ergebnis berechnet.

```
=REDUCE(startwert;array;LAMBDA(Akkumulator;Wert))
```

Ein erstes Beispiel: Berechnen Sie die Summe einer Werteliste, aber mit allen Zahlen in 2er-Potenzen:

```
=A1^2+B1^2+C1^2+A2^2+B2^2+C2^2 = 91
```

Oder mit REDUCE():

```
=REDUCE(;A1:C2;LAMBDA(a;b;a+b^2))
```

Der Startwert bleibt frei, dann wird das Array angegeben. Mit LAMBDA() kommen zunächst die zwei Variablen **a** und **b** ins Spiel, diese werden mit `a+b^2` potenziert und summiert.

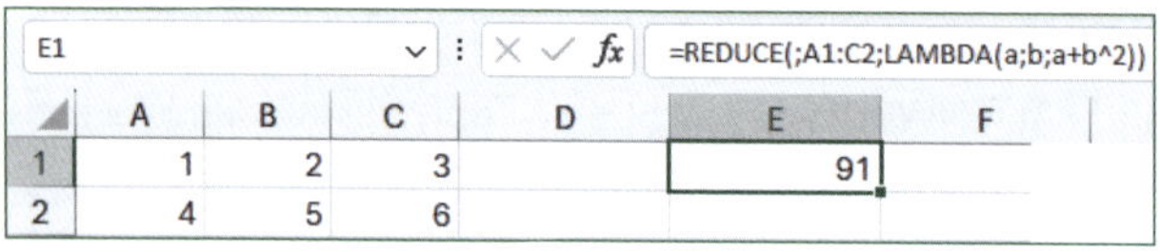

Abbildung 9.14: Die Summe der potenzierten Werte

Im nächsten Beispiel werden alle Elemente einer Tabelle zu einem Textstring zusammengefasst. Dazu können Sie das &-Zeichen oder eine Textverkettungsfunktion nutzen.

```
=REDUCE("";Tabelle;LAMBDA(z;s;z&s))
```

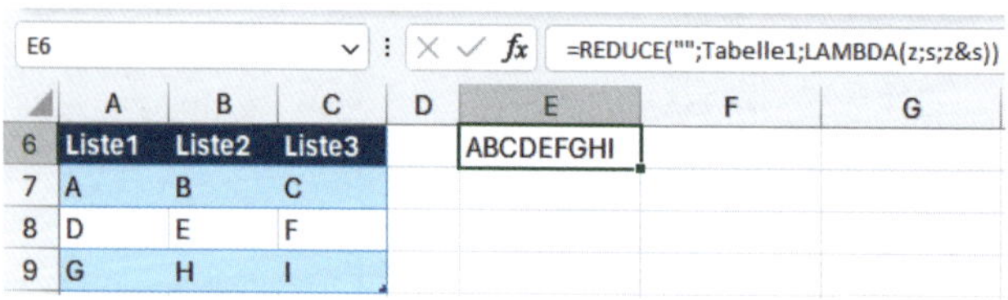

Abbildung 9.15: Alle Werte in einem Textstring

Und hier was besonders Nützliches: Die Formel ersetzt alles, wofür es einen Umlaut gibt, über eine Referenzliste:

```
=REDUCE(A1;C1:D6;LAMBDA(x;y;WECHSELN(A1;C1;D1)))
```

Referenzliste und Array können natürlich auch aus Tabellen oder Bereichsnamen gezogen werden. Lösen Sie den Bereich mit F9 auf, wenn Sie die Referenzliste als Array in der Formel haben wollen:

```
=REDUCE(A1:A6;{"ae"."ä";"oe"."ö";"ue"."ü";"Ae"."Ä";"Oe"."Ö";"Ue"."Ü"};
LAMBDA(x;y;WECHSELN(A1;C1;D1)))
```

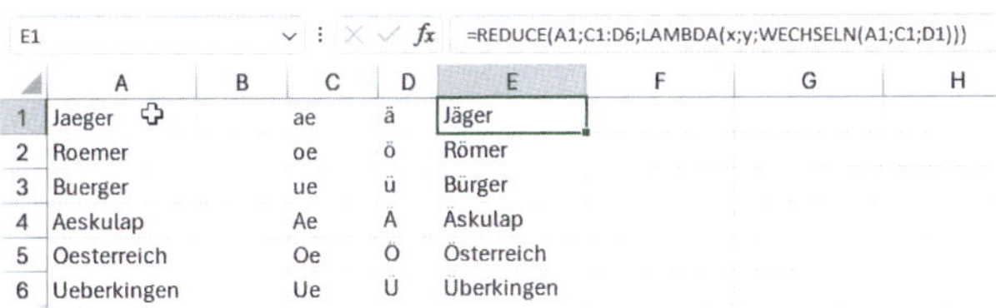

Abbildung 9.16: Umlaute ersetzen mit REDUCE()

9.5.7 SCAN()

Die laufende Summe einer Zahlenreihe zu berechnen, ist eigentlich Aufgabe der PivotTable. Sie bietet in den Wertfeldeinstellungen der Wertefelder eine passende Berechnung. In der Liste wird dazu einfach der vorherige Wert zum Zeilenwert addiert, aber das ist natürlich alles andere als dynamisch.

Die LAMBDA()-Funktion SCAN() kann die laufende Summe (auch YTD = Year-to-date) ganz einfach berechnen. Hier im Beispiel geht es um die Werte in Spalte B der Tabelle *tbl_Umsatz*. Die Formel gehört aber nicht in eine Tabellenspalte, schreiben wir sie mit gebührendem Abstand neben die Tabelle.

```
=SCAN(0;tbl_Umsatz[Umsatz];LAMBDA(a;b;a+b))
```

Die Funktion übernimmt im ersten Parameter den Startwert, der hier auf 0 gesetzt ist, in der Praxis natürlich jede andere Wertigkeit annehmen kann. Im zweiten Parameter wird jeder einzelne Wert aus der Umsatzspalte abgeholt und zum bisherigen Ergebnis addiert (a+b).

Schwieriger wird es, wenn sich die aufzuaddierenden Monatswerte über mehrere Jahre erstrecken. In der Praxis sollte die YTD-Kalkulation zu jedem Januar neu beginnen. Auch das ist für SCAN() kein großes Problem.

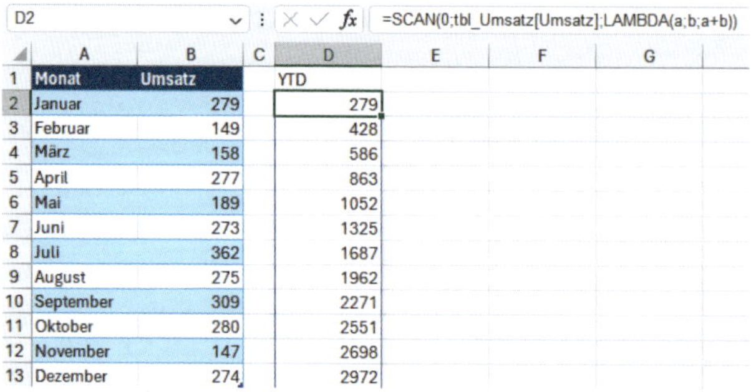

D2 =SCAN(0;tbl_Umsatz[Umsatz];LAMBDA(a;b;a+b))

	A	B	C	D
1	Monat	Umsatz		YTD
2	Januar	279		279
3	Februar	149		428
4	März	158		586
5	April	277		863
6	Mai	189		1052
7	Juni	273		1325
8	Juli	362		1687
9	August	275		1962
10	September	309		2271
11	Oktober	280		2551
12	November	147		2698
13	Dezember	274		2972

Abbildung 9.17: YTD berechnen mit SCAN()

Zuerst wird wieder die Wertespalte gescannt. Die LAMBDA()-Funktion bekommt ihre zwei Parameter, der erste nimmt den Startwert ab. Der zweite Parameter wird aber jetzt über eine WENN()-Funktion nachsehen, ob der Monat eine Monatsnummer 1 hergibt. Das übernimmt BEREICH.VERSCHIEBEN() mit einem Spaltenverschub von 0 und -1 (keine Zeile, eine Spalte nach links) ausgehend vom Wert im ersten Parameter. Findet die WENN()-Funktion nichts, wird normal addiert, andernfalls startet SCAN() wieder 0 (0*a = 0) und addiert den Wert auf.

Das Verfahren gilt übrigens auch, wenn das Geschäftsjahr unterjährig, z. B. im Oktober, beginnt. In diesem Fall wird einfach die Monatsnummer 1 durch 10 ersetzt.

```
=SCAN(0;tbl_Umsatz2[Umsatz];  LAMBDA(a;b;WENN(MONAT(BEREICH.VERSCHIEBEN(b;0;
-1))<>1;a+b;0*a+b)))
```

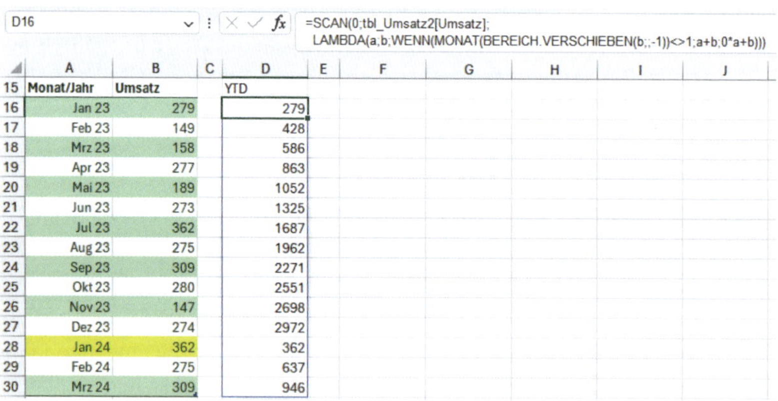

D16 =SCAN(0;tbl_Umsatz2[Umsatz]; LAMBDA(a;b;WENN(MONAT(BEREICH.VERSCHIEBEN(b;;-1))<>1;a+b;0*a+b)))

	A	B	C	D
15	Monat/Jahr	Umsatz		YTD
16	Jan 23	279		279
17	Feb 23	149		428
18	Mrz 23	158		586
19	Apr 23	277		863
20	Mai 23	189		1052
21	Jun 23	273		1325
22	Jul 23	362		1687
23	Aug 23	275		1962
24	Sep 23	309		2271
25	Okt 23	280		2551
26	Nov 23	147		2698
27	Dez 23	274		2972
28	Jan 24	362		362
29	Feb 24	275		637
30	Mrz 24	309		946

Abbildung 9.18: YTD mit Jahreswechsel

Kapitel 10

Power Query

Power Query, das BI-Tool, das sowohl in Excel als auch für Power BI Desktop zur Verfügung steht, ist das Standardwerkzeug für die Automatisierung von ETL-Prozessen. Das Extrahieren, Transformieren und Laden externer Daten wird über die Skriptsprache M aufgezeichnet, und der Code steht während des Prozesses und nach Abschluss der letzten Aktion zur Verfügung. Ähnlich wie beim VBA-Makrorekorder zeichnet Power Query alle Zugriffe auf Pfade, Dateien oder Excel-Objekte absolut auf. Die Skriptsprache M bietet aber die Möglichkeit, variable Inhalte zu erstellen und mit Parametern zu arbeiten.

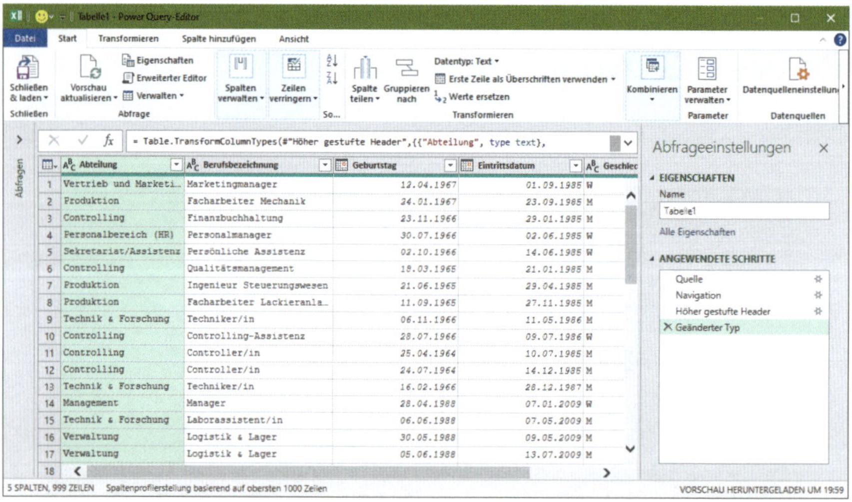

Abbildung 10.1: Der Power Query-Editor

Power Query ersetzt den mühsamen und unflexiblen Text-Assistenten, der für die Transformation von Excel- oder CSV-Daten zuständig war. Der Editor kann aber weit mehr als Trennzeichen erkennen und Daten in Spalten aufteilen. Viele Textfunktionen wie GLÄTTEN und ERSETZEN haben Einzug gehalten, Funktionen wie *Nach unten ausfüllen* oder *Entpivotieren* machen das Werkzeug besonders flexibel.

10.1 Nützliche Zaubertricks mit Power Query

Das BI-Tool wird relativ schnell zu einem der wichtigsten und meistgenutzten Werkzeuge werden, wenn externe Daten im Spiel sind. Vorbei sind die Zeiten von Copy-and-paste, Abfragen machen die Arbeit einfacher und die Resultate sicher. Hier bekommen Sie ein paar nützliche Tipps für optimiertes Arbeiten mit Power Query.

10.1.1 Der Turbostart

Enthält unsere aktuelle Arbeitsmappe noch keine Abfragen, sollte die erste »Query« über das *Daten*-Menü angelegt werden. Ist eine aktive Tabelle mit Abfragen verbunden, wird die passende Abfrage im Register *Abfrage/Bearbeiten* gesucht. Bevor Sie jetzt eine Klickorgie starten, um den passenden Befehl zu finden, lernen Sie einfach diesen Shortcut kennen: Drücken Sie Alt+F12, um den *Power Query-Editor* zu starten.

Die passende Abfrage können Sie anschließend in der Liste am linken Rand suchen. Der Shortcut funktioniert aus jeder Lage. Wenn keine Abfrage angelegt ist, können Sie im Editor eine neue Abfrage starten.

10.1.2 Schnellzugriffsleiste

Power Query hat tatsächlich auch eine Symbolleiste für den Schnellzugriff, und die lässt sich wie beim großen Bruder Excel über oder unter dem Menüband platzieren. Symbole lassen sich, auch wenn sie ausgeblendet sind, über das Kontextmenü hinzufügen und über selbiges auch wieder entfernen. Eine nützliche Alternative zum Menüband.

Abbildung 10.2: Symbolleiste für den Schnellzugriff in Power Query

10.1.3 Automatische Typumwandlung verhindern

Power Query hat eine gut gemeinte, aber gefährliche Angewohnheit: Nach der Auswahl der Datenquelle weist der Editor automatisch eine Überschrift zu, wendet also den Befehl *Erste Zeile als Überschriften verwenden* an.

Und noch ein weiterer Schritt wird automatisch in das Skript geschrieben, nämlich die Typumwandlung. Power Query ändert selbstständig und ohne Rückfrage die Spaltentypen. Und das ist nicht immer die beste Idee. Besonders bei Datumswerten in CSV-Dateien kann das üble Folgen haben. Werden diese als Zahlen interpretiert, hilft ein Zurückkonvertieren des Typs nicht, denn das Ergebnis ist ein ganz anderes Datum.

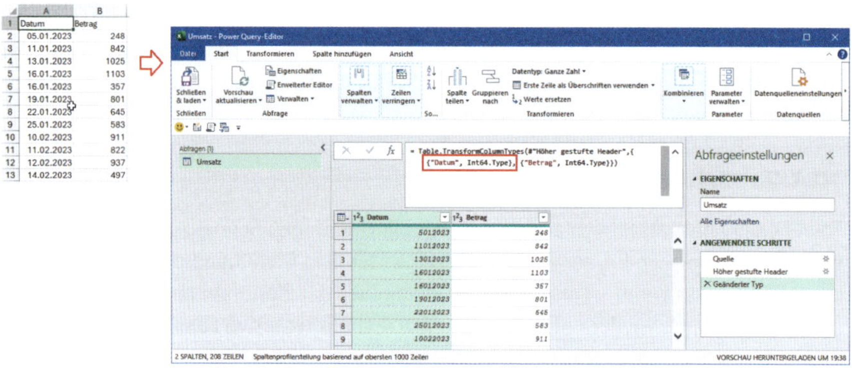

Abbildung 10.3: Falsche Typumwandlung für Datumswerte in Power Query

Der Fehler ist schnell bereinigt. Der letzte Schritt wird einfach gelöscht, aber damit gehen auch die anderen Typumwandlungen verloren. Der Typ lässt sich auch direkt im Code ändern:

Alt:

```
= Table.TransformColumnTypes(#"Höher gestufte Header",{{"Datum", Int64.Type},
{"Betrag", Int64.Type}})
```

Neu:

```
= Table.TransformColumnTypes(#"Höher gestufte Header",{{"Datum", Date},
{"Betrag", Int64.Type}})
```

Am besten verlassen Sie sich gar nicht auf diese falschen Typen. Eine Typüberprüfung für jede Spalte gehört sowieso zu den Standardpflichten, also schalten Sie die automatische Typumwandung einfach ab: Wählen Sie *Datei/Optionen* und *Einstellungen/ Abfrageoptionen*. Unter *Global/Daten laden* stehen drei Optionen zur Auswahl. Mit der letzten Option *Spaltentypen und -überschriften für unstrukturierte Quellen niemals erkennen* wird die Überschriftenzuweisung und die Typerkennung abgeschaltet.

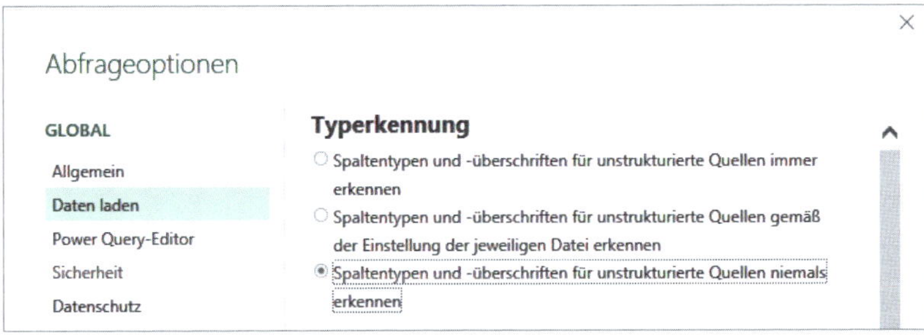

Abbildung 10.4: Automatische Typerkennung abschalten

10.1.4 Wo ist der Zoom?

An solchen Kleinigkeiten erkennt man, dass ein Tool nicht aus der Entwicklerwerkstatt von Excel stammt. Power Query hat keinen Zoom, zumindest nicht den, der in Excel bekannt und beliebt ist. Mit gedrückter Maustaste das Mausrad nach oben und unten rollen und damit die Ansicht von 10 % bis 400 % hoch- oder runterzuzoomen, funktioniert leider nicht.

Bevor die Besitzer hochauflösender Laptops mit 15-Zoll-Bildschirm jetzt ganz verzweifeln: Es gibt auch in Power Query einen Zoom. Drücken und halten Sie die Tasten Strg+⇧ gleichzeitig und die Taste +, um hochzuzommen, oder die Taste -, um die Ansicht zu verkleinern. Nur der Zoomfaktor wird leider nirgends angezeigt.

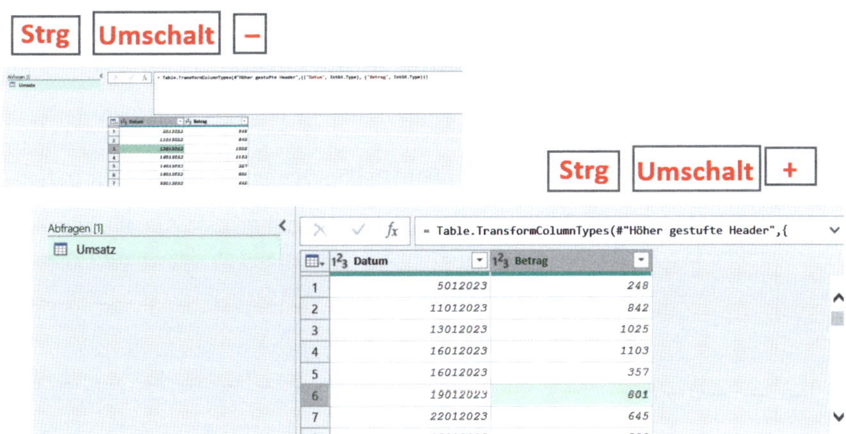

Abbildung 10.5: Power Query hat auch einen Zoom

10.1.5 Spaltentitel sortieren

Das artet besonders bei größeren Listen oder Tabellen schnell in Arbeit aus: Sind die Spalten nicht sortiert, bietet der *Power Query-Editor* zwar die Möglichkeit, diese per Hand in die richtige Reihenfolge zu bringen, aber wer schneller zum Ziel kommen möchte, sortiert sie automatisch.

Starten Sie dazu eine Abfrage mit der unsortierten Liste als Datenquelle, und wählen Sie *Start/Spalten verwalten/Spalten auswählen.*

Klicken Sie auf das Sortiersymbol und wählen Sie die Option *Name*. Sortiert wird nur alphabetisch aufsteigend. Der Schritt trägt anschließend zwar die Bezeichnung *Andere Spalten entfernen*, es werden aber nur die Spaltentitel sortiert.

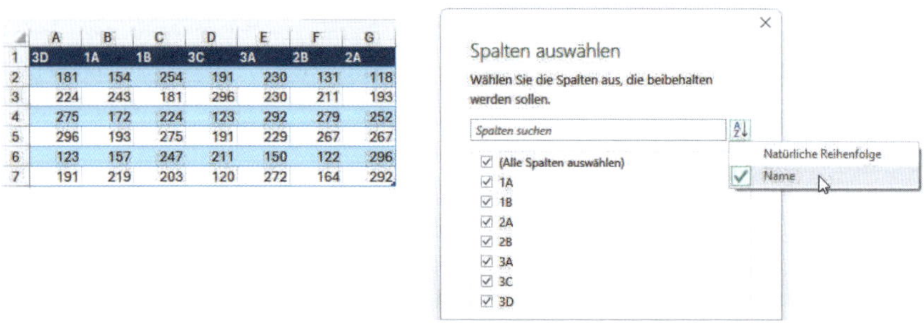

	A	B	C	D	E	F	G
1	3D	1A	1B	3C	3A	2B	2A
2	181	154	254	191	230	131	118
3	224	243	181	296	230	211	193
4	275	172	224	123	292	279	252
5	296	193	275	191	229	267	267
6	123	157	247	211	150	122	296
7	191	219	203	120	272	164	292

Abbildung 10.6: Spalten sortieren in Power Query

10.1.6 Alle Tabellen im Navigator importieren

Beim Import einer Arbeitsmappe in eine (neue) Abfrage bietet Power Query im Navigator alle Listen und Tabellen für den Import an. Der User kann einen Eintrag wählen oder die Option *Mehrere Elemente auswählen* ankreuzen und eine Auswahl treffen.

Weniger bekannt ist, dass ein Klick auf das Ordnersymbol genügt, um alle Elemente auszuwählen. Die Elemente (Tabellen) stehen anschließend in der Spalte *Item* zur Auswahl.

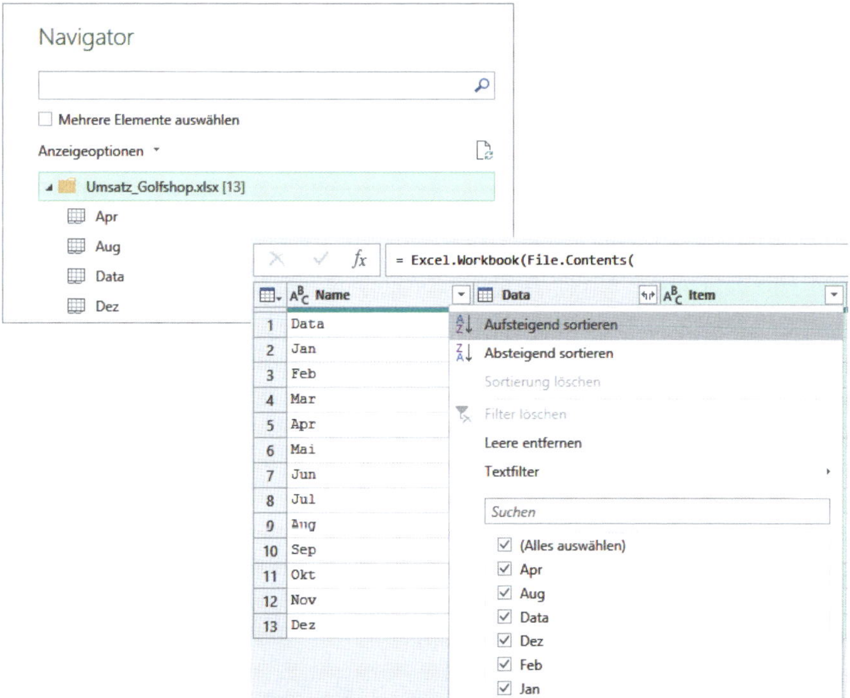

Abbildung 10.7: Per Klick auf den Ordner alle Elemente auswählen

10.1.7 Abfragen kopieren

Eine nützliche Technik im Umfeld von Power Query ist das Kopieren oder Duplizieren von Abfragen über das Kontextmenü in der Abfragenliste am linken Rand. Aber – wie sieht das aus, wenn Abfragen zwischen Mappen kopiert werden?

Dazu bleiben Sie im Excel-Fenster, kopieren die Abfrage mit Strg+C aus dem Arbeitsbereich am rechten Rand, wechseln über das Menü *Ansicht* oder mit Strg+F6 in die nächste Mappe und fügen die Abfrage einfach mit Strg+V ein.

Der Vorteil dabei: Kopiert wird nicht nur die Hauptabfrage, sondern auch jede andere damit verknüpfte Abfrage. So kann es passieren, dass mit der Kopie einer einzelnen Query mehrere Querys in der Zielmappe auftauchen.

10.1.8 Spalten mit Leerzeilen addieren

Wer im *Power Query-Editor* die Werte aus mehreren Spalten addiert, wird keinen Erfolg haben, wenn die Spalten Leerzeilen enthalten. Das Ergebnis der Addition ist nämlich *null*, wenn eine der beteiligten Spalten leer ist. Hier gibt es eine elegante und schnelle Lösung. Legen Sie eine Tabelle mit drei Spalten an, markieren Sie diese und schicken Sie sie mit *Daten/Daten abrufen und transformieren/Aus Tabelle/Bereich* in den *Power Query-Editor.* Hier werden die beiden Zahlenspalten markiert, und mit *Spalte hinzufügen/Aus Zahl/Standard/Addieren* entsteht eine neue Spalte, in der die Werte addiert sind. Aber das Ergebnis ist *null*, wenn eine Spalte *null* enthält.

Die Lösung: Markieren Sie beide Spalten und klicken Sie mit der rechten Maustaste in einen der Spaltenköpfe. Wählen Sie *Summe*, um die Spalten zu summieren. Power Query verwendet mit dieser Methode die M-Anweisung *List.Sum*, und die summiert zuverlässig, auch bei Nullwerten.

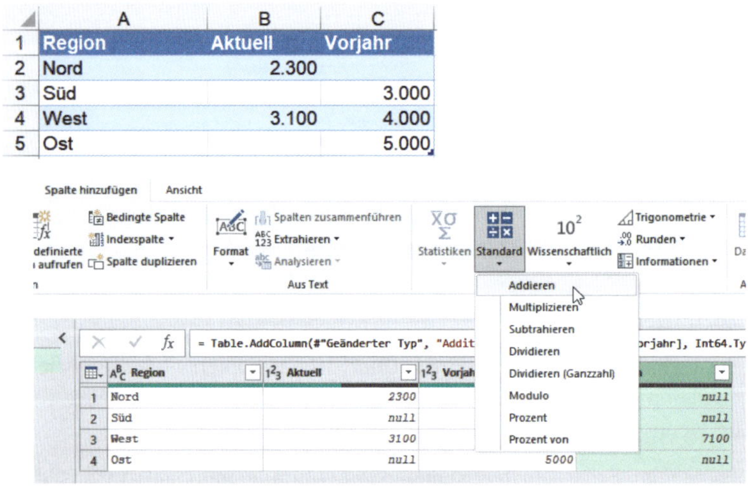

Abbildung 10.8: Spalten mit Nullwerten addieren

10.2 Mit Parametertabellen in Power Query arbeiten

Nach dem ETL-Prinzip werden die Daten zuerst aus einer externen oder auch internen Quelle (Tabellen, Tabellenbereiche) geholt (extrahiert) und dann transferiert. Power Query zeichnet dabei bei externen Daten den Pfad und den Dateinamen auf. Namen von Tabellenblättern werden ebenfalls in Textform in den M-Code geschrieben.

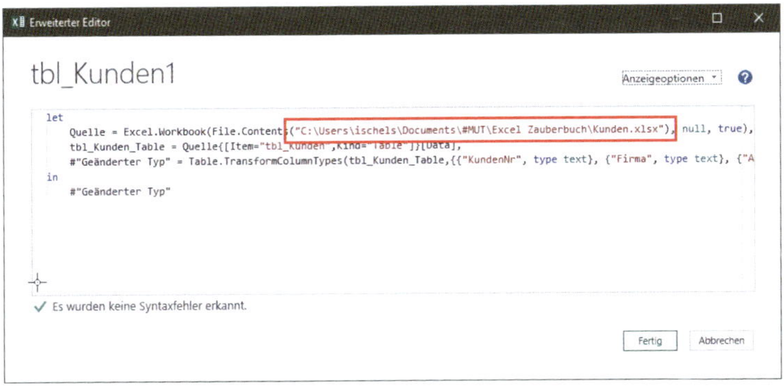

Abbildung 10.9: Pfade und Dateinamen werden im M-Code fixiert.

Versuchen Sie, solche fixen Verweise auf Pfade, Dateien und Tabellenblätter aus dem M-Code herauszuhalten. Mit einer Parametertabelle bleibt der Zugriff auf externe Daten mit Power Query variabel, und mit dem Einsatz einer Datenüberprüfungsliste lässt er sich sogar gezielt steuern.

10.2.1 Das Beispiel: Lagerbestand

In diesem Praxisbeispiel liefert das ERP-System Artikellisten für Produkte, die das Unternehmen im Angebot hat. Jede einzelne Artikelkategorie steht in einem eigenen Tabellenblatt, die Arbeitsmappe heißt *Lagerbestand.xlsx*.

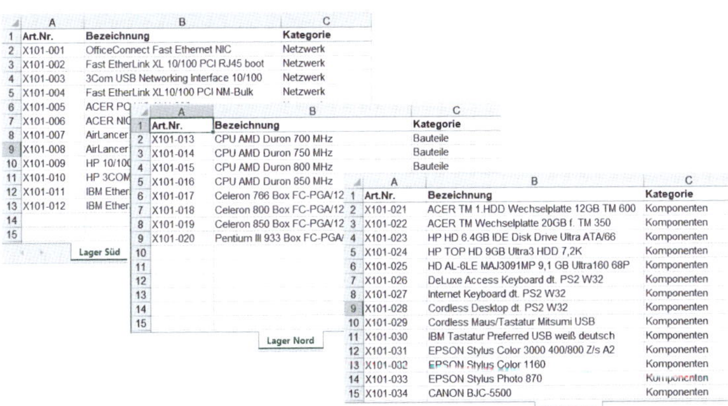

Abbildung 10.10: Lagerbestand, verteilt auf mehrere Standorte

Erstellen Sie eine Power-Query-Abfrage auf die externe Quelle und holen Sie die Umsätze aus der ersten Region:

Drücken Sie Strg+N für eine neue Mappe und wählen Sie *Daten/Daten abrufen und transformieren/Daten abrufen/Aus Datei/Aus Arbeitsmappe*. Markieren Sie die Datei *Lagerbestand.xlsx* und wählen Sie *Importieren*.

Markieren Sie im Navigator das erste Tabellenblatt *Lager Nord* und wählen Sie *Daten transformieren*. Schalten Sie im *Power Query-Editor* unter *Ansicht* die Abfrageeinstellungen und die Bearbeitungsleiste ein. Im Schritte-Editor werden die Schritte angezeigt, die Power Query verwendet, um die Daten zu extrahieren und zu transformieren.

Im letzten Schritt wandelt Power Query die Spaltentypen automatisch um, findet dabei aber nicht immer den richtigen Typ. Ändern Sie die Spaltentypen über das Typensymbol oder im Kontextmenü der rechten Maustaste mit *Typ ändern*. Markieren Sie die Schritte einzeln und sehen Sie sich den M-Code in der Bearbeitungsleiste an.

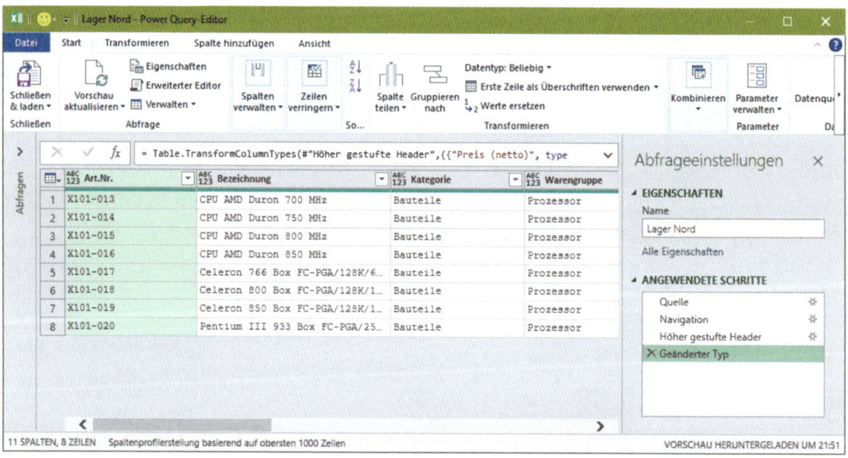

Abbildung 10.11: Die erste Abfrage auf den »Lagerbestand Nord«

10.2.2 Parametertabelle anlegen

Der M-Code der Power-Query-Abfrage speichert, wie oben gezeigt, sowohl den Pfad als auch den Dateinamen und das Tabellenblatt in Textform. Wird die Quelle umbenannt oder an einen anderen Speicherort verschoben, bleibt das zuletzt abgefragte Ergebnis zwar erhalten, eine Aktualisierung der Abfrage führt aber zur Fehlermeldung.

Holen Sie das Abfrageergebnis in ein leeres Tabellenblatt, setzen Sie es in Zeile 5 ab. Legen Sie dann eine Parametertabelle an:

Geben Sie in Zeile 1 die Spaltenüberschriften *Parameter* und *Wert* ein und drücken Sie mit dem Zellzeiger in A1 Strg+T.

Die Daten für die Tabelle befinden sich in $A$1:$B$1, markieren Sie die Option *Tabelle hat Überschriften.*

Tragen Sie in Spalte A die Parameter *Dateipfad*, *Dateiname* und *Tabellenblatt* ein.

Tragen Sie in B2 den Pfad *C:\Daten* ein, oder verwenden Sie den Pfad, in dem sich Ihre Auswertungsdatei befindet. Wenn die externe Datei im gleichen Pfad wie die Auswertungsdatei steht, können Sie diesen berechnen:

```
=LINKS(ZELLE("Dateiname";$A$1);FINDEN("[";ZELLE("Dateiname";$A$1))-1)
```

Schreiben Sie den Dateinamen *Lagerbestand.xlsx* in die Zelle B3.

Für die Auswahl des Tabellenblatts verwenden Sie eine Datenüberprüfungsliste. Wählen Sie *Daten/Datentools/Datenüberprüfung*. Schalten Sie unter *Zulassen* um auf *Liste* und geben Sie diese Textkette als Quelle ein:

```
Lager Süd;Lager Nord;Zentrallager
```

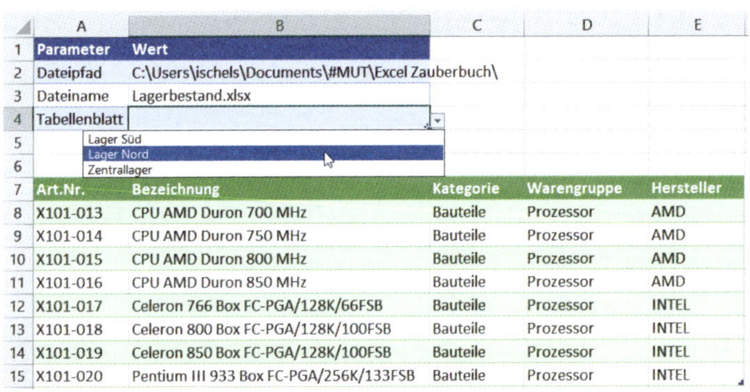

	A	B	C	D	E
1	Parameter	Wert			
2	Dateipfad	C:\Users\ischels\Documents\#MUT\Excel Zauberbuch\			
3	Dateiname	Lagerbestand.xlsx			
4	Tabellenblatt				
5		Lager Süd			
6		Lager Nord Zentrallager			
7	Art.Nr.	Bezeichnung	Kategorie	Warengruppe	Hersteller
8	X101-013	CPU AMD Duron 700 MHz	Bauteile	Prozessor	AMD
9	X101-014	CPU AMD Duron 750 MHz	Bauteile	Prozessor	AMD
10	X101-015	CPU AMD Duron 800 MHz	Bauteile	Prozessor	AMD
11	X101-016	CPU AMD Duron 850 MHz	Bauteile	Prozessor	AMD
12	X101-017	Celeron 766 Box FC-PGA/128K/66FSB	Bauteile	Prozessor	INTEL
13	X101-018	Celeron 800 Box FC-PGA/128K/100FSB	Bauteile	Prozessor	INTEL
14	X101-019	Celeron 850 Box FC-PGA/128K/100FSB	Bauteile	Prozessor	INTEL
15	X101-020	Pentium III 933 Box FC-PGA/256K/133FSB	Bauteile	Prozessor	INTEL

Abbildung 10.12: Parametertabelle mit Datenüberprüfungsliste für das Tabellenblatt

Größere Auswahllisten schreiben Sie in eine freie Spalte, weisen den Daten den Bereichsnamen *Regionsliste* zu und verwenden diese als Quelle:

```
=Regionsliste
```

Damit ist die Parameterliste erstellt, weisen Sie der Tabelle noch über das Register *Tabellenentwurf* den Tabellennamen *tbl_Parameter* zu. Speichern Sie die Auswertungsmappe unter dem Pfad, in dem sich Ihre Datenquelle für die Power-Query-Abfrage befindet.

10.2.3 Parametertabelle in Power Query einbinden

Im nächsten Schritt holen Sie die neue Parametertabelle in den *Power Query-Editor* und verknüpfen Dateipfad, Dateiname und Tabellenblatt mit den Quellangaben für die Umsatzabfrage.

Setzen Sie den Zellzeiger in die Parametertabelle und wählen Sie *Daten/Daten abrufen und transformieren/Aus Tabelle/Bereich.*

Weisen Sie den beiden Spalten den Datentyp *Text* zu. Filtern Sie über den Textfilter den Dateipfad. Klicken Sie auf den angezeigten Wert und wählen Sie im Kontextmenü der rechten Maustaste *Drilldown ausführen.* Geben Sie der Abfrage die Bezeichnung *Dateipfad.*

Duplizieren Sie in der linken Abfrageliste die Abfrage (im Kontextmenü). Geben Sie dieser Abfrage die Bezeichnung *Dateiname.* Suchen Sie unter *Angewendete Schritte* den Schritt *Gefilterte Zeilen.* Ändern Sie das Filterkriterium von *Dateipfad* auf *Dateiname.*

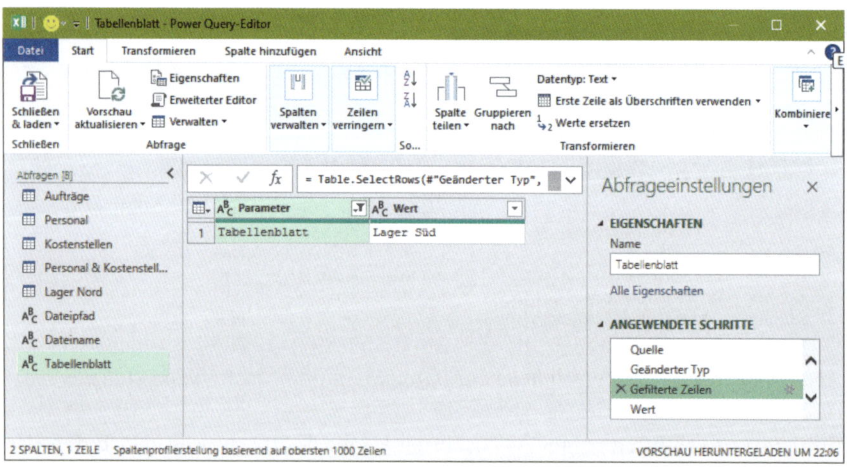

Abbildung 10.13: Variablen für Dateipfad, Dateiname *und* Tabellenblatt *als Abfragen*

Duplizieren Sie die Abfrage noch einmal, nennen Sie das Duplikat *Tabellenblatt*, und ändern Sie den Filter von *Dateiname* in *Tabellenblatt*. Jetzt sollte der Abfrage-Editor die drei Variablen *Dateipfad*, *Dateiname* und *Tabellenblatt* enthalten.

Achten Sie auf die Schreibweise der Variablen. Power Query unterscheidet zwischen Groß- und Kleinschreibung. Wenn Sie die Abfrage *DateiPfad* nennen, muss sie in dieser Schreibweise auch im M-Code verwendet werden.

10.2.4 Abfragevariablen in M-Code einbinden

Holen Sie die per Filter und Drilldown erstellten Variablen jetzt in die zuvor erstellte Abfrage. Geben Sie dieser die Bezeichnung *Lagerabfrage* (vorher: *Lager Nord*). Für die Änderungen können Sie die ersten beiden Schritte markieren und den Code in der Bearbeitungsleiste ändern oder unter *Ansicht/Weitere/Erweiterter Editor* den gesamten M-Code der Abfrage öffnen und editieren.

Ersetzen Sie im Schritt *Quelle* den Dateipfad und den Dateinamen durch eine Verkettung der beiden Variablen mit dem &-Zeichen:

```
Alt: = Excel.Workbook(File.Contents("C:\Daten\Lagerbestand.xlsx"), null, true)
Neu: = Excel.Workbook(File.Contents(Dateipfad&Dateiname), null, true)
```

Ersetzen Sie im Schritt *Navigation* den Namen des Tabellenblatts durch die Variable:

```
Alt: = Quelle{[Item="Lager Nord",Kind="Sheet"]}[Data]
Neu: = Quelle{[Item=Tabellenblatt,Kind="Sheet"]}[Data]
```

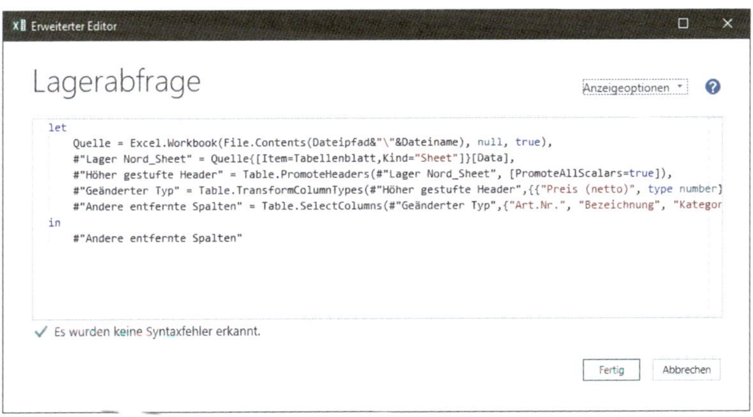

Abbildung 10.14: Die Parameter im M-Code

Wählen Sie *Schließen und Laden* im ersten Register (*Home* oder *Start*), um alle Abfrageergebnisse nach Excel zu holen.

Die Tabellenblätter, die damit für die drei Variablen angelegt werden, können Sie löschen, dadurch werden die damit verknüpften Abfragen auf den Status *Nur Verbindung* gesetzt.

Damit haben Sie eine funktionelle Parametertabelle für die Power-Query-Abfrage. Mit der Datenüberprüfungsliste stellen Sie das passende Tabellenblatt ein, ein Klick auf *Daten/Alle aktualisieren* holt das aktuelle Abfrageergebnis aus der Datenquelle.

10.2.5 Daten aktualisieren per Makro

Mit einem kleinen VBA-Makro automatisieren Sie auch den letzten Schritt noch. Schreiben Sie es im VBA-Editor. Achten Sie darauf, dass die Auswertungsmappe anschließend mit dem Dateityp XLSM gespeichert werden muss (Excel-Arbeitsmappe mit Makros).

Aktivieren Sie mit Alt+F11 den VBA-Editor. Schalten Sie im *Ansicht*-Menü den Projekt-Explorer ein, und öffnen Sie unter *Microsoft Excel-Objekt* das Tabellenblatt mit der Umsatzauswertung (und der Parametertabelle).

Geben Sie dieses Makro ein. Die absolute Adresse $B$4 ist das »target«, wenn diese Zelle verändert wird, startet das Makro die Aktualisierung aller Abfragen.

```
Private Sub Worksheet_Change(ByVal Target As Range)
If Target.Address = "$B$4" Then ActiveWorkbook.RefreshAll
End Sub
```

Speichern Sie die Mappe als Makro-Arbeitsmappe ab. Wird über die Datenüberprüfungsliste ein anderer Eintrag in die Zelle $B$4 geholt, aktualisiert sich die Power-Query-Abfrage automatisch.

10.3 Fuzzy-Übereinstimmung (ungefähre Übereinstimmung)

Das Problem kennen Sie sicher vom SVERWEIS: Der Suchbegriff im ersten Argument muss exakt mit den Suchdaten übereinstimmen, sonst findet die Formel nichts. Ein Leerzeichen oder ein überflüssiger Punkt genügt schon, um die Suche zu torpedieren.

Power Query bietet in Microsoft 365 ein nützliches Werkzeug, das beim Zusammenführen von Daten bis zu einem bestimmten Grad auch ungefähre Übereinstimmung zulässt. Die Fuzzy-Übereinstimmung akzeptiert kleine Abweichungen zwischen Suchbegriff und Suchbereich. Wikipedia definiert das Ganze als unscharfe Suche, einem Informatik-Algorithmus für Zeichenketten:

https://de.wikipedia.org/wiki/Unscharfe_Suche

Erstellen Sie im *Power Query-Editor* eine erste Abfrage. Wählen Sie *Start/Kombinieren/Abfragen zusammenführen.* Holen Sie eine zweite Abfrage mit einer identischen Spalte in das Dialogfeld. Markieren Sie in beiden Vorschaulisten die Spalte mit den gemeinsamen Schlüsselbegriffen.

Schalten Sie *Fuzzyübereinstimmungen zum Zusammenführen verwenden* ein, um das Ergebnis zu verbessern. Power Query sucht damit auch Werte in der zweiten Abfrage, die mit denen der ersten ungefähr übereinstimmen.

Über die *Optionen für Fuzzyübereinstimmung* lässt sich das Ergebnis noch steuern:

- *Schwellenwert für Ähnlichkeit:* Gibt an, wie ähnlich zwei Werte sein müssen, damit sie als übereinstimmend erkannt werden. Mit dem Mindestwert 0 stimmen alle überein, beim Höchstwert 1 nur die mit exakt gleicher Schreibweise. Nehmen Sie einen Standardwert von 0,8, und variieren Sie ihn, falls zu viele oder zu wenige Treffer gelandet werden.
- *Groß-/Kleinschreibung ignorieren:* Standardmäßig wird Groß-/Kleinschreibung beim Vergleich ignoriert. Schalten Sie die Option aus, wenn die Schreibweise eine Rolle spielt.
- *Durch Kombination von Textteilen abgleichen:* Findet Übereinstimmungen, indem Texte zusammengefügt werden (z. B. Sportverein und Sport Verein).
- *Maximale Zahl Übereinstimmungen:* Geben Sie an, wie viele Übereinstimmungen Sie für jede einzelne Zeile haben wollen (Standard: *alle Werte).* Mit 1 findet Fuzzy nur jeweils eine Übereinstimmung.
- *Transformationstabelle:* Tragen Sie den Namen einer zweispaltigen Zuordnungstabelle ein.

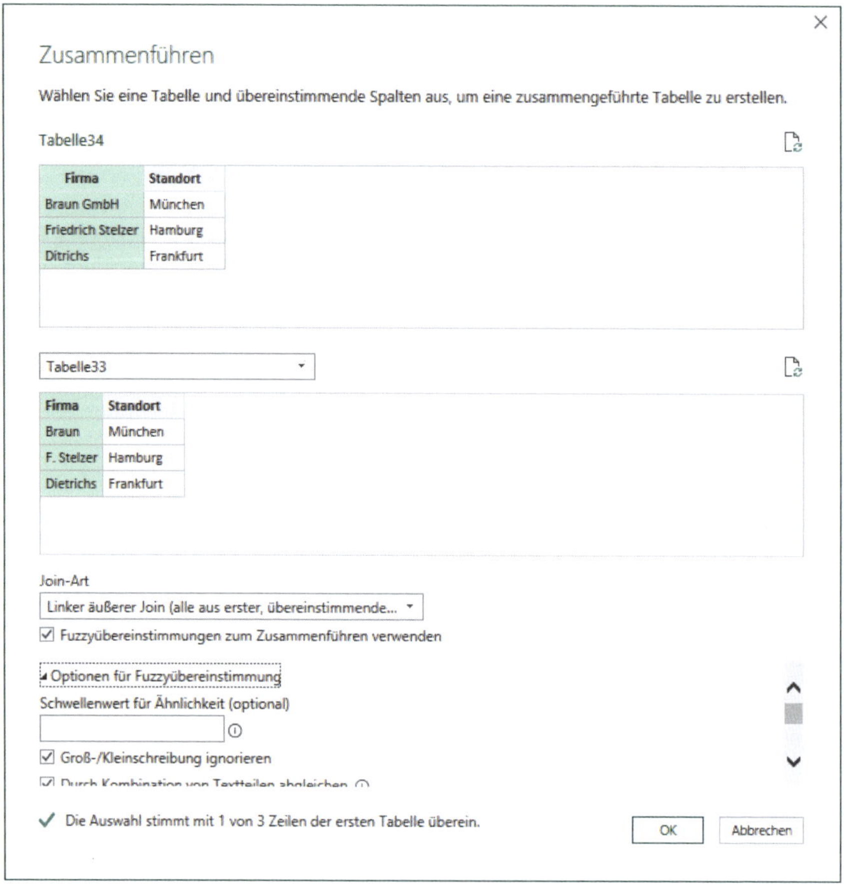

Abbildung 10.15: Mit Fuzzy-Logik sucht Power Query mit künstlicher Intelligenz

Kapitel 11

Datenüberprüfung

Eigentlich ist im Zellbereich eines Tabellenblatts so ziemlich alles erlaubt. Ob Text, Zahl, Datum oder Hyperlink – Excel prüft die Eingabe, schaltet das Zahlenformat *Datum* ein, wenn ein solches zu erkennen ist, oder weist einen Link zu. Diese Flexibilität hat natürlich ihren Preis. Wenn alles erlaubt ist, wird das Unerlaubte zum Risiko.

Die *Datenüberprüfung* schiebt hier einen Riegel vor. Sie erlaubt nur Eingaben, die einer bestimmten Regel entsprechen. Wie bei jeder Formatierung muss der Bereich zuvor markiert werden, dann wird mit *Daten/Datentools/Datenüberprüfung* eine Einschränkung aktiviert. Das Dialogfenster hat drei Register: Im ersten, *Einstellungen*, wird die Überprüfungsregel definiert, im zweiten, *Eingabemeldung*, kann eine für den Benutzer hilfreiche Eingabemeldung festgelegt werden, und die dritte Registerkarte, *Fehlermeldung*, regelt den Umgang mit Fehlermeldungen.

11.1 Richtig zuweisen

Beim Zuweisen ist eine bestimmte Konsequenz sehr nützlich, spart Zeit und senkt das Risiko für Falscheingaben:

- Am besten markieren Sie immer eine Spalte oder mehrere Spalten. Das geht schnell mit Strg+Leer, das Symbol ziehen Sie vorher aus den *Datentools* in die Symbolleiste für den Schnellzugriff. In Tabellen können Sie immer mit Strg+Leer die ganze Spalte ohne Kopfzeile markieren.
- Wenn Sie nicht mehr wissen, welche Zellen eine Datenüberprüfung haben, drücken Sie F5, wählen *Inhalte* und dann *Datenüberprüfung/Alle*. Mit *Gleiche* bekommen Sie alle Zellen markiert, deren Regel mit der aktiven Zelle identisch ist.

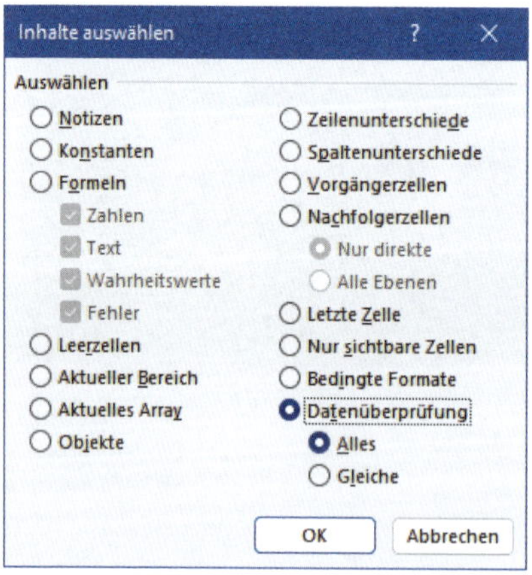

Abbildung 11.1: Alle Zellen mit Datenüberprüfung finden

Mit einem Symbol in der Symbolleiste für den Schnellzugriff geht es am schnellsten: Schalten Sie die Anpassung ein, suchen Sie unter *Alle Befehle* nach dem Symbol (Achtung: nicht den Menübefehl, das Symbol heißt *Gehe zur Datenüberprüfung*). Ein Klick darauf, und alle Zellen mit einer Datenüberprüfung sind markiert.

11.2 Kriterien und Meldungen

Standardkriterien sind ganze Zahlen, Dezimalzahlen, Datums- und Zeitwerte sowie die Einschränkung der Textlänge.

Hier ein einfaches Beispiel: Erwartet wird die Eingabe eines Geburtsdatums, eine Eingabemeldung informiert ausführlicher, und die Fehlermeldung erscheint, wenn die Gültigkeitsregel verletzt wird. Die Fehlermeldung ist wichtiger als die Eingabemeldung, wir lassen den weniger erfahrenen Datenerfasser nicht mit einer Meldung wie »Dieser Wert entspricht den Einschränkungen ...« im Regen stehen.

```
Zulassen: Datum
Daten: Zwischen 01.010.1923 und =HEUTE()
```

Eingabemeldung: *Gib hier dein Geburtsdatum im Format TT.MM.JJ ein.*

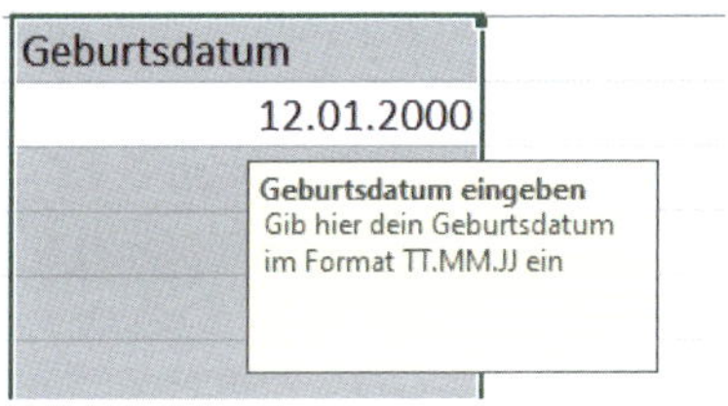

Abbildung 11.2: Datum eingeben

Fehlermeldung: *Das ist kein gültiges Geburtsdatum. Bitte gib dein Geburtsdatum im Format TT.MM.JJ ein.*

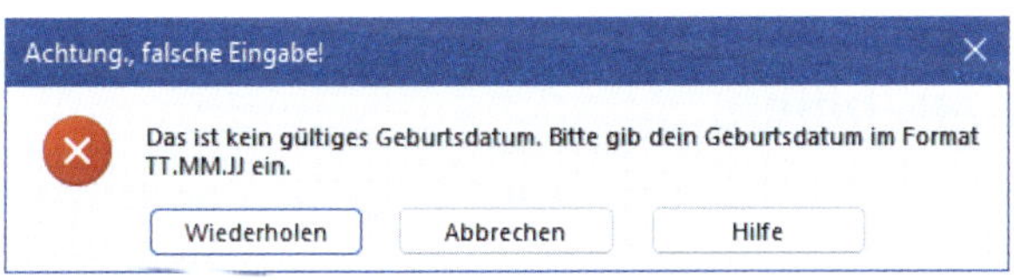

Abbildung 11.3: Achtung, falsche Eingabe

11.3 Auf die Länge kommt es an

Für die Textlänge wird die Anzahl der getippten Zeichen überprüft. Personalnummern, Kostenstellen u. a. können mit einem logischen Operator (Größer als, Kleiner als, Gleich ...) gecheckt werden. Postleitzahlen werden am besten auf Zahlen mit maximal fünf Stellen begrenzt, damit bleibt auch die Eingabe von Kennziffern für Österreich und die Schweiz (jeweils vier) erlaubt, und die Zahl verhindert, dass das Länderkennzeichen erfasst wird.

Um für die Spalte nur Texte bis zur maximalen Breite zuzulassen, bekommt die *Datenüberprüfung* diese Einschränkung:

```
Zulassen: Textlänge
Daten: Zwischen:
Minimum 1
Maximum: =ZELLE("breite")
```

11.4 Nur Text, nur Zahl

Die Formel gibt die Anzahl der Zeichen einer Spalte aus, und die ist von der Schriftgröße abhängig. Die Einschränkung *Textlänge* ist übrigens nicht geeignet, um nur Text (ohne Zahlen) zuzulassen. Dafür hat die *Datenüberprüfung* keinen Vorschlag, aber die Kategorie *Benutzerdefiniert* löst die Aufgabe. So wird der markierte Bereich auf Texteingaben beschränkt (A1 ist die erste aktive Zelle):

```
=ISTTEXT(A1)
```

Entsprechendes gilt dann für alle IST-Funktionen:

=ISTKTEXT()
=ISTZAHL()
=ISTGERADE() usw.

11.5 Nix Doppeltes, bitte

Personalnummern, Kostenstellen, Konten- oder Mandantennummern müssen eindeutig sein. Mit dieser Funktion wird überprüft, ob im Bereich A1:20 doppelte Werte zu finden sind:

```
=ZÄHLENWENN($A$1:$A$20;A1)
```

Um die Eingabe von Dopplungen mit der *Datenüberprüfung* zu verhindern, legen Sie eine benutzerdefinierte Prüfung mit dieser Formel an:

```
Zulassen: Benutzerdefiniert
Formel: =ZÄHLENWENN($A$1:$A$20;A1)=1
```

Leider verträgt sich die Tabelle nicht mit der benutzerdefinierten Datenüberprüfung. Versuche, Tabellenspalten mit dem ersten Wert der Spalte zu vergleichen, enden mit Fehlern, auch das Ausweichen auf Bereichsnamen, die strukturierte Verweise auf Spalten enthalten, funktioniert nicht. Hier bleibt nur die Möglichkeit, die ganze Spalte des Blattes mit dem ersten Wert der Spalte (nicht der Tabellenspalte) zu vergleichen.

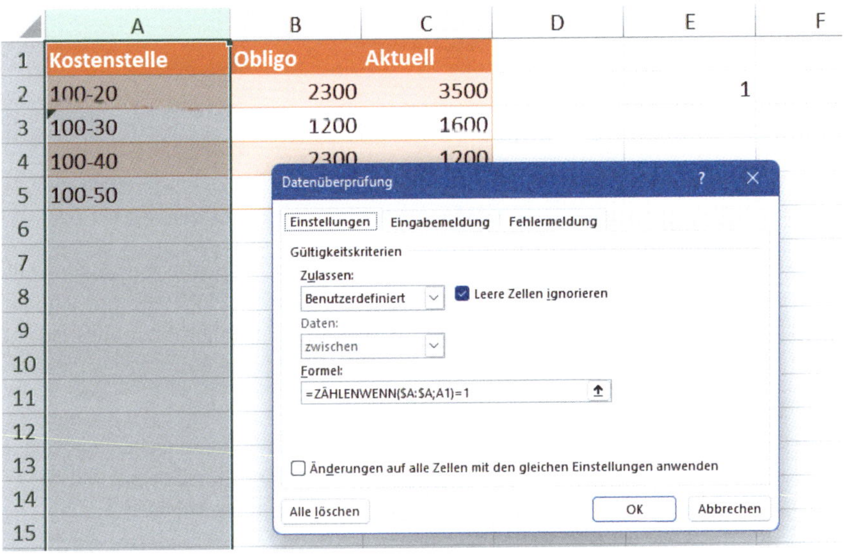

Abbildung 11.4: Datenüberprüfung in Tabellen nicht mit strukturierten Verweisen

11.6 Kriterien kombiniert

Im Prinzip kann in der *Datenüberprüfung* nur eine Kategorie von Einschränkungen gewählt werden. Die benutzerdefinierte Variante bietet aber die Möglichkeit, mehrere Ausdrücke in einer logischen Klammer (`UND()` und `ODER()`) zu sammeln und so beliebig viele Überprüfungsausdrücke zu sammeln.

Hier im Beispiel ist es die Spalte O. Sie wird auf doppelte Werte, gerade Ganzzahlen (`REST(zahl;2)`), die Mindestgrenze (`0`) und den Maximalwert `100` überprüft.

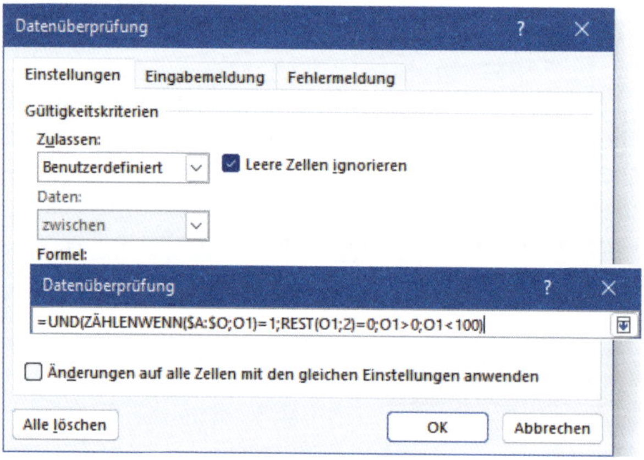

Abbildung 11.5: Mit UND() mehrere Kriterien kombinieren

11.7 Zellschutz allgemein

Mit dem Blattschutz ist das so eine Sache: Viele Anwender arbeiten ungern mit gesperrten Zellbereichen und Einschränkungen beim Filtern, Sortieren etc. Außerdem ist der Aufwand, geschützte Blätter zu verwalten, ziemlich hoch, besonders, wenn Kennwörter im Spiel sind. Und sicher ist der Schutz sowieso nicht, was wir in Kapitel 1.11.5 bewiesen haben.

Manchmal reicht ein einfacher Schutz schon aus, um dem Benutzer die Möglichkeit zu nehmen, versehentlich zu überschreiben, was er nicht überschreiben soll. Mit dieser Datenüberprüfung werden Zellbereiche (oder auch ganze Tabellenblätter) geschützt:

1. Markieren Sie den gewünschten Bereich, die Spalten oder das Tabellenblatt per Klick auf das Feld links oben, wo sich die beiden Lineale treffen.
2. Wählen Sie *Daten/Datentools/Datenüberprüfung* und schalten Sie um auf *Benutzerdefiniert*.
3. Geben Sie diese Formel ein:

```
<>""
```

4. Tragen Sie eine passende Fehlermeldung ein:

   Diese Zelle bitte nicht überschreiben.

5. Nach der Bestätigung mit *OK* sind alle Zellen des markierten Bereichs gesperrt.

Einen »Pferdefuß« hat die Methode leider: Der Benutzer kann zwar keine Zelle überschreiben, aber er kann jede Zelle löschen. Das lässt sich mit keiner Datenüberprüfung verhindern.

11.7.1 Formelzellen sperren

Um nur die Zellen zu schützen, die Formeln enthalten, markieren Sie vor dem Aufruf der benutzerdefinierten Datenüberprüfung alle Formeln:

Drücken Sie [F5] und klicken Sie auf *Inhalte*. Mit *Formeln* werden vier Kategorien der Formelzellen ausgewählt: *Zahlen* und *Text*, *Wahrheitswerte* und *Fehler*. Ein Klick auf *OK* markiert alle Formeln im aktiven Tabellenblatt.

Starten Sie jetzt aus dem *Daten*-Menü unter *Datentools* die *Datenüberprüfung* und geben Sie unter *Benutzerdefiniert* diese Formel ein:

<>""

Legen Sie noch eine aussagekräftige Fehlermeldung fest, und die Formeln sind (zumindest vor versehentlichem Überschreiben) geschützt.

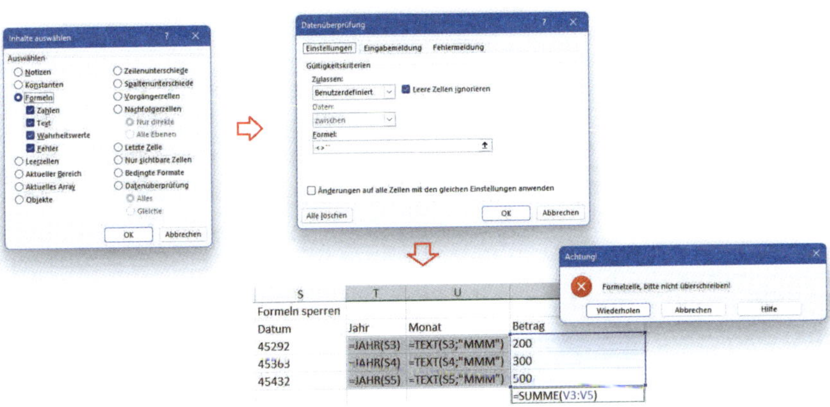

Abbildung 11.6: Formelzellen schützen mit benutzerdefinierter Datenüberprüfung

11.7.2 Ein einfacher Passwortschutz

Für Entwickler sehr nützlich, um den Formelschutz oder den allgemeinen Zellschutz schnell ein- und auszuschalten, oder einfach, um Bereiche wirksam zu schützen: Legen Sie ein Passwort in einer für den Anwender nicht sichtbaren Zelle an. Schreiben Sie beispielsweise in Zelle X1 ein Passwort (*abc*, ja, es gibt sicherere ...) und formatieren Sie die Zelle mit diesem Zahlenformat:

```
;;;
```

Damit zeigt die Zelle weder positive Zahlen noch negative und auch keine Nullwerte, also gar nichts, auch keine Texteinträge. Ist die Spalte A als Eingabebereich vorgesehen, geben Sie ihr nach der Markierung diese benutzerdefinierte Datenüberprüfung:

```
=UND(A1<>"";$X$1="abc")
```

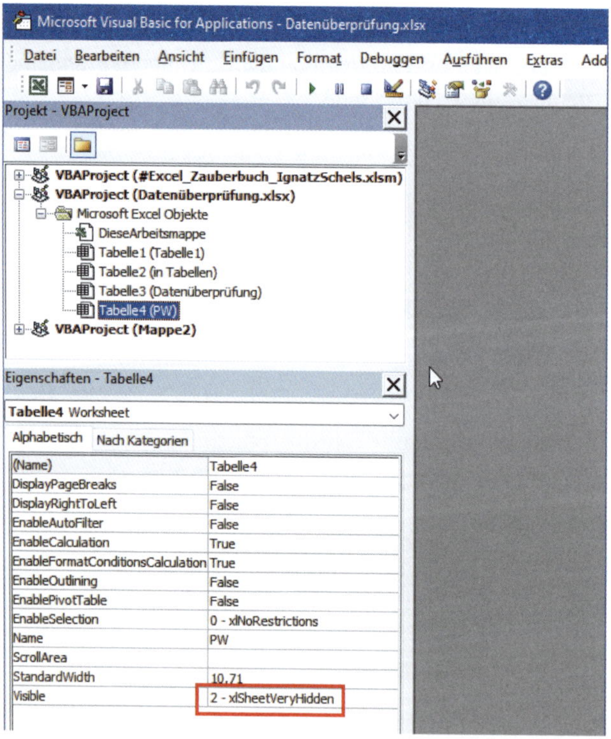

Abbildung 11.7: Mit dem Status VeryHidden *ist das Blatt gut versteckt*

Jetzt nimmt die Spalte nur Eingaben oder Änderungen an, wenn das Passwort in Zelle X1 stimmt. Um wirklich sicherzugehen, können Sie das Passwort auch – mit einem Bereichsnamen versehen – in einem ausgeblendeten Tabellenblatt anlegen und diesen Bereichsnamen abfragen:

```
=UND(A1<>"";$X$1=rng_PW)
```

Und um zu verhindern, dass der Anwender das Blatt samt Passwortzelle über das Kontextmenü der Tabellenreiter einblendet, aktivieren Sie den Visual Basic Editor, schalten das Eigenschaftenfenster ein und setzen für das Tabellenblatt die Eigenschaft *Visible* auf *VeryHidden*. Damit lässt sich das Blatt nicht mehr über die Excel-Oberfläche einblenden.

11.8 Zellen nach Bedarf sperren

In einer Tabelle sollen monatsaktuell Werte erfasst werden. Die Liste soll aber immer nur Eingaben in der aktuellen Monatsspalte oder in den Folgemonaten zulassen. Die Spalten bereits vergangener Monate dürfen nicht überschrieben werden.

Damit Excel die Monate auswerten kann, müssen die Spaltenüberschriften als Datumswerte eingetragen werden. Tragen Sie den ersten Tag des ersten Monats ein, ziehen Sie das Füllkästchen rechts unten am Mauszeiger nach rechts und wählen Sie *Monate* als Füllreihe. Die Monatsreihe bekommt das Zahlenformat MMMM oder MMM.

So werden die Spalten der zurückliegenden Monate vor Überschreibung geschützt:

1. Markieren Sie den Zellbereich für die Eingabe inklusive Überschrift und wählen Sie *Daten/Datentools/Datenüberprüfung*.
2. Unter *Zulassen* bestimmen Sie *Benutzerdefiniert*, und die Formel vergleicht den Monat der ersten Zelle mit dem aktuellen Monat.

   =MONAT($A1)>=MONAT(JETZT())
3. Geben Sie auf der Registerkarte *Fehlermeldung* einen aussagekräftigen *Titel* mit einer kurzen *Fehlermeldung* ein.

Zur Sicherheit können Sie dem Blatt noch einen Blattschutz mit Kennwort zuweisen. Sollte ein Anwender nun Werte in einer »abgelaufenen« Monatsspalte eingeben wollen, hindert ihn Excel mit einer entsprechenden Meldung daran.

Der Anwender kann nur auf *Abbrechen* klicken und muss die Werteeingabe in einer zulässigen Spalte fortsetzen.

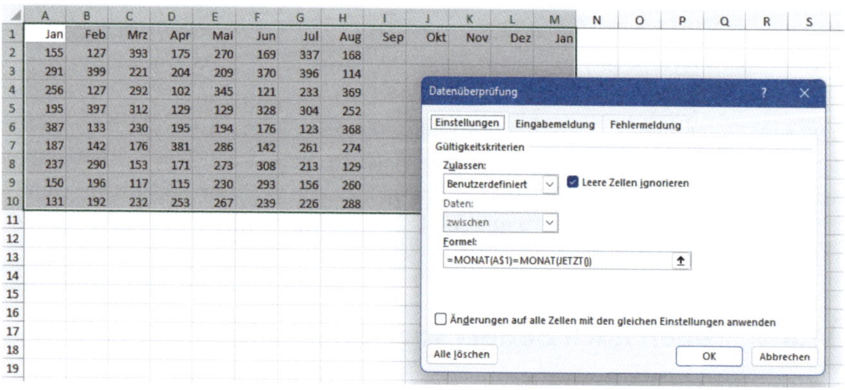

Abbildung 11.8: Monatswerte schützen mit benutzerdefinierter Datenüberprüfung

11.9 Datenüberprüfungslisten

Das ist eigentlich kein Formularelement, aber sie dürfte in der Praxis häufiger zum Einsatz kommen als die Steuerelemente aus den Entwicklertools. Die Rede ist von der Liste, die mit *Daten/Datentools/Datenüberprüfung* einer Zelle oder einem Zellbereich zugewiesen wird.

Dass die Quelle dieser Liste nicht nur aus einem Zellbezug, sondern auch aus benannten Bereichen, Tabellenspalten und dynamischen Arrays stammen kann, macht diese Liste so flexibel.

Lassen Sie uns ein wenig damit zaubern.

11.9.1 Schnell aufgeklappt

Dass der Zellzeiger auf der Zelle stehen muss, damit der Pfeil zu sehen ist, das lässt sich nicht vermeiden oder vereinfachen. Über [F5] und *Inhalte/Gültigkeit* lässt sich zumindest nach der Zelle suchen.

Mit einem kleinen Shortcut kann die Liste auch per Tastatur aufgeklappt werden: Drücken und halten Sie die [Alt]-Taste und die Taste [↓].

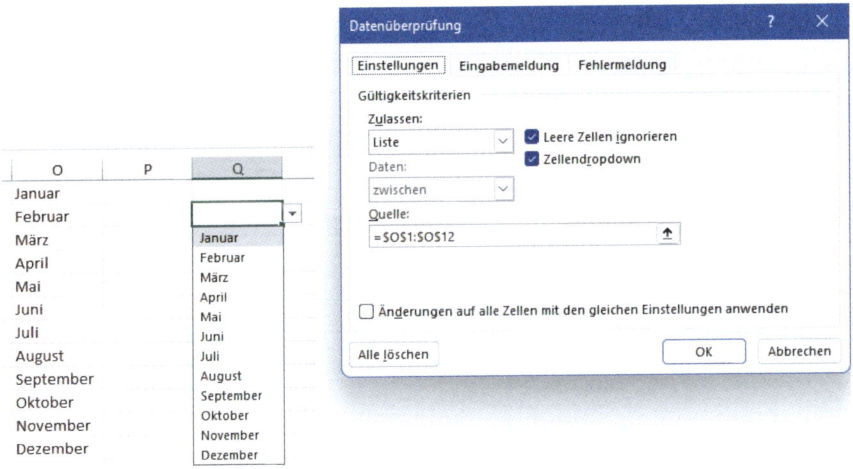

Abbildung 11.9: Eine Datenüberprüfungsliste mit Monatsreihe

11.9.2 Basis: eindeutige Werte

Steht der Zellzeiger in der Zelle, die mit einer Datenüberprüfungsliste ausgestattet ist, bietet sie einen Auswahlpfeil am rechten Rand an, und ein Klick darauf öffnet die »Klappliste« (Deutsch für »Dropdown«), deren Inhalt mit *Zulassen:Liste* und einem Link unter *Quelle:* definiert wurde.

Hier gibt es viele schlechte und einige gute Wege, diese Liste zu füllen. Nehmen wir als Beispiel eine Monatsreihe von Januar bis Dezember:

- **Textkette:** Die Liste wird als Textkette mit Semikolon als Trennzeichen geschrieben:
  `Januar;Februar;März … Dezember`
- **Bezug:** Die Liste stammt aus einem Zellbezug oder aus einem benannten Bereich:
  `=$K$1:$K$12`
  `=Monatsliste`
- **Dynamisches Array:** Die Liste wird aus der Startzelle eines dynamischen Arrays abgeholt:
  `=$K$1#`

Letzteres ist natürlich der beste Weg, um die Liste zu fixieren, denn das dynamische Array liefert über die Funktion EINDEUTIG() eine Liste ohne Duplikate. Optimal geeignet ist dafür eine Tabelle als Datenbasis.

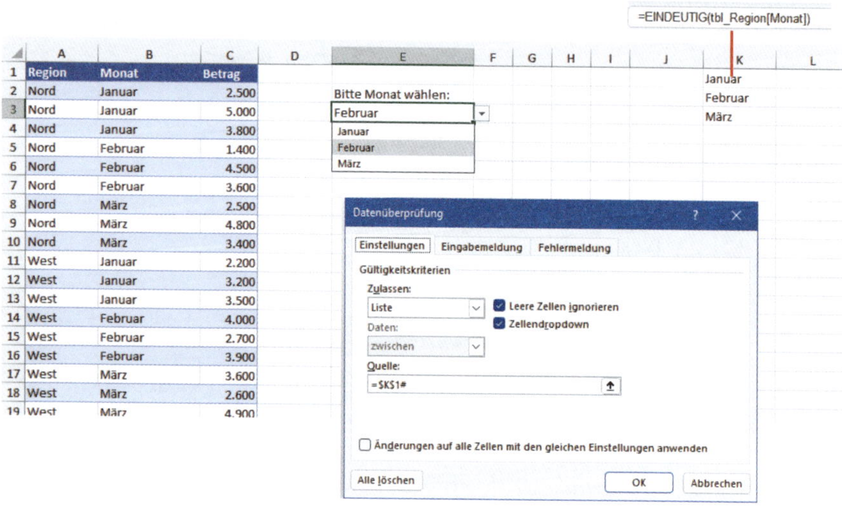

Abbildung 11.10: Datenüberprüfungsliste mit eindeutigen Werten

11.9.3 Eindeutige Werte aus den markierten Daten

Mit den Updates vom Oktober 2023 übernimmt Excel beim Zuweisen der Quelle automatisch nur eindeutige Werte aus dem markierten Bereich. Das kann eine Tabellenspalte, eine Blattspalte oder ein Listenbereich sein. Der Umweg über eine Liste mit der EINDEUTIG()-Funktion erübrigt sich, ist aber natürlich nicht falsch.

11.9.4 Dynamische Listen mit gegenseitigem Bezug

Wie wird eine Datenüberprüfungsliste angelegt, deren Inhalt vom Inhalt einer anderen Zelle oder von der in einer anderen Liste getroffenen Auswahl abhängig ist?

Aus unserer Tabelle *tbl_Europa* geben wir die Liste der Länderbezeichnungen zur Auswahl und stellen in einer weiteren Datenüberprüfungsliste die zur Auswahl passenden Städte bereit.

Konstruieren Sie den ersten Bereichsnamen für die Länderliste. Diese Namen werden lokal definiert, sie gelten nur für die aktuelle Tabelle:

```
Name: rng_Länder
Bereich: Tabelle
Bezieht sich auf: tbl_Europa[#Kopfzeilen]
```

Tabellenname:

tbl_Europa

	A	B	C
1	**Deutschland**	**Frankreich**	**Italien**
2	Berlin	Paris	Rom
3	Frankfurt	Nizza	Venedig
4	München	Lyon	Neapel

Abbildung 11.11: Länder und Städte

Legen Sie eine Datenüberprüfungsliste mit Auswahl aller Länder an:

```
E2: Bitte wählen Sie ein Land:
E3: Daten/Datentools/Datenüberprüfung
Zulassen: Liste
Quelle: =rng_Länder
```

Die Zelle $F$3 bekommt einen Bereichsnamen und eine Formel:

```
Name: rng_Auswahl_Land
Bereich: Tabelle
Bezieht sich auf: =$F$3

Formel: =VERGLEICH(E3;rng_Länder;0)
```

Die dynamische Städteliste wird über ein dynamisches Array ermittelt. Leider akzeptiert der Namens-Manager neue Arrayfunktionen wie SPALTENWAHL() noch nicht, deshalb wird die Städteliste über BEREICH.VERSCHIEBEN() konstruiert:

```
Name: rng_S
Bezieht sich auf: =BEREICH.VERSCHIEBEN(tbl_Europa;0;rng_L-1;;1)
```

In der Zelle $E$6 steht die Städteliste des jeweils gewählten Landes über eine Gültigkeitsliste bereit:

```
$E$5: Bitte wähle eine Stadt:
$E$6:
Daten/Datentools/Datenüberprüfung
Zulassen:Liste
Quelle: =rng_S
```

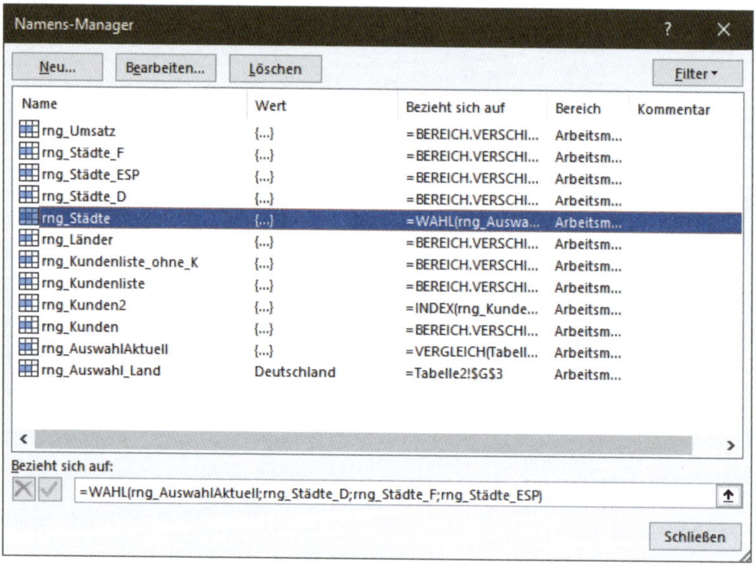

Abbildung 11.12: Städteliste

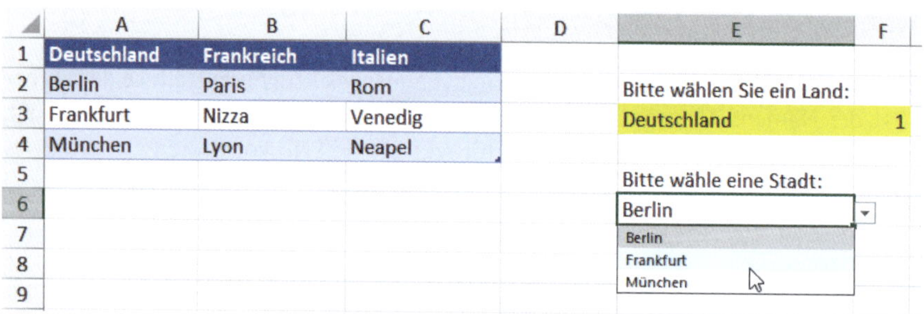

Abbildung 11.13: Wechselnde Bereiche mit Datenüberprüfungen

Elegant ist diese Lösung nicht, die Datenüberprüfungslisten bedingen sich zwar gegenseitig, aber mit Auswahl des Landes wird nicht automatisch die Auswahl in der Städteliste zurückgesetzt, und ein automatisches »Aufklappen« der Liste wäre auch nicht schlecht. Das lässt sich natürlich alles machen, aber nur mit VBA:

Schalten Sie mit Alt+F11 in den VBA-Editor und suchen Sie im Projekt-Explorer das Tabellenobjekt. Öffnen Sie es per Doppelklick und schalten Sie im Modul auf *Worksheet*.

Wählen Sie rechts in der Liste das Ereignis *Worksheet_Change()* und schreiben Sie das Makro fertig. Es prüft ab, ob die Änderung in der Länderliste (*Target*) stattfand, löscht in diesem Fall die Städteliste, setzt den Zellzeiger in die Zelle und klappt die Liste mit einem SendKeys-Befehl auf (Shortcut Alt+↓).

Die Mappe muss jetzt nur noch als Makro-Arbeitsmappe gespeichert werden.

```
Private Sub Worksheet_Change(ByVal Target As Range)
  If Target.Address = "$E$3" Then
   With Range("$E$6")
    .Value = ""
    .Select
    SendKeys "%{DOWN}"
   End With
  End If
End Sub
```

Kapitel 12

Gut in Form(ularen)

Sporadisch eingestreut haben wir in den vorherigen Kapiteln, wie Kalkulationen mit Drop-down-Auswahllisten, Options- oder Drehfeldern bestückt werden. Diese Formularsteuerelemente stellt Excel in den *Entwicklertools* zur Verfügung, deren Menüeintrag Microsoft bei frischen Office-Installationen verschämt versteckt, obwohl es keinen Grund dafür gibt. Einmal aktiviert, bleibt das Register im Menüband (*Datei/Optionen/Menüband anpassen*). Neben den Werkzeugen für den Makroprogrammierer liefert die Gruppe *Steuerelemente* ein Angebot an solchen Elementen, die sich bestens zum Aufpeppen von Tabellenblättern, zum Automatisieren oder für die Produktion nützlicher Ausfüllformulare eignen.

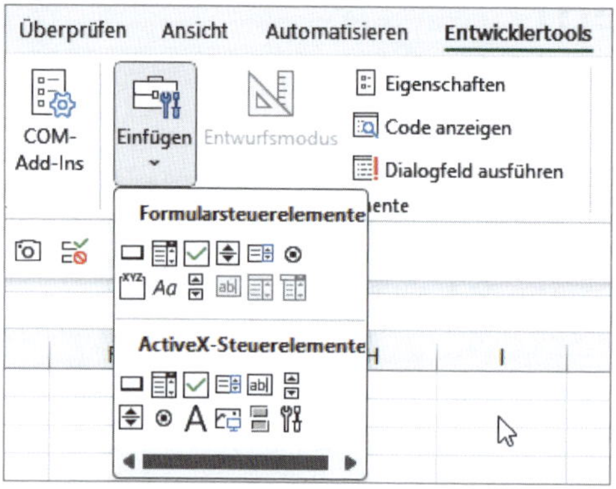

Abbildung 12.1: Die Formularwerkzeuge in den Entwicklertools

Ein Klick auf *Einfügen* in der Gruppe *Steuerelemente* zeigt zwei auf den ersten Blick identische Symbolgruppen. Warum hier zwei Pakete im Angebot sind, lässt sich wieder einmal nur mit Blick zurück in die Historie beantworten. Und zwar in die Zeit von 1995, als Excel noch kein VBA hatte, sondern eine Makrosprache, die eine Befehlsliste in einem Tabellenblatt abarbeitete:

```
FÜR()
WEITER()
WENN() … DANN()
```

Dialoge mit dem Benutzer führte man in dieser Sprache nicht mit *UserForms*, wie sie der VBA-Editor anbietet, sondern über spezielle Tabellenblätter. Die gibt es übrigens immer noch: Klicken Sie im Kontextmenü eines Tabellenreiters auf *Einfügen* und wählen Sie *Microsoft Excel 5.0-Dialog*. In diese Dialogblätter werden mit den Symbolen aus der ersten Gruppe Formularsteuerelemente eingezeichnet.

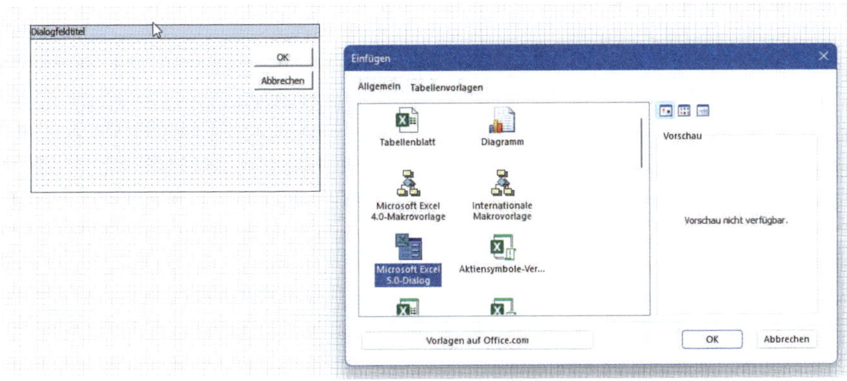

Abbildung 12.2: Der alte Excel 4.0-Dialog

Mit der Ablösung der 4.0-Makrosprache durch VBA, ein Derivat der Programmiersprache Visual Basic, hatte Excel auch *ActiveX* im Portfolio. Eine Technologie, die heute als »The Web's Biggest Mistake« tituliert wird. Microsofts größter Fehler bestand aus »Controls«, die für den Einbau in die Webbrowser konzipiert waren. Produkte wie Adobe Flash, Apples QuickTime und viele andere nutzten sie, bis die Sicherheitsmängel so gravierend wurden, dass sie daran und damit scheiterten oder das Framework einfach abschalteten. Office-Dokumente von Word und Excel konnten und können aber immer noch mit ActiveX-Elementen versehen werden.

ActiveX-Elemente haben übrigens eine eigene »Sicherheitsabteilung« im Trust Center von Office. In dessen Einstellungen können sie deaktiviert oder per Eingabeaufforderung eingeschränkt werden.

ActiveX-Elemente sind zwar von der Anlage her deutlich komfortabler als die alten Formularsteuerelemente, aber nach wie vor problembehaftet. Einige erfordern lizenzpflichtige OCX- oder DLL-Quellen, andere sind veraltet und reagieren nicht wie erwartet, und viele sind bereits als Sicherheitsrisiken eingestuft und haben »Kill-Bits«, die einen Einsatz verhindern. Wir wollen das hier nicht weiter diskutieren, sondern mit den verfügbaren, harmlosen und doch sehr trickreichen Formularwerkzeugen arbeiten. Was die nämlich nicht können, muss mit VBA programmiert werden, und ohne VBA sind auch ActiveX-Elemente nicht sinnvoll einsetzbar.

Formularelemente lassen sich frei auf dem Blatt positionieren und mit einem Eingabebereich und/oder einer Zellverknüpfung versehen. Dazu wird die Option *Steuerelement formatieren* aus dem Kontextmenü aufgerufen. Hier sollte am besten mit variablen Bereichsnamen gearbeitet werden, nicht mit festen $-Bezügen.

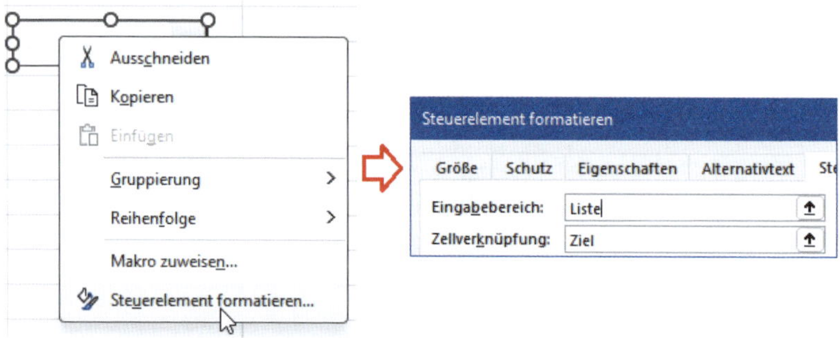

Abbildung 12.3: Eingabebereich und Zellverknüpfung zuweisen

Die Bereiche können übrigens problemlos verschoben werden, die Steuerelemente passen ihre Zuweisung an.

12.1 Damit zeichnet es sich leichter

Bevor wir uns mit Schwung und Elan den Formularelementen widmen, noch ein paar nützliche Tipps, die das Leben und vor allem das Zeichnen leichter machen:

Objektpfeil einschalten: Lässt sich unter *Start/Gehezu/Suchen und Auswählen/Objekte auswählen* ansteuern. Am besten in die Symbolleiste für den Schnellzugriff einbauen. Ein Klick, und es können nur Objekte markiert werden. [Esc] schaltet den Objektpfeil wieder ab.

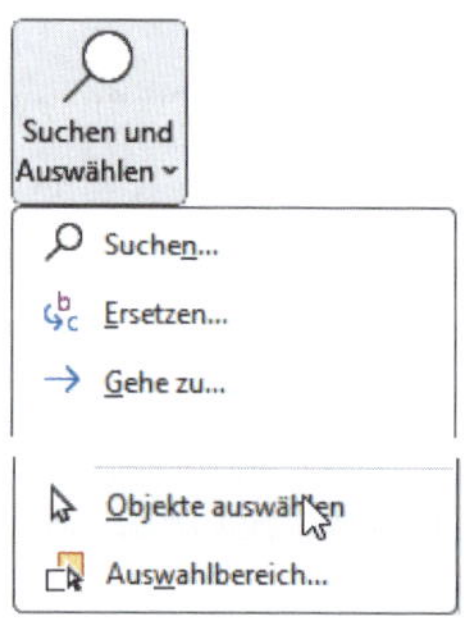

Raster nutzen: Die Blatt-Gitternetzlinien als Raster zum Zeichnen verwenden, damit Objekte gleich groß werden. [Alt]-Taste festhalten, Objekt am Anfasser ziehen, Objekt rastet immer an der nächsten Gitternetzlinie ein.

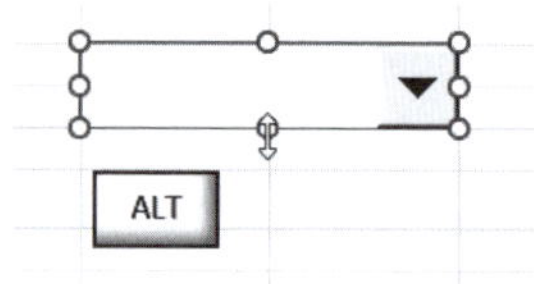

Gruppen herstellen: Objektpfeil einschalten, mit dem Mauszeiger Rahmen über alle Objekte ziehen. Ausrichtung über das Menü *Formformat*.

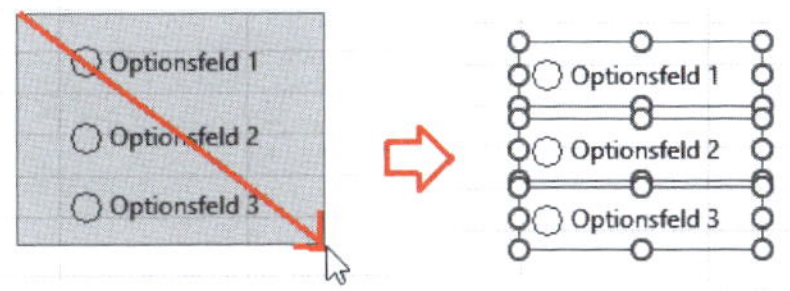

Gruppieren: Fertige Objekte über das Kontextmenü gruppieren. Gruppierung wieder aufheben zur Nachbearbeitung.

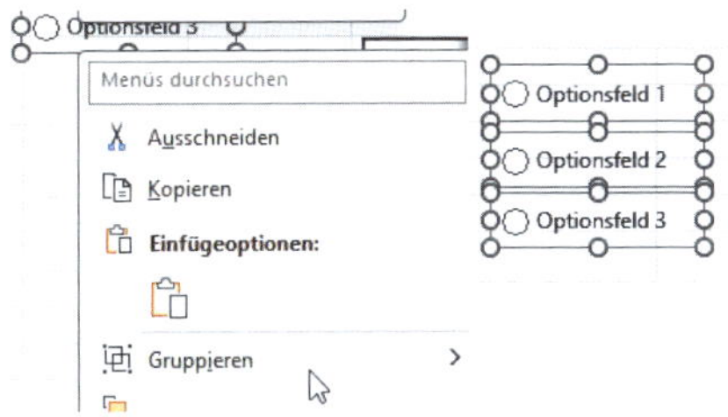

12.2 Option und Gruppe

Optionsfelder, auch Radiobuttons genannt, eignen sich für das logische ODER: Es kann nur eine Option gewählt werden, und die Auswahl schaltet die anderen ab. Logisch, dass für die Auswahl meist eine Funktion zum Einsatz kommt, die ebenfalls nur eine Auswahl kennt:

```
=WAHL(index;[wert1];[wert2]; … [wertn])
```

Optionen können zwar, sollten aber nicht allein auf dem Blatt herumliegen. Platzieren Sie Buttons immer in einer Optionsfeldgruppe. Das hat den Vorteil, dass mehrere Gruppen mit unabhängigen Zielzellverknüpfungen operieren können. Die Zellverknüpfung wird der ersten Option über das Kontextmenü zugewiesen, die anderen ziehen automatisch mit. Nützlich für die Auswertung ist die Funktion INDEX(), weil mit der Auswahl nur eine Zahl in der Zellverknüpfung steht, die dann wieder über eine Liste referenziert wird.

Hier wird das Quartal aus den Umsatzzahlen der Tabelle *tbl_QUmsatz* per Optionsfeldgruppe zur Auswahl gestellt. WAHL() rechnet in Kombination mit BEREICH.VERSCHIEBEN() sowohl für die Überschrift als auch für das dynamische Array die passende Datenmenge heraus:

```
D2: ="Umsatz Quartal "&WAHL($A$1;1;2;3;4)
D3: =tbl_QUmsatz[#Kopfzeilen]
D4: =BEREICH.VERSCHIEBEN(tbl_QUmsatz;WAHL($A$1;0;3;6;9);0;3;2)
```

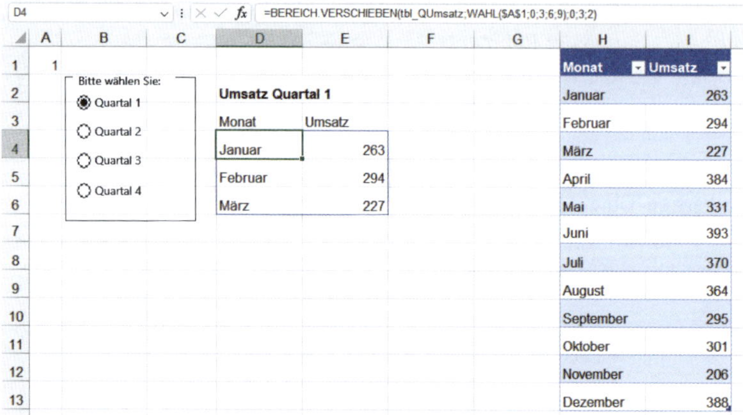

Abbildung 12.4: Eine Optionsfeldgruppe für die Quartalsauswahl

Zwei oder mehr Optionsfeldgruppen sind für die Auswertung auch kein Problem, die Funktion BEREICH.VERSCHIEBEN() bietet genügend Argumente, die dynamisch besetzt werden können. Hier liefert eine zweite Gruppe eine neue Ausgabeverknüpfung in $A$8, die Formel für die Überschrift und das Array arbeitet diese entsprechend ein:

```
D2: ="Umsatz Quartal "&WAHL($A$1;1;2;3;4)&", Region
"&INDEX(tbl_QUmsatz[#Kopfzeilen];1;$A$8+1)
D3: =BEREICH.VERSCHIEBEN(tbl_QUmsatz;WAHL($A$1;0;3;6;9);$A$8;3;1)
```

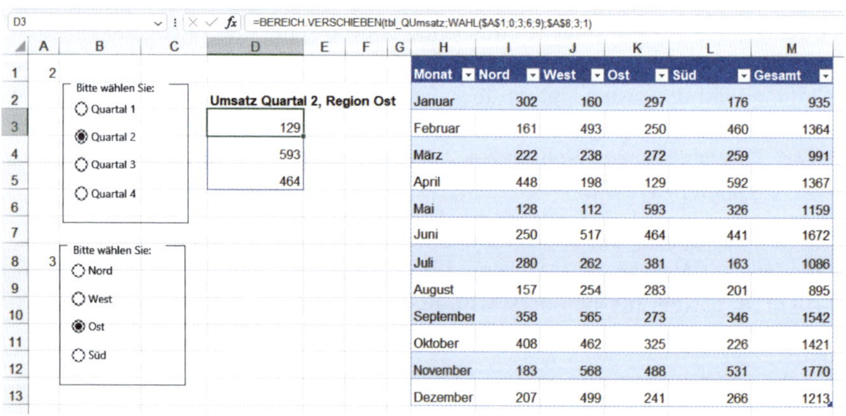

Abbildung 12.5: Zwei Optionsfeldgruppen für Quartal und Region

12.3 Jeder nur ein Kreuz

Einfach, aber effektiv arbeitet das Ankreuzkästchen. Die Zellverknüpfung liefert WAHR, wenn ein Kreuz gesetzt ist, und FALSCH, wenn nicht. Standard für die Auswertung ist die Funktion WENN(), in arithmetischen Ausdrücken kann das verknüpfte Resultat aber auch einfach als Multiplikator in die Formel integriert werden (egal was, mal FALSCH ist immer 0).

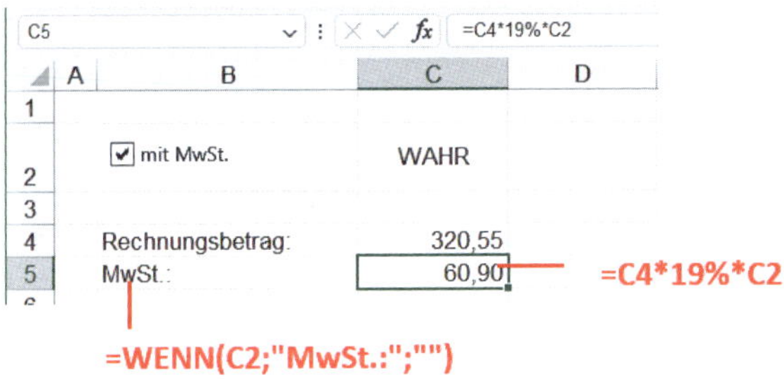

Abbildung 12.6: Ankreuzkästchen mit Analyse

12.4 Drop-downs

Besser als die Datenüberprüfungsliste, aber nicht geeignet für lange Kolonnen: Das Kombinationsfeld (Drop-down) stellt Zellbereiche zur Auswahl und liefert die Nummer des gewählten Eintrags in der Zellverknüpfung. Mit INDEX() wird das Original zurückgeholt, in der Praxis lässt sich aber mit der numerischen Hinterlassenschaft besser zaubern.

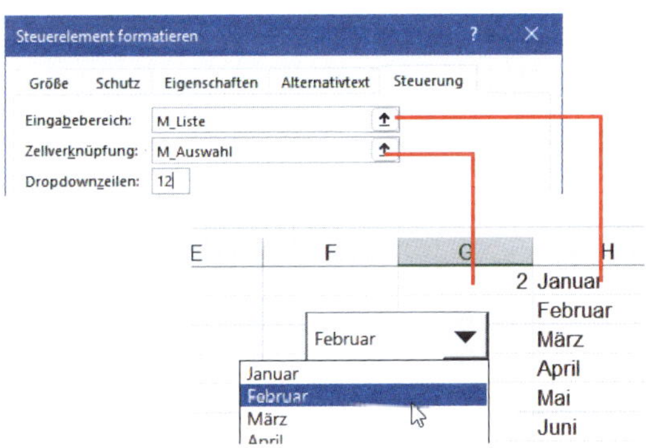

Abbildung 12.7: Bereichsnamen für Eingabebereich und Zellverknüpfung

Eingabebereich und Zellverknüpfung sollten Sie immer mit einem Bereichsnamen versehen. Die Funktion INDEX() holt den Eintrag wieder:

```
=INDEX(M_Liste;M_Auswahl;1)
```

Eindeutige Bereiche können Sie mit EINDEUTIG() in ein Array einrechnen, Bereichsnamen mit dem #-Operator zuweisen:

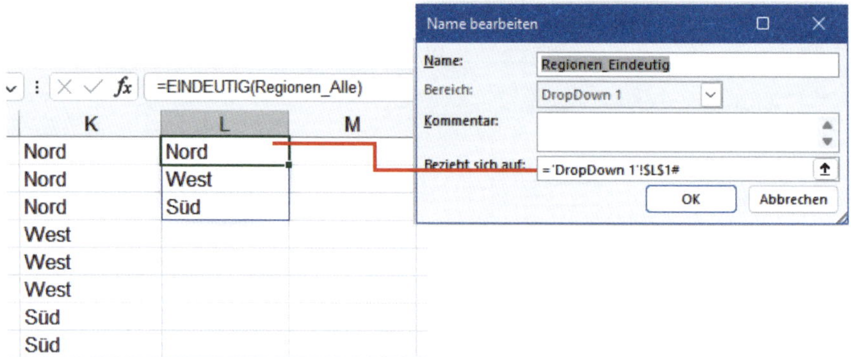

Abbildung 12.8: EINDEUTIG() in Funktion

Den Bereichsnamen können Sie als Eingabebereich zuweisen:

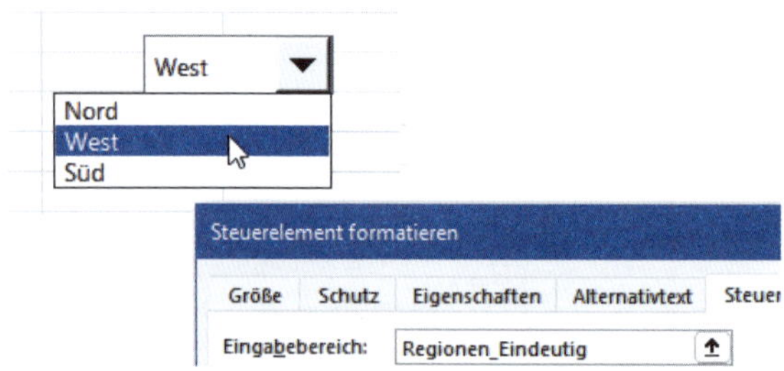

Abbildung 12.9: Bereichsname als Eingabebereich

Die Tabellenspalten können Sie ebenfalls erst berechnen und dann den Bereichsnamen mit dem #-Operator anlegen.

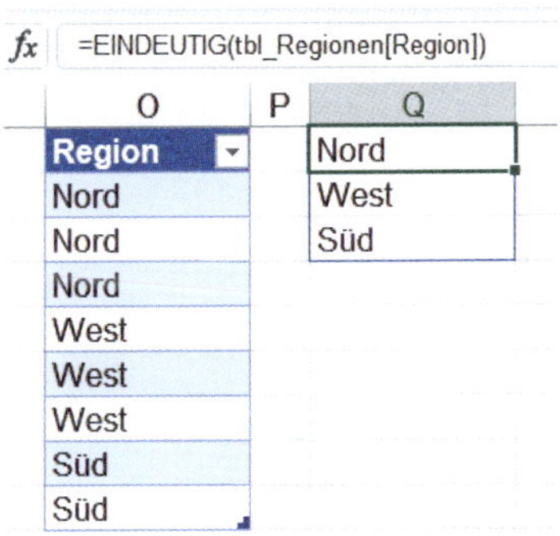

Abbildung 12.10: Tabellenspalten und Bereichsnamen

12.4.1 Drop-down mit dynamischer Wertausgabe

Im Normalfall liefert das Drop-down mit jedem Klick die Zeilennummer des Eingabebereichs in der Zellverknüpfung ab. Mit einem kleinen Formelzauber wird das Drop-down zum Lieferanten: Jeder Klick schreibt die Nummer fortlaufend in eine Liste. Hier das Beispiel »Lieferdienst«:

Das Produktangebot steht in einer Liste oder in einer Tabellenspalte. Der Bereichsname *Produkte* bezieht sich auf den $-Bezug (hier $A$2:$A$7).

Achtung: Bereichsnamen auf strukturierte Verweise akzeptieren die Formularelemente nicht:

```
=tbl_Produkte[Produkt]
```

Der $-Bezug ist aber trotzdem dynamisch, er passt sich sowohl im Bereichsnamen als auch im Eingabebereich des Kombinationsfeldes an.

Der Bereichsname *Bestellungen* bekommt ein dynamisches Array, aufgebaut in einer beliebigen Spalte (hier E):

```
Name: Bestellungen
Bezieht sich auf: =BEREICH.VERSCHIEBEN(Tabelle6!$E$1;ANZAHL2(Tabelle6!$E:$E);)
```

Jetzt fehlt nur noch ein Kombinationsfeld, um die Produkte anzubieten und bei Auswahl die Nummer in die Bestellspalte zu schreiben:

```
Eingabebereich: Produkte
Zellverknüpfung: Bestellung
```

Die Spalte neben der Ausgabespalte (hier F) bekommt noch ein weiteres Array, das das bestellte Produkt über die Bestellnummer aus der Produktliste holt:

```
=BEREICH.VERSCHIEBEN(Produkte;;;ANZAHL2(E:E);1)
```

Fertig ist das automatische Bestell-Drop-down.

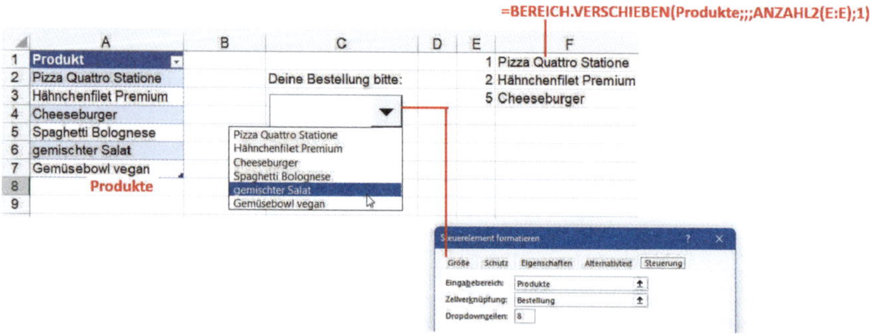

Abbildung 12.11: Kombinationsfeld mit Ausgabe der gewählten Zeilennummer

12.5 Ein Fragebogen mit Formularelementen

Im nächsten Beispiel entwerfen wir einen Fragebogen für eine Umfrage. Dieser umfasst vier Fragen mit jeweils vier Multiple-Choice-Antwortmöglichkeiten. Es können bis zu 16 Personen befragt werden. Für die Steuerung werden nur vier Optionsfelder, ein Drehfeld sowie eine Bildlaufleiste benötigt.

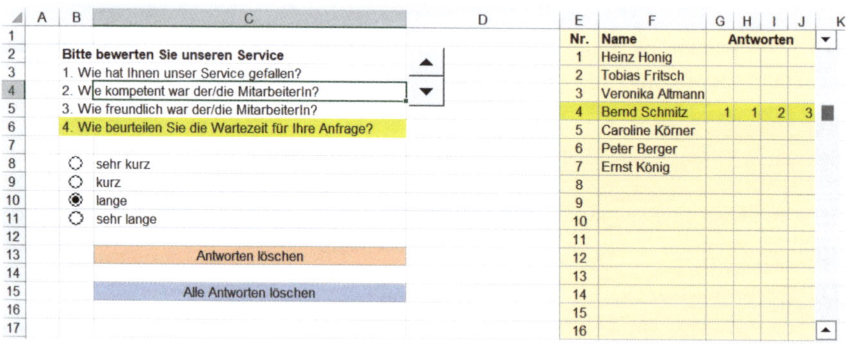

Abbildung 12.12: Ein Fragebogen mit Formularelementen

Die Spalten *Nr.* und *Name* in den Spalten E und F sind die einzigen manuell beschreibbaren Bereiche. Die Zellverknüpfung ist wie im Beispiel zuvor (Bestellungen) dynamisch, d. h., mit der Auswahl eines Namens und einer von vier Fragen wird automatisch das Ergebnis in die richtige Antwortzelle geschrieben.

Tragen Sie die Fragen in eine Tabelle *tbl_Fragen* im Tabellenblatt *Fragen* ein.

	A	B
1	FrageNr	Frage
2	1	Wie hat Ihnen unser Service gefallen?
3		sehr gut
4		gut
5		weniger gut
6		gar nicht
7	2	wie kompetent war der/die MitarbeiterIn?
8		sehr kompetent
9		kompetent
10		woniger kompetent
11		gar nicht kompetent
12	3	Wie freundlich war der/die MitarbeiterIn?
13		sehr freundlich
14		freundlich
15		weniger freundlich
16		ganr nicht freundlich
17	4	Wie beurteilen Sie die Wartezeit für Ihre Anfrage?
18		sehr kurz
19		kurz
20		lange
21		sehr lange

tbl_Fragen

Abbildung 12.13: Die Fragen in der Tabelle tbl_Fragen

Im nächsten Schritt legen wir ein Tabellenblatt *Fragebogen* an. Die Spalten A und B bekommen die Breite 30 Pixel, die vier Fragen werden in B3:B6 eingetragen.

Die Zelle $D$2 bekommt den Bereichsnamen *FrageNr*, er wird die Zellverknüpfung für ein Drehfeld werden, das zur Auswahl der Frage in Spalte D gezeichnet wird. Einen kleinen Nachteil hat das Drehfeld: Es kann nur in eine Richtung drehen, und zwar nach oben. Das hat zur Folge, dass die Fragen nach unten markiert werden.

Der Bereich $B2:$C$6 erhält dazu eine bedingte Formatierung, die die Zellen mit Zellfarbe füllt, wenn diese Regel eingehalten wird:

```
=ZEILE(B3)-2=$D$2
```

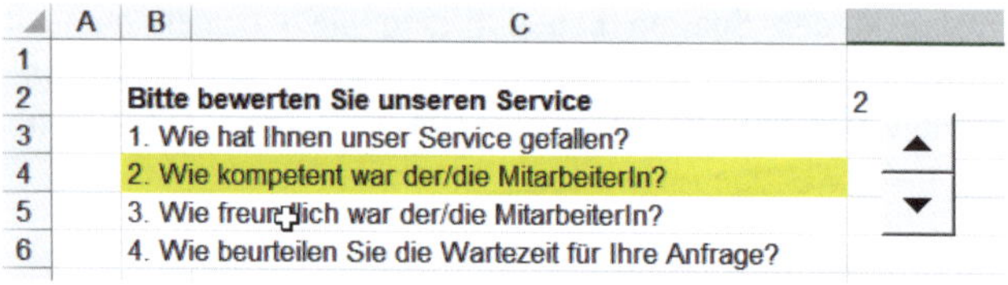

Abbildung 12.14: Der Fragebereich mit bedingter Formatierung und Steuerung per Drehfeld

Die Namensliste wird im Bereich $E$1:$J$17 angelegt. Spalte E wird auf 35 Pixel verkleinert, G bis J auf 25 Pixel. Die Zelle $K$3 bekommt den Bereichsnamen *PersonNr*, diesen benutzt eine neben der Liste eingezeichnete Bildlaufleiste als Zellverknüpfung.

Für die Markierung der über die Bildlaufleiste gewählten Person sorgt eine bedingte Formatierung über den Bereich $E$1:$J$17. Die Bedingungsregel weist eine Zellfarbe zu: wenn die Zeile (hier $E2) mit der *PersonNr* übereinstimmt.

```
=$E2=PersonNr
```

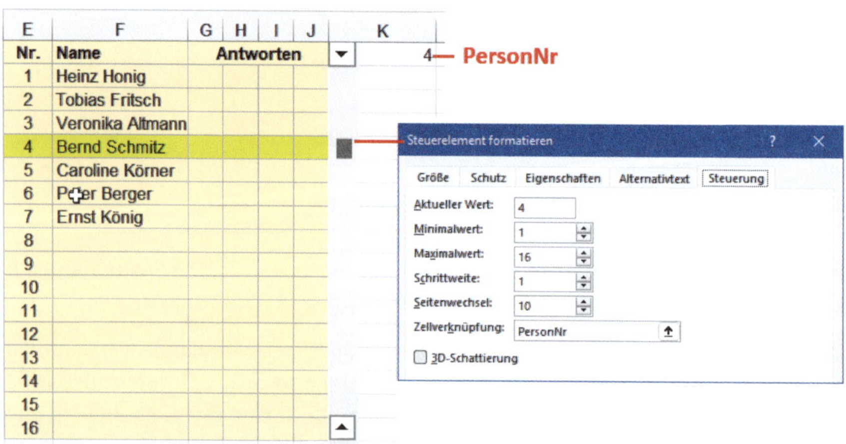

Abbildung 12.15: Personenliste mit Bildlaufleiste und Zellverknüpfung

Weiter geht es mit den vier Antwortmöglichkeiten auf die gewählte Frage. Dafür greifen wir auf die Kombination INDEX() und VERGLEICH() zurück, da wir in Abhängigkeit von der *FrageNr* jeweils den um eine Zeile versetzten Eintrag erhalten möchten:

Die Zelle $C$8 bekommt eine Formel, die über die *FrageNr* die passende Option aus dem Fragenkatalog holt. Diese Formel wird über $C$8:$C$11 kopiert. Die Optionsfelder kommen später dazu.

```
C8:
=INDEX(tbl_Fragen[Frage];VERGLEICH(FrageNr;tbl_Fragen[FrageNr];0)+ZEILE(A1))
```

Dann ziehen wir aus dem *Formularsteuerelemente*-Katalog ein Optionsfeld auf, entfernen den Beschriftungstext und kopieren es dreimal weiter, sodass eine Gruppe im Bereich $B$8:$B$11 entsteht (ein Gruppenfeld wird nicht benötigt).

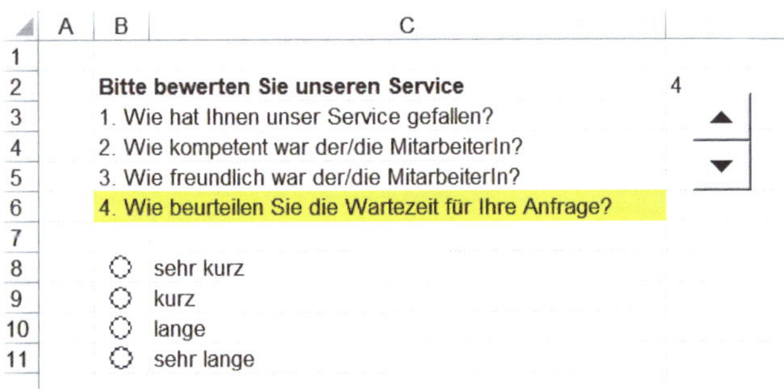

Abbildung 12.16: Optionsfelder und Antworten auf die markierte Frage

Ein Klick auf einen Optionsbutton soll jetzt das Ergebnis (Antwort 1, 2, 3 oder 4) an der richtigen Stelle platzieren. Wird beispielsweise die erste Person die Frage 3 mit Antwort Nr. 2 beantworten, soll die Nummer der Antwort (2) auch auf der rechten Seite korrekt bei ihr eingetragen werden. Dafür machen wir uns wieder das Prinzip der dynamischen Zellverknüpfung zunutze. Der Bereichsname *Zielzelle* wird mit diesem Bezug angelegt:

```
Name: Zielzelle
Bezieht sich auf:
=INDEX(Fragebogen!$G$2:$J$17;Fragebogen!PersonNr;Fragebogen!FrageNr)
```

Der Bereich $G$2:$J$17, in dem die vier Antworten zu jedem Befragten eingetragen werden, wird indiziert. Den Wert für das Argument *Zeile* holen wir uns aus der mit der Bildlaufleiste verknüpften Zelle, den Parameter *Spalte* füttern wir mit dem Wert der mit dem Drehfeld verknüpften Zelle. Somit haben wir in Abhängigkeit von der ausgewählten Frage und des Befragten die exakten Zielkoordinaten ermittelt.

Jetzt muss der Name *Zielzelle* nur noch in allen vier Optionsfeldern in den Steuerungseigenschaften als Zellverknüpfung eingetragen werden.

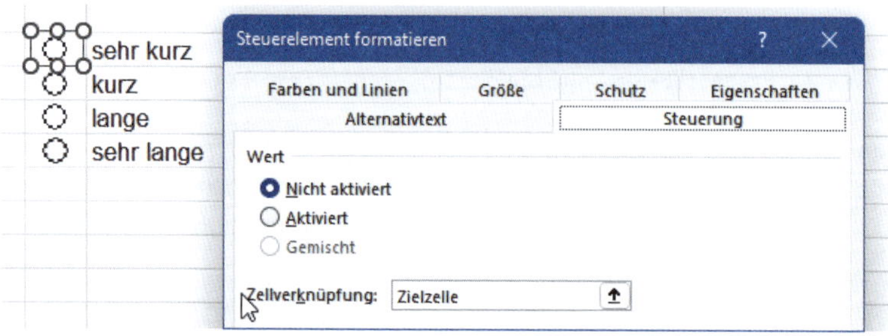

Abbildung 12.17: Die Zellverknüpfung für die Optionsfelder

Fertig ist unsere dynamische Verknüpfung.

Zu guter Letzt werden noch die Formeln für die Zellen C13 (*Antworten löschen*) und C15 (*Alle Antworten löschen*) eingetragen. Ein Löschen ohne Makrounterstützung ist leider nicht möglich, aber wir können den Antwortenbereich einer Person oder aller Personen markieren und dann mit Klick auf die Entf-Taste löschen. Schreiben wir zwei Hyperlinks:

```
C13:
=HYPERLINK("#"&ADRESSE(PersonNr+1;5)&":"&ADRESSE(PersonNr+1;10);"Antworten
löschen")
C15: =HYPERLINK("#G2:J17";"Alle Antworten löschen")
```

Für die Optik weisen wir einfach zwei unterschiedlich farbige Zellenformatvorlagen zu, und damit ist das interaktive Fragebogenformular auch schon fertig.

Kapitel 13

Hyperlinks: »Beam uns rauf, Scotty!«

Der Hyperlink zählt sicherlich zu den genialsten und populärsten Erfindungen des späten zwanzigsten Jahrhunderts. Ganz nach Vorbild von Raumschiff Enterprise kann man sich damit an fast jeden Ort des Internets bzw. PCs »beamen«. Auch in Excel kann dieses »Beamen« von großem Vorteil sein. In diesem Kapitel werden wir diese Funktionalität voll ausreizen und kreuz und quer durch den PC-Orbit düsen.

13.1 Der »normale« Hyperlink

Beginnen wir aber zunächst mit dem »ungewollten« Hyperlink. Wir schreiben in eine Zelle

www.schels.de

und Excel macht daraus sofort einen Hyperlink. Das mag zwar in den meisten Fällen gewollt sein, ist aber vielleicht doch nicht immer erwünscht. Verantwortlich für die automatische Umwandlung ist die Einstellung *Datei/Optionen/Dokumentenprüfung/ Autokorrektur-Optionen/AutoFormat während der Eingabe/Während der Eingabe ersetzen: Internet- und Netzwerkpfade durch Links.* Sie können natürlich diesen langen Weg gehen. Allerdings können Sie auch einfach Strg+Z drücken (Shortcut für *Bearbeiten/Rückgängig*), denn Excel führt dabei zwei Aktionen nacheinander aus: 1. Wert einfügen und 2. einen Hyperlink daraus machen. Somit lässt sich die zweite Aktion einfach rückgängig machen, sodass der Link schlicht als Text in der Zelle erscheint.

Jetzt kommen wir aber zu den »gewollten« Hyperlinks. Grundsätzlich gilt dabei, dass man alles, was irgendwie verlinkbar ist, auch verlinken kann. Dazu gehören Internetadressen (URLs), E-Mail-Adressen, Dateien/Dateinamen (z. B. auf Ihrer Festplatte) etc. Sie können sogar ein bestimmtes Blatt in einer Datei direkt ansteuern, z. B. ein Arbeitsblatt in einer Excel-Datei oder die fünfte Folie in einer PowerPoint-Präsentation. »Beam uns rauf, Scotty!« – alles kein Problem, solange man Scotty die notwendigen Zielkoordinaten gibt – sprich: den Link korrekt zusammenbastelt.

Es gibt mehrere Möglichkeiten, einen Hyperlink zu kreieren. Die eingebaute Menüfunktion *Einfügen/Link/Link* ist der geläufigste Weg. Die Klappliste am Symbol liefert eine Übersicht über die zuletzt benutzten Dateien. Ein Klick auf einen Eintrag generiert sofort den Link auf die Datei.

Viel spannender und flexibler ist aber die gleichnamige Excel-Funktion HYPERLINK(). Im Gegensatz zum obigen Feature können damit die Hyperlinks auch dynamisch erzeugt werden.

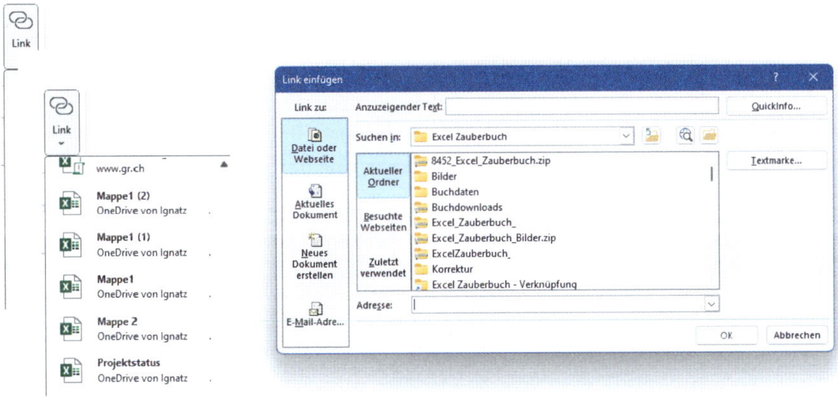

Abbildung 13.1: Link einfügen aus Liste oder Dialog

13.2 Menüsteuerung mit Blattnamen

In umfangreichen Mappen ist es oftmals hilfreich, ein Übersichtsblatt anzulegen, von dem aus man alle anderen Blätter ansteuern kann. Möglicherweise werden in dieser Mappe im Laufe der Zeit auch noch Blätter hinzugefügt oder wieder entfernt.

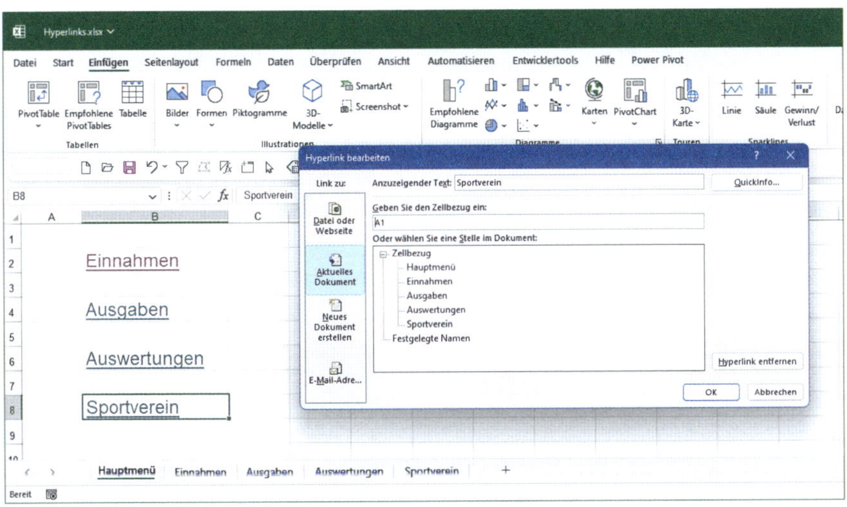

Abbildung 13.2: Ein Menü mit Blattnamen

In früheren Ausgaben unseres Zauberbuchs haben wir für automatische Blatt- und Dateilisten einen tollen Trick mit Elementen aus der Excel-4.0-Makrosprache vorgestellt. Das war eine Makrosprache mit deutschsprachigen Befehlen in einem Formelblatt, die bis zur Version 4.0 (ca. 1994) gültig war. Danach wurde sie von VBA abgelöst. Die »alte« Makrosprache der Excel-Version 4.0 ist abgeschaltet. Makros, die damit erstellt wurden, funktionieren nicht mehr, und das Trust Center blockiert alles, was von diesem Dinosaurier kommt.

Schade, denn einen Ersatz für ARBEITSMAPPE.ZUORDNEN() und DATEIEN() gibt es nicht. Bleibt nur die Wahl, Blattlisten per VBA oder eben manuell anzulegen.

Das erste Blatt bekommt den Namen *Hauptmenü*, die Tabellennamen werden einzeln über *Einfügen/Link/Link/Aktuelle Arbeitsmappe* mit den Blättern verknüpft.

Jetzt übernimmt der Mauszeiger die Aufgabe, einzelne Blätter anzusteuern. Um eine Zelle mit Hyperlink zu bearbeiten, kann der Zellzeiger mit der Cursortaste platziert werden – [F2] öffnet den Zellinhalt. Es gibt aber auch einen nützlichen Shortcut: Mit [Alt] + Mausklick wird die Linkzelle markiert, der Link wird nicht aktiviert.

Um die Menüsteuerung abzurunden, erhält jedes Blatt einen Link, der zurück zum Hauptmenü führt.

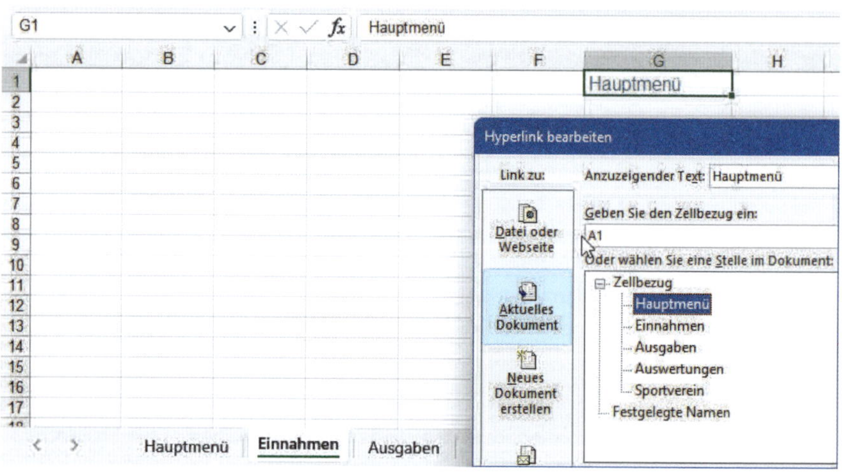

Abbildung 13.3: Zurück zum Hauptmenü

13.3 Dateilinks mit HYPERLINK()

Wenn das Ziel eines Links eine gespeicherte Datei ist, lässt sich der Link durch Umschalten auf die entsprechende Linkquelle einbinden. Dateinamen mit ihren (oft sehr langen) Pfaden sind aber nicht besonders elegant. Die Funktion HYPERLINK() schafft Abhilfe mit einem »freundlichen Namen«:

```
=HYPERLINK(adresse;freundlicher_name)
```

Das kann ein beliebiger Text sein, der anstelle des Dateinamens angezeigt wird.

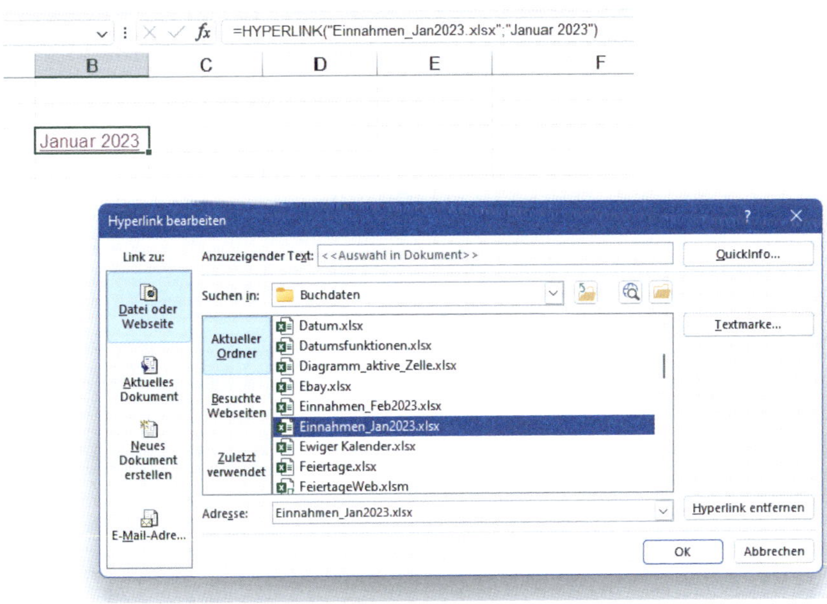

Abbildung 13.4: Dateien verlinken mit HYPERLINK()

Und das funktioniert natürlich auch für Internetadressen und Blattnamen. Bei Weblinks reicht aber die Angabe *www* nicht, hier muss das Protokoll *https://* mit angegeben werden. Nachfolgend sehen Sie eine Liste mit Weblinks, generiert aus der Webadresse und einem »freundlichen Namen«:

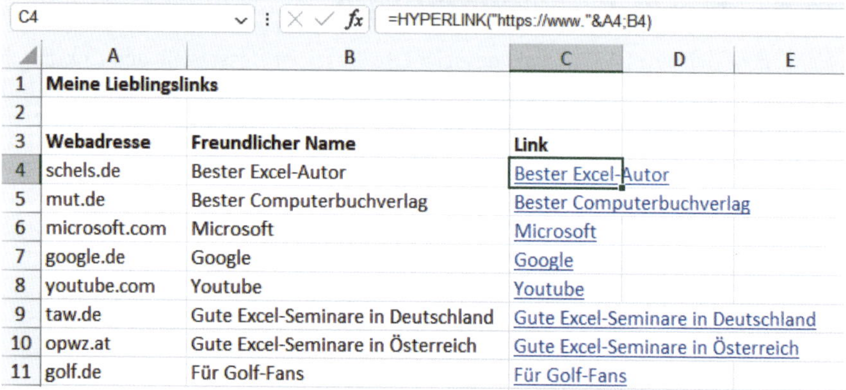
C4 =HYPERLINK("https://www."&A4;B4)

	A	B	C	D	E
1	**Meine Lieblingslinks**				
2					
3	**Webadresse**	**Freundlicher Name**	**Link**		
4	schels.de	Bester Excel-Autor	Bester Excel-Autor		
5	mut.de	Bester Computerbuchverlag	Bester Computerbuchverlag		
6	microsoft.com	Microsoft	Microsoft		
7	google.de	Google	Google		
8	youtube.com	Youtube	Youtube		
9	taw.de	Gute Excel-Seminare in Deutschland	Gute Excel-Seminare in Deutschland		
10	opwz.at	Gute Excel-Seminare in Österreich	Gute Excel-Seminare in Österreich		
11	golf.de	Für Golf-Fans	Für Golf-Fans		

Abbildung 13.5: Hyperlinks per Textverknüpfung generiert

13.4 Nicht rot werden, Hyperlink!

Woher hat der Hyperlink seine Farbe? Und warum wird er rot, wenn jemand darauf klickt? Die Frage stellt sich spätestens, wenn eine Linkliste auf die Standardfarbe zurückzusetzen ist.

Die Standardformatierung – hellblaue Farbe und Unterstreichung – stammt aus der Zellenformatvorlage *Link* (*Start/Formatvorlagen*), sie wird dem Link automatisch zugewiesen. Ebenso automatisch erhält er die Vorlage *Besuchter Link*, wenn er per Klick besucht wird. Die beiden Vorlagen sind aber nur zu sehen, wenn Links und besuchte Links existieren.

Jetzt wäre es einfach, durch Zuweisung der blauen Formatvorlage alle Links auf den Status »Nicht besucht« zu setzen. Aber da spielt Excel nicht mit, ein besuchter Hyperlink bleibt besucht, solange die Mappe aktiv ist. Erst mit dem Neustart präsentieren sich alle Links wieder als »Nicht besucht«.

Durch die Anpassung der Formatvorlage *Besuchter Link* könnte zumindest verhindert werden, dass Links überhaupt rot werden. Da gibt es aber etwas Besseres:

Unter *Seitenlayout/Designs* stehen die Designs zur Auswahl. *Office* heißt das Standarddesign, größere Firmen setzen eigene, auf Corporate Identity zugeschnittene Designs ein. Und da jedes Design eine Palette von Farben enthält (die Akzentfarben sind übrigens die Standard-Diagrammfarben), lässt sich sowohl der Link als auch der benutzte Hyperlink individuell einfärben.

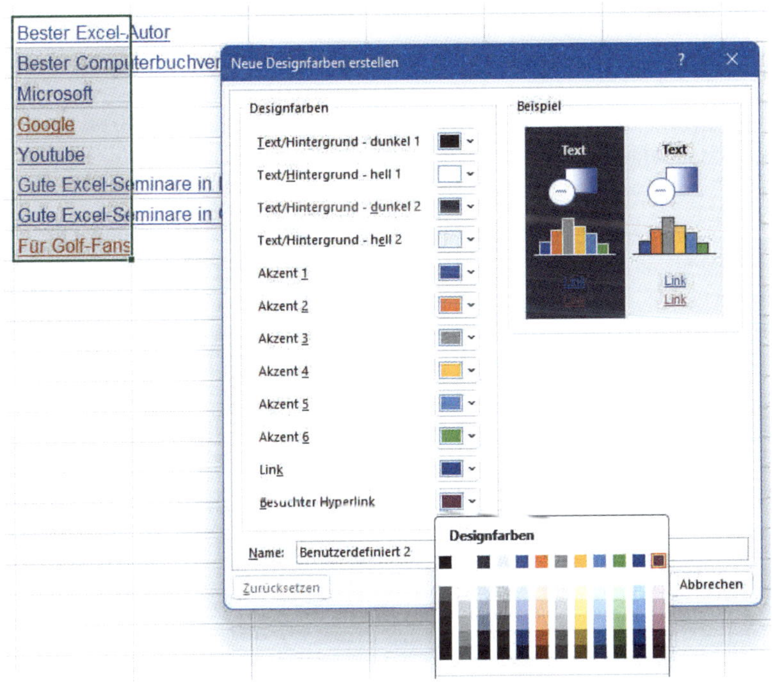

Abbildung 13.6: Hyperlink-Farben im Seitenlayout-Design

13.5 Dateien an einer bestimmten Stelle öffnen

Wie bereits erwähnt, lassen sich Dateien auch derart verlinken, dass sie direkt einen gewünschten Abschnitt aktivieren. Zum Beispiel kann man mit

```
=HYPERLINK("H:\Eigene Dateien\Berichtsmanager.docx#Speicherort")
```

ein Word-Dokument verlinken und direkt auf die Seite gelangen, auf der zum ersten Mal das Wort »Speicherort« auftaucht. Mit

```
=HYPERLINK("H:\Eigene Dateien\Powerpoint\Präsentationen\Kostenanalyse.pptx#4")
```

öffnet man hingegen die vierte Folie der angegebenen PowerPoint-Präsentation. Mit der vorangestellten Raute (#) signalisiert man dem Hyperlink eine Textmarke innerhalb einer Datei. Und diese Textmarke kann eine Seitenangabe, ein Suchbegriff, der Name eines Tabellenblatts etc. sein.

13.6 Zugriff auf viele geschlossene Dateien

Jetzt kann es aber auch vorkommen, dass Sie die einzelnen Dateien nicht verlinken, sondern ausschließlich bestimmte Zellwerte auslesen möchten. Dazu gibt es zwar die Funktion INDIREKT, die aber den gravierenden Nachteil besitzt, dass die Quelldateien geöffnet sein müssen. Das ist in den meisten Fällen alles andere als praktisch, speziell dann, wenn es sich um eine Vielzahl von Dateien handelt.

Beispielsweise werden innerhalb eines Ordners periodisch Rechnungsdateien erstellt, von denen sich bislang über 100 Stück angesammelt haben. Die Dateien sind vom Aufbau her alle identisch. Aus allen Dateien möchten Sie jetzt den Wert aus der jeweiligen Zelle *Tabelle1!A1* auslesen. Um jetzt nicht alle Mappen öffnen zu müssen, machen Sie Folgendes:

Schreiben Sie in Zelle A1 die Pfadangabe (mit abschließendem Backslash). Ab A2 führen Sie alle Dateinamen aus dem Verzeichnis auf. Jetzt verketten Sie Pfad und Dateiname, sodass ein vollständiger Bezug (in Textform) auf eine nicht geöffnete Datei entsteht. Dabei ist es wichtig, dass dieser Textbezug mit einem Leerzeichen und einem Gleichheitszeichen beginnt:

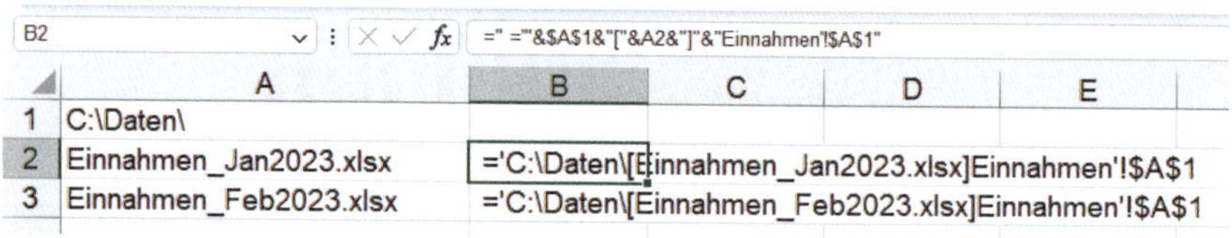

Abbildung 13.7: Bezüge zu vielen Dateien aus einem zusammengesetzten String erzeugen

Im nächsten Schritt ersetzen Sie die Formeln in Spalte B durch Werte (Spalte B kopieren, dann *Start/Einfügen/Werte einfügen*). Selektieren Sie erneut Spalte B und wählen Sie *Start/Bearbeiten/Suchen und Auswählen/Ersetzen* (Shortcut: Strg+H). Suchen Sie jetzt nach " =" (Leerzeichen + Gleichheitszeichen) und ersetzen Sie es durch "=" (nur Gleichheitszeichen). Und siehe da: Excel erkennt die Bezüge an! Wenn Ihre Pfadangaben korrekt waren, dann stehen jetzt alle Werte aus A1 der jeweiligen Tabellen in Spalte B.

13.7 Der Such-Link – blitzschnelle Tabellennavigation

Sie arbeiten in der Materialverwaltung Ihres Unternehmens. Ihre gesamten 10.000 Artikel führen Sie in einem Excel-Blatt mit Artikelnummer, Artikelbezeichnung, Nettopreis und allem, was sonst noch dazugehört. Sie sind für die Pflege dieser Daten verantwortlich. Dabei kommt es natürlich oft vor, dass neue Artikel hinzukommen, andere wiederum aus dem Sortiment gestrichen werden oder sich einfach nur die Preise ändern.

Wie Sie einen bestimmten Artikel blitzschnell ausfindig machen, werden Sie jetzt erfahren.

Die Datei ist wie folgt aufgebaut:

C1 =HYPERLINK("#A"&VERGLEICH(B1;A6:A10000;0)+5;"Artikelnr. Finden")

	A	B	C	D	E	F	G	H
1	Artikelnr.	10249	Artikelnr. finden	Preis ändern				
2	Artikelbez.	el_130	Artikel finden	Preis ändern				
3			Ab nach oben					
4								
5	Artikel-Nr.	Artikelbezeichnung	Nettopreis	MwSt	Bruttopreis			
6	33237	Artikel_1	74,08 €	19%	88,16 €			
7	21564	Artikel_2	35,53 €	19%	42,28 €			
8	44107	Artikel_3	34,81 €	19%	41,42 €			
9	48709	Artikel_4	73,40 €	19%	87,35 €			
10	16629	Artikel_5	46,31 €	19%	55,11 €			
11	45994	Artikel_6	50,24 €	19%	59,79 €			
12	22594	Artikel_7	65,31 €	19%	77,72 €			
13	14895	Artikel_8	80,70 €	19%	96,03 €			
14	35213	Artikel_9	80,21 €	19%	95,45 €			
15	43023	Artikel_10	77,48 €	7%	82,90 €			
16	42782	Artikel_11	93,18 €	19%	110,88 €			
17	10249	Artikel_12	87,94 €	19%	104,65 €			
18	49072	Artikel_13	75,15 €	19%	89,43 €			
19	46415	Artikel_14	19,27 €	19%	22,93 €			
20	25426	Artikel_15	51,44 €	19%	61,21 €			
21	35634	Artikel_16	6,37 €	19%	7,58 €			
22	46759	Artikel_17	23,16 €	19%	27,56 €			
23	26486	Artikel_18	54,80 €	7%	58,64 €			
24	47052	Artikel_19	30,99 €	19%	36,88 €			
25	18265	Artikel_20	36,99 €	19%	44,02 €			
26	30699	Artikel_21	79,56 €	19%	94,68 €			
27	33461	Artikel_22	55,19 €	19%	65,68 €			
28	31966	Artikel_23	10,46 €	19%	12,45 €			

Abbildung 13.8: Tabelle mit Such-Link

Verschaffen Sie sich oberhalb der Tabelle etwas Platz für Ihre Navigationsinstrumente. Damit diese auch immer sichtbar sind, fixieren Sie das Fenster oberhalb von Zeile 6. Alles, was Sie jetzt noch benötigen, ist die Artikelnummer, die Sie als Suchbegriff in B1 eingeben. Mit der angegebenen Formel in

```
C1: =HYPERLINK("#A"&VERGLEICH(B1;A6:A10000;0)+5;"Artikelnr. finden")
```

wird der Suchbegriff mit der Funktion VERGLEICH im Bereich A6:A1000 gesucht. Die so ermittelte Zahl wird noch um 5 erhöht, um die Zeilennummer zu erhalten. Diese wiederum wird dann mit #A verkettet und schon haben wir die korrekten Zielkoordinaten. Ein Klick auf den Hyperlink wird die entsprechende Zelle in Spalte A ansteuern. Am Beispiel der Artikelnummer 14895 (Zelle A13) ergibt die teilausgewertete Formel:

```
=HYPERLINK("#A"&8+5;"Artikelnr. finden")=HYPERLINK("#A13";"Artikelnr. finden")
```

Also wird Zelle A13 verlinkt. In D1 steht exakt die gleiche Formel, nur dass #A durch #C ersetzt wurde, um direkt in der Preisspalte zu landen.

```
D1: =HYPERLINK("#C"&VERGLEICH(B1;A6:A10000;0)+5;"Preis ändern")
```

Man kann auch Suchbegriffe eingeben, die im Suchbereich nur **enthalten** sein müssen, also eine teilweise Übereinstimmung haben. Dies funktioniert aber nicht bei Zahlen, sondern nur bei Texten. Die nur leicht abgewandelte Formel lautet dazu in C2:

```
=HYPERLINK("#B"&VERGLEICH("*"&B2&"*";B6:B10000;0)+5;"Artikel finden")
```

Der Suchbegriff muss also nur vorne und hinten mit Platzhaltern (*) umrandet werden. Suchen Sie beispielsweise nach der Teilbezeichnung »kel_10«, dann wird dieser Artikel in Zeile 15 aufgestöbert und verlinkt. In D2 steht wieder die gleiche Formel mit der Abänderung der Spaltenbezeichnung von #B auf #C.

Da Ihre Suchbegriffe ja auch irgendwo in Zeile 5.000 stehen können, müssen Sie sich noch eine Möglichkeit verschaffen, wie Sie schnell wieder zum Anfang Ihrer Liste gelangen können. Dies geschieht durch einfache Verlinkung der Zelle A6 mit der Formel in C3:

```
=HYPERLINK("#A6";"Ab nach oben")
```

Das war jetzt sozusagen das »Warm-up«. Jetzt zeigen wir Ihnen, wie ein Hyperlink in einer einzigen Zelle Hunderte verschiedener Adressen ansteuern kann.

13.8 Der multiple Power-Link

Wir haben eine Telefonliste Ihres Unternehmens mit allen 10.000 Mitarbeitern entworfen. In Spalte A stehen die Nachnamen, in Spalte B die Vornamen und in Spalte C die direkte Durchwahl des Mitarbeiters.

Jetzt möchten Sie in Zelle B1 einen Nachnamen vorgeben und diesen in Zelle C1 mit einem Hyperlink ansteuern. Wie das geht, wissen Sie ja bereits. Da manche Nachnamen aber mehrfach vorkommen, möchten Sie mit jedem Klick auf den Hyperlink den nächsten Treffer ansteuern, und zwar so lange, bis der letzte Treffer erreicht ist.

	A	B	C
1			
2	Nachname	Vorname	Durchwahl
3	Müller	Ulrich	2566
4	Huber	Veronika	5644
5	Bauer	Rainer	5878
6	Schmidt	Frieda	6522
7	Stein	Bernd	3255
8	Reichwald	Siegfried	4611
9	Fritsch	Erika	4978
10	Berger	Walter	3120
11	Schmidt	Klara	3312
12	Müller	Otto	2020
13	Schmidt	Doris	1034

Abbildung 13.9: Telefonliste der Mitarbeiter

Nicht möglich, denken Sie? Doch, mit ein paar Tricks geht (fast) alles.

Die Überlegung: Ausgehend von der **aktiven** Zelle/Zeile muss der Hyperlink den Suchbegriff aufspüren. Hat er ihn gefunden (und die entsprechende Zelle angesteuert), muss die Suche von vorne beginnen – und zwar wiederum von der aktiven Zelle aus. Doch wie kommen wir mit einer Formel an die aktive Zelle? Dabei hilft uns die Funktion ZELLE(Infotyp;Bezug) mit dem Infotyp *Zeile*. Lässt man den Parameter *Bezug* weg, liefert die Funktion die Zeilennummer der aktiven Zelle. Also schreiben wir in A1:

```
=ZELLE("Zeile")
```

Selektieren wir jetzt z. B. D10 und berechnen das Blatt mit F9 neu, zeigt die Formel das Ergebnis 10 an – also die Zeile der aktiven Zelle. Die erste Hürde ist somit genommen. Jetzt müssen wir nur noch die Koordinaten für den Hyperlink abhängig von der Zeile in A1 machen. Eigentlich ist es auch lediglich der Suchbereich, der immer wieder aufs Neue bei der letzten Fundstelle beginnen muss, damit wir mit der Funktion VERGLEICH immer einen anderen Treffer landen können.

Spielen wir das am Beispiel des Suchbegriffs »Schmidt« einmal durch. Der erste Treffer muss in Zeile 6 landen, der zweite Treffer in Zeile 11 und der dritte in Zeile 13. Also müssen die Suchbereiche nacheinander folgendermaßen aussehen (sicherheitshalber bis Zeile 30.000, falls künftig noch weitere Mitarbeiter hinzukommen – die Performance der Formel wird dadurch nicht merklich beeinträchtigt):

- A6:A30000
- A11:A30000
- A13:A30000

Das Ende des Bezugs (A30000) ist immer fix, die Spalte A ebenfalls. Veränderlich ist einzig und allein die Startzeile. Diese erhalten wir aus der Formel in Zelle A1 und addieren noch 1. Den gesamten Bezug bauen wir auch mit INDIREKT zusammen:

```
=INDIREKT("A"&A1+1&":A30000")
```

Diesen Bezug verschachteln wir in die Funktion VERGLEICH und diese wiederum in die Funktion HYPERLINK. Schließlich zählen wir für den Parameter [*Freundlicher Name*] in der Funktion HYPERLINK noch die Anzahl der restlichen Treffer. Dazu nutzen wir die Funktion ZÄHLENWENN und bedienen uns auch des soeben ermittelten INDIREKT-Bezugs.

Das Endergebnis lautet:

```
C1:
=HYPERLINK("#A"&VERGLEICH(B1;INDIREKT("A"&A1+1&":A30000");)+A1;
"Noch "&ZÄHLENWENN(INDIREKT("A"&A1+1&":A30000");B1)&" Treffer")
```

Platzieren Sie jetzt die aktive Zelle in Zeile 1 und berechnen Sie das Blatt mit F9. Klicken Sie dann auf den Hyperlink in C1. Die Zelle A6 wird angesteuert. Berechnen Sie erneut mit F9. Jetzt wird bei Klick auf C1 die Zelle A11 angesteuert. Das Gleiche noch mal und es wird A13 selektiert. Da das der letzte Treffer war, führt eine Neuberechnung zum Fehlerwert #NV. Klicken Sie noch mal auf den Link und die Suche geht von vorne los.

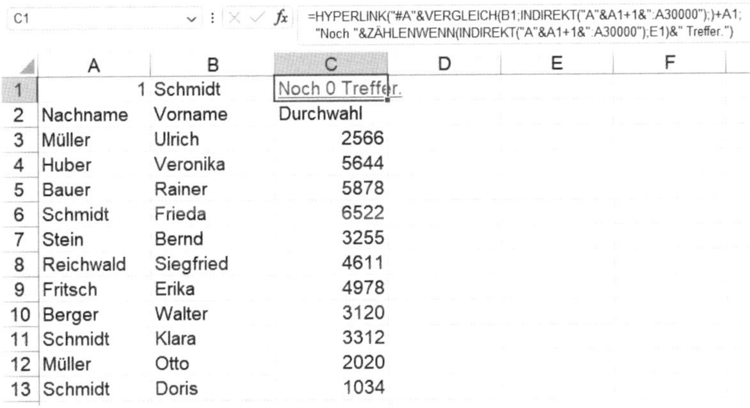

Abbildung 13.10: Telefonnummern suchen mit Hyperlinks

Eine Möglichkeit, die Funktionalität ohne ständige Neuberechnung mit F9 zu erlangen, haben wir bis dato nicht gefunden (was wiederum nicht heißen soll, dass es unmöglich ist). Die Funktion `=ZELLE("Zeile")` kann im Übrigen nicht direkt in der HYPERLINK-Formel verschachtelt werden, sondern muss separat in einer Zelle stehen, da jeder Klick auf den Hyperlink zunächst `ZELLE("Zeile")` berechnen würde. Da wir den Link in Zeile 1 platziert haben, wäre das Ergebnis also immer 1, sodass immer derselbe Treffer gelandet würde. Es ist also ein Unterschied (in der Berechnungsreihenfolge), ob man auf eine andere Zelle verweist oder ob man die Berechnung innerhalb der Formel vornimmt. In den meisten Fällen dürfte das egal sein, aber hier muss man die Berechnung unbedingt auslagern (im Beispiel in Zelle A1).

Wie Sie gesehen haben, hat der Hyperlink sehr viele nützliche Facetten. Es ist immer nur wichtig, die Zielkoordinaten korrekt zusammenzubasteln. Dann heißt es am Ende stets:

Beam me up, Scotty!

Kapitel 14

Die dritte Dimension

Eigentlich kann Excel keine Diagramme dreidimensional darstellen. Säulen-, Linien-, Flächen-, Zylinder-, Kegel- und Pyramidendiagramme bieten zwar die Möglichkeit, Datenreihen nebeneinander darzustellen, sodass ein 3D-Effekt entsteht. Andere Diagrammtypen können Datenreigen in 3D-Optik darstellen (z. B. Kuchendiagramm oder Blasendiagramm). Eine richtige frei beeinflussbare räumliche Darstellung von dreidimensionalen Objekten fehlt aber. Mit etwas Zauberei lassen sich auch Standard-Diagramme in 3D darstellen, zum Beispiel das Oberflächendiagramm.

14.1 Das Punkt (XYZ)-Diagramm

Die Position eines Punkts auf einer zweidimensionalen Fläche wird durch seine x/y-Koordinaten bestimmt. Zweidimensionale Figuren können wunderbar im Punkt (XY)-Diagramm dargestellt werden:

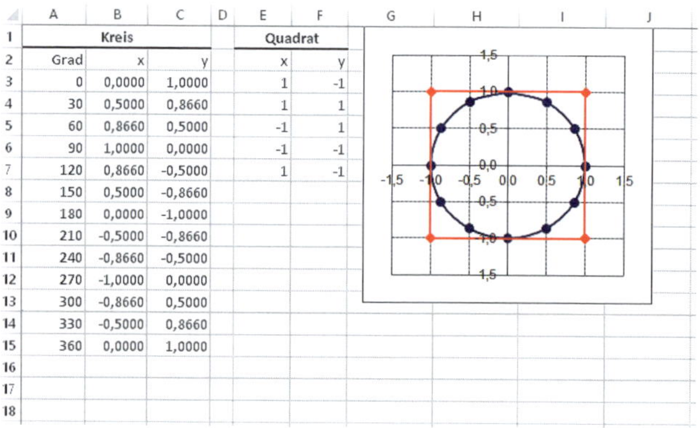

	A	B	C	D	E	F
1	Kreis				Quadrat	
2	Grad	x	y		x	y
3	0	0,0000	1,0000		1	-1
4	30	0,5000	0,8660		1	1
5	60	0,8660	0,5000		-1	1
6	90	1,0000	0,0000		-1	-1
7	120	0,8660	-0,5000		1	-1
8	150	0,5000	-0,8660			
9	180	0,0000	-1,0000			
10	210	-0,5000	-0,8660			
11	240	-0,8660	-0,5000			
12	270	-1,0000	0,0000			
13	300	-0,8660	0,5000			
14	330	-0,5000	0,8660			
15	360	0,0000	1,0000			

Abbildung 14.1: Kreis und Quadrat in Punkt (XY-Diagramm) erzeugen

Beispielsweise wird ein Kreis konstruiert, in dem man in Spalte A Gradzahlen von 0 bis 360 schreibt. In B3 und C3 stehen die Formeln

`B3:=SIN(BOGENMASS(A3))` und
`C3:=COS(BOGENMASS(A3))`

die jeweils bis Zeile 15 kopiert werden. Die Spalten B und C liefern die Datenquelle für den Kreis im Punkt (XY)-Diagramm. Mit den Werten aus E3:F7 kann man ein Quadrat konstruieren. Das ist nicht besonders spektakulär und nur als kleines »Warm-up« gedacht, um zu zeigen, wofür ein Punkt (XY)-Diagramm gut ist. Im Diagramm-Assistenten sieht man auf den ersten Blick keinen großen Unterschied zum Liniendiagramm, aber versuchen Sie Obiges einmal mit dem Liniendiagramm. Dann wird Ihnen schnell klar, dass die beiden völlig unterschiedlich ticken. Beim Quadrat wählen Sie den Diagrammuntertyp ohne interpolierte Linien und beim Kreis den Typ mit interpolierten Linien, sonst würde ein Zwölfeck entstehen.

14.1.1 Darstellung eines dreidimensionalen Körpers

Die Position eines Punkts in einem dreidimensionalen Raum wird durch seine x/y/z-Koordinaten bestimmt. Leider gibt es in Excel kein Punkt (XYZ)-Diagramm, also lassen sich dreidimensionale Körper, z. B. ein Würfel, nicht darstellen (eigentlich).

Mithilfe der trigonometrischen Funktionen SIN und COS in Kombination mit der Matrixfunktion MMULT ist es jedoch möglich, ein Punkt (XY)-Diagramm so zu frisieren, dass es dreidimensionale Körper darstellen kann und man es mit Schiebereglern sogar spektakulär bewegen kann. Um beispielsweise einen Würfel derart zu animieren, müssen Sie folgende Tabelle aufbauen:

	A	B	C	D	E	F	G	H	I	J	K	L	M	N	O	P
1	x	y	z		x'	y'	z'		x''	y''		Betrachter X		0	0°	
2	1	1	1		1	1	1		0,93	0,93		Betrachter Y		0	0°	
3	-1	1	1		-1	1	1		-0,93	0,93		Abstand/Brennweite		13		
4	-1	-1	1		-1	-1	1		-0,93	-0,93						
5	1	-1	1		1	-1	1		0,09	-0,93		Drehmatrix:	1,00	0,00	0,00	
6	1	-1	-1		1	-1	-1		1,08	-1,08			0,00	1,00	0,00	
7	-1	-1	-1		-1	-1	-1		-1,08	-1,08			0,00	0,00	1,00	
8	-1	1	-1		-1	1	-1		-1,08	1,08						
9	1	1	-1		1	1	-1		1,08	1,08						
10	1	1	1		1	1	1		0,93	0,93						
11	1	1	-1		1	1	-1		1,08	1,08						
12	1	-1	-1		1	-1	-1		1,08	-1,08						
13	1	-1	1		1	-1	1		0,93	-0,93						
14	1	1	1		1	1	1		0,93	0,93						
15	-1	1	-1		-1	1	-1		-1,08	1,08						
16	-1	-1	-1		-1	-1	-1		-1,08	-1,08						
17	-1	-1	1		-1	-1	1		-0,93	-0,93						
18	-1	1	1		-1	1	1		-0,93	0,93						
19	-1	1	-1		-1	1	-1		-1,08	1,08						
20																
21																

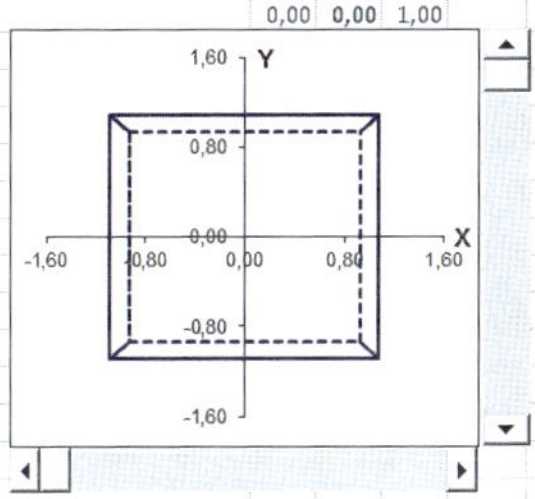

Abbildung 14.2: Aufbau eines Punkt (XYZ)-Diagramms

Jeder Datenpunkt des Würfels wird durch seine x/y/z-Koordinaten bestimmt, die in den Spalten A, B und C manuell eingetragen werden. (Weitere Eingabezellen sind die Zellen O1:O2 und N3. Alle weiteren Zellen werden über Formeln berechnet.) Der gezeigte Würfel hat eine Seitenlänge von 2 und sein Mittelpunkt liegt genau im Schnittpunkt von x-Achse, y-Achse und der virtuellen z-Achse. Die acht Ecken des Würfels haben die Koordinaten:

(1;1;1) / (-1;1;1) / (-1;-1;1) / (1;-1;1) / (1;-1;-1) / (-1;-1;-1) / (-1;1;-1) / (1;1;-1)

Wenn Sie jede Ecke nur als Punkt darstellen würden, würden dafür die acht Datenpunkte von A2:C9 ausreichen. Da sie aber mit Linien verbunden werden sollen, müssen Sie die Datenreihe erweitern, bis alle zwölf Kanten des Würfels bedeckt sind. Um alle zwölf Kanten des Würfels abzudecken, müssen manche Kanten mehrfach durchlaufen werden, deshalb geht die Datenreihe bis zur Zeile 19. Würde man nun von den Werten aus Spalte A und B eine Datenreihe im Punkt (XY)-Diagramm erzeugen, würde man nur ein Quadrat sehen. Die virtuelle z-Achse können Sie sich vielleicht vorstellen, aber im Diagramm ist nichts davon zu sehen.

Um den Würfel dreidimensional sehen zu können, müssen Sie ihm zwei Fähigkeiten geben:

- Erstens müssen Sie ihn drehen können, und zwar auf der x-Achse oder der y-Achse. Auf der z-Achse würde nicht genügen, denn dann würde er immer noch wie eine Fläche aussehen und die hinteren Ecken und Kanten blieben verborgen. Erst die Drehung auf der x- oder y-Achse bringen sie zum Vorschein.
- Zweitens müssen Sie ihm eine Perspektive geben. Das heißt, wenn die sechs Flächen des Würfels transparent sind, müssen die weiter hinten liegenden Kanten kürzer erscheinen (siehe gestrichelte Linien in Abbildung 14.2).

Die Drehung ermöglichen Sie mit den Transformationsspalten E, F und G, die die transformierten Datenpunkte x', y' und z' wiedergeben. Die Werte sind abhängig von der Stärke der x- und y-Drehung, die in O1 und O2 per Hand in Grad vorgegeben wird. In N1 und N2 werden die Gradangaben in Bogenmaß umgerechnet.

```
N1:=BOGENMASS(O1)
N2:=BOGENMASS(O2)
```

Definieren Sie einen Namen *xDrehung* bezogen auf die Formel:

```
=WAHL({1.2.3;4.5.6;7.8.9};1;0;0;0;COS($N$1);SIN($N$1);0;-SIN($N$1);COS($N$1))
```

Und einen Namen *yDrehung* bezogen auf die Formel:

```
=WAHL({1.2.3;4.5.6;7.8.9};COS($N$2);0;-SIN($N$2);0;1;0;SIN($N$2);0;COS($N$2))
```

In diesen beiden Formeln (von Klaus Kühnlein, Kanada) steckt viel Mathematik, die später die Drehbewegung der Objekte ermöglicht. Ausnahmsweise ist das tiefere Verständnis dieser Formeln nicht unbedingt nötig, um dem Kapitel weiter folgen zu können.

Dann markieren Sie M5:O7 und erzeugen die zusammenhängende Matrixformel:

```
=MMULT(xDrehung;yDrehung)
```

Jetzt markieren Sie E2:G2 und erzeugen wieder die zusammenhängende Matrixformel

```
=MMULT(A2:C2;$M$5:$O$7)
```

die Sie bis E19:G19 nach unten kopieren.

Für jeden Datenpunkt der Transformationsspalten wird also eine Matrixmultiplikation der Basisspalten A:C und der Drehmatrix M5:O7 vorgenommen. Solange in N1 und N2 eine Null steht, entsprechen die transformierten Punkte x', y', z' den Originalen x, y und z.

Wenn man jetzt den Bereich E2:F19 als Datenreihe verwenden würde, wäre der Würfel schon drehbar, aber die Perspektive würde noch fehlen. Deshalb werden zwei weitere Transformationsspalten I und J mit den perspektivischen x"- bzw. y"-Werten erzeugt. Der Bereich I2:J19 wird dann als Datenquelle in das Diagramm übernommen. Spalte I enthält die x-Werte und Spalte J die y-Werte.

```
I2: =E2*$N$3/($N$3+G2)
J2: =F2*$N$3/($N$3+G2)
```

Die Formeln kopieren Sie jeweils bis Zeile 19.

Die manuelle Eingabe in N3 bestimmt den Abstand bzw. die Brennweite des Betrachters, also seine Perspektive. Folgender Vergleich soll den Einfluss der Perspektive veranschaulichen.

Würfeldrehung aus x'y' (E2:F19) ohne Perspektive:

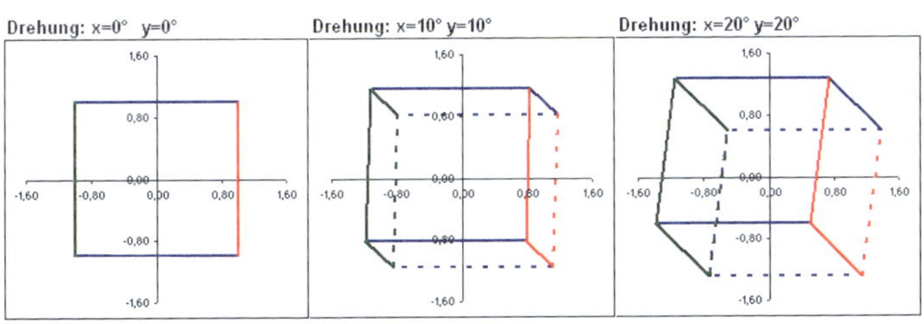

Abbildung 14.3: Ansicht eines Würfels aus drei verschiedenen Betrachterperspektiven

Würfeldrehung aus x"y" (I2:J19) mit Perspektive (Abstand = 10):

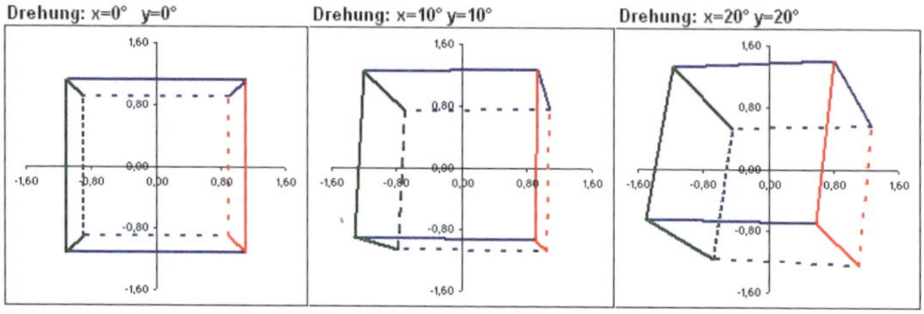

Abbildung 14.4: Perspektivische Ansicht eines Würfels aus drei verschiedenen Betrachterperspektiven

Das Einzige, was jetzt noch fehlt, sind Bildlaufleisten, mit denen Sie die Würfeldrehung fließend durchführen können. Nehmen Sie dazu unbedingt zwei Bildlaufleisten aus der Gruppe der *ActiveX-Steuerelemente* und verknüpfen Sie eine davon mit der Zelle O1 und die andere mit der Zelle O2. Aktivieren Sie den Entwurfsmodus (zweite Schaltfläche im Menüband), klicken Sie die Bildlaufleisten rechts an, aktivieren Sie über das Kontextmenü das *Eigenschaften*-Dialogfeld und setzen Sie die *LinkedCell*-Eigenschaft auf O1 bzw. O2.

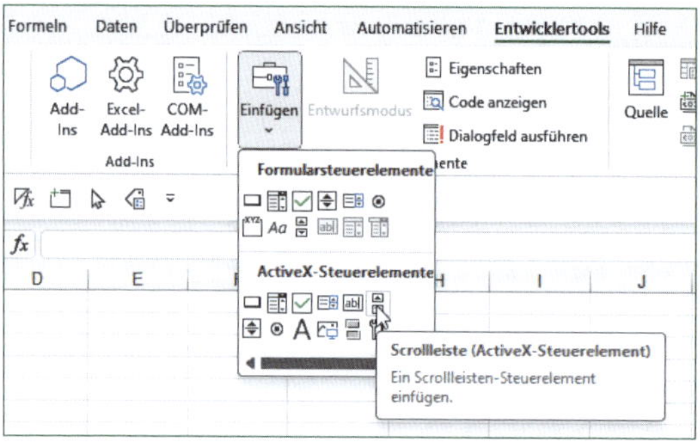

Abbildung 14.5: Bildlaufleiste in der Gruppe der ActiveX-Steuerelemente

Die Bildlaufleisten der Steuerelemente haben für diese Anwendung einen ganz wesentlichen Vorteil gegenüber der Bildlaufleiste der *Formularsteuerelemente*. Wenn Sie mit der Maus die Bildlaufleiste anklicken, wird bei Ersteren das Diagramm sofort neu berechnet und angezeigt, auch wenn Sie die Maus noch gedrückt halten. Dadurch entsteht eine wunderschöne fließende Bewegung des Würfels. Die Bildlaufleiste der Formular-Symbolleiste müssen Sie zuerst wieder loslassen, damit das Diagramm neu angezeigt wird.

Außerdem ist es ratsam, die Achsenskalierung zu fixieren. Wenn Sie dies nicht tun, wird sie sich bei Drehung des Diagramms automatisch anpassen, was dann ziemlich doof aussieht.

Jetzt ist Ihr Punkt (XYZ)-Diagramm voll funktionstüchtig. In den Spalten A, B und C können die x/y/z-Koordinaten beliebiger Objekte oder auch Funktionen eingetragen und im Diagramm dreidimensional dargestellt werden.

14.1.2 Darstellung einer dreidimensionalen Funktion

Mit der gezeigten Drehtechnik können Sie nicht nur geometrische Objekte drehen, sondern auch dreidimensionale Funktionen in der Form

```
z=f(xy)=sin(x)*cos(y)
```

wie man das auch von Oberflächendiagrammen kennt.

In Spalte A und B erzeugen Sie alle x/y-Kombinationen im Intervall von -2 bis +2 mit einer Schrittweite von 0,2, das sind 21*21= 441 Datenpunkte (= Zeilen).

```
A2: =(-20+KÜRZEN((ZEILE()-2)/21)*2)/10
B2: =(-20+REST(ZEILE()-2;21)*2)/10
C2: =SIN(A2)*COS(B2)
```

Das wird jeweils bis Zeile 442 kopiert. An den Formeln der Spalten E bis O ändert sich nichts.

C2 =SIN(A2)*COS(B2)

	A	B	C	D	E	F	G	H	I	J	K	L	M	N	O
1	x	y	z		x'	y'	z'		x''	y''		Betrachter X		0,61	35°
2	-2	-2	0,38		-2	-1,9	-0,8		-2	-1,86		Betrachter Y		0	0°
3	-2	-1,8	0,21		-2	-1,6	-0,9		-2	-1,59		Abstand/Brennweite		1000	
4	-2	-1,6	0,03		-2	-1,3	-0,9		-2	-1,33					
5	-2	-1,4	-0,2		-2	-1,1	-0,9		-2	-1,06		Drehmatrix:	1,00	0,00	0,00
6	-2	-1,2	-0,3		-2	-0,8	-1		-2	-0,79			0,00	0,82	0,57
7	-2	-1	-0,5		-2	-0,5	-1		-2	-0,54			0,00	-0,57	0,82
8	-2	-0,8	-0,6		-2	-0,3	-1		-2	-0,29					
9	-2	-0,6	-0,8		-2	-0,1	-1		-2	-0,06					
10	-2	-0,4	-0,8		-2	0,15	-0,9		-2	0,15					
11	-2	-0,2	-0,9		-2	0,35	-0,8		-2	0,35					
12	-2	0	-0,9		-2	0,52	-0,7		-2	0,52					
13	-2	0,2	-0,9		-2	0,67	-0,6		-2	0,68					
14	-2	0,4	-0,8		-2	0,81	-0,5		-2	0,81					
15	-2	0,6	-0,8		-2	0,92	-0,3		-2	0,92					
16	2	0,8	-0,6		-2	1,02	-0,1		-2	1,02					
17	-2	1	-0,5		-2	1,1	0,17		-2	1,10					
18	-2	1,2	-0,3		-2	1,17	0,42		-2	1,17					
19	-2	1,4	-0,2		-2	1,24	0,68		-2	1,23					
20	-2	1,6	0,03		-2	1,3	0,94		-2	1,29					
21	-2	1,8	0,21		-2	1,36	1,2		-2	1,35					

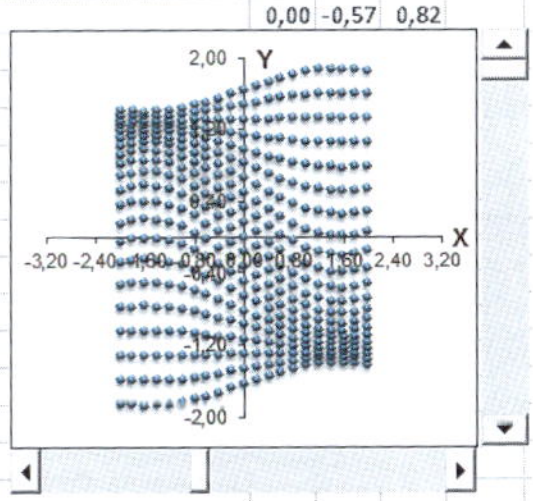

Abbildung 14.6: Darstellung von Datenpunkten einer dreidimensionalen Funktion

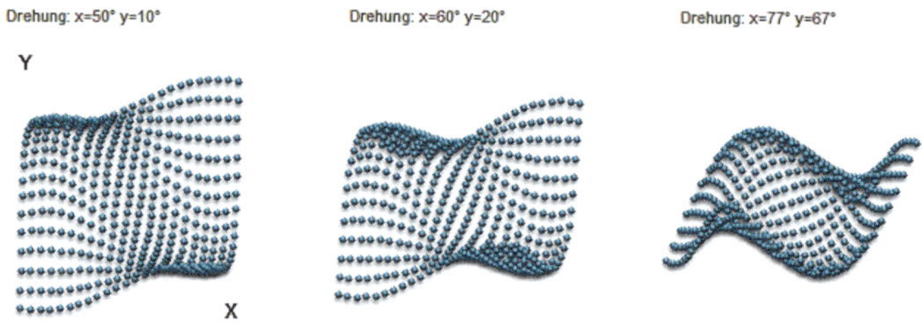

Abbildung 14.7: Dreidimensionale Funktion mit verschiedenen Betrachterpositionen

14.2 Das dreidimensionale Blasendiagramm

Neben dem Punkt (XY)-Diagramm ist das Blasendiagramm der zweite Diagrammtyp, bei dem die gezeigte dreidimensionale Drehtechnik angewandt werden kann. Wenn Sie den Diagrammtyp *Punkt (XY)* auswählen, stehen Ihnen zwei Untertypen zur Verfügung. Der eine Untertyp nennt sich *3D-Blase*. Der 3D-Effekt bedeutet hier, dass die einzelnen Blasen so formatiert sind, dass sie kugelförmig erscheinen. Trotzdem bewegen sie sich nur auf einer zweidimensionalen Ebene.

Wir bereichern nun auch das Blasendiagramm um eine dritte Dimension. Die wesentliche Funktionalität des Punkt (XYZ)-Diagramms kann wieder verwendet werden, es sind nur einige wenige Umrüstarbeiten notwendig:

	A	B	C	D	E	F	G	H	I	J	K	L	M	N	O	P	Q	R	S	T	U
1	x	y	z	g	x'	y'	z'		x''	y''	g'	Betrachter X		0,00	0°	z'	z''	Zeile	x'''	y'''	g''
2	0,0	1,0	0	2	0	1	0		0,00	1,00	2,67	Betrachter Y		0,00	0°	0,00	0,00	8	-0,71	0,71	2,67
3	0,7	0,7	0	2	0,71	0,71	0		0,71	0,71	2,67	Abstand/Brennweite		2		0,00	0,00	7	-1,00	0,00	2,67
4	1,0	0,0	0	2	1	0	0		1,00	0,00	2,67					0,00	0,00	6	-0,71	-0,71	2,67
5	0,7	-0,7	0	2	0,71	-0,7	0		0,71	-0,71	2,67	Drehmatrix	1,00	0,00	0,00	0,00	0,00	5	0,00	-1,00	2,67
6	0,0	-1,0	0	2	0	-1	0		0,00	-1,00	2,67		0,00	1,00	0,00	0,00	0,00	4	0,71	-0,71	2,67
7	-0,7	-0,7	0	2	-0,7	-0,7	0		-0,71	-0,71	2,67		0,00	0,00	1,00	0,00	0,00	3	1,00	0,00	2,67
8	-1,0	0,0	0	2	-1	0	0		-1,00	0,00	2,67					0,00	0,00	2	0,71	0,71	2,67
9	-0,7	0,7	0	2	-0,7	0,71	0		-0,71	0,71	2,67					0,00	0,00	1	0,00	1,00	2,67

Abbildung 14.8: Tabellenaufbau für ein dreidimensionales Blasendiagramm (1)

Die Spalten A:D sind Eingabespalten. Neu ist dabei die Eingabespalte D. E:G, I:J sowie die Drehmatrix sind identisch aufgebaut wie beim Punkt (XYZ)-Diagramm und die Zellen enthalten weiterhin dieselben Formeln. Jeder der acht Datenpunkte der Datenreihe steht für eine Blase im Blasendiagramm. Die acht Blasen sind kreisförmig angeordnet. Sie können den Bereich A2:B9 manuell oder auch über die folgenden Formeln bestücken (vgl. die Kreiskonstruktion zu Beginn dieses Kapitels):

```
A2:A9: =SIN(BOGENMASS({0;45;90;135;180;225;270;315}))
B2:B9: =COS(BOGENMASS({0;45;90;135;180;225;270;315}))
```

In der Ausgangsposition beträgt die z-Position aller Blasen 0, d. h., sie befinden sich alle auf einer Ebene.

Die neue Spalte D definiert die Größe g der Blasen. Dies ist beim Blasendiagramm Standard. Geben Sie für alle Blasen in D2:D9 eine 2 ein. Um es nicht noch komplizierter zu machen, unterstellen wir, dass alle Blasen gleich groß sind.

Das 3D-Blasendiagramm muss genau wie das Punkt (XYZ)-Diagramm zwei Fähigkeiten besitzen. Zum einen muss die Position der Kugeln im Raum durch die Drehung auf der x- und y-Achse abgebildet werden können, zum anderen muss der Perspektive des Betrachters Rechnung getragen werden. Dies kann im Blasendiagramm sehr gut durch die Variation der Blasengröße geschehen, denn eine Blase oder Kugel wirkt ja kleiner, wenn sie sich vom Betrachter entfernt. Um dies zu gewährleisten, wurde die Spalte K mit der transformierten Größe g' ins Leben gerufen. Die Formel

`K2: =D2*$N$3/(G2-0,5+$N$3)` (kopieren bis K9)

sorgt für die nötige Perspektive. Solange die Blasen die gleiche z-Achsenposition (Spalte G) einnehmen und sie die gleiche reale Größe g haben, ist auch ihre perspektivische Größe g' in Spalte K gleich groß.

Nun muss man wissen, dass das Blasendiagramm zwei zusätzliche, wichtige Eigenschaften aufweist, die zur korrekten 3D-Darstellung beachtet werden müssen.

- **Die Blasengröße aller Blasen verhält sich relativ zur größten Blase.**

Angenommen, Sie stellen drei Blasen mit den Größen 1, 2 und 3 im Blasendiagramm dar. Wenn Sie jetzt die Größe der dritten Blase von 3 auf 9 ändern, bleibt diese Blase gleich groß, nur die anderen Blasen werden kleiner. Das heißt, immer die **größte Blase** bestimmt die Größe der anderen. Diese Eigenschaft verträgt sich nicht mit den Berechnungen zur 3D-Drehung. Um dies zu korrigieren, müssen Sie eine separate Blase in einer neuen Datenreihe erstellen, die so groß ist, dass sie auf jeden Fall größer ist als die Blasen, die Sie eigentlich betrachten wollen. Je größer Sie diese Blase machen, desto kleiner werden die übrigen Blasen dargestellt. Erstellen Sie ein neues Blasendiagramm mit zunächst nur einer einzigen Blase. Setzen Sie diese Orientierungsblase beispielsweise auf die Größe 20, ihre x- und y-Werte setzen Sie einfach auf 0:

```
=DATENREIHE(;{0};{0};1;{20})
```

Danach entfernen Sie Rahmen und farbige Fläche dieser Blase, damit sie optisch nicht mehr stört.

Darstellungsreihenfolge der Blasen

Wichtig ist auch die Darstellungsreihenfolge der Blasen. Die Blasen, die in der Datentabelle an oberster Stelle stehen, werden im Diagramm am weitesten hinten dargestellt. Das sehen Sie an einem (von der Aufgabenstellung losgelösten) Beispiel:

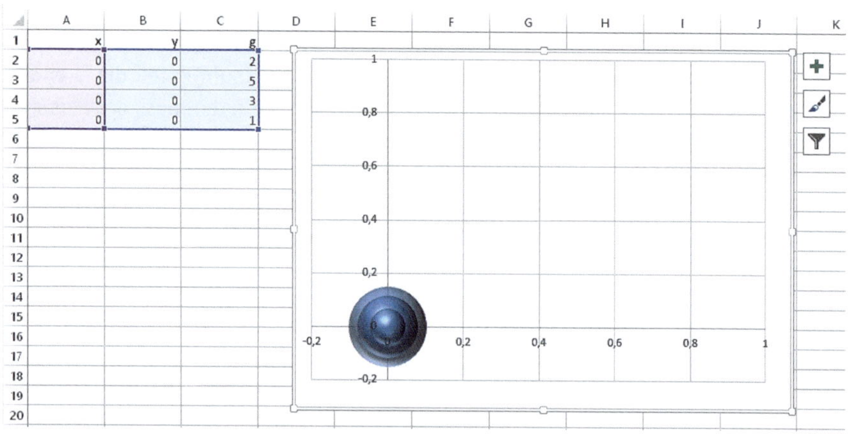

Abbildung 14.9: Prinzip der Darstellungsreihenfolge im Blasendiagramm

Die Blase mit Größe 2 ist nicht zu sehen, da sie an hinterster Stelle angezeigt wird und deshalb natürlich von den Blasen der Größe 5 und 3 verdeckt wird. Sie sehen nur drei Blasen – die der Zeilen 3, 4 und 5.

Wenn sich die Blasen im dreidimensionalen Raum korrekt auf der virtuellen z-Achse bewegen sollen, ist es natürlich wichtig, dass die weiter vorne liegenden Blasen die weiter hinten liegenden überdecken. Deshalb müssen Sie die Transformationsspalten I:K ein weiteres Mal transformieren, und zwar so, dass sie nach der in Spalte G bestimmten z-Achsenposition z' sortiert werden.

Werte sortieren

Zu diesem Zweck erweitern Sie die Berechnungen um die Spalten P:U, in denen die Blasen in die richtige Sortierreihenfolge gebracht werden.

	I	J	K	L	M	N	O	P	Q	R	S	T	U
1	x''	y''	g'	Betrachter X		0,52	30°	z'	z''	Zeile	x'''	y'''	g''
2	0,21	0,71	2,07	Betrachter Y		0,52	30°	0,43	0,66	8	-0,33	0,46	1,85
3	0,81	0,63	2,75	Abstand/Brennweite		2		-0,05	0,50	7	-0,69	0,00	2,00
4	1,15	0,00	4,00					-0,50	0,43	1	0,21	0,71	2,07
5	0,65	-0,91	4,76	Drehmatrix	0,87	0,00	-0,50	-0,66	0,05	6	-0,77	-0,60	2,59
6	-0,32	-1,11	3,75		0,25	0,87	0,43	-0,43	-0,05	2	0,81	0,63	2,75
7	-0,77	-0,60	2,59		0,43	-0,50	0,75	0,05	-0,43	5	-0,32	-1,11	3,75
8	-0,69	0,00	2,00					0,50	-0,50	3	1,15	0,00	4,00
9	-0,33	0,46	1,85					0,66	-0,66	4	0,65	-0,91	4,76

Abbildung 14.10: Tabellenaufbau für ein dreidimensionales Blasendiagramm (2)

```
P2: =G2+ZEILE()/1000000
Q2: =KGRÖSSTE($P$2:$P$9;ZEILEN($1:$1))
R2: =VERGLEICH(Q2;$P$2:$P$9;0)
S2: =INDEX($I$2:$I$9;$R2)
T2: =INDEX($J$2:$J$9;$R2)
U2: =INDEX($K$2:$K$9;$R2)
```

Dann müssen P2:U2 noch bis P9:U9 kopiert werden.

Maßgeblich für die Sortierreihenfolge ist die z'-Position der Spalte G, also die Position jeder Blase auf der virtuellen z-Achse. Diese wird nach Spalte P übernommen und mit `+ ZEILE()/1000000` addiert. Dies erfüllt den Zweck, gleich große z' unterscheidbar zu machen. In Spalte Q werden die Werte aus Spalte P, beginnend mit dem größten, absteigend sortiert. In Spalte R wird die Zeilennummer des *k*-größten z'-Werts aus Spalte P zurückgegeben. Dazu ist es wichtig, dass alle Suchwerte in Spalte P unterschiedlich groß sind (wofür mit `ZEILE()/1000000` gesorgt wurde).

In den Spalten S:U werden schließlich die x/y-Koordinaten sowie die Größe der Blasen aus den Spalten I:K übernommen, und zwar über die Zeilenangabe in Spalte R in der gewünschten Reihenfolge. Wie man sieht, ist die Blasengröße g'' nun aufsteigend sortiert.

Der Bereich S2:U9 wird als Datenquelle in das Blasendiagramm eingefügt. S2:S9 enthält die x-Position, T2:T9 die y-Position und U2:U9 die Blasengröße. Nicht vergessen: Ihr Blasendiagramm muss die Orientierungsblase mit der x-/y-Position 0/0 und einer Blasengröße enthalten, die größer ist als alle anderen Blasen (beispielsweise 20).

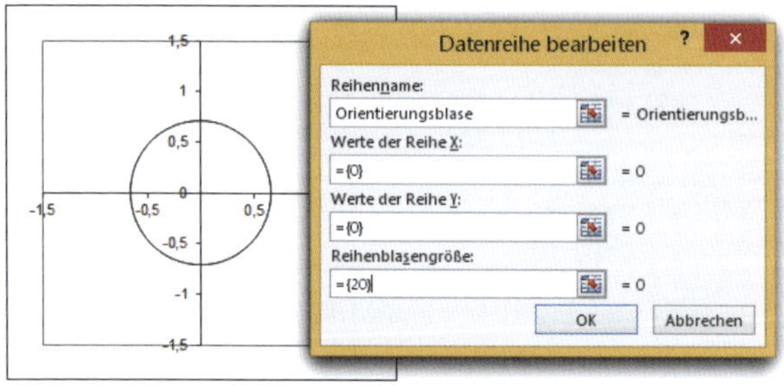

Abbildung 14.11: Erste Datenreihe: Orientierungsblase

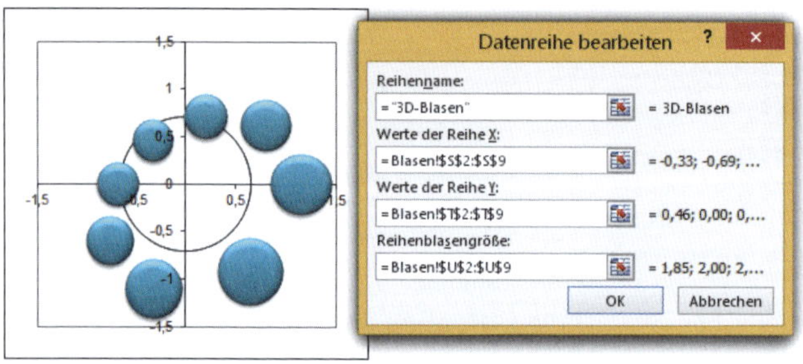

Abbildung 14.12: Zweite Datenreihe: 3D-Blasen

Das Ergebnis aus drei unterschiedlichen Perspektiven:

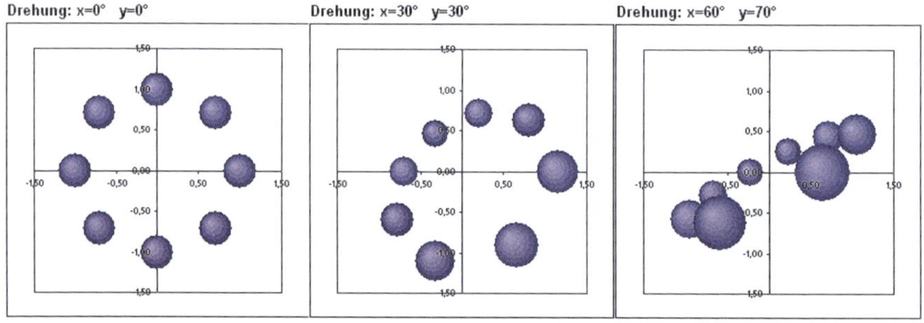

Abbildung 14.13: Darstellung eines dreidimensionalen Blasendiagramms mit verschiedenen Betrachterpositionen

Kapitel 15

Finanzmathematische Schmankerl

In diesem Kapitel zeigen wir Ihnen, wie die Funktion ZEILE() in der Finanzmathematik zur Höchstform aufläuft und warum so manche Excel-Funktionen eine echte (vorschüssige) Macke haben.

15.1 ZEILE() – Multitalent als Finanzjongleur

Die Funktion ZEILE() zählt ursprünglich zur Gattung der Matrixfunktionen. Aufgrund ihrer hohen Anpassungsfähigkeit und Paarungsbereitschaft mit anderen Spezies fühlt sie sich aber fast überall heimisch. Man glaubt es kaum: Sie ist sogar ein Meister der Finanzmathematik. In der Finanzmathematik baut vieles auf Folgen und Reihen auf.

15.1.1 Folgen und Reihen

Eine Zahlenfolge ist eine Folge von reellen Zahlen, die in einem funktionalen Zusammenhang zu den natürlichen Zahlen (ganze Zahlen 1, 2, 3, ...) oder einer Teilmenge daraus stehen (würde ein Mathematiker sagen). Die Funktion `=ZEILE(1:10)` liefert die natürlichen Zahlen von 1 bis 10, also das Array:

```
{1;2;3;4;5;6;7;8;9;10}
```

Multipliziert man diese Folge mit einem Faktor q, erhält man eine arithmetische Folge

```
=ZEILE(1:10)*2 = {2;4;6;8;10;12;14;16;18;20}
```

bei der die Differenz zweier aufeinanderfolgender Glieder konstant ist.

Potenziert man q mit der Zahlenfolge, so erhält man eine geometrische Folge

```
=2^ZEILE(1:10)= {2;4;8;16;32;64;128;256;512;1024}
```

die die Eigenschaft aufweist, dass der Quotient zweier aufeinanderfolgender Glieder konstant ist.

Werden die Glieder einer Folge aufsummiert, so erhält man eine Reihe. Die arithmetische Reihe aus der obigen arithmetischen Folge ergibt sich dann aus `{2;6;12;20;30;42;56;72;90;110}`, die geometrische Reihe ferner aus `{2;6;14;30;62;126;254;510;1022;2046}`. Das zehnte Glied der arithmetischen Reihe berechnet sich in Excel aus

```
=SUMME(Zeile(1:10)*2)=110
```

(da Gauß die Funktion ZEILE() nicht kannte, hätte er es so gemacht: `= 5*(10+1)*2`)

und das zehnte Glied der geometrischen Reihe aus

```
=SUMME(2^ZEILE(1:10))=2.046
```

15.1.2 Renten- und Tilgungsrechnung

Jetzt schlagen wir den Bogen zur Finanzmathematik. Zinseszinsrechnung ist nichts anderes als das Berechnen einer geometrischen Folge, und Rentenrechnung ist nichts anderes als das Berechnen einer geometrischen Reihe. Die natürlichen Zahlen stehen hier für Zeitpunkte (Perioden). Die Folge aus n Zeitpunkten stellt den betrachteten Zeithorizont dar. Um diese ganze Geschichte Excel-technisch umzusetzen, verwenden wir nun die Funktion ZEILE().

Geben Sie irgendeiner Zelle den Namen *n*. Dann definieren Sie einen weiteren Namen Zeitstrahl, bezogen auf die Formel

```
=ZEILE(INDIREKT("1:"&n))
```

Wenn Sie in die Zelle n den Wert 5 eintragen, übergibt die Formel an den Namen *Zeitstrahl* das Array `{1;2;3;4;5}`, das für fünf Zahlungszeitpunkte steht.

Diesen Baustein können Sie nun bestens zur Rentenrechnung einsetzen. Legen Sie beispielsweise fünf Jahre lang zu Beginn jeden Jahres 500 € an, die zu 6 % verzinst werden.

Für alle folgenden Formeln gilt: i ist der Jahreszinssatz und n die Laufzeit in Jahren. Wollen Sie unterjährige Verzinsungen (monatlich, vierteljährlich etc.) darstellen, müssen Sie i durch v (Verrechnungen p.a.) dividieren und n mit v multiplizieren.

Welchen Betrag haben Sie am Ende des fünften Jahres angespart? Im Grunde gibt es vier Möglichkeiten, das Ergebnis zu berechnen.

1. Tabellarisch

	A	B	C	D	E	F	G	H	I	J
1	Perioden (n):	5			t0	t1	t2	t3	t4	Σ t5
2	Zahlung (RMZ):	500		Zahlung	500	500	500	500	500	
3	Zinssatz (i)	6%		Zinsperioden	5	4	3	2	1	
4				Ergebnis/Summe	669,11	631,24	595,51	561,80	530,00	2.987,66
5										

Abbildung 15.1: Tabellarischer Tilgungsplan

Die Zahlungen werden einzeln aufgezinst und dann in J4 aufaddiert.

2. Excel-Funktion

Für dieses Beispiel gibt es die Standardfunktion ZW:

```
-ZW(i;n;500;0;1)=2.987,66
```

3. Finanzmathematische Funktion

   Falls Sie ein vernünftiges Mathebuch mit finanzmathematischen Funktionen im Regal stehen haben, müssten Sie dort auch die passende Formel finden:

   ```
   -500*(1+i)*(1-(1+i)^n)/i = 2.987,66
   ```

   Aber bevor Sie jetzt lange grübeln, weil Sie die Formel nicht verstehen, wenden Sie sich lieber der vierten Alternative zu, denn darum geht es schließlich in diesem Kapitel.

4. Arrayformel mit ZEILE()

   Sie erzeugen aus dem Namen *Zeitstrahl* die Arrayformel

   ```
   =SUMME(500*(1+i)^Zeitstrahl)
   ```

   die ebenso 2.987,66 als Ergebnis ausspuckt und die Sie sofort verstehen, wenn Sie bis hierher aufgepasst haben (Stichwort »geometrische Reihe«).

Den Baustein *Zeitstrahl* können Sie für eine ganze Reihe finanzmathematischer Berechnungen einsetzen:

	A	B	C	D
1	n=5; i=6%			
2	**Berechnung**	**Excelfunktion**	**Arrayformel**	**Ergebnis**
3	Barwert (nachschüssig)	=-BW(i;n;500)	=SUMME(500/(1+i)^Zeitstrahl)	2.106,18
4	Barwert (vorschüssig)	=-BW(i;n;500;0;1)	=SUMME(1/(1+i)^(Zeitstrahl-1))	2.232,55
5	Annuität (nachschüssig)	=-RMZ(i;n;2106,18)	=2106,18/SUMME(1/(1+i)^Zeitstrahl)	500,00
6	Annuität (vorschüssig)	=-RMZ(i;n;2232,55;0;1)	=2232,55/SUMME(1/(1+i)^(Zeitstrahl-1))	500,00
7	Endwert (nachschüssig)	=-ZW(i;n;500)	=SUMME(500*(1+i)^(Zeitstrahl-1))	2.818,55
8	Endwert (vorschüssig)	=-ZW(i;n;500;0;1)	=SUMME(500*(1+i)^Zeitstrahl)	2.987,66
9	Sparrate (nachschüssig)	=-RMZ(i;n;0;2818,55;0)	=2818,55/SUMME((1+i)^(Zeitstrahl-1))	500,00
10	Sparrate (vorschüssig)	=-RMZ(i;n;0;2987,66;1)	=2987,66/SUMME((1+i)^Zeitstrahl)	500,00
11				

Abbildung 15.2: Einsatz des Zeitstrahls für diverse finanzmathematische Berechnungen

Beim Vergleich der Formeln sieht und versteht man den Zusammenhang der Funktionen BW, RMZ und ZW. Beispielsweise entspricht der Kehrwert des Annuitätenfaktors A (RMZ-Funktion) dem Rentenbarwertfaktor (BW-Funktion):

```
=A/RMZ(i;n;1)=BW(i;n;A)
```

Der Kehrwert der Sparrate entspricht dem Rentenendwertfaktor:

```
=A/RMZ(i;n;0;1)=ZW(i;n;A)
```

Barwertfaktor und Endwertfaktor sind ebenso austauschbar:

```
=BW(i;n;A)*(1+i)^n=ZW(i;n;A)
```

Bei allen finanzmathematischen Funktionen, die das Argument *Fälligkeit* besitzen, gilt, dass 1 für vorschüssig steht und 0 für nachschüssig. Excel versteht darunter den Zahlungszeitpunkt und unterstellt, dass der Zahlungszeitpunkt maßgeblich für die Zinsverrechnung ist.

Die Funktionen BW, RMZ und ZW durch den *Zeitstrahl* zu ersetzen, ist nicht nur eine anschauliche Alternative, sondern bringt sogar einen echten Mehrwert. Wenn die Aufgabenstellung erweitert wird, sind die Standardfunktionen schnell überfordert. Wenn Sie beispielsweise nicht 500 € konstant sparen wollen, sondern jedes Jahr 20 € (oder 5 %) mehr, muss die Funktion ZW bereits die weiße Flagge hissen. Auch BW und RMZ kommen nur mit konstanten Zahlungen klar. Finanzmathematische Lösungen sind zwar vorhanden, aber nicht leicht zu verstehen, geschweige denn selbst herzuleiten.

Mit Ihrem Baustein *Zeitstrahl*, hinter dem sich die Funktion ZEILE verbirgt, ist dies überhaupt kein Problem. Zum Vergleich noch einmal die tabellarische Lösung bei 20 € mehr in jedem Jahr:

	D	E	F	G	H	I	J
1		t0	t1	t2	t3	t4	Σ t5
2	Zahlung	500	520	540	560	580	
3	Zinsperioden	5	4	3	2	1	
4	Ergebnis/Summe	669,11	656,49	643,15	629,22	614,80	3.212,77
5							

Abbildung 15.3: Endwert bei steigenden Zahlungen

Die Arrayformel lautet:

`=SUMME((500+20*(n-Zeitstrahl))*(1+i)^Zeitstrahl)` gleich

`=SUMME((500+20*({4;3;2;1;0}))*(1+i)^{1;2;3;4;5})` gleich

`=SUMME(({580;560;540;520;500})*(1+i)^{1;2;3;4;5})=3.212,77`

Bei einer Steigerung von 5 % pro Periode statt konstant 20 € lautet die Formel:

```
=SUMME((500*1,05^(n-Zeitstrahl))*(1+i)^Zeitstrahl)=3.283,03
```

Der entsprechende Barwert in t_0 lautet:

`=SUMME((500*1,05^(Zeitstrahl-1))/(1+i)^(Zeitstrahl-1))=2.453,27`

Die finanzmathematischen Lösungen für die zwei letztgenannten Aufgabenstellungen lauten übrigens (x ist die jährliche Steigerung in %):

`500*((i+1)^(n+1)-(i+1)*(x+1)^n)/(i-x)` für den Zukunftswert und

`500*(1-((1+x)/(1+i))^n)/(i-x)*(1+i)` für den Barwert.

15.1.3 Interner Zinsfuß

Auch die Funktion `ZINS(n;rmz;bw;[zw];[f])` lässt sich hervorragend mit dem *Zeitstrahl* erweitern. Sie berechnet den internen Zinsfuß einer Rente oder einer annuitätischen Darlehenstilgung. Gegeben sind mindestens Laufzeit, jährliche Zahlung und Barwert. Die Zahlungsreihe `{-2200;500;500;500;500;500}` hat den internen Zinsfuß:

`=ZINS(5;500;-2200)=4,418%`

Auch hier gilt die Voraussetzung, dass die Zahlungen in Höhe von 500 € konstant sind. Wenn stattdessen Steigerungen von 5 % geplant sind, muss ZINS auf die Strafbank und wird durch den *Zeitstrahl* in Kombination mit IKV ersetzt. Die Formel lautet:

`=IKV(WENN(Zeitstrahl=1;-2200;500*1,05^(Zeitstrahl-2)))=7,8%`

mit *Zeitstrahl*: `=ZEILE(INDIREKT("1:"&n+1))`

Der Zeitstrahl muss hier deshalb um 1 verlängert werden (n+1), weil die Zahlungsreihe insgesamt n + 1 Zeitpunkte umfasst: von t_0 bis t_5.

Aus der Prüfung `Zeitstrahl=1` folgt:

`=WENN({WAHR;FALSCH;FALSCH;FALSCH;FALSCH;FALSCH};-2200;500*1,05^(Zeitstrahl-2))`

Das Element WAHR wird durch den Barwert ersetzt, allen übrigen Elementen FALSCH steht jeweils eine Zahlung gegenüber.

Daraus resultiert das Array `{-2200; 500; 525; 551,25; 578,81; 607,75}`, dessen interner Zinsfuß mithilfe von IKV berechnet werden kann.

15.1.4 Interner Zinsfuß bei aperiodischen Zahlungen

Wie wir gesehen haben, ist die Funktion ZEILE() in Kombination mit der Funktion INDIREKT() ein in der Finanzmathematik flexibel einsetzbares Werkzeug. Dies gilt auch für die Berechnung von internen Zinsfüßen von Zahlungsreihen, die keine periodisch gleich bleibenden Abstände aufweisen. Excel stellt dazu zwar eine Add-in-Funktion namens XINTZINSFUSS() zur Verfügung. Diese hat aber einen Nachteil: Sie rechnet sie stets tagegenau – Monate oder Quartale können so nicht als Perioden angegeben werden.

Gegeben ist eine Zahlungsreihe, die in verschiedenen Monaten Zahlungen generiert. Die Monate stehen in Spalte A, müssen nicht sortiert sein und ein Monat kann mehrfach vorkommen. Es kann aber auch sein, dass ein Monat überhaupt nicht vorkommt. In Spalte B stehen die dazugehörigen Zahlungen. Der Betrachtungszeitraum ergibt sich aus dem kleinsten und größten in Spalte A vorkommenden Monat. Im folgenden Beispiel vom 1. bis zum 18. Monat:

	A	B	C	D	E
1	Monat	Zahlungen		IKV:	11,91%
2	1	-1000			
3	5	100			
4	3	200			
5	2	-200			
6	5	180			
7	18	270			
8	6	100			
9	9	40			
10	10	250			
11	11	100			
12	4	50			
13					

Abbildung 15.4: Interner Zinsfuß bei aperiodischen Zahlungen

Der interne Zinsfuß der Zahlungsreihe beträgt 11,91 % und entspricht dem effektiven Jahreszins. Die Formel, die ihn offenbart, lautet:

```
=(1+IKV(SUMMEWENN(A:A;ZEILE(INDIREKT(MIN(A:A)&":"&MAX(A:A)));B:B);0))^12-1
```

ZEILE wird wie gewohnt mit INDIREKT kombiniert, mit dem einzigen Unterschied, dass die erste Periode nicht unbedingt mit 1 beginnen muss, sondern mit dem kleinsten Monat in Spalte A. Die letzte Periode ergibt sich aus dem größten Monat. Aus

`ZEILE(INDIREKT(MIN(A:A)&":"&MAX(A:A)))` wird `ZEILE(INDIREKT("1:18"))`, der benötigte Zeitstrahl lautet `{1;2;3;...;18}`.

Auf jedes Element des Zeitstrahls wird SUMMEWENN angewandt.

```
=SUMMEWENN(A:A;{1;2;3;...;18};B:B)
```

Dieser Formelteil serviert die Zahlungsreihe so, dass IKV nur noch »abstauben« muss. Erstens werden die Monate in Reihenfolge gebracht, zweitens werden mehrere Zahlungen, die den gleichen Monat betreffen, zusammengefasst und drittens werden Monate, die nicht vorkommen, mit Nullen aufgefüllt. Somit wird aus der aperiodischen Zahlungsreihe eine periodische Zahlungsreihe – in manchen Monaten mit der Zahlung null. Das resultierende Array mit 18 Elementen ist:

```
={-1000;-200;200;50;280;100;0;0;40;250;100;0;0;0;0;0;0;270}
```

Und mit IKV ergibt das 0,942293807183462 %.

Da es sich um Monate handelt, ist der von IKV berechnete Zinssatz der Monatszins. Mit der Formel

```
Jahreszins=(1+Monatszins)^12-1
```

wird der Monatszins in den effektiven Jahreszins umgerechnet.

`=(1+0,00942293807180426)^12-1` ergibt gerundet 11,91 %.

Statt Monaten können in Spalte A auch tagesgenaue Datumsangaben stehen. IKV und SUMMEWENN ist das völlig egal. Sie müssen nur beachten, dass der berechnete Zins immer korrekt in den effektiven Jahreszins umgerechnet wird. Stehen in Spalte A genaue Tage, lautet die Umrechnungsformel:

```
Jahreszins=(1+Tageszins)^365,25-1
```

Bei der Add-in-Funktion XINTZINSFUSS müssen es unbedingt Tage sein, denn diese Funktion ermittelt immer einen vom Tageszins umgerechneten Jahreszins.

15.2 Die vorschüssige Macke – ein kleiner finanzmathematischer Exkurs

Eine weltweit bekannte Firma, die höchst professionelle Taschenrechner herstellt, war und ist bei Innovationen immer führend. Finanzmathematische Rechner gibt es in allen Varianten und die rechnen auch richtig – bis auf »die vorschüssige Macke«.

Eine vorschüssige Annuität (kommt in der Praxis äußerst selten vor) wird korrekt berechnet. Das heißt: Die Belastung pro Periode/p.a. in Prozent bzw. als Betrag ist absolut in Ordnung.

Die zugehörige Excel-Funktion lautet `=RMZ(Zins;Zzr;Bw;Zw;F)` – mit 1 für den Parameter F (0 wäre nachschüssig).

So weit, so gut: Als Zinsbelastung wird aber in der ersten Periode eines vorschüssigen Tilgungsplans bei der »vorschüssigen Macke« null angesetzt und die errechnete (richtige) Annuität gänzlich als Tilgung verbraten.

Das ist Quatsch/Unsinn/Blödsinn/Nonsens – das ist schlicht und ergreifend abgrundtief FALSCH und Excel übernimmt das sogar in manchen finanzmathematischen Funktionen, wie wir gleich sehen werden.

Sie haben ein vorschüssiges Darlehen von 1 Mio. über 5 Jahre Volltilgung zu 6,0 % Zins aufgenommen. Zur Vereinfachung: jährliche Verrechnung und Zahlungsweise.

	A	B	C	D	E	F
1	Barwert (BW)	-1.000.000				
2	Endwert (ZW)	0				
3	Zinssatz (i)	6%				
4	Perioden (n)	5				
5	Fälligkeit (f)	1				
6						
7	**Fälligkeit**	**Periode**	**Zinsen**	**Tilgung**	**Annuität**	**Restschuld**
8			(falsch)	(falsch)		-1.000.000,00
9	01.01.2015	1	0,00	223.958,87	223.958,87	-776.041,13
10	01.01.2016	2	46.562,47	177.396,40	223.958,87	-598.644,73
11	01.01.2017	3	35.918,68	188.040,18	223.958,87	-410.604,55
12	01.01.2018	4	24.636,27	199.322,60	223.958,87	-211.281,95
13	01.01.2019	5	12.676,92	211.281,95	223.958,87	0,00
14	Summe		**119.794,34**	**1.000.000,00**	**1.119.794,34**	
15						

Abbildung 15.5: Vorschüssiger Tilgungsplan – falsch!

Die Formeln lauten:

```
C9: =ZINSZ(i;B9;n;BW;ZW;f)
D9: =KAPZ(i;B9;n;BW;ZW;f)
E9: =RMZ(i;n;BW;ZW;f)
F9: =F8+D9
```

So sieht's bei der von Excel übernommenen Macke aus: Die Bank verdient im ersten Jahr nix, da die gesamte erste Zahlung/Annuität gleichzeitig Tilgung ist. Wir bitten um Zusendung solcher Bankadressen.

Logik: Sie haben am 01.01.2015 eine Million Miese. Die Bank verlangt 60.000 € Zinsen für das Jahr 2015. Just an diesem Tag zahlen Sie die erste Annuität von 223.958,87.

Also kann die Bank nur Zinsen auf 776.041,13 = 46.562,47 in Rechnung stellen. Das ist allerdings immer noch ein wenig mehr als null. Und am 01.01.2019 zahlen Sie die letzte Rate – Ihre Miesen haben Sie da also auf null getilgt. Da zahlen Sie für das Jahr 2019 auch null und nicht 12.676,92 Zinsen.

Jetzt treiben wir's auf die Spitze: Zinskonversion wäre immer nach einem Jahr – also muss für die jeweilige Restlaufzeit neu kalkuliert werden. Sie haben nach einem Jahr eine Restschuld von 776.041,13 über noch vier Jahre Volltilgung zu (zufällig) wieder 6,0 % Zins. Der Tilgungsplan wird immer besser! Die Belastung sollte ja eigentlich bei unveränderten Konditionen die identische Annuität ergeben. Jetzt zahlen Sie aber einiges weniger: `=RMZ(6%;4;-776041,13;0;1)`, und das sind folgende 211.281,95.

	A	B	C	D	E	F
25	**Fälligkeit**	**Periode**	**Zinsen**	**Tilgung**	**Annuität**	**Restschuld**
26			(falsch)	(falsch)		-776.041,13
27	01.01.2016	1	0,00	211.281,95	211.281,95	564.759,18
28	01.01.2017	2	33.885,55	177.396,40	211.281,95	-387.362,78
29	01.01.2018	3	23.241,77	188.040,18	211.281,95	-199.322,60
30	01.01.2019	4	11.959,36	199.322,60	211.281,95	0,00
31	Summe		**69.086,67**	**776.041,13**	**845.127,80**	
32						

Abbildung 15.6: Vorschüssiger Tilgungsplan – falsch! (2)

Und bei den Konversionen zwei, drei und vier zahlen Sie (egal bei welchem Zinssatz) auch null Zinsen. Ein klasse Kredit, an dem die Bank nichts verdient hat!

Genug geblödelt: So sieht der richtige Tilgungsplan aus:

	A	B	C	D	E	F
1	Barwert (BW)	-1.000.000				
2	Endwert (ZW)	0				
3	Zinssatz (i)	6%				
4	Perioden (n)	5				
5	Fälligkeit (f)	1				
6						
7	**Fälligkeit**	**Periode**	**Zinsen**	**Tilgung**	**Annuität**	**Restschuld**
8						-1.000.000,00
9	01.01.2015	1	46.562,47	177.396,40	223.958,87	-822.603,60
10	01.01.2016	2	35.918,68	188.040,18	223.958,87	-634.563,42
11	01.01.2017	3	24.636,27	199.322,60	223.958,87	-435.240,82
12	01.01.2018	4	12.676,92	211.281,95	223.958,87	-223.958,87
13	01.01.2019	5	0,00	223.958,87	223.958,87	0,00
14	Summe		**119.794,34**	**1.000.000,00**	**1.119.794,34**	
15						

Abbildung 15.7: Vorschüssiger Tilgungsplan – richtig!

Und jetzt ergibt die vorschüssige Kalkulation bei einem Restdarlehen von 822.603,60 bei Volltilgung über vier Jahre und 6,0 % Zins natürlich die unveränderte Annuität von E18: `=RMZ(6%;4;-822603,6;0;1)= 223.958,87`.

Die weiteren (bis Zeile 22 kopierten) Formeln lauten:

```
C18: =-(F17+E18)*i
D18: =E18-C18
F18: =F17+D18
```

In der Summe (nominell) für die zwei fünfjährigen Tilgungspläne sind die zu zahlenden Zinsen (119.794,34) identisch. Bei Barwertbetrachtung ist die vorschüssige Macke bei einem Abzinsungssatz von 6,0 % zum Stichtag 01.01.2015 (jährlich vorschüssige Abzinsung) für die Bank ein Nachteil von 6.397,25.

F3 | f_x =E3/1,06^(A3-1)

	A	B	C	D	E	F
1	Jahr	HP-Zins	Barwert		richtiger Zins	Barwert
2						
3	1	0,00	0,00		46.562,47	46.562,47
4	2	46.562,47	43.926,86		35.918,68	33.885,55
5	3	35.918,68	31.967,50		24.636,27	21.926,20
6	4	24.636,27	20.685,09		12.676,92	10.643,78
7	5	12.676,92	10.041,31		0,00	0,00
8	Σ		106.620,75			113.018,00
9			-6.397,25			
10						

Abbildung 15.8: Zinsnachteil der Bank aufgrund der »vorschüssigen Macke«

Trotz der Macke ist die Funktion ZINSZ nicht unbrauchbar. Bei nachschüssigen Tilgungen rechnet sie ja richtig. Und bei vorschüssigen Tilgungen ist lediglich die Periode verschoben. Das können Sie aber ganz leicht ausgleichen, indem Sie zu der Periode die Fälligkeit *f* (0 oder 1) addieren.

```
=ZINSZ(i;Periode+f;n;BW;ZW;f)
```

Anders sieht es mit KAPZ aus. Die rechnet im vorschüssigen Fall definitiv falsch. Um die richtige Tilgung zu erhalten, können Sie die bereinigte ZINSZ-Funktion von der richtig rechnenden RMZ-Funktion subtrahieren:

`KAPZ` (richtig) = `RMZ(i;n;BW;ZW;f) - ZINSZ(i;Periode+f;n;BW;ZW;f)`

ZINSZ hat nicht nur bei Tilgungsplänen Probleme. Eigentlich sollte man erwarten können, dass diese Funktion auch bei Sparplänen funktioniert. Ein Sparplan liegt dann vor, wenn der Parameter BW den Wert null einnimmt und ZW irgendein Endvermögen darstellt. Wenn Sie am 01.01. der Jahre 1, 2, 3, 4 und 5 Geld auf ein Sparbuch einzahlen, sollte Ihnen die Bank zum 31.12. fünfmal Zinsen gutgeschrieben haben. ZINSZ vergisst die Zinszahlung des fünften Jahres.

	A	B	C	D	E
1	Barwert (BW)	0			
2	Endwert (ZW)	1.000			
3	Zinssatz (i)	6%			
4	Perioden (n)	5			
5	Fälligkeit (f)	1			
6					
7	**Fälligkeit**	**Periode**	**Zinsertrag**	**Sparbetrag**	**Vermögen**
8			(falsch)	(falsch)	0,00
9	01.01.2015	1	0,00	167,36	167,36
10	01.01.2016	2	10,04	167,36	344,75
11	01.01.2017	3	20,69	167,36	532,79
12	01.01.2018	4	31,97	167,36	732,11
13	01.01.2019	5	43,93	167,36	943,40
14					

Abbildung 15.9: Fehler der Funktion ZINSZ bei vorschüssigem Sparplan

Die Formeln lauten:

```
C9: =ZINSZ(i;B9;n;BW;ZW;f)
D9: =-RMZ(i;n;BW;ZW;f)
E9: =E8+D9+C9
```

Da fehlen am Ende 56,60 Euro, egal ob Sie *f* auf 0 oder 1 stellen. Und im ersten Jahr ist das Ergebnis immer 0, sowohl bei f = 1 als auch bei f = 0. ZINSZ kennt also in der ersten Periode grundsätzlich keine Zinsen, wenn der Wert von *BW* gleich 0 ist. Um die richtigen Zinsen zu erhalten, schreiben Sie in C9:

```
=-RMZ(i;n;BW;ZW;1)*i+ZW(i;B9-1;RMZ(i;n;BW;ZW;1);0;1)*i
```

Dann werden in jeder Periode der Sparbetrag sowie das Vermögen am Ende der Vorperiode verzinst, was zum richtigen Ergebnis führt.

C9 | =-RMZ(0,06;5;0;1000;1)*i+ZW(0,06;B9-1;RMZ(0,06;5;0;1000;1);0;1)*0,6

	A	B	C	D	E	F	G	H
7	**Fälligkeit**	**Periode**	**Zinsertrag**	**Sparbetrag**	**Vermögen**			
8					0,00			
9	01.01.2015	1	10,04 €	167,36	177,40			
10	01.01.2016	2	20,69 €	167,36	365,44			
11	01.01.2017	3	31,97 €	167,36	564,76			
12	01.01.2018	4	43,93 €	167,36	776,04			
13	01.01.2019	5	56,60 €	167,36	1.000,00			
14								
15								

Abbildung 15.10: Vorschüssiger Sparplan – richtig!

Die Funktionen ZINSZ und KAPZ haben noch zwei Kollegen, die den Zins- bzw. Tilgungsanteil kumuliert darstellen können, und zwar die Funktionen KUMZINSZ und KUMKAPITAL. Sie rechnen das Gleiche wie ZINSZ und KAPZ, nur dass sie statt eines Zeitpunkts eine Zeitspanne angeben, über die die kumuliert anfallenden Zinsen bzw. Tilgungen berechnet werden.

Beim Wort »Zeitspanne« müsste es bei Ihnen jetzt eigentlich »klick« machen, denn damit wären wir wieder bei unserem legendären Zeitstrahl, den wir mit der Funktion ZEILE erzeugen können. Das hat zur Folge, dass die beiden Funktionen (mal wieder) in die »Ablage P« verbannt werden können.

Die Syntax der kumulativen Zinsfunktion lautet:

```
=KUMZINSZ(i;n;BW;Start_Periode;End_Periode;f)
```

Bei ZINSZ können Sie ja normalerweise statt *Start_Periode* und *End_Periode* nur eine Periode angeben:

```
=ZINSZ(i;Periode;n;BW;ZW;f)
```

Wenn Sie aber das Argument *Periode* durch

ZEILE(INDIREKT(*Start_Periode*&":"&*End_Periode*))

ersetzen, wird ein Array aller Zinszahlungen des gesamten Zeitraums gebildet, das dann nur noch summiert werden muss:

```
=SUMME(ZINSZ(i;ZEILE(INDIREKT(Start_Periode&":"&End_Periode));n;BW;ZW;f))
```

Diese Formel liefert stets dasselbe Ergebnis wie KUMZINSZ. Das gilt sowohl vorschüssig als auch nachschüssig. Und mit den Funktionen KAPZ und KUMKAPITAL verhält es sich natürlich genauso. Die logische Schlussfolgerung daraus ist, dass KUMZINSZ und KUMKAPITAL ebenso die vorschüssige Macke in sich tragen.

Apropos finanzmathematische Taschenrechner:

Der stetig zunehmende Übergang von der deutschen Zinsmethode (Monat: 30; Jahr: 360 Tage) auf die EURO-Methode (Monat: genau; Jahr: 360 Tage) bedeutet, dass alle weltweit existierenden finanzmathematischen Taschenrechner in die Tonne müssen.

Zusätzlich zu den üblichen Darlehensbedingungen wie Darlehenssumme, Restwert, Zinssatz, Verrechnungen p.a., vor- oder nachschüssige Verrechnung sowie Laufzeit spielt dann auch noch das Datum des Darlehensbeginns eine Rolle: Bei sonst absolut identischen Konditionen ergeben sich bei monatlicher Verrechnung abhängig vom Datum des Darlehensbeginns 48 verschiedene Annuitäten (Annuität ist die gleichbleibende Summe aus Zins und Tilgung). Denn nur im Schaltjahresrhythmus wiederholen sich die Ergebnisse. Das ist mit Formeln nicht mehr zu packen – es sei denn, Sie besitzen einen Taschenrechner, bei dem man ein Beginndatum eingeben kann (wir kennen keinen).

Bei der TARGET-Tage-Methode – auch sie kommt übermächtig – sind es sogar genauso viele Annuitäten wie die Gesamtlaufzeit x Fälligkeiten p.a. TARGET = Trans-European **A**utomated **R**eal-time **G**ross settlement **E**xpress **T**ransfer system: Zahlungen erfolgen nicht an Wochenenden und auch nicht an Neujahr, Karfreitag, Ostermontag, 1. Mai, 25. und 26. Dezember. Der Zahlungstermin wird dann auf den darauffolgenden nächsten Arbeitstag gelegt. Fällt dieser in den nächsten Monat, wird er auf den vorhergehenden, letzten Arbeitstag gelegt.

Das heißt, dass hinter jeder Annuitätenberechnung ein detaillierter Tilgungsplan hängen muss – das kostet Speicher! Und berechnen kann man diesen nur über die Zielwertsuche. Die Kalendertagemethode (Monat: genau; Jahr: genau – das sind die Engländer) gibt's dann auch noch – wenn wir schon einmal dabei sind.

Kapitel 16

Alles ist Zahl – Anwendungen aus der Zahlentheorie

Wer sich auf irgendeine Weise schon mal mit Programmierung beschäftigt hat oder sich einfach für Zahlen interessiert, hat sich wahrscheinlich auch schon einmal mit Primzahlen befasst. Seit ewigen Zeiten sind Zahlentheoretiker auf der Suche nach der allgemein gültigen Formel zur Berechnung der nächsten oder aller Primzahlen.

16.1 Teiler und Primzahlen

Das ist bis heute nicht gelungen, aber man tröstet sich zumindest damit, die schönsten und schnellsten Algorithmen zur Identifizierung einer, wenn auch nur beschränkten, Menge an Primzahlen zu entwickeln. Gibt man bei Google den Begriff »Primzahl« ein, erhält man weit über 300.000 Treffer. Gibt man im Vergleich dazu z. B. den Begriff »Zweifakultät« ein, erhält man nur rund 1.800 Treffer. Da ist es erstaunlich, dass Excel die Add-in-Funktion ZWEIFAKULTÄT() zur Verfügung stellt, aber keine Funktion für Primzahlen. Dabei hätten sie es doch wirklich verdient.

Andererseits hätten wir dann auch nicht so viel Spaß daran, einen Algorithmus zu entwickeln, mit dem man mit einer einzigen Excel-Formel auf Primzahlensuche gehen kann.

16.1.1 Teiler

Der Schlüssel zum Erfolg ist auf diesem Weg die Funktion REST. Primzahlen sind Zahlen, die nur durch sich selbst und die Zahl 1 teilbar sind. Die 1 ist ex definitione keine Primzahl. Wir sind also auf der Suche nach Teilern. Möchte man wissen, ob eine Zahl x durch eine andere Zahl y teilbar ist, kann man dies mit der Formel

```
=WENN(REST(x;y)=0; "y ist Teiler von x"; "")
```

ermitteln. `REST(6;3)=0`, denn 3 ist ein Teiler von 6.

Wie wir bereits gelernt haben, lassen sich mit Excel Operationen, die man mit einer Zahl durchführen kann, auch mithilfe eines Arrays für eine ganze Reihe von Zahlen durchführen. Wenn wir also wissen wollen, welche Teiler die Zahl 6 hat (ohne die Zahl selbst), schreiben wir die Formel

```
=WENN(REST(6;{1.2.3.4.5})=0;{1.2.3.4.5}),
```

die als Ergebnis die Matrix `{1.2.3.FALSCH.FALSCH}` liefert.

Die 6 hat also die Teiler 1, 2 und 3.

Die Mathematik teilt alle natürlichen Zahlen hinsichtlich ihrer Teilersumme in drei Gruppen auf:

- abundante Zahlen, deren Teilersumme größer ist als die Zahl selbst
- defiziente Zahlen, deren Teilersumme kleiner ist als die Zahl selbst
- vollkommene Zahlen

Die Zahl 6 ist also eine vollkommene Zahl, denn 1+2+3=6.

Wie kann man die Teilersumme einer beliebigen Zahl berechnen?

Zuerst ersetzen wir das Array `{1.2.3.4.5}` durch `=ZEILE(1:5)`, denn wir wollen uns ja bei großen Zahlen keinen Wolf tippen (`{1.2.3.4.5.6.7.8.9.10.11.12.13......}`), sondern es einfach haben: `=ZEILE(1:65536)`.

Die Länge des Arrays können wir mit INDIREKT dynamisieren.

```
=ZEILE(INDIREKT("1:"& x-1))
```

Die Auflistung der Teiler erreichen wir mit:

```
=WENN(REST(x;ZEILE(INDIREKT("1:"& x-1)))=0;ZEILE(INDIREKT("1:"& x-1)))
```

Um diesen Ausdruck setzen wir nur noch die Funktion SUMME:

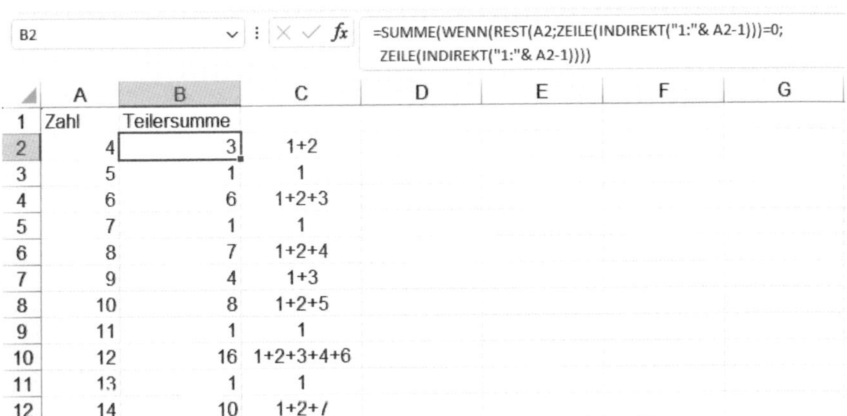

B2 =SUMME(WENN(REST(A2;ZEILE(INDIREKT("1:"& A2-1)))=0;ZEILE(INDIREKT("1:"& A2-1))))

	A	B	C	D	E	F	G
1	Zahl	Teilersumme					
2	4	3	1+2				
3	5	1	1				
4	6	6	1+2+3				
5	7	1	1				
6	8	7	1+2+4				
7	9	4	1+3				
8	10	8	1+2+5				
9	11	1	1				
10	12	16	1+2+3+4+6				
11	13	1	1				
12	14	10	1+2+7				

Abbildung 16.1: Teilersummen von Zahlen

16.1.2 Primzahlen

Sie erahnen es vielleicht, wir sind den Primzahlen schon ganz dicht auf den Fersen. Wenn Sie die Teilersummen betrachten, kommt es nicht von ungefähr, dass die Zahlen 7, 11 und 13 eine Teilersumme von 1 aufweisen. Richtig, das sind schon die ersten Primzahlen.

Wir müssen unsere Teilersummen-Formel nur geringfügig erweitern:

```
=WENN(Teilersumme=1;"Primzahl";"keine Primzahl")
```

Folglich ergibt sich:

```
=WENN(SUMME(WENN(REST(A2;ZEILE(INDIREKT("1:"&A2-1)))=0;ZEILE
(INDIREKT("1:"&A2-1))))=1;"PRIM";"")
```

Das war es im Grunde schon. Damit haben Sie sich bereits zum Primzahljäger qualifiziert.

Die Formel kann noch etwas vereinfacht werden:

```
=WENN(SUMME(WENN(REST(A1;ZEILE(INDIREKT("2:"&A1-1)));0;1));"";"PRIM")
```

Für jeden gefundenen Teiler wird in der kürzeren Variante statt der Teilerzahl selbst nur noch 1 addiert, denn bei der Primzahlprüfung ist es, im Gegensatz zur Ermittlung der Teilersumme, nicht relevant, wie groß die Teiler sind. Es reicht zu wissen, ob es überhaupt welche gibt.

Noch einfacher und die 2 wird als Primzahl erkannt (andere Denke):

```
=WENN(KKLEINSTE(REST(A1;ZEILE(Z:Z));3);"PRIM";"")
```

Die ist aber ressourcenfressend. Oder:

```
=WENN(SUMMENPRODUKT((REST(A1;ZEILE(Z:Z))=0)*1)>2;"";"PRIM")
```

Das Zeilenarray `=ZEILE(INDIREKT("1:65536"))` kann nur 65.536 Elemente erfassen (in den neuen Excel-Versionen sind es 2 hoch 20, also 1.048.576).

Mit obiger Formel können Sie also nur Primzahlen bis 65.536 bzw. 1.048.576 aufspüren (mit den einfacheren jeweils das Doppelte). Aber kein Grund zu resignieren, denn wir werden nun Primzahlen bis zur Excel-Rechengrenze von 10 hoch 15 berechnen.

16.2 Sehr große Primzahlen

Bisher haben wir zur Prüfung, ob x eine Primzahl ist oder nicht, alle Zahlen von 1 bis x-1 auf Teilbarkeit überprüft. Es stellt sich die Frage, ob es wirklich nötig ist, die Prüfung bis x-1 durchzuführen. Und da wir diese Frage stellen, können Sie bereits erahnen, dass dem nicht so ist. Betrachten wir die Teiler der Zahl 36 auf einem Zahlenstrahl.

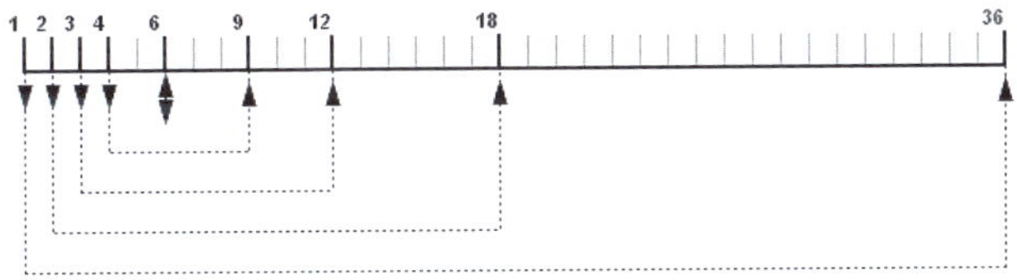

Abbildung 16.2: Teilerpaare der Zahl 36

Alle Teiler der Zahl 36 sind mit Pfeilen markiert. Wenn man die 1 und die 36 ignoriert, bleiben die Zahlen 2, 3, 4, 6, 9, 12 und 18. Die Teiler der Zahl 36, und auch jeder anderen Zahl, treten immer paarweise auf: Bei der Zahl 36 sind es die Paare 2&18, 3&12, 4&9 und die Wurzel 6 paart sich mit sich selbst (die Arme). Mit dieser Erkenntnis können zwei Aussagen getroffen werden:

- Ein Teiler der Zahl x kann niemals größer sein als die Hälfte der Zahl x. Um zu prüfen, ob die Zahl x eine Primzahl ist, müssen nicht alle möglichen Teiler bis x, sondern nur bis x/2 geprüft werden.
- Von einem Teilerpaar muss der kleinere Partner stets kleiner oder gleich der Wurzel der Zahl sein. Der größere Partner muss stets größer oder gleich der Wurzel der Zahl sein. Daraus folgt: Wenn bis zur Wurzel der Zahl x kein Teiler gefunden wurde, ist x eine Primzahl.

Um festzustellen, ob eine Zahl x eine Primzahl ist, müssen wir die Teiler also nur bis zur Wurzel suchen. Oder andersherum: Wenn uns 1.048.576 Elemente zum Suchen zur Verfügung stehen, können wir Primzahlen bis zur Obergrenze von $1.048.576^2$ = 1.099.511.627.776 aufspüren. In unserer Primzahlenformel müssen wir jetzt bloß den Teil

```
ZEILE(INDIREKT("2:"&A1-1))
```

durch

```
ZEILE(INDIREKT("2:"&AUFRUNDEN(A1^0,5;0)))
```

ersetzen. `WURZEL(A1)` kann mit `A1^0,5` dargestellt werden. Die Formel lautet dann insgesamt:

```
=WENN(SUMME(WENN(REST(A1;ZEILE(INDIREKT("2:"&AUFRUNDEN(A1^0,5;0))));0;1));"";
"PRIM")
```

Zur besseren Lesbarkeit der Formel ersetzen wir den Ausdruck

```
ZEILE(INDIREKT("2:"&AUFRUNDEN(A1^0,5;0)))
```

durch den Platzhalter *Array*. Dann verbleibt:

```
=WENN(SUMME(WENN(REST(A1;Array);0;1));"";"PRIM")
```

Die Formel müsste nun eigentlich bis $1.048.576^2$ funktionieren, aber wenn Sie dies versuchen, erscheint die Meldung `#ZAHL!`. Das liegt daran, dass die Funktion REST nur mit Zahlen bis 2^28-1 klarkommt.

Da bekanntlich viele Formeln in den Excel-Himmel führen, gibt es auch für diese Sackgasse einen Umweg.

`=REST(5;3)=0` (ergibt `FALSCH`)

prüft, ob 3 ein Teiler von 5 ist. Das Gleiche macht die Alternative

`=5/3=GANZZAHL(5/3)`.

`=REST(2^28;1)` liefert `#ZAHL!`, `=REST(2^28;3)` funktioniert zwar komischerweise wieder, aber `=REST(2^29;3)` wiederum nicht mehr. Die Beschränkung von REST hängt also irgendwie mit dem Verhältnis von Zähler und Nenner zusammen, das einen bestimmten Grenzwert nicht überschreiten darf.

Die Alternative schafft das bis 2^47:

`=2^47/(2^47-1)=GANZZAHL(2^47/(2^47-1))` ergibt FALSCH

Darüber hinaus ist auch bei ihr aufgrund der allgemeinen Grenze von Excels Rechengenauigkeit Sense.

`=2^48/(2^48-1)=GANZZAHL(2^48/(2^48-1))` ergibt WAHR

Excel kann 2^48 nicht von 2^48-1 unterscheiden.

Um die Berechnungsgrenze der Funktion REST() in der Primzahlenformel auszuschalten, ersetzen wir sie durch GANZZAHL(). Aus

```
REST(A1;Array)
```

wird

```
(A1/Array <> GANZZAHL(A1/Array))*1
```

Die komplette Primzahlenformel lautet dann:

```
=WENN(SUMME(WENN((A1/Array <> GANZZAHL(A1/Array))*1;0;1));"";"PRIM")
```

Sie vermag es, Primzahlen bis zur Grenze von $1.048.576^2$ zu berechnen. Die höchste so ermittelte Primzahl ist $1.099.511.627.689 = 1.048.576^2-87$.

16.2.1 Noch größere Primzahlen aufspüren

Wenn Sie so unersättlich sind, dass Ihnen diese Primzahlen immer noch nicht groß genug sind, haben Sie immer noch einen Trumpf im Ärmel. Bisher haben wir ja nur die eindimensionale Arraygrenze von 1.048.576 Elementen ausgenutzt. Wenn Sie sich noch der Spaltendimension bedienen, stehen Ihnen 1.048.576 x 16.384 = 17.179.869.184 Elemente zur Verfügung.

Die obige Primzahlenformel enthält das *Array* mit den Elementen {2.3.4.5.6.7...?}. Ob diese Elemente aus einer oder zwei Dimensionen stammen, ist der Funktion GANZZAHL egal. Es könnte sich also auch um ein zweidimensionales Array mit den Elementen {2.3;4.5;6.7;...?} handeln. Ziel ist es nun, ein zweidimensionales Array zu erzeugen, das alle Zahlen von 1 bis 17.179.869.184 enthält. Da das nicht so einfach zu veranschaulichen ist, tun wir erst einmal so, also gäbe es nur 5 statt 1.048.576 Zeilen und nur 3 statt 16.384 Spalten. Das Array, das wir benötigen, lautet also:

```
{2.3.4;5.6.7;8.9.10;11.12.13;14.15.16}
```

Aus einer Dimension wäre das kein Problem (ZEILE(2:16)), aber wir müssen uns sowohl der Zeilen- als auch der Spaltendimension bedienen. Also lautet die Formel:

```
=SPALTE(A:C)+(ZEILE(1:5)-1)*3+1
```

Für den vollen Genuss mit 1.048.536 Zeilen und 16.384 Spalten lautet die Formel folglich:

```
=SPALTE(A:XFD)+(ZEILE(1:1048536)-1)*16384+1
```

Das Array hat 17.179.869.184 Elemente und da Zahlen nur bis zur Wurzel auf Teilbarkeit geprüft werden müssen, können damit Primzahlen bis 17.179.869.184^2 gefunden werden. Das sind über 295 Trillionen (21 Stellen) und weit über der Darstellungsmöglichkeit von Excel. Doch seien Sie gnädig mit Ihrer CPU, denn das ist eine extrem ressourcenbindende Berechnung. Zum Testen können Sie sich auch mit einem kleineren Array, beispielsweise mit 260.000 Elementen begnügen:

```
=SPALTE(A:Z)+(ZEILE(1:10000)-1)*26+1
```

16.3 Die nächste Primzahl

Im vorangegangenen Abschnitt haben Sie Formeln mit ein- oder zweidimensionalen Arrays gesehen. In vielen Fällen, wie auch bei der Primzahlenformel, können Berechnungen eindimensionaler Arrays auf zwei Dimensionen ausgeweitet werden, ohne dass sich dabei die Rechenlogik ändert. Darüber hinaus gibt es aber Aufgabenstellungen, bei denen das nicht so ohne Weiteres möglich ist. So eine Aufgabenstellung wäre beispielsweise:

Wie lautet, ausgehend von einer vorgegebenen Zahl, die nächsthöhere Primzahl? Mit dem Ergebnis könnte man alle Primzahlen von 1 bis x auflisten. Auf den ersten Blick erscheint diese Aufgabe nicht viel anders zu sein als das Überprüfen einer bestimmten Zahl auf »Primzahl«. Auf den zweiten Blick erkennt man aber, dass die Anforderung viel komplizierter ist und wir noch einen Gang zulegen müssen.

Angenommen, Sie starten bei der Zahl 19 und wollen die nächsthöhere Primzahl ermitteln.

	A	B	C
1	Zahl	Teiler-Array {2;3;4;5}	Primzahl
2			
3	19	{0;0;0;0}	WAHR
4	20	{1;0;1;1}	FALSCH
5	21	{0;1;0;0}	FALSCH
6	22	{1;0;0;0}	FALSCH
7	23	{0;0;0;0}	WAHR
8	24	{1;1;1;0}	FALSCH

Abbildung 16.3: Teilbarkeit der Zahlen 19-24 durch die Teiler 2; 3; 4; 5

Spalte B in der Abbildung wurde manuell erstellt und soll nur das Prinzip zeigen. Die drei Einsen in B3 machen beispielsweise kenntlich, dass die Zahl 20 durch 2, 4 und 5 teilbar ist, aber nicht durch 3.

Sie müssen zunächst eine Reichweite schätzen, d. h. den maximal möglichen Abstand zur nächsten Primzahl. Je größer die Ausgangszahl, desto größer ist natürlich der mögliche Abstand. Bei Primzahlen bis 1.000 beträgt der Abstand höchstens 20, bis 100.000 höchstens 72. Übrigens beträgt der häufigste Abstand (Modalwert) 6, und zwar auch noch für richtig große Primzahlen von 10^10 oder noch größer. Wenn Sie also mit vielen Leuten wetten, welche Primzahl – ausgehend von einer bestimmten Primzahl – die nächstgrößere sein wird, dann addieren Sie 6 dazu und haben damit die größte Aussicht auf einen genauen Treffer.

Im Beispiel durchsuchen wir nur einen Abstand von 5, also die Zahlen 20 bis 24. Bisher haben wir immer nur eine Zahl auf Teilbarkeit geprüft, ...

```
=(REST(20;{2;3;4;5})=0)*1
```

... doch nun müssen wir dies für einen ganzen Zahlenbereich tun, was den Einsatz eines weiteren Arrays zur Folge hat.

```
=(REST({20;21;22;23;24};{2;3;4;5})=0)*1
```

scheitert, denn wie wir bereits in den Basics gelernt haben, wird bei gleich dimensionierten Arrays jedes n-te Element des Arrays A mit jedem n-ten Element von Array B berechnet. Hier wollen wir aber allen Zahlen von 20-24 alle Teiler von 2 bis 5 gegenüberstellen. Also muss entweder bei Zahlen oder Teilern die Dimension geändert werden:

`=(REST({20;21;22;23;24};{2.3.4.5})=0)*1` ergibt

```
{1.0.1.1;0.1.0.0;1.0.0.0;0.0.0.0;1.1.1.0}
```

Das sieht schon mal ganz gut aus, hilft uns aber noch nicht wirklich weiter. Jetzt könnte man höchstens die Einsen zusammenzählen und hätte die Anzahl aller Teiler der Zahlen von 20-24 – sie beträgt 8. Das wollten wir aber nicht wissen, sondern wir wollen die nächste Primzahl finden, und die liegt dort, wo eine komplette Zeile nur Nullen enthält, denn jede Zeile enthält alle Teiler einer der Zahlen (1 = teilbar):

Abbildung 16.4: Array der Teilbarkeitsprüfung der Zahlen 20-24 durch 2; 3; 4; 5

Wie wir sehen, trifft dies für die vierte Zeile zu, die direkt mit dem gesuchten Primzahlenabstand gleichzusetzen ist. Ergo lautet die nächste Primzahl 19 + 4 = 23.

In dem Fall sehen wir zwar, dass die vierte Zeile nur aus Nullen besteht, aber wie kann man es berechnen? Vorhang auf, MMULT betritt die Bühne. In der Excel-Hilfe lesen wir:

MMULT(Matrix1;Matrix2) gibt das Produkt zweier Matrizen zurück. Das Ergebnis ist eine Matrix, die dieselbe Anzahl von Zeilen wie Matrix1 und dieselbe Anzahl von Spalten wie Matrix2 hat. [...]. Die Anzahl der Spalten von Matrix1 muss mit der Anzahl der Zeilen von Matrix2 übereinstimmen und beide Matrizen dürfen nur Zahlen enthalten.

Es werden also bei dieser Operation bestimmte Regeln eingehalten, die aus der linearen Algebra stammen und deren Einhaltung auch zur Lösung linearer Gleichungssysteme notwendig ist. In diesem Sinne ist die Berechnung

```
{1.2.3.4}*{1.2.3.4}={1.4.9.16}
```

keine Matrixmultiplikation. Nach den vorgenannten Regeln gilt hingegen:

```
=MMULT({1.2.3.4};{1;2;3;4}) = {30}
=MMULT({1;2;3;4};{1.2.3.4}) = {1.2.3.4;2.4.6.8;3.6.9.12;4.8.12.16}
```

Bei einer gewöhnlichen Multiplikation gilt: a*b = b*a. Bei einer Matrixmultiplikation ist dies offenbar nicht der Fall. Vielmehr wird hier jedes n-te Element jeder Zeile der ersten Matrix mit jedem n-ten Element jeder Spalte der zweiten Matrix multipliziert und zu einem Element der Ergebnismatrix aufaddiert.

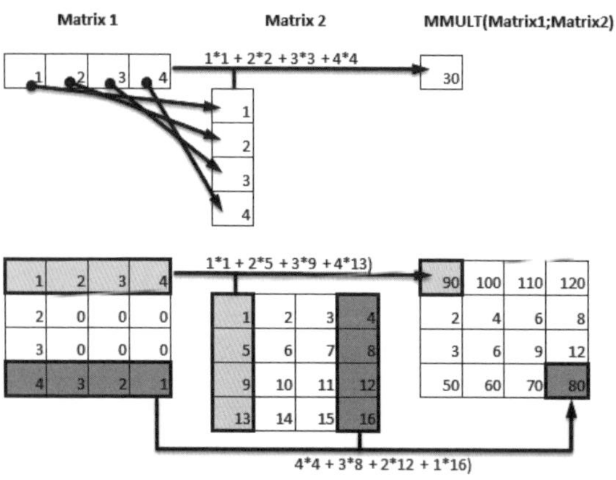

Abbildung 16.5: Rechenlogik der Matrixmultiplikationen

Jetzt versuchen wir, die Kurve zur nächsten Primzahl zu schlagen. Es gilt, rechnerisch zu bestimmen, dass im Array

```
{1.0.1.1;0.1.0.0;1.0.0.0; 0.0.0.0 ;1.1.1.0}
```

die vierte Zeile ausschließlich aus Nullen besteht, und das machen wir mit folgender Matrixmultiplikation:

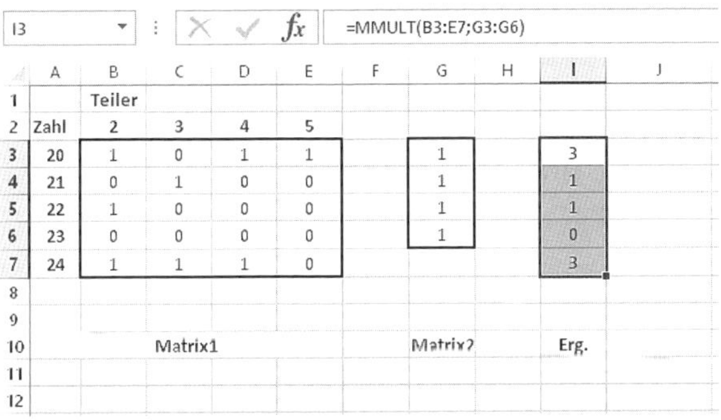

Abbildung 16.6: Teilbarkeitsprüfung mit MMULT

Matrix1 ist das Teiler-Array in B3:E7. *Matrix2* ist ein einspaltiges Array, bestehend aus lauter Einsen und mit so vielen Zeilen, wie *Matrix1* Spalten enthält. Diese *Matrix2* bewirkt, dass die Ergebnismatrix in I3:I7 aus den Zeilensummen der *Matrix1* besteht. In I3 steht eine 3, da die Zahl 20 drei Teiler aufweist. In I6 steht eine 0, da die Zahl 23 keinen Teiler besitzt und die Summe aus B6:E6 demnach 0 ist. Die Position der 0 in der eindimensionalen Ergebnismatrix I3:I7 zu finden, ist jetzt nur noch ein Klacks. Die tabellarische Darstellung kann natürlich auch in einer Formel eingefangen werden:

```
=MIN(WENN(MMULT((REST(Zahlen;MTRANS(Teiler))=0)*1;WENN(Teiler;1))=0;Zahlen))
```

mit

Zahlen: `=ZEILE(INDIREKT(Ausgangszahl+1&":"&Ausgangszahl+Reichweite))` und

Teiler: `=ZEILE(INDIREKT("2:"&AUFRUNDEN((Ausgangszahl+Reichweite)^0,5;0)))`

In unserem konkreten Beispiel mit *Ausgangszahl* = 19 und *Reichweite* = 5 gilt:

```
=MIN(WENN(MMULT((REST({20;21;22;23;24};{2.3.4.5})=0)*1;{1;1;1;1})=0;
{20;21;22;23;24}))
=MIN(WENN({3;1;1;0;3}=0;{20;21;22;23;24}))
= 23
```

`REST(Zahlen;MTRANS(Teiler))=0)*1` erzeugt die *Matrix1*, die die Teiler der Zahlen angibt. `WENN(Teiler;1)` erzeugt *Matrix2*, die einspaltige Matrix, die nur Einsen enthält, denn für jeden Teiler `{2;3;4;5}` greift in dieser WENN-Formel der *Dann_Wert* und macht aus der 1 ein `{1;1;1;1}`.

Abschließend kann festgehalten werden, dass mit MMULT zwei Dimensionen einer Matrix stufenweise berechnet werden können. Im ersten Schritt wird aus der zweidimensionalen Matrix eine eindimensionale Matrix. Im zweiten Schritt wird die resultierende Matrix einer anderen Berechnung unterzogen. Und weil das so schön ist, demonstrieren wir diese Technik noch an einigen anderen Beispielen.

16.4 Die größten Teiler und das kleinste Vielfache

Da wir gern teilen, unter anderem auch Zahlen, kommen wir noch einmal zurück auf dieses Thema, insbesondere auf gemeinsame Teiler verschiedener Zahlen. Zur Berechnung des größten gemeinsamen Teilers gibt es die Add-in-Funktion GGT. Aber da wir auf der einen Seite Add-in-Funktionen möglichst vermeiden wollen und auf der anderen Seite gern hinter die Kulissen schauen und Logiken verstehen wollen, versuchen wir nun, GGT »zu Fuß« zu berechnen.

Wie wir bereits wissen, ermittelt man die Teiler einer Zahl mit

```
=REST(A1;ZEILE(INDIREKT("1:"&GANZZAHL(A1/2))))=0
```

Für alle Teiler ohne Rest gibt diese Formel WAHR zurück. Der größte gemeinsame Teiler zweier Zahlen ist der größte Teiler, bei dem obige Formel für beide Zahlen den Wert 0 zurückgibt. Steht die zweite Zahl in B1, dann lautet die Bedingung:

`=REST(A1;Teiler) + REST(B1;Teiler) = 0` mit
Teiler: = `ZEILE(INDIREKT("1:"&GANZZAHL($A$1/2)))`

Die Zahl in A1 ist immer die kleinere Zahl. Deshalb werden die potenziellen Teiler von B1 auch nur bis A1/2 geprüft, denn der GGT kann höchstens die Hälfte der kleineren Zahl betragen. Darüber hinaus gibt es nur den einen Sonderfall, dass A1 selbst Teiler von B1 ist, was vorab geprüft wird:

```
=WENN(REST(B1;A1)=0;A1;MAX(WENN(REST(B1;Teiler)+REST(A1;Teiler)=0;Teiler)))
```

Beispiel:

`A1:=16` und `B1:=24`
`Teiler-Rest-A1: = {0;0;1;0;1;4;2;0}`

```
Teiler-Rest-B1: = {0;0;0;0;4;0;3;0}
GGT=MAX(WENN({0;0;1;0;5;4;5;0}=0;{1;2;3;4;5;6;7;8}))=8
```

Wegen der Zeilenbegrenzung darf die kleinere Zahl nicht größer als 2.097.152 sein. Die Add-in-Funktion GGT kann den größten gemeinsamen Teiler von beliebig vielen Zahlen berechnen. Mit unserer Alternativlösung würde das auch gehen – dann müsste man aber einen riesigen Rattenschwanz erzeugen:

```
=(REST(A1;Teiler)+ REST(B1;Teiler)+ ... + REST(X1;Teiler) + ...) = 0
```

Mit der gezeigten MMULT-Technik können Sie die einzelnen Zahlen »en bloc« ansprechen: Für fünf Zahlen, die in A1:E1 stehen, ermittelt sich der GGT beispielsweise aus

```
=MAX(WENN(MMULT(REST(A1:E1;Teiler);{1;1;1;1;1})=0;Teiler))
```

Auch hier muss die kleinste Zahl in A1 stehen. Die Anordnung der Zahlen B1:E1 spielt keine Rolle. Wenn A1 selbst Teiler aller Zahlen von B1:E1 ist, ist A1 selbst der GGT.

```
=WENN(UND(REST(B1:E1;A1)=0);A1;...
```

Bis Excel 2003 konnte eine Dimension einer Matrix nur 5.461 Elemente enthalten. Die kleinste Zahl durfte zur Berechnung des GGT mit MMULT also nicht größer als 5.461*2 = 10.922 sein. Die Größe der anderen Zahlen spielte dann keine Rolle.

16.4.1 KGV

Das Gegenstück zum größten gemeinsamen Teiler mehrerer Zahlen ist das kleinste gemeinsame Vielfache. Auch dafür gibt es eine Add-in-Funktion mit dem naheliegenden Namen KGV. Das KGV der Zahlen 8 und 14 ist beispielsweise 56.

	A	B	C
1	**8**	**14**	**Faktor**
2	16	18	2
3	24	42	3
4	32	56	4
5	40	70	5
6	48	84	6
7	56	98	7
8	64	112	8
9	72	126	9
10	80	140	10
11	88	154	11
12	96	168	12

Abbildung 16.7: Vielfache der Zahlen 8 und 14

Aus jeder Zahl wird eine Folge ihrer Vielfachen gebildet und das Vielfache, das zuerst bei beiden Zahlen vorkommt, ist ihr KGV. Die Formel

```
=8*MIN(WENN(ISTZAHL(VERGLEICH(8*Faktor;14*Faktor;0));Faktor))
=8*MIN(WENN(ISTZAHL({#NV.#NV.#NV.#NV.#NV.#NV.4.#NV});{1.2.3.4.5.6.7.8})) = 8*7
= 56
```

mit

Faktor:={1.2.3.4.5.6.7.8}

offenbart es. Im ersten Argument von VERGLEICH werden alle Vielfachen der 8 als Suchkriterium eingestellt. Die zu durchsuchende Matrix enthält die Vielfachen von 14. Nur bei 8*7 liefert VERGLEICH eine Zahl, nämlich 4 (14*4=56), ansonsten #NV!. Das siebte Suchkriterium liefert also einen Treffer und dies ist auch das Resultat der MIN-Funktion, die dann nur noch mit 8 multipliziert werden muss. Die Matrix *Faktor* beginnt im Übrigen nur deshalb bei 1, damit auch das KGV von zwei identischen Zahlen korrekt ermittelt werden kann (auch wenn es eher sinnfrei ist).

Man kann noch ein bisschen geschickter vorgehen, indem man die Vielfachen der größeren Zahl in der Funktion REST als Zahl einsetzt und prüft, ob die kleinere Zahl 8 ein Teiler dieser Vielfachen ist.

```
=14*MIN(WENN(REST(14*Faktor;8)=0;Faktor))
=14*MIN(WENN(REST({14.28.42.56.70.84.98.112};8)=0;{1.2.3.4.5.6.7.8}))
```

Das liefert dann ebenso 56.

Die Anzahl der Elemente in *Faktor* entspricht der Höhe der kleineren Zahl (hier 8), da das KGV höchstens das Produkt der beiden Zahlen (14*8=112) sein muss, falls nicht schon ein kleineres KGV gefunden wird. Das Array 14*{1.2.3.4.5.6.7.8} muss folglich das KGV enthalten. Das KGV von mehreren Zahlen lässt sich ebenfalls mit MMULT berechnen. Die Zahlen stehen in A1:E1, wobei in A1 die größte Zahl steht. Das KGV ergibt sich aus:

```
=A1*MIN(WENN(MMULT((REST(A1*(ZEILE(1:100000));A1:E1)>0)*1;{1;1;1;1;1})=0;
ZEILE(1:100000)))
```

MMULT verträgt keine Leerzellen oder null. Soll mit dieser Formel z. B. nur das KGV von A1 bis D1 berechnet werden, darf E1 nicht gelöscht werden – da gehört dann eine 1 rein.

16.5 Exkurs MMULT: Welche Spalte ist sortiert?

Diese Frage passt zwar eigentlich nicht in den Bereich der Zahlentheorie, ist aber noch ein sehr anschauliches Beispiel zur zweistufigen Berechnung zweidimensionaler Arrays mithilfe von MMULT. In einer Wertetabelle soll überprüft werden, ob eine bestimmte Spalte sortiert ist oder nicht.

B12 =UND(B2:B11>=B1:B10)

	A	B	C	D	E	F
1						
2		24	6	12	97	96
3		2	18	47	9	24
4		19	25	28	47	44
5		49	36	31	17	26
6		48	40	25	90	84
7		33	44	44	66	71
8		28	51	7	5	92
9		12	51	1	17	7
10		51	69	19	0	5
11		89	89	50	17	28
12	sortiert:	FALSCH	WAHR	FALSCH	FALSCH	FALSCH
13						

Abbildung 16.8: Prüfung, ob Spalten sortiert sind

Die Arrayformel in B12 prüft, ob eine Zelle immer größer/gleich ist als ihr Nachbar darüber. Gilt das für alle Zellen im Bereich B2:B11, ist die Spalte per Definition aufsteigend sortiert und die Formel liefert WAHR. Diese Formel prüft, ob eine Spalte sortiert ist oder nicht. Schwieriger ist die Fragestellung, **welche** der Spalten des Bereichs sortiert sind, und das Ganze weiterhin mit nur einer Formel. Dies ist ein Fall für MMULT:

P3 =MMULT(MTRANS(H3:L11);N3:N11)

	A	B	C	D	E	F	G	H	I	J	K	L	M	N	O	P
1																
2		24	6	12	97	96				Matrix1				Matrix2		
3		2	18	47	9	24		0	1	1	0	0		1		4
4		19	25	28	47	44		1	2	0	1	1		1		9
5		49	36	31	17	26		1	1	1	0	0		1		5
6		48	40	25	90	84		0	1	0	1	1		1		4
7		33	44	44	66	71		0	1	1	0	0		1		4
8		28	51	7	5	92		0	1	0	0	1		1		
9		12	51	1	17	7		0	1	0	1	0		1		
10		51	69	19	0	5		1	1	1	0	0		1		
11		89	89	50	17	28		1	1	1	1	1		1		
12																

Abbildung 16.9: Prüfung mit MMULT, ob Zahlen sortiert sind

Im Bereich H3:L11 (*Matrix1*) wird geprüft, ob die Werte in B3:F11 größer/gleich als ihre Nachbarn darüber sind (1 = ja; 0 = nein).

`H3:= (B3>=B2)*1` (kopieren bis L11)

Eine Spalte gilt dann als sortiert, wenn alle Werte in *Matrix1* den Wert 1 enthalten, was in Spalte I unschwer zu erkennen ist. Rechnerisch ist die Bedingung erfüllt, wenn die Spaltensumme 9 beträgt. Die Berechnung der Spaltensumme ist die erste Stufe, die mithilfe der MMULT-Funktion in P3:P7 erfolgt:

```
=MMULT(MTRANS(H3:L11);N3:N11)
```

Bei den Primzahlen und Teilern haben wir mit MMULT *Matrix1* zeilenweise summiert. Hier wollen wir die Spalten summieren. Deshalb wird *Matrix1* transponiert. Die *Matrix2* muss ja so viele Zeilen haben, wie *Matrix1* Spalten hat. Da *Matrix1* zuvor transponiert wurde, sind dies neun Zeilen und nicht fünf. In der resultierenden Matrix muss dann in der zweiten Stufe nur noch die Position der 9 gefunden werden. Die entsprechende Formel ohne die ganzen Hilfsspalten lautet:

```
=MIN(WENN(MMULT(MTRANS((B3:F11>B2:F10)*1);WENN(ZEILE(1:9);1))=9;ZEILE(1:5)))
Ergebnis: 2
```

Die 2 besagt, dass die zweite Spalte des Bereichs sortiert ist. Wären mehrere sortierte Spalten vorhanden und Sie wollten alle ermitteln, dann müssten Sie die MIN-Funktion durch `KKLEINSTE(Matrix;k)` ersetzen. Mit steigendem k gelangen Sie dann zu allen Treffern.

16.6 Quersummen

Aus der Mathematik ist uns der Begriff Quersumme bestens bekannt. Als Quersumme bezeichnet man das Ergebnis der Addition aller Ziffern einer Zahl. Das klingt zunächst wenig spektakulär, jedoch liefert die Quersumme wertvolle Hilfe im Bereich der sogenannten Teilbarkeitsregeln. Die Frage, ob die Zahl 255.636 durch 9 teilbar ist, lässt sich mithilfe der Quersumme im Handumdrehen beantworten, denn solange die Quersumme der Zahl durch 9 teilbar ist, gilt dies auch für die Zahl selbst. 2+5+5+6+3+6=27 – und 27/9=3. Dieselbe Regel gilt für die Teilbarkeit durch 3. Und auch eine Teilbarkeit durch 6 lässt sich mit der Quersumme ermitteln, solange die Zahl gerade ist (das ist natürlich für die Teilbarkeit durch 6 eine Grundvoraussetzung) und die Quersumme durch 3 teilbar ist. Demnach ist die Zahl 255.636 ebenfalls durch 6 teilbar.

Verwunderlich ist allerdings, dass die Excel-Programmierer seinerzeit offensichtlich vergessen haben, eine derartige Funktion in den Funktionskatalog mit aufzunehmen. Dabei ist ihre Programmierung doch derart simpel, dass – zumindest für Ganzzahlen – selbst der ungeübte VBA-Anwender schnell auf folgende eigene Funktion (UDF) kommt:

```
Function Quersumme(Zahl As String) As Long
Dim l As Long
For l = 1 To Len(Zahl)
    Quersumme = Quersumme + Clng(Mid(Zahl, l, 1))
Next l
End Function
```

Aber wie wir noch sehen werden, ist auch die Umsetzung ohne VBA problemlos möglich. Dass wir den Quersummen einen eigenen Abschnitt widmen, hat mit einer Ausweitung der Aufgabenstellung zu tun.

Wir untersuchen jetzt vier aufeinander aufbauende Aufgaben:

- Ermittlung der Quersumme einer fünfstelligen Zahl
- Ermittlung der Quersumme einer beliebig langen Zahl
- Ermittlung der »Quersumme Spezial« einer fünfstelligen Zahl. Dabei wird jede zweite Ziffer – beginnend bei der ersten – zunächst mit 2 multipliziert, von dem jeweiligen Ergebnis wird wiederum die Quersumme gebildet und in die Gesamtsumme übernommen (die eigentliche Ziffer nicht mehr). Die zweite und vierte Ziffer wird unverändert mit in die Gesamtsumme übernommen.
- Ermittlung der »Quersumme Spezial« für eine beliebig lange Zahl.

Ermittlung der Quersumme einer fünfstelligen Zahl

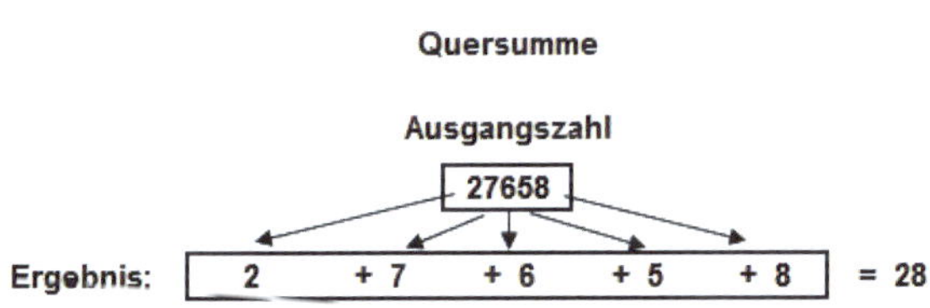

Abbildung 16.10: Schaubild zur Rechenlogik Quersumme

In Zelle D4 – diese hat den Namen *Zahl* – steht die Ausgangszahl, in diesem Beispiel 27.658. Wir wollen die Quersumme dieser Zahl ermitteln: 2+7+6+5+8 = 28.

Die Überlegung ist einfach: Wir müssen die Zahl in ihre fünf Ziffern aufteilen und diese dann summieren. Eine umständliche Lösung könnte mit der Funktion TEIL so aussehen:

```
=TEIL(Zahl;1;1)+TEIL(Zahl;2;1)+TEIL(Zahl;3;1)+TEIL(Zahl;4;1)+TEIL(Zahl;5;1)
```

Sie liefert zweifelsohne das korrekte Ergebnis, wird aber spätestens dann unbrauchbar, wenn die Länge der Ausgangszahl variieren kann (siehe auch Aufgabe 2). Daher stellen wir bereits bei dieser Aufgabe eine andere Überlegung an.

Anstatt die Funktion TEIL mit dem jeweils um 1 erhöhten Parameter *Erstes_Zeichen* fünfmal zu addieren, ersetzen wir diesen Parameter durch eine Matrixkonstante, die aus den Ziffern 1 bis 5 besteht: `{1.2.3.4.5}`.

Eingebaut in die Funktion TEIL sieht das dann so aus:

```
=TEIL(Zahl;{1.2.3.4.5};1) ={"2"."7"."6"."5"."8"}
```

Da die Funktion SUMME bekanntlich nicht willens und in der Lage ist, Texte (als solche liegen die Ziffern in der Ergebnismatrix vor – zu erkennen an den "") innerhalb einer Matrix zu addieren, machen wir Zahlen daraus, indem wir die Matrixelemente mit 1 multiplizieren. Anschließend summieren wir diese Matrix:

```
=SUMME(TEIL(Zahl;{1.2.3.4.5};1)*1) =SUMME({2.7.6.5.8}) =28
```

Et voilà! Aufgabe 1 ist gelöst!

Quersumme einer beliebig langen Zahl

Jetzt ist es aber eher unwahrscheinlich, dass die Länge der Ausgangszahl von vornherein bekannt ist. Sie kann also durchaus variieren. Spätestens hier wird sehr deutlich, warum die reine Addition der Ziffern mit der Funktion TEIL höchst unflexibel ist:

```
=TEIL(Zahl;1;1)+WENN(LÄNGE(Zahl)>1;TEIL(Zahl;2;1))+WENN(LÄNGE(Zahl)>2;TEIL(Zahl;
3;1))+WENN(LÄNGE(Zahl)>3;TEIL(Zahl;4;1))+WENN(LÄNGE(Zahl)>4;TEIL(Zahl;5;1))+
......+WENN(LÄNGE(Zahl)>n;(TEIL(Zahl;n;1)))
```

Es müsste also für jede Ziffer einzeln geprüft werden, ob sie überhaupt vorhanden ist. Und das muss sich bis zur maximalen Länge (n) der Ausgangszahl wiederholen. Ein in der Tat sehr mühseliges Unterfangen.

Da gegenüber Aufgabe 1 die Länge der Ausgangszahl nicht bekannt ist, können wir keine Matrixkonstante wie {1.2.3.4.5} verwenden. Wir müssen sie also dynamisieren und besinnen uns dabei auf die INDIREKT-Variante, indem wir das Zeilenarray von 1 bis LÄNGE(Zahl) erzeugen:

```
=ZEILE(INDIREKT("1:"&LÄNGE(Zahl)))
```

... ergibt für eine zehnstellige Zahl das Array {1;2;3;4;5;6;7;8;9;10}.

Der Rest ist identisch mit der Lösung für eine fünfstellige Zahl. Es wird nur die Matrixkonstante {1.2.3.4.5} durch das dynamische Zeilenarray ausgetauscht:

```
=SUMME(TEIL(Zahl;ZEILE(INDIREKT("1:"&LÄNGE(Zahl)));1)*1)
```

Wunderbar! Auch diese Aufgabe ist gelöst.

Und jetzt gehen wir noch einen Schritt weiter. Dieselbe Aufgabe lässt sich auch lösen, ohne die exakte Länge der Ausgangszahl mittels des dynamischen Zeilenarrays zu ermitteln. Das führt aber zunächst einmal zu einem Problem. Die Ausgangszahl ist beispielsweise 3 Ziffern lang, z. B. 582. Eine Matrixkonstante von 1 bis 5 ergibt:

```
=SUMME(TEIL(582;{1.2.3.4.5};1)*1) =SUMME({"5"."8"."2".""."""}*1)
```

Da die nicht vorhandenen Zeichen (4 und 5) in der Ergebnismatrix als Leerstrings dargestellt werden, ist die Multiplikation mit 1 nicht möglich, denn ""*1 ergibt #WERT! und das würde das gesamte Ergebnis verhageln:

```
=SUMME({5.8.2.#WERT!.#WERT!}) =#WERT!
```

Wie kann man jetzt verhindern, dass am Ende die zwei Leerstrings entstehen? Hier bedienen wir uns eines kleinen, aber äußerst wirkungsvollen Tricks. Wir fügen in unserer Ursprungsformel ein *0&* sowie ein weiteres Klammerpaar ein, das dafür sorgt, dass die Verkettung vor der Multiplikation stattfindet.

```
=SUMME((0&TEIL(582;{1.2.3.4.5};1))*1)
```

Daraus folgt:

```
=SUMME((0&{"5"."8"."2".""."""})*1) =SUMME(({"05"."08"."02"."0"."0"})*1)
```

Es wird also jedem Matrixelement eine Null vorangestellt. Die weitere Auswertung ergibt:

```
=SUMME({5.8.2.0.0}) = 15
```

Und siehe da: Die Fehlerwerte sind verschwunden. Die Formel liefert das gewünschte Ergebnis. Der kleine Trick mit der vorangestellten Null hat also verhindert, dass in der Matrix Leerstrings entstehen, beeinflusst das Ergebnis mathematisch aber in keiner Weise, da eine Addition von null nicht ergebniswirksam ist.

Statt der hier testweise verwendeten Matrixkonstanten `{1.2.3.4.5}` lässt sich auch der Ausdruck `SPALTE(1:1)` einsetzen, sodass unser Endprodukt so aussieht:

```
=SUMME((0&TEIL(Zahl;SPALTE(1:1);1))*1)
```

Natürlich könnten Sie auch `ZEILE(1:20)` oder `ZEILE(1:100000)` einsetzen, aber dabei ist zu bedenken, dass jedes einzelne Element von ZEILE() innerhalb der Formel »abgearbeitet« wird – bei `ZEILE(1:100000)` sind dies also 100.000 Berechnungen. Hat die Ausgangszahl nur drei Ziffern, sind das bereits 99.997 überflüssige Berechnungen, die schnell auf die Performance der Anwendung drücken können. `SPALTE(1:1)` ist da schon weniger verschwenderisch, aber um die beste Performance zu erreichen, greift man wieder auf die Lösung mit INDIREKT zurück, die nur so viele Berechnungen durchführt, wie gerade eben nötig sind, da sich die dynamische Ermittlung des Zeilenarrays exakt an der Länge der Ausgangszahl orientiert.

16.7 Besonders schräge Quersummen

Aus einer fünfstelligen Zahl soll die Quersumme ermittelt werden. Allerdings keine gewöhnliche Quersumme, sondern die »Quersumme Spezial«.

»Quersumme Spezial«, erster Teil

Zunächst soll jede zweite Ziffer – beginnend mit der ersten von links – mit 2 multipliziert werden. Aus dem Ergebnis dieser Multiplikation wird die Quersumme berechnet, die dann – statt der Ziffer selbst – mit in die Gesamtsumme einfließt.

Zum besseren Verständnis hier eine Visualisierung:

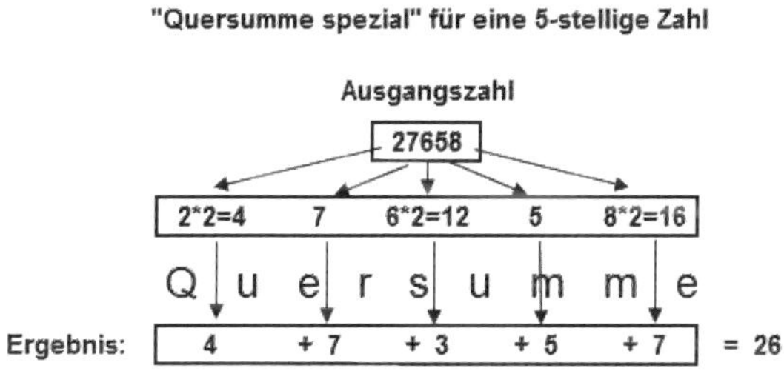

Abbildung 16.11: Schaubild zur Rechenlogik »Quersumme Spezial«

In der mit *Zahl* benannten Zelle D4 steht die Ausgangszahl: 27.658.

Auch hier basteln wir zunächst einmal eine herkömmliche Lösung mit den Textfunktionen LINKS, RECHTS und TEIL sowie der Logikfunktion WENN:

```
=LINKS(LINKS(Zahl;1)*2)+WENN(LINKS(Zahl;1)*2>9;RECHTS(LINKS(Zahl;1)*2;1))+TEIL
(Zahl;2;1)+LINKS(TEIL(Zahl;3;1)*2)+WENN(TEIL(Zahl;3;1)*2>9;RECHTS(TEIL(Zahl;3;
1)*2;1))+TEIL(Zahl;4;1)+LINKS(RECHTS(Zahl;1)*2)+WENN(RECHTS(Zahl;1)*2>9;RECHTS
(RECHTS(Zahl;1)*2;1))
```

Hier gilt wiederum: ein mehr als mühseliges Unterfangen. Und gar nicht erst dran zu denken, wenn später (in Aufgabe 4) die Länge der Ausgangszahl nicht von vornherein feststeht, diese also variieren kann.

Zu Beginn müssen wir erst einmal wieder die Ausgangszahl in ihre einzelnen Ziffern zerlegen. Das geschieht wieder mit:

```
=TEIL(Zahl;{1.2.3.4.5};1)*1 ={2.7.6.5.8}
```

Damit ist uns hier aber nicht geholfen, denn es sollen ja die erste, dritte und fünfte Ziffer mit 2 multipliziert werden.

Die Multiplikation mit 1 könnte man auch wie folgt formulieren:

```
=TEIL(Zahl;{1.2.3.4.5};1)*{1.1.1.1.1}
```

Also ändern wir die Einsermatrix entsprechend ab:

```
=TEIL(Zahl;{1.2.3.4.5};1)*{2.1.2.1.2} ={4.7.12.5.16}
```

Alle fünf Ziffern werden abwechselnd mit 2 und 1 multipliziert und es entsteht die neue Matrix {4.7.12.5.16}.

Das ist jetzt fast die halbe Miete, denn wir haben es geschafft, die erste, dritte und fünfte Ziffer mit 2 zu multiplizieren, die zweite und vierte Ziffer hingegen unverändert zu übernehmen. Jetzt kommt Teil 2 der Aufgabe, denn von den einzelnen Zahlen der Matrix {4.7.12.5.16} muss ja nun wieder die Quersumme gebildet werden. Also müssen wir diese auch wieder irgendwie in ihre einzelnen Ziffern zerlegen, sodass unsere Wunschmatrix in etwa so aussieht:

```
{4.7.1.2.5.1.6}
```

Jetzt kommt die zweite Matrixdimension ins Spiel. Wir lesen wieder die einzelnen Matrixelemente mit einer weiteren TEIL-Funktion aus:

```
=TEIL(TEIL(Zahl;{1.2.3.4.5};1)*{2.1.2.1.2}&0;{1;2};1)
```

Wir lesen also mit der zweiten TEIL-Funktion die Ziffern der Matrix {4.7.12.5.16} aus, die wir mit der ersten TEIL-Funktion erzeugt haben. Die Verkettung mit &0 ist deshalb wieder notwendig, damit jedes Matrixelement mindestens aus zwei Zeichen besteht, um Berechnungen mit Leerstrings "" zu vermeiden.

Setzen wir die Ergebnismatrix der ersten TEIL-Funktion in die Formel ein, erhalten wir:

```
=TEIL({4.7.12.5.16}&0;{1;2};1)
```

Jetzt werten wir noch die Verkettung mit &0 zusätzlich aus und erhalten folgende Matrix:

```
=TEIL({"40"."70"."120"."50"."160"};{1;2};1)
```

Durch die Verkettung mit &0 werden die Matrixelemente zunächst wieder in Texte umgewandelt, zu erkennen an den Anführungszeichen "". Die zweite Teilfunktion liest jetzt einzeln die ersten beiden Zeichen {1;2} der horizontalen Matrix {"40"."70"."120"."50"."160"} aus. Und damit sie das auch korrekt erledigen kann, muss diese Matrix {1;2} vertikal – also in der anderen Dimension – vorliegen, mit dem Semikolon als Trennzeichen zwischen den beiden Matrixelementen.

```
=TEIL(TEIL(Zahl;{1.2.3.4.5};1)*{2.1.2.1.2}&0;{1;2};1)
=TEIL({"40"."70"."120"."50"."160"};{1;2};1)
={"4"."7"."1"."5"."1";"0"."0"."2"."0"."6"}
```

Die Ergebnismatrix mit den Textzahlen – im Übrigen inzwischen zweidimensional, zu erkennen an dem Semikolon als Zeilentrenner zwischen 1 und 0 – muss jetzt wieder durch Multiplikation mit 1 in echte Zahlen umgewandelt werden, um sie anschließend mit SUMME summieren zu können:

```
=SUMME(TEIL(TEIL(Zahl;{1.2.3.4.5};1)*{2.1.2.1.2}&0;{1;2};1)*1)
=SUMME({4.7.1.5.1;0.0.2.0.6}) =26
```

Très bien! Wir erhalten unser gesuchtes Ergebnis 26!

»Quersumme Spezial«, zweiter Teil

Im allerletzten Schritt wollen wir die gleiche Aufgabe, diesmal aber für beliebig lange Zahlen, lösen. Gegenüber der vorigen Aufgabe ergeben sich lediglich zwei Änderungen. Die Matrixkonstante `{1.2.3.4.5}` ersetzen wir zunächst durch `SPALTE(1:1)`. Das kennen wir bereits von der normalen Quersummenformel. Allerdings haben wir keine Lust, das Array `{2.1.2.1.2}` manuell auf ebenfalls 16.384 Elemente mit – im Wechsel – 8.192 Zweien und 8.192 Einsen auszuweiten. Also überlassen wir die Erzeugung dieses Arrays den Fähigkeiten von Excel. Und da kommt uns die Funktion REST wieder einmal wie gerufen, denn mit dem Divisor 2 liefern aufsteigende Zahlen immer abwechselnd den Rest 1 und 0. Wenn wir jetzt noch 1 addieren, dann haben wir unsere Matrix aus Zweien und Einsen:

```
=1+REST(SPALTE(1:1);2) ={2.1.2.1.2.1.2.1.2.1.2.1.2.1.2.1........2.1.2.1}
```

Die Endformel aus der vorigen Aufgabe lautete:

```
=SUMME(TEIL(TEIL(Zahl;{1.2.3.4.5};1)*{2.1.2.1.2}&0;{1;2};1)*1)
```

Jetzt bauen wir die *Änderungen* ein und erhalten:

```
=SUMME(TEIL((0&TEIL(Zahl;SPALTE(1:1);1))*(1+REST(SPALTE(1:1);2))&0;{1;2};1)*1)
```

Das funktioniert jetzt für maximal 16.384 Ziffern. Eine Ausweitung auf 1.048.576 ist auch noch drin, wenn man die Matrixdimensionen tauscht, für `SPALTE(1:1)` also `ZEILE(A:A)` einsetzt und die Matrix `{1;2}` in `{1.2}` dreht:

```
=SUMME(TEIL((0&TEIL(Zahl;ZEILE(A:A);1))*(1+REST(ZEILE(A:A);2))&0;{1.2};1)*1)
```

Aber da diese Variante extrem ressourcenfressend ist, raten wir dringend davon ab!

Kapitel 17

IKV – eine Funktion macht Karriere

Zur Einstimmung eine kleine mathematische Vorgeschichte.

17.1 Lösung von Gleichungen: Galois und Co.

Sie erinnern sich vielleicht aus der Schule an die quadratische Gleichung der Form

$$a \cdot x^2 + b \cdot x + c = 0$$

Abbildung 17.1: Quadratische Gleichung

Diese ließ sich mit der sogenannten *pq-Formel* lösen. Mit der Definition

$$p = \frac{b}{a}$$
$$q = \frac{c}{a}$$

Abbildung 17.2: pq-Formel (1)

und Teilung der Gleichung durch den Faktor a bringt man dabei die Gleichung in die Normalform:

$$1 \cdot x^2 + p \cdot x + q = 0$$

Abbildung 17.3: Normalform quadratische Gleichung

Eine Gleichung n-ten Grades kann maximal n Lösungen besitzen. Der Grad einer Gleichung bestimmt sich nach ihrem höchsten Exponenten, bei der quadratischen Gleichung also 2. Ergo besitzt die quadratische Gleichung maximal zwei Lösungen, die mit der folgenden *pq-Formel* ermittelt werden:

$$x_{1,2} = -\frac{p}{2} \pm \sqrt{\left(\frac{p}{2}\right)^2 - q}$$

Abbildung 17.4: pq-Formel (2)

Wir probieren dies anhand eines Beispiels einmal aus:

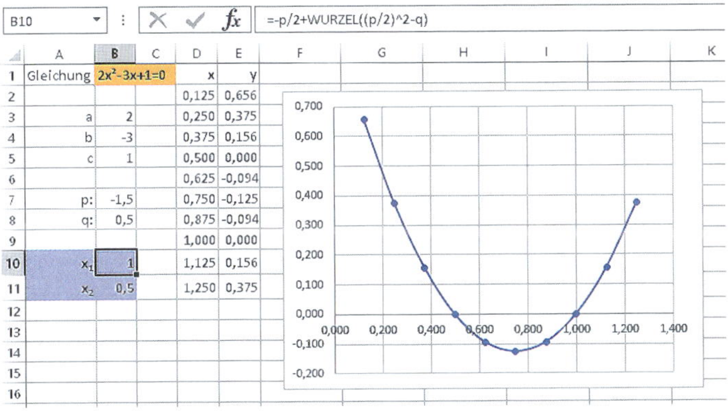

Abbildung 17.5: Lösung einer quadratischen Gleichung

Es funktioniert. Die *pq-Formel* liefert für die Gleichung

`2x^2-3x+1-0` die Lösungen

```
B10: =-p/2+WURZEL((p/2)^2-q)=1
B11: =-p/2-WURZEL((p/2)^2-q)=0,5
```

Den Zellen B3:B8 wurden die links benachbarten Symbole als Namen zugewiesen. Die Zelle B5 nennt sich »c.«, da das Symbol c (ohne Punkt) in Excel für *Column* (Spalte) reserviert ist und deshalb nicht als Name verwendet werden darf. Das Gleiche gilt auch für r (*Row*/Zeile).

Den grafischen Nachweis der zwei Lösungen fördert das Punkt (XY)-Diagramm zu Tage. Als x-Achse wurden zehn Datenpunkte zwischen 0,125 und 1,25 gewählt. Die dazugehörigen y-Punkte findet man mit:

```
E2: =a*D2^2+b*D2+c
```

Da E5 und E9 den Wert 0 annehmen, sehen wir schon, dass die dazugehörigen x-Werte zu dem Ergebnis der *pq-Formel* passen. Die Kurve des Diagramms schneidet wie erwartet die x-Achse an den Punkten 0,5 und 1.

Jetzt wollen wir die Aufgabenstellung, scheinbar geringfügig, erweitern. Gegeben sei eine Gleichung der Form

$$a \cdot x^3 + b \cdot x^2 + c \cdot x + d = 0$$

Abbildung 17.6: Kubische Gleichung

Sieht ja auch nicht viel anders aus. Ein Summand mehr und im höchsten Exponenten eine 3 statt einer 2, was die Gleichung zur kubischen Gleichung qualifiziert. Dieser Exponent +1 kann doch in puncto Lösungsweg keinen so großen Unterschied machen. Oder doch?

Oder doch!!! Diese Gleichung kann wegen des Exponenten 3 maximal drei Lösungen für x besitzen, und diese drei zu finden, ist um ein Vielfaches schwerer als die Lösung der quadratischen Gleichung. Für Interessierte soll es nun kurz gezeigt werden. Für den weiteren Verlauf des Kapitels muss man den Lösungsweg nicht kapieren, es geht nur um die Demonstration, wie unglaublich kompliziert es ist, eine kubische Gleichung nach x aufzulösen. Falls Ihnen so viel Mathematik zu weit geht, können Sie die nächsten zwei Seiten getrost überspringen.

Die übrigen Leser wenden ihren Blick auf die nächste Abbildung.

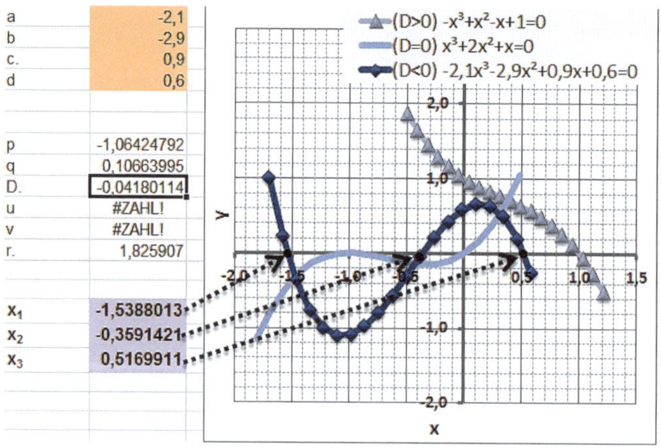

Abbildung 17.7: Lösung kubische Gleichung

In B1 bis B4 stehen die Parameter der Beispielgleichung

```
-2,1*x^3-2,9*x^2+0,9*x+0,6=0
```

Die Parameter p und q werden wieder verwendet, haben jetzt aber eine andere Definition:

```
B7(p): =(3*a*c.-b^2)/(3*a^2)
B8(q): =(2*b^3)/(27*a^3)-b*c./(3*a^2)+d/a
```

D. ist eine ganz wichtige Größe, die maßgebend für den weiteren Rechenweg ist. *D* mit Punkt, weil der Name *d* schon vergeben ist und *D* allein deshalb nicht mehr zulässig ist.

```
B9(D.): =(q/2)^2+(p/3)^3
```

Je nach Vorzeichen von *D.* gibt es drei Typen von kubischen Gleichungen.

- D. <0: Die Gleichung hat drei reelle Lösungen, wie unsere Beispielgleichung in der Tabelle.
- D. >0: Die Gleichung hat nur eine reelle Lösung. Dies trifft für die Gleichung im Diagramm zu, die die x-Achse nur einmal schneidet.
- D. =0: Ist ein Sonderfall, eine solche Gleichung hat drei Lösungen, von denen zwei identisch sind. Das Diagramm zeigt eine Kurve, die die x-Achse bei -1 berührt, aber nicht schneidet.

Weitere Zwischenrechnungen sind

```
B10(u): =(-q/2+WURZEL(D.))^(1/3)
B11(v): =(-q/2-WURZEL(D.))^(1/3)
B12(r.) =ARCCOS(-(q/2)*WURZEL(-27/p^3))
```

Damit kommen wir »schon« zu den Lösungen von x_1, x_2 und x_3:

```
B15(x1):
=WAHL(VORZEICHEN(D.)+2;-WURZEL(-4/3*p)*COS(1/3*r.-PI()/3)-b/(3*a);
(q/2)^(1/3)-b/(3*a); "---")
B16(x2):
=WAHL(VORZEICHEN(D.)+2;-WURZEL(-4/3*p)*COS(1/3*r.+PI()/3);(-4*q)^(1/3);
u+v)-b/(3*a)
B17(x3):
=WAHL(VORZEICHEN(D.)+2;WURZEL(-4/3*p)*COS(1/3*r.)-b/(3*a);
(q/2)^(1/3)-b/(3*a); "---")
```

Die Funktion WAHL sorgt hier dafür, dass abhängig des Vorzeichens von D. drei unterschiedliche Berechnungen zum Ansatz kommen.

Das vorgegebene Beispiel liefert die Lösungen -1,5, -0,36, 0,52

aus der Gleichung

```
-x^3+x^2-x+1=0
```

Mit den Parametern -1, 1, -1, 1 in B1:B4 resultiert ein positives D. Es existiert dann nur eine reelle Lösung

$x_1 = +1$

Trägt man in B1:B4 die Parameter 1, 2, 1, 0 ein, erhält man den Sonderfall D=0. Die drei Lösungen der Gleichung

```
x^3+2*x^2+x=0
```

lauten

$x_1 = -1$
$x_2 = 0$
$x_3 = -1$

Hinter den trigonometrischen Berechnungen (COS/ARCCOS) zur Lösung von kubischen Gleichungen verbergen sich Rechenoperationen mit komplexen Zahlen. Diese genauer herzuleiten, würde hier den Rahmen sprengen. (Eine detaillierte Beschreibung dazu findet man z. B. bei Wikipedia unter dem Stichwort *Cardanische Formeln*, benannt nach dem Mathematiker Gerolamo Cardano, der diese Berechnungen erstmals 1545 in seinem Buch »Ars magna« veröffentlichte.)

Sie haben gesehen, wie sehr sich die Gleichungen, man nennt solche Funktionen übrigens Polynome, bei nur einem höheren Exponenten als 2 verkomplizieren. Jetzt lässt sich bereits erahnen, wie kompliziert ein Polynom vierten Grades (oder noch höher) mit maximalem Exponenten vier zu lösen sein muss.

Mit dem Exponenten vier sind wir bei den quartischen Gleichungen angelangt. Für diese Gleichungen fand der Mathematiker Lodovico Ferrari (1522-1565) die Lösungen. Veröffentlicht wurden sie ebenso wie die Lösung der kubischen Gleichungen von Cardano, der überdies auch Ferraris Lehrer war. Die quartischen Gleichungen sind noch schwerere Kost, die uns viel zu sehr im Magen liegen würde. Also lassen wir die Finger davon.

Mit den Polynomen vierten Grades ist das Ende der Fahnenstange erreicht. Für Gleichungen mit maximalem Exponenten 5 gibt es schon keine allgemeingültigen Lösungswege mehr. Dies bewiesen die Mathematiker Ruffini, Abel und vor allem auch Évariste Galois zu Beginn des 19. Jahrhunderts. Aber selbst der Beweis für die Unmöglichkeit ist in diesem Fall so genial, dass er für Normalsterbliche nicht zu begreifen ist.

Bevor wir zu weit abschweifen, schwenken wir wieder zurück zur irdischen Finanzmathematik. Erfahren Sie nun, was das soeben Erzählte überhaupt mit Rendite und Zinssätzen zu tun hat.

17.2 Nominalzins versus Effektivzins

Wir haben eben gelernt, dass Polynome fünften Grades oder höher nicht allgemeingültig gelöst werden können, in Sonderfällen aber schon.

$$y = x^n$$

Abbildung 17.8: Sonderfall eines Polynoms

Die Gleichung in Abbildung 17.8 ist streng genommen ein Sonderfall eines Polynoms n-ter Ordnung, bei dem nur alle Exponenten kleiner n=0 sind. Diese Gleichung lässt sich natürlich einfach nach x auflösen, nämlich durch

$$x = \sqrt[n]{y} = y^{1/n}$$

Abbildung 17.9: Auflösung von y nach x

Fast trivial einfach, aber für unsere finanzmathematischen Modelle sehr hilfreich. Es leuchtet ein, dass ein Geldbetrag, der einmal mit 12 % verzinst wird, nicht den gleichen zukünftigen Endwert aufweist wie der gleiche Geldbetrag, der zwölfmal exponentiell, also mit Zinseszinseffekt, fortgeschrieben wird. Zum Beweis:

```
100*1,12=112
100*1,01^12=112,682503013197
```

Ein Sparplan, der Ihnen einmal im Jahr 12 % Zinsen gewährt, ist also nicht äquivalent zu einer Anlage, die monatliche Zinsverrechnung bei einem Jahreszins von 12 % unterstellt. Im zweiten Fall verrechnen Sie jedes Mal ein Zwölftel des Jahreszinses und bekommen dadurch am Ende des Jahres 68 Cent mehr zurück.

Gleicher Jahreszins führt zu unterschiedlichen Ergebnissen. Das ist für den Verbraucher, der verschiedene Modelle miteinander vergleichen will, natürlich verwirrend. Deshalb gibt es die Preisangabenverordnung PAngV, die es gebietet, immer den Effektivzins einer Geldanlage oder eines Darlehens anzugeben. In beiden oben genannten Varianten beträgt der nominelle Jahreszins 12 %. Bei der jährlichen Zinsverrechnung entspricht dies ebenso dem Effektivzins. Der jährliche Effektivzins bei der unterjährigen Zinsverrechnung ist höher als der jährliche Nominalzins.

Im Folgenden bezeichnen wir den Effektivzins als i_{eff} und den Nominalzins als i_{nom}. Bezogen auf obiges Zahlenbeispiel interessieren uns zwei Fragestellungen:

- Welcher jährlichen Effektivverzinsung entspricht der Endwert von 112,6825 €?
- Welcher monatliche Nominalzins hätte vergütet werden müssen, um nach zwölf Monaten exakt 112 € zu erreichen, was einer jährlichen Effektivverzinsung von 12 % entsprechen würde?

Die erste Fragestellung beantwortet die Formel

i_{eff} = (1+i_{nom}/12)^12-1=12,6825%

In allgemeiner Form für beliebige n statt 12:

i_{eff} = (1+i_{nom}/n)^n-1

Die zweite Fragestellung entspricht quasi der Auflösung des Polynoms n-ter Ordnung nach x über die n-te Wurzel. Jetzt schließt sich endlich der Kreis von der Nullstellenberechnung zur Finanzmathematik:

i_{nom}=((1+i_{eff})^(1/n)-1)*n

Im konkreten Fall

i_{nom} =((1+12%)^(1/12)-1)*12 = 0,113865515214997

Zum Beweis rechnen wir zurück:

```
100*(1+0,113865515214997/12)^12=112
```

Quod erat demonstrandum!

Excel bietet für die Umrechnung zwischen Effektivzins und Nominalzins zwei Funktionen mit naheliegenden Namen an.

NOMINAL(Effektiver_Zins;Perioden)

Gibt die jährliche Nominalverzinsung zurück, ausgehend vom effektiven Zinssatz sowie der Anzahl der Verzinsungsperioden innerhalb eines Jahres.

EFFEKTIV(Nominalzins;Perioden)

Gibt die jährliche Effektivverzinsung zurück, ausgehend von einer Nominalverzinsung sowie der jeweiligen Anzahl der Zinszahlungen pro Jahr.

Angewandt auf obiges Beispiel:

```
=NOMINAL(12%;12)= 0,113865515214997
=EFFEKTIV(12%;12)= 0,12682503013197
```

Diese beiden Funktionen gehörten bis Excel 2003 nicht zum Standardkatalog. Falls Sie also die Excel-Dateien mit solchen Berechnungen an Personen senden, die eventuell noch ältere Excel-Versionen haben, führen Sie sie lieber »zu Fuß« durch.

Der Effektivzins lässt sich nicht nur vom Nominalzins ableiten, sondern auch aus Barwert *bw* und zukünftigem Wert *zw*, sofern natürlich die Anzahl der Perioden bekannt sind, die dazwischen liegen. Angenommen, Sie haben am 01.01.10 5.430,00 € auf ein Sparkonto eingezahlt, erhalten am 31.12.15 7.111,97 € und haben keine Ahnung, mit welchem Zinssatz ihr Guthaben vergütet wurde. Wie hoch ist die Effektivverzinsung pro Jahr?

Sechs Jahre lang war das Geld angelegt. Das Ergebnis lautet demnach

```
ieff = (zw/bw)^(1/n)-1
=(7111,97/5430)^(1/6)-1=4,6%
```

Mit der NOMINAL-Funktion wäre man auch auf das Ergebnis gekommen:

```
=NOMINAL(7111,97/5430-1;6)/6
```

17.3 Interner Zinsfuß

Die Berechnung des Effektivzinssatzes hat sich soeben auf eine einmalige Zahlung bezogen, die sich eine bestimmte Anzahl Perioden verzinste. Betrachten wir den Fall mehrerer regelmäßiger Zahlungen von 1000 €, die fünf Jahre lang zum 01.01. eingezahlt werden und zum 31.12. des fünften Jahres in Summe auf 5.666,41 € (*zw*) angewachsen sind. Mit welchem Zinssatz wurde das Kapital verzinst?

Nun haben wir ein Problem. Die erste Zahlung wurde fünf Jahre lang verzinst, die zweite vier Jahre lang und so weiter. Wir wissen aber nicht, welcher Anteil in den 5.666,41 € auf die erste Zahlung entfällt. Deshalb können wir die Formel i=(zw_1/1000)^(1/5)-1 nicht anwenden, weil zw_1 – der auf die erste Zahlung entfallende Endwert – unbekannt ist. Wir wissen nur, dass sich *zw* aus folgender Summation ergibt:

```
zw = rmz*(1+i)^5+ rmz*(1+i)^4+ rmz*(1+i)^3+ rmz*(1+i)^2+ rmz*(1+i)^1
```

Wir sehen hier eine uns wohl bekannte geometrische Folge. Gleichzeitig sehen wir aber auch ein Polynom fünften Grades der Form

$$y = b \cdot x + c \cdot x^2 + d \cdot x^3 + e \cdot x^4 + f \cdot x^5$$

Abbildung 17.10: Polynom 5. Grades mit Konstante(y-Achsenschnittpunkt)=0

bei dem *y* für *zw* steht und *(1+i)=q* durch *x* ersetzt wurde. Die Parameter b bis f sind alle gleich groß (a bleibt der nicht besetzten Konstanten $a*x^0$ vorbehalten) und haben den Wert *rmz*. Spätestens jetzt wird klar, wofür der mathematische Exkurs im ersten Abschnitt des Kapitels gut war. Dank Évariste Galois und Kollegen wissen wir: Diese Gleichung können wir mathematisch nicht nach x bzw. q auflösen.

Aber wozu auch, Excel bietet hier die niedliche Funktion

ZINS(Zzr;Rmz;Bw;Zw;F;Schätzwert)

Gibt den Zinssatz einer Annuität pro Periode zurück ...

Einfach mal ausprobiert:

i | fx | =ZINS(n;rmz;0;zw;f)

	A	B	C	D	E	F	G	H
1	regelmäßige Zahlung	rmz	-1.000,00		t	Zahlung	Zinsperioden	Wert
2	Perioden	n	5		t_0	1000	5	1.228,40
3	Fälligkeit	f	1		t_1	1000	4	1.178,88
4	Endwert	zw	5.666,41		t_2	1000	3	1.131,37
5	Zinssatz	i	4,200%		t_3	1000	2	1.085,76
6					t_4	1000	1	1.042,00
7					Σt_5			5.666,41
8								

Abbildung 17.11: Zinssatzermittlung bei vorgegebenem Endwert mit Funktion ZINS

Die Formel

```
C5: =ZINS(n;rmz;0;zw;f)
```

liefert das Ergebnis 4,2 %. Bevor wir das glauben, machen wir erst eine tabellarische Rückrechnung in der Tabelle ab Spalte E.

```
H2: =F2*(1+$C$5)^G2
```

bis H6 kopiert und der Endwert:

```
H7: =SUMME(H2:H6)
```

Wow! Passt! Doch wie kann das sein? Die hellsten Mathematiker der Geschichte haben bewiesen, dass das Problem nicht zu lösen ist, und Microsoft kontert ganz locker mit der Funktion ZINS.

Die Antwort: Das ist ein bisschen geschummelt. Um diese Schummelei zu ermöglichen, waren wieder andere Mathematiker am Werk, wie z. B. der ehrenwerte Sir Isaac Newton (1643-1727).

Das richtige Ergebnis hier ist keine exakt mathematisch hergeleitete Lösung, sondern ein über ein Näherungsverfahren erzieltes Resultat. So steht es auch in der Excel-Hilfe:

... ZINS verwendet zur Berechnung eines Zinssatzes ein Iterationsverfahren. Es ist möglich, dass es keine oder auch mehrere Lösungen gibt. Wenn die Differenzen aufeinander folgender Ergebnisse von ZINS nach 20 Iterationsschritten nicht gegen 0,0000001 konvergieren, gibt ZINS den Fehlerwert #ZAHL! zurück.

17.3.1 Charmante Annäherungsversuche

Eine Kapitalanlage mit regelmäßigen konstanten Einzahlungen oder auch ein annuitätischer Tilgungsplan stellt zwar ein Polynom n-ten Grades dar, aber eines, das recht einfach strukturiert ist. Das obere Diagramm in Abbildung 17.12 zeigt das Polynom 5. Grades zu unserem Sparplan mit fünf Zahlungen je 1000 Euro und Endwert 5666,41 in großem Maßstab. Für die finanzmathematische Anwendung interessiert uns nur ein ganz kleiner Ausschnitt des Funktionsgraphen, nämlich der markierte Quadrant zwischen 0 und 2. Das untere Diagramm zeigt diesen Ausschnitt herangezoomt. Man erkennt, dass die Funktion nur an einer Stelle die x-Achse schneidet, die es zu bestimmen gilt. Würde das Polynom nicht in diesem x-Achsenintervall die x-Achse schneiden, würde das Modell betriebswirtschaftlich keinen Sinn ergeben, denn diese Stelle bestimmt die Verzinsung der Kapitalanlage.

Ein Näherungsverfahren zur Bestimmung einer Nullstelle verlangt einen Schätzwert q_S (q=x=1+i), von dem aus man sich der gesuchten Nullstelle annähern kann. Durch die Begrenzung des Polynoms auf den kleinen Ausschnitt mit betriebswirtschaftlicher Relevanz haben wir diese Voraussetzung bereits geschaffen. Im unteren Diagramm wird der x-Wert 1,4 als Ausgangspunkt bzw. Schätzwert gewählt.

An diesen Punkt legt man eine Tangente an. Ihre Steigung entspricht an diesem Punkt der Steigung des Polynoms. Berechnet wird sie aus der ersten Ableitung des Polynoms. Damit sind die Koordinaten q_S und y_S sowie die Steigung der Tangenten bekannt. Somit ist es möglich, den Punkt q_1 zu bestimmen, der die erste Annäherung an den tatsächlichen Wert von q und damit den richtigen Zinssatz i erschließt. In Höhe von q_1 legt man erneut eine Tangente an den Funktionsgraphen an und wiederholt die Berechnung. So erreicht man nach wenigen Schritten die x-Koordinate, die dem tatsächlichen Zinssatz annähernd entspricht. Abbildung 17.13 zeigt die tabellarische Darstellung des Verfahrens.

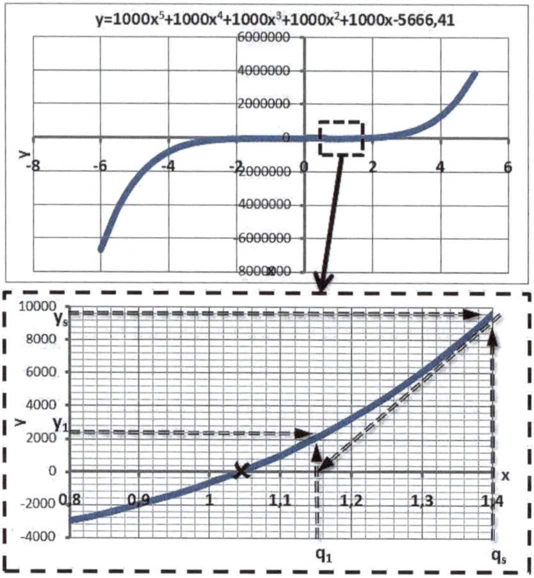

Abbildung 17.12: Grafische Darstellung des Polynoms (=Endwertfunktion)

F11 | =H21-1

	A	B	C	D	E	F	G	H	
1	x	y		Koeffizienten	Polynom*)	1.Ableitung		Iteration	
2	0,8	-2977,13		a	-5666,41	1000		1,4	q_s
3	0,83	-2707,24		b	1000	2000		1,15774057	q_1
4	0,86	-2413,32		c	1000	3000		1,05741361	q_2
5	0,89	-2093,51		d	1000	4000		1,04230569	
6	0,92	-1745,85		e	1000	5000		1,04200012	
7	0,95	-1368,25		f	1000	0		1,04199999	
8	0,98	-958,53						1,04199999	
9	1,01	-514,39			*) $y=a+bx+cx^2+dx^3+ex^4+fx^5$			1,04199999	
10	1,04	-33,43						1,04199999	
11	1,07	486,88			Zinssatz:	4,200%		1,04199999	
12	1,1	1049,20			(q-1)			1,04199999	
13	1,13	1656,30						1,04199999	
14	1,16	2311,07						1,04199999	
15	1,19	3016,54						1,04199999	
16	1,22	3775,88						1,04199999	
17	1,25	4592,38						1,04199999	
18	1,28	5469,47						1,04199999	
19	1,31	6410,73						1,04199999	
20	1,34	7419,87						1,04199999	
21	1,37	8500,77						1,04199999	
22	1,4	9657,43						1,04199999	q

Abbildung 17.13: Zinssatzermittlung über das newtonsche Näherungsverfahren

In E2:E7 stehen die Koeffizienten a bis f des Polynoms, daneben in Spalte F dessen 1. Ableitung. Zur Erinnerung an die Schulzeit, von einer Funktion

```
f(x) = a*x^n
```

lautet die 1. Ableitung

```
f'(x) = n*a*x^(n-1)
```

Umgesetzt wird diese Berechnung ganz einfach mit

```
F2: =ANZAHL(E$2:E2)*E3
```

kopiert bis F7. Klingt erst mal komisch – ist aber so. Zum Beispiel ist von `1000*a^5` aus E7 die 1. Ableitung

```
ANZAHL(E$2:E6)*E7=5*1000=5000*b^4
```

die durch die Zelle F6 repräsentiert wird. Der Exponent 5 existiert in der 1. Ableitung nicht, deshalb ist die Zelle F7 leer.

In A2:A22 wird das x-Achsenintervall definiert, in dessen Bercich die ungefähre Nullstelle angepeilt wird. Die entsprechenden y-Werte ergeben sich dann aus

```
B2: =E$2+E$3*A2+E$4*A2^2+E$5*A2^3+E$6*A2^4+E$7*A2^5
```

Gott sei Dank gibt es Arrayformeln, sodass diese Berechnung etwas kürzer und übersichtlicher gestaltet werden kann:

```
B2: =SUMME($E$2:$E$7*A2^{0;1;2;3;4;5})
```

(zu kopieren bis B22).

In H2 steht die erste Schätzung der Polynomnullstelle q_s mit dem Wert 1,4. Der y-Wert beträgt y_s=9657,43. Die erste Ableitung an dieser Position hat den Wert

```
f'(1,4)= SUMME($F$2:$F$7*H2^{0;1;2;3;4;5})=39864
```

Das bedeutet, dass die Tangente ebenso die Steigung 39864 hat. Aus dieser Erkenntnis kommen wir über einen banalen Dreisatz zu Punkt q1:

Wenn ein Punkt auf der Tangente einen x-Wert nach links wandert, liegt er 39864 y-Werte weiter unten. Wie viele x-Werte muss er dann nach links wandern, um von y_s=9657,43 auf y=0 verschoben zu werden? Es gilt

$(q_s-q_1)/9657,43=1/39864$
$q_s-q_1=9657,43/39864$
$q_s-9657,43/39864=q1$
$q_1=1,4-9657,43/39864=1,4-0,242259432=1,15774057$

Von diesem errechneten Punkt wird dann erneut die Steigung seiner Tangente berechnet etc. In der Excel-Tabelle formulieren wir dazu

```
H3:=H2-(SUMME($E$2:$E$7*H2^{0;1;2;3;4;5})/H2)/(SUMME($F$2:$F$7*H2^
{0;1;2;3;4;5})/H2)
```

und kopieren die Formel beliebig viele Iterationsschritte nach unten. In Abbildung 17.13 haben wir bis H22 kopiert, aber bis Zeile 10 hätte auch genügt, denn die Annäherung ist dann so schnell am richtigen Wert angelangt, dass nur wenige Schritte notwendig sind. Von der korrekten q-Position muss schließlich noch 1 abgezogen werden, um den begehrten Zinssatz zu erhalten:

```
F12: = H21-1 = 4,2%
```

Solch eine iterative Annäherung steckt also hinter der Excel-Funktion ZINS. Allerdings ist auch ihr Einsatzgebiet sehr begrenzt.

17.3.2 Dynamische und schwankende Zahlungen

Angenommen, die fünf Zahlungen je 1000 € sind nicht konstant, sondern wachsen ab dem zweiten Jahr mit einer Dynamik von 5 % und führen zu einem Endwert von 6000 €. Den Endwert eines dynamischen Sparplans haben wir im vorangegangenen Abschnitt bereits ermittelt, doch geht dies auch mit dem internen Zinsfuß? Die Funktion ZINS ist hier bereits am Limit, da sie nur konstante Zahlungen verarbeiten kann.

Also greifen wir zu einer weitaus stärker motorisierten Funktion Namens IKV:

IKV(Werte;Schätzwert)

Gibt den internen Zinsfuß einer Investition ohne Finanzierungskosten oder Reinvestitionsgewinne zurück. Die in Werten angegebenen Zahlen entsprechen der zu der Investition gehörenden Zahlungsreihe. Diese Zahlungen müssen nicht gleich groß sein, wie dies bei Annuitätenzahlungen der Fall ist. Der Zinsfluss muss jedoch in regelmäßigen Intervallen, monatlich oder jährlich, auftreten. Der interne Zinsfuß ist der Zinssatz, der für eine Investition erreicht wird, die aus Auszahlungen (negative Werte) und Einzahlungen (positive Werte) besteht, die in regelmäßigen Abständen erfolgen.

Die Werte, die an die Funktion IKV übergeben werden, können entweder tabellarisch oder auch in einem Array übergeben werden.

i | =IKV(F2:F7;0;1)

	A	B	C	D	E	F	G	H
1	regelmäßige Zahlung	rmz	-1.000,00		t	Zahlung	Zinsperioden	Wert
2	Perioden	n	5		t_0	-1.000,00	5	-1.150,87
3	Fälligkeit	f	1		t_1	-1.050,00	4	-1.174,93
4	Dynamik	d	5%		t_2	-1.102,50	3	-1.199,49
5	Endwert	zw	6.000,00		t_3	-1.157,63	2	-1.224,56
6	Zinssatz	i	2,850%		t4	-1.215,51	1	-1.250,15
7					Σt_5	6.000,00		-6.000,00
8								

Abbildung 17.14: Zinssatzermittlung bei steigenden Zahlungen mit der Funktion IKV

Im Bereich C1:C5 stehen die Eingabeparameter. Neu ist hier die Dynamik d in C4, die die Funktion ZINS überfordert. Der Zahlungsplan, der sich daraus ergibt, steht in F2:F7. F7 enthält den Endwert aus C5 mit umgekehrtem Vorzeichen zu den Einzahlungen. Den internen Zinsfuß, die Rendite dieser Zahlungsreihe, liefert die kurze Formel

```
C6:=IKV(F2:F7;0,1)=2,85%
```

Den Schätzwert von 0,1 (10 %) hätte man auch weglassen können, denn das ist der Standardwert, mit dem Excel rechnet, falls kein Schätzwert angegeben wurde. Der Wert von 2,85 % ist so zu interpretieren, dass die fünf Zahlungen mit diesem Satz zu verzinsen wären, um ein Endvermögen von genau 6000 € zu erzeugen. Zum Beweis rechnen wir zurück:

```
H2:=F2*(1+$C$6)^G2
```

Kopiert bis H6, ergibt dies in Summe genau die 6000 €.

```
H7:=SUMME(H2:H6)
```

Da IKV auch Arrays verarbeiten kann, ist die Lösung auch in einer Formel ohne die Wertetabelle in Spalte F möglich. Die Funktion ZEILE kann hier mal wieder glänzen. Die Formel lautet in diesem Fall:

```
C6: =IKV(WENN(Zeitstrahl=n+1;zw;rmz*(1+d)^(Zeitstrahl-1)))
```

Zeitstrahl ist ein Name, der zur besseren Lesbarkeit der Formel für den Ausdruck

```
ZEILE(INDIREKT("1:"&n+1))
```

definiert wurde. Er erzeugt ein Array mit allen Zeitpunkten des Zahlungsplans

```
{1;2;3;4;5;6}
```

Die WENN-Prüfung sorgt dafür, dass nur im letzten Zeitpunkt, im Beispiel der sechste, der Endwert eingesetzt wird, ansonsten die mit dem Faktor 1+d multiplizierten Zahlungen. Das resultierende Array der WENN-Funktion lautet dann

```
{-1000;-1050;-1102,5;-1157,625;-1215,50625;6000}
```

das logischerweise den Werten im Bereich F2:F6 entspricht und das IKV gleichermaßen auswerten kann.

Die Funktion IKV ist so flexibel, dass die regelmäßigen Zahlungen nicht nur mit einem dynamischen Anstieg versehen werden, sondern sogar in ihrer Höhe beliebig schwanken können. Wir betrachten dies an einem Zahlenbeispiel, bei dem eine einmalige Auszahlung zu Beginn, beispielsweise ein Darlehen, zu regelmäßigen, aber in der Höhe schwankenden Rückzahlungen führt.

i | =IKV(B4:B8)

	A	B	C	D	E
1			Zinssatz	7,62%	
2					
3	t	Zahlung	Zinsperioden	Wert	
4	t_0	-800,00	0	-800,00	
5	t_1	200,00	1	185,84	
6	t_2	220,00	2	189,95	
7	t_3	250,00	3	200,57	
8	t4	300,00	4	223,64	
9	Σt_5			0,00	
10					

Abbildung 17.15: Zinssatzermittlung bei schwankenden Zahlungen

Die Frage, die IKV hier beantwortet, lautet:

Mit welchem Zinssatz müssen die Rückzahlungen in B5:B8 abgezinst werden, um dem Barwert in B4 zu entsprechen? Der Zinssatz lautet

```
D1: =IKV(B4:B8)
```

Die Rückrechnung auf den Barwert bei Vorgabe dieses Zinssatzes geschieht über

```
D4: =B4/(1+i)^C4
```

kopiert bis D8. Das Ergebnis passt, da die Summe in D9 genau 0 ergibt. Die Berechnung der Spalte D ähnelt der Barwertberechnung über die Funktion BW, nur mit dem Unterschied, dass BW konstante Zahlungen verlangt.

So wie die Funktion IKV die Funktion ZINS aufpeppt, gibt es auch ein Tuning für die Funktion BW, nämlich NBW:

NBW(Zins;Wert1;Wert2; ...)

Gibt den Nettobarwert (Kapitalwert) einer Investition auf Basis eines Abzinsungsfaktors für eine Reihe periodischer Zahlungen zurück.

Demzufolge kann der Barwert aus D9 auch mit

```
D9: =NBW(i;B4:B8)*(1+i)
```

ermittelt werden. NBW geht davon aus, dass der Barwert von -800 € am Ende der Verzinsungsperioden gilt und selbst noch ein Jahr zum Kalkulationszins diskontiert werden muss. Da hier aber die -800 € auf den Bezugszeitpunkt fallen und selbst nicht abgezinst werden, muss das Ergebnis von NBW um eine Periode aufgezinst werden, deshalb der Faktor *(1+i) in obiger Formel.

Wir verbleiben nun noch etwas bei der Funktion IKV. Die eigentliche Bestimmung dieser Funktion haben wir bereits hinreichend dargelegt. Wie sie gehörig über sich hinauswächst, sehen Sie im nächsten Abschnitt.

17.4 IKV legt los

Fassen wir noch einmal zusammen: Eine Zahlungsreihe mit n+1 Perioden stellt nichts anderes als eine Polynomgleichung n-ter Ordnung dar. Bezogen auf das letzte Zahlenbeispiel gilt

```
y = 300*x^4+250*x^3+220*x^2+200*x-800
```

Wobei x für einen Abzinsungsfaktor 1/(1+i) steht. IKV verwendet ein Iterationsverfahren, um eine Nullstelle dieses Polynoms nahe der y-Achse, im betriebswirtschaftlich relevanten Bereich, aufzuspüren. Wer den Zusammenhang zwischen Zahlungsreihe und Polynomgleichung verinnerlicht hat, könnte sich vielleicht folgende Frage stellen:

Ist es möglich, die finanzmathematische Sicht auszublenden, den Fokus auf die gesamte Polynomgleichung zu legen (nicht nur beschränkt auf einen kleinen Ausschnitt) und diese mit IKV weiter zu analysieren?

17.4.1 Polynomnullstellen finden

Ja, es ist möglich. Mit IKV können quasi beliebige Polynomnullstellen, Wende- und Extrempunkte berechnet und anschließend in einem Punkt (XY)-Diagramm visualisiert werden.

Untersuchen wir ein Polynom 4. Grades in der Form

```
y= a + b*x + c*x^2 + d*x^3 + e*x^4
```

das optimalerweise im betrachteten Zahlenbereich vier Nullstellen aufweist. Sie haben zwei Möglichkeiten, ein solches Polynom zu finden und in einem Punkt (XY)-Diagramm darzustellen. Entweder Sie legen die Koeffizienten a, b, c, d und e fest und berechnen für ein bestimmtes x-Achsenintervall die entsprechenden y-Werte und schauen, wie das Polynom verläuft. Einfacher geht es aber, indem Sie die x/y-Koordinaten vorgeben und Excel die Koeffizienten mithilfe einer Regressionsrechnung ermitteln lassen, und das geht wie folgt:

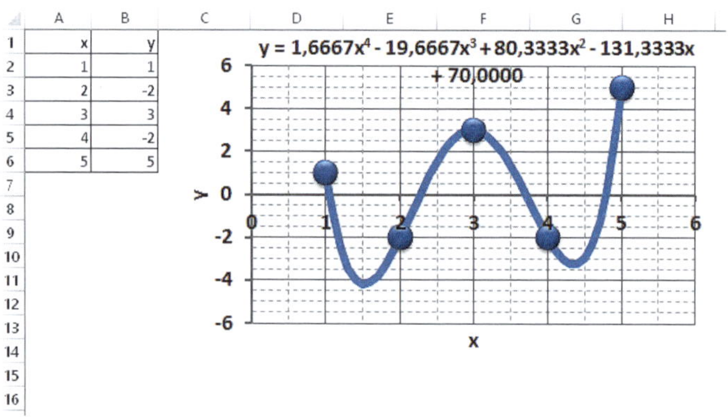

Abbildung 17.16: Polynom 4. Grades

In A2:B6 definieren Sie fünf Koordinatenpunkte, denn um ein Polynom n-ten Grades zu bestimmen, brauchen Sie n+1 Datenpunkte. Erstellen Sie aus diesen Datenpunkten ein Punkt (XY)-Diagramm (nur mit Punkten, ohne Linien!). Die Koordinatenpunkte sollten so angeordnet sein, dass drei Punkte oberhalb der x-Achse liegen und zwei Punkte unterhalb (oder zwei oberhalb und drei unterhalb), damit die Funktion vier Nullstellen besitzt. Klicken Sie einen der Datenpunkte mit der rechten Maustaste an und wählen Sie aus dem Kontextmenü *Trendlinie hinzufügen.*

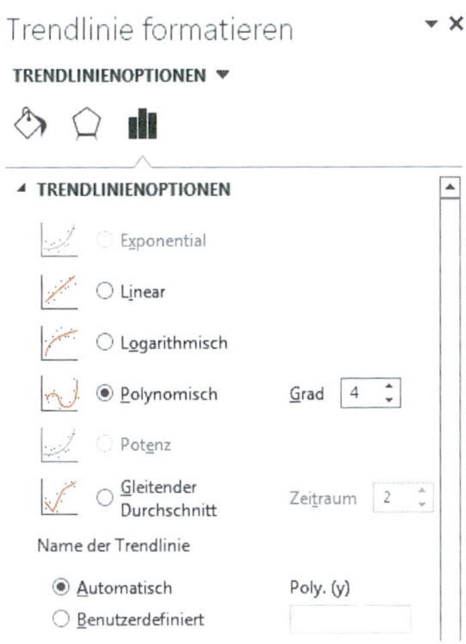

Abbildung 17.17: Trendlinienoptionen, um Trendlinien in ein Diagramm einzufügen

Wählen Sie in den eingeblendeten Trendlinienoptionen einen polynomischen Trend aus. Im Feld *Grad* tragen Sie eine 4 ein. 4 steht für 4. Grades. Aktivieren Sie dann das Kontrollkästchen *Formel im Diagramm anzeigen.* – Excel spuckt daraufhin die Polynomkoeffizienten

```
e:+1,6666667; d:-19,6666667; c:+80,33333333; b:-131,33333333; a:+70
```

aus. Außerdem wird eine Trendlinie angezeigt, die viermal die x-Achse schneidet. Die ungefähren Schnittpunkte der x-Achse sieht man bei 1,1; 2,3; 3,7; 4,8.

Jetzt geht es darum, diese Punkte exakt zu bestimmen und im Diagramm zu markieren, was einen tiefen Griff in die Excel-Trickkiste verlangt. Um zu verstehen, warum der Lösungsweg über IKV führt, tun wir so, als wären die Polynomkoeffizienten eine »normale« Zahlungsreihe, deren interner Zinsfuß mit IKV bestimmt werden soll. Die Zahlungsreihe, die IKV auswertet, beginnt links mit dem Koeffizienten a und endet rechts mit dem Koeffizienten e (also genau andersherum als in der vorherigen Darstellung).

```
=IKV({70;-131,33333333;80,33333333;-19,66666667;1,66666667})= -4,4296%
```

Die Zahlungsreihe beginnt bei IKV von links mit den Zahlungen, die am wenigsten abgezinst werden. Bezogen auf das Polynom sind das die Koeffizienten mit der niedrigsten Potenz, also von a aufsteigend.

Wie ist das Ergebnis von -4,4296 % zu interpretieren und was hat es mit den gesuchten Polynomnullstellen zu tun? Addieren Sie 1 und bilden Sie den Kehrwert, also 1/(1-4,4296 %), erhalten Sie 1,046349, was verdächtig nach der ersten gesuchten Nullstelle aussieht (und es auch ist). Erinnern wir uns, IKV gibt das i zurück, für das die Gleichung

```
0=70-131,33*(1/(1+i))+80,33*(1/(1+i))^2-19,67*(1/(1+i))^3+1,67*(1/(1+i))^4
```

gilt (bei gerundeten Nachkommastellen). Wenn Sie 1/(1+i) durch x ersetzen und i = 4,4296 % ist, dann muss x = 1,046349 betragen. Damit ist im Grunde schon das Rätsel gelöst, wie man den Bogen von einem internen Zinsfuß zur Polynomnullstelle schlagen kann.

Jetzt kennen wir aber erst eine Nullstelle. Um auch noch die anderen Nullstellen zu erhalten, müssen Sie IKV über den Schätzwert mitteilen, wo ungefähr gesucht werden muss. Sie wissen, dass die Nullstellen im Bereich von 1 < x < 5 liegen. Also listen Sie in L3:L11 ein Intervall von Schätzwerten auf, für die IKV die Nullstellen berechnen soll. Dies müssen mindestens so viele Schätzwerte sein, wie es Nullstellen gibt, dann müssen Sie aber Glück haben, dass jeder Schätzwert eine andere Nullstelle findet. Also nehmen Sie viele Schätzwerte (nur kein Geiz), damit auch alle Nullstellen gefunden werden. Da IKV i als Schätzwerte erwartet und nicht x, müssen Sie zuvor im Bereich M3:M11 x nach i umrechnen. In N3:N11 ermittelt dann IKV die Nullstellen:

fx =RUNDEN(1/(1+IKV($J$2:$J$6;M3));7)

I	J	K	L	M	N	O	P
Polynomkoeffizienten			**Schätzwert**		**Nullstelle**		**Nullstellen**
a	70		(x)	(i)=1/x-1			**ohne Doppler**
b	-131,3333333		1	0,00000	1,0463489	1	**1,0463489**
c	80,33333333		1,5	-0,33333	1,0463489	0	**2,2653329**
d	-19,66666667		2	-0,50000	2,2653329	2	**3,7021038**
e	1,666666667		2,5	-0,60000	2,2653329	0	**4,7862144**
			3	-0,66667	1,0463489	0	
			3,5	-0,71429	3,7021038	3	
			4	-0,75000	3,7021038	0	
			4,5	-0,77778	4,7862144	4	
			5	-0,80000	4,7862144	0	

Abbildung 17.18: Berechnung von Polynomnullstellen

```
N3: =RUNDEN(1/(1+IKV($J$2:$J$6;M3));6)
```

IKV hat jetzt bei neun Versuchen alle vier Nullstellen gefunden. Dadurch sind manche Ergebnisse natürlich redundant, aber das stört ja nicht. Mit der Formel

```
O3:=(ZÄHLENWENN(N$3:N3;N3)=1)*(MAX(O$2:O2)+1) (kopieren bis O3:O11)
```

können Sie markieren, ob eine Nullstelle redundant ist (0) oder erstmalig gefunden wurde (1, 2, 3, 4).

Es empfiehlt sich, das Ergebnis von IKV nach einigen Stellen zu runden, da sonst Rundungsdifferenzen auftauchen können. Dann würden zwei Nullstellen, die sich erst in der zehnten Nachkommastelle unterscheiden, als zwei unterschiedliche Nullstellen interpretiert, obwohl es ein und dieselbe ist.

Um die Nullstellen ohne Duplikate aufzulisten, schreiben Sie in P3

```
P3:=INDEX(N:N;VERGLEICH(Zeile()-2;0:0;0))
```

kopieren bis P6 nach unten und fügen diesen Bereich als x-Werte einer neuen Datenreihe in das Diagramm ein (A10:A13). Als y-Werte definieren Sie B10:B13`{0.0.0.0}` (denn bei Nullstellen muss y ja immer null sein).

Wenn Sie die Datenpunkte der Nullstellen formatieren, wird das Ergebnis etwa aussehen wie in der Abbildung. Die Formel in B10 erbringt den Nachweis, dass der Funktionswert an dieser x-Position 0 ergibt.

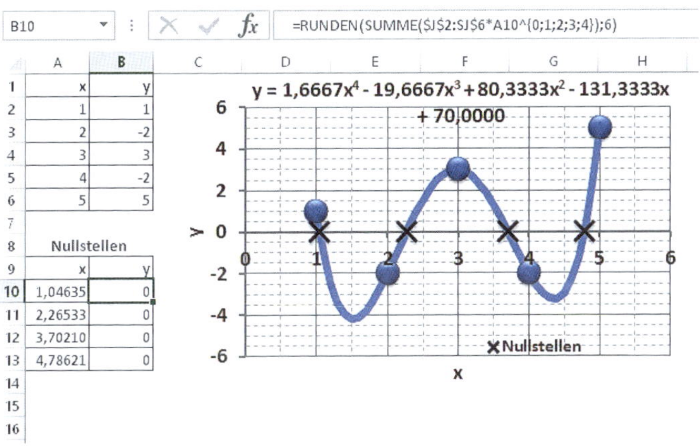

Abbildung 17.19: Polynomnullstellen im Diagramm anzeigen

Das Ganze funktioniert genauso mit Polynomen höheren Grades. Bis zur 8 haben wir es selbst erfolgreich ausprobiert. Aber wie gesagt, es können nur die Nullstellen im vorgegebenen Zahlenintervall gefunden werden. Wenn das vorgegebene Zahlenintervall mit dem x-Achsenintervall des Punkt (XY)-Diagramms übereinstimmt, dürfte Ihnen keine sichtbare Nullstelle durch die Lappen gehen.

17.4.2 Ableitungen und Extrempunkte

Wer in der Schule aufgepasst hat, der weiß, dass man auch Extrempunkte und Wendepunkte von Funktionen bestimmen kann. Extrempunkte liegen dort, wo die erste Ableitung des Polynoms Nullstellen aufweist. Über die zweite Ableitung sind dementsprechend Wendepunkte zu ermitteln.

Ein Polynom n-ten Grades hat maximal n-1 Extrempunkte und n-2 Wendepunkte, da die erste Ableitung ein Polynom (n-1)-ten Grades und die zweite Ableitung ein Polynom (n-2)-ten Grades ist. Die Ableitungen eines Polynoms zu berechnen, ist in Excel sehr einfach.

D2 | fx =C3*$B3

	A	B	C	D	E	F	G
1		Potenz	Polynom	1. Ableitung	2. Ableitung	3. Ableitung	4. Ableitung
2	a	0	70,0000	-131,3333	160,6667	-118,0000	40,0000
3	b	1	-131,3333	160,6667	-118,0000	40,0000	0,0000
4	c	2	80,3333	-59,0000	20,0000	0,0000	0,0000
5	d	3	-19,6667	6,6667	0,0000	0,0000	0,0000
6	e	4	1,6667	0,0000	0,0000	0,0000	0,0000

Abbildung 17.20: Ableitungen von Polynomen berechnen

In Spalte C steht das Polynom und ab Spalte D folgen die Ableitungen.

```
D2:=C3*$B3
```

Die Formel in D2 muss bis G6 kopiert werden.

Die erste Ableitung unseres Polynoms lautet also:

```
y=6,66666667*x^3-59*x^2+160,66666667*x-131,33333333
```

Auf diese Funktion wenden Sie nun das gleiche Verfahren mit IKV an wie auf das ursprüngliche Polynom. Die Parameter der 1. Ableitung übertragen Sie in den Bereich J14:J17. Die Schätzwerte stehen nun in L15:M23 und sind dieselben wie zuvor, ebenso die benachbarten Formeln in Spalte N und O. Die Nullstellen der ersten Ableitung stehen in P15:P17. Diesmal sind es nur drei.

N15 =RUNDEN(1/(1+IKV($J$14:$J$17;M15));7)

	I	J	K	L	M	N	O	P
13	1. Ableitung			Schätzwert		Nullstelle		Nullstellen
14	a	-131,3333333		(x)	(i)=1/x-1	1. Ableitung		ohne Doppler
15	b	160,6666667		1	0,00000	1,5207837	1	1,5207837
16	c	-59		1,5	-0,33333	1,5207837	0	2,9750390
17	d	6,666666667		2	-0,50000	1,5207837	0	4,3541773
18				2,5	-0,60000	2,9750390	2	
19				3	-0,66667	2,9750390	0	
20				3,5	-0,71429	2,9750390	0	
21				4	-0,75000	4,3541773	3	
22				4,5	-0,77778	4,3541773	0	
23				5	-0,80000	4,3541773	0	

Abbildung 17.21: Extrempunkte berechnen

In diesem Fall sind die y-Werte aber nicht 0, sondern sie müssen bestimmt werden, indem Sie diese in das Ursprungspolynom einsetzen. Die Nullstellen aus P15:P17 übertragen Sie nach A17:A19. Die Funktionswerte ergeben sich entsprechend durch

```
B17:=SUMME($J$2:$J$6*A17^{0;1;2;3;4})
```

Der Bereich A17:B19 ist dann Basis für eine neue Datenreihe, die im Diagramm die Extrempunkte markiert.

B17 =RUNDEN(SUMME($J$2:$J$6*A17^{0;1;2;3;4});6)

	A	B
1	x	y
2	1	1
3	2	-2
4	3	3
5	4	-2
6	5	5
7		
8	Nullstellen	
9	x	y
10	1,04635	0
11	2,26533	0
12	3,70210	0
13	4,78621	0
14		
15	Extrempunkte	
16	x	y
17	1,52078	-4,19352
18	2,97504	3,00416
19	4,35418	-3,24426
20		

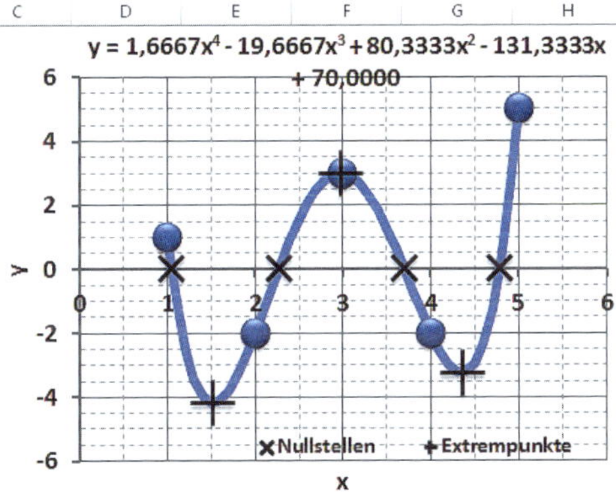

Abbildung 17.22: Berechnung und Darstellung von Extrempunkten

Für die Wendepunkte wiederholen Sie die Prozedur, nehmen nur anstelle der ersten Ableitung die zweite Ableitung.

Falls Ihre Ergebnisse an irgendeiner Stelle geringfügig abweichen, kann es an der Rundung der Nachkommastellen der Koeffizienten liegen. Denn die Koeffizienten des Beispielpolynoms haben 15 periodische Nachkommastellen, die in den Abbildungen nicht vollständig angezeigt werden.

17.4.3 Negative Nullstellen

Wenn bis jetzt alles geklappt hat: Herzlichen Glückwunsch! Hoffentlich haben Sie noch etwas Ausdauer, denn eine Gemeinheit haben wir Ihnen noch verschwiegen. IKV macht Zicken, wenn sich Nullstellen im negativen Bereich bewegen.

Im nachfolgenden Polynom werden nur die rechten drei Nullstellen gefunden:

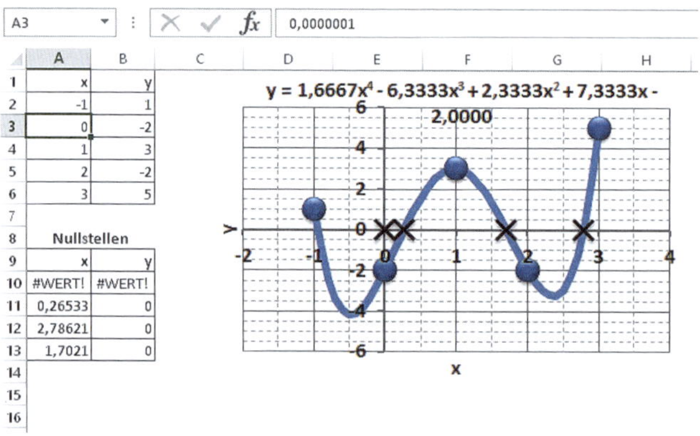

Abbildung 17.23: IKV findet (zunächst) nur positive Nullstellen.

Die linke Nullstelle wird nicht gefunden, weil IKV mit den Schätzwerten x:-1 und i=1/x-1=-2 nichts anfangen kann und die Formel

`=RUNDEN(1/(1+IKV($J$2:$J$6;-2));6)` bzw.

`=RUNDEN(1/(1+IKV({-2;7,33;2,33;-6,33;1,67};-2));6)`

den Fehlerwert `#WERT!` liefert. IKV kommt nur mit positiven x-Werten und ergo Schätzwerten von i > -1 klar. (Den Datenpunkt mit dem Fehlerwert #WERT! verschiebt Excel im Diagramm fälschlicherweise in den Koordinatenpunkt 0/0.)

Müssen wir jetzt, nach diesem langen Weg, an dieser Stelle wirklich aufgeben? Nein, wir können noch tiefer in die Trickkiste greifen, um IKV auch diese Nullstelle abzutrotzen. Wie man sieht, liegt die linke Nullstelle bei ca. -0,95. Wenn man das Polynom an der y-Achse spiegeln würde, würde sie logischerweise bei +0,95 liegen und IKV könnte sie finden. Um die Funktion zu spiegeln, multiplizieren Sie alle x-Werte mit -1. Die y-Werte bleiben, wie sie sind.

	A	B
1	x	y
2	1	1
3	0	-2
4	-1	3
5	-2	-2
6	-3	5
7		
8	Nullstellen	
9	x	y
10	#WERT!	#WERT!
11	0,95365	0
12	#NV	#NV
13	#NV	#NV
14		
15	Extrempunkte	
16	x	y
17	#WERT!	#NV
18	1,52078	#NV
19	#NV	#NV
20		

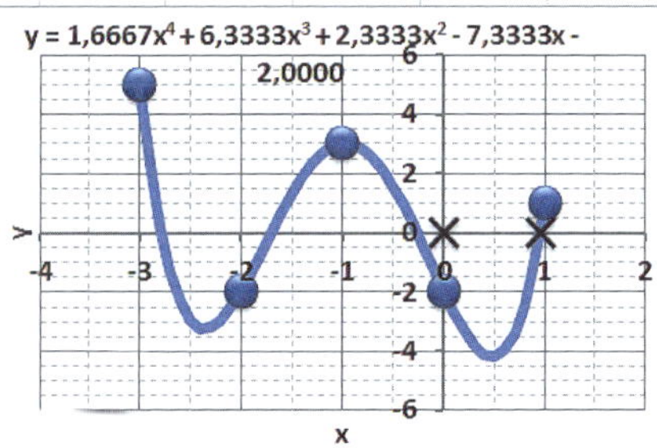

Abbildung 17.24: Darstellung einer spiegelbildlichen Funktion

Zu diesem Polynom findet IKV die Nullstelle 0,953651. Also wissen wir, dass die spiegelbildliche Nullstelle unseres Originals genau bei -0,953651 liegen muss. Wenn Sie die Koeffizienten beider Polynome vergleichen, fällt etwas besonders auf:

Original: $y = 1{,}667x^4 - 6{,}333x^3 + 2{,}333x^2 + 7{,}333x - 2{,}000$

Spiegelbild: $y = 1{,}667x^4 + 6{,}333x^3 + 2{,}333x^2 - 7{,}333x - 2{,}000$

Bei der spiegelbildlichen Funktion entsprechen alle Koeffizienten mit gerader Potenz dem Original. Alle Koeffizienten mit ungerader Potenz müssen mit -1 multipliziert werden, um das gespiegelte Gegenstück zu erhalten. Zu guter Letzt wird die Tabelle so aufgebaut, dass sowohl positive als auch negative Nullstellen gefunden werden. In K2:K6 werden die Koeffizienten der Spiegelfunktion ergänzt.

K2 | =WENN(REST(ZEILE(A1);2);J2;-J2)

	I	J	K	L	M	N	O	P
1	Polynomkoeffizienten		Spiegelfunktion	Schätzwert		Nullstelle		Nullstellen
2	a	-2,00000	-2,00000	(x)	(i)=1/x-1			ohne Doppler
3	b	-7,33333	-7,33333	1	-2,00000	-0,953651	1	-0,953651
4	c	2,33333	2,33333	-0,5	-3,00000	-0,953651	0	0,265333
5	d	6,33333	6,33333	0,00001	99999,00000	0,265333	2	2,786214
6	e	1,66667	1,66667	0,5	1,00000	0,265333	0	1,702104
7				1	0,00000	2,786214	3	
8				1,5	-0,33333	1,702104	4	
9				2	-0,50000	1,702104	0	
10				2,5	-0,60000	2,786214	4	
11				3	-0,66667	2,786214	0	

Abbildung 17.25: Negative Nullstellen über spiegelbildliche Funktion berechnen

Die Formeln der Spiegelfunktion in K2:K6 lauten:

```
K2: =WENN(REST(ZEILE(A1);2);J2;-J2)
```

Sie sorgen dafür (bis K6 kopiert), dass jeder zweite Koeffizient in Spalte J mit -1 multipliziert wird. Die Formeln zur Berechnung der Nullstellen lauten dann:

```
N3:=RUNDEN(WENN(L3<0;-1/(1+IKV($K$2:$K$6;-M3));1/(1+IKV($J$2:$J$6;M3)));6)
```

Ist der Schätzwert in L3 kleiner als Null, multiplizieren Sie den Schätzwert aus M3 mit -1 (-M3) und berechnen die Nullstelle von der Spiegelfunktion, ansonsten berechnen Sie die Nullstelle von der Originalfunktion (+M3).

A10 | =+P3

	A	B
1	x	y
2	-1	1
3	0	-2
4	1	3
5	2	-2
6	3	5
7		
8	Nullstellen	
9	x	y
10	-0,9537	0
11	0,26533	0
12	2,78621	0
13	1,7021	0

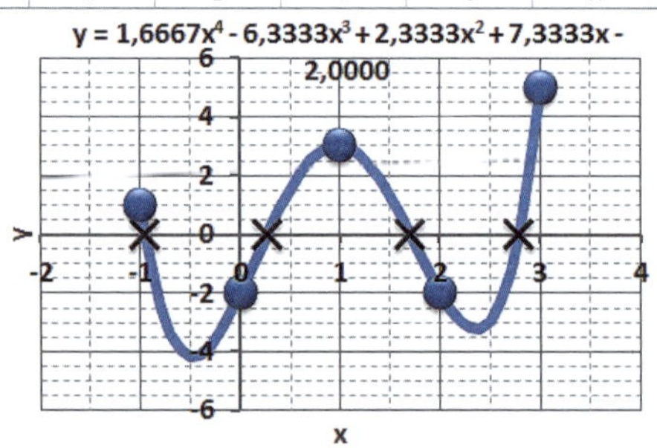

Abbildung 17.26: Positive und negative Nullstellen gemeinsam anzeigen

17.5 Lineare und polynomische Regression

Im vorangegangenen Kapitel haben Sie gesehen, wie aus fünf Wertepaaren ein Punkt (XY)-Diagramm erstellt wurde. Es wurde ein Polynom 4. Grades erzeugt, das durch diese fünf Punkte verläuft, und zudem wurde die Gleichung im Diagramm angezeigt. Womöglich wollen Sie die Polynomgleichung nicht aus dem Diagramm abtippen, sondern die Koeffizienten des Polynoms direkt in einer Excel-Zelle berechnen. Zu diesem Zweck stellt Excel die Funktion `RGP(y_Werte;x_Werte;[Konstante];[stats])` zur Verfügung.

In der Excel-Hilfe steht zwar, dass RGP die Parameter eines linearen Trends zurückgibt, gemeint sind damit aber auch polynomische Trends, wobei ein linearer Trend ja nichts anderes ist als ein polynomischer Trend erster Ordnung in der Form:

$y = bx + a$

Ein Polynom zweiten Grades hat die Form:

$y = cx^2 + bx + a$

Ein Polynom dritten Grades wird um dx^3 ergänzt und so fort.

Wenden wir die Funktion RGP auf die Koordinatenpunkte an, die wir schon aus dem vorangegangenen Kapitel kennen:

```
x={1;2;3;4;5}
y={1;-2;3;-2;5}
```

Mit RGP ergeben sich daraus die Koeffizienten:

```
=RGP({1;-2;3;-2;5};{1;2;3;4;5}) = {0,8.-1,4}
```

Die Werte des zweispaltigen Arrays stehen für die Koeffizienten der Funktionsgleichung

```
y = 0,8x - 1,4
```

Würde man den fünf Wertepaaren einen linearen Trend zuordnen, hätte dieser also eine Steigung von 0,8 und würde die y-Achse bei -1,4 schneiden. Die Gerade, die durch diese Funktionsgleichung beschrieben wird, weist die Eigenschaft auf, dass die Summe der quadrierten Abweichungen zwischen ihr und den fünf Wertepaaren minimal ist.

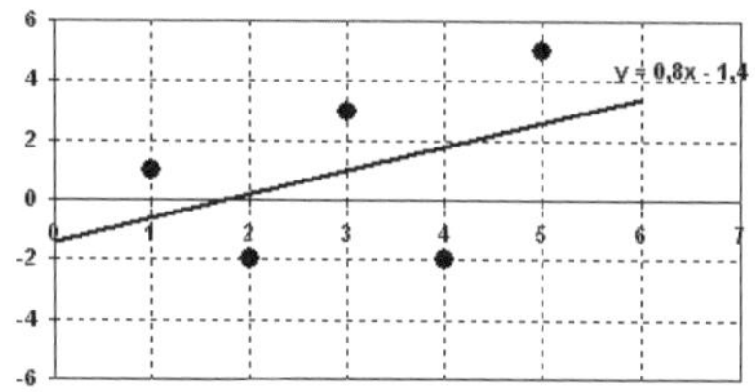

Abbildung 17.27: Datenpunkte mit linearer Trendfunktion

Übrigens erhalten wir die Steigung von 0,8 auch über

```
=STEIGUNG({1;-2;3;-2;5};{1;2;3;4;5}) = 0,8
```

und den Schnittpunkt der y-Achse von -1,4 über

```
=ACHSENABSCHNITT({1;-2;3;-2;5};{1;2;3;4;5}) = -1,4
```

Der Trend, dessen Koeffizienten wir suchen, verläuft aber nicht linear, sondern durch alle fünf Datenpunkte, deshalb ist es ja ein Trend vierter Ordnung. Damit RGP auch weiß, was wir wollen, müssen wir die x-Werte mit einem Spaltenarray von 1 bis 4 potenzieren:

```
=RGP({1;-2;3;-2;5};{1;2;3;4;5}^{1.2.3.4})
```

Woraus das Array mit unseren Koeffizienten

```
{1,66666666666671.-19,6666666666671.80,3333333333354.-
131,333333333337.70,0000000000026}
```

resultiert. Wie Sie sehen, hat die Funktion RGP eine Rundungsschwäche, deshalb sollten Sie ihr die Funktion RUNDEN überstülpen. Auf vier Stellen gerundet ergibt sich dann

```
={1,6667.-19,6667.80,3333.-131,3333.70}
```

Was das uns schon bekannte Polynom

```
y=1,6667x^4-19,6667x^3+80,3333x^2-131,3333x+70
```

repräsentiert. Im Diagramm können standardmäßig polynomische Trends bis zur 6. Ordnung dargestellt werden. Die Funktion RGP packt es sogar bis zur 16. Ordnung!

Zum Beweis wollen wir nun einmal versuchen, aus neun Wertepaaren die Koeffizienten eines Polynoms 8. Ordnung zu ermitteln und den Funktionsgraphen in einem Diagramm darzustellen.

In A2:B10 stehen neun Wertepaare.

H2 =SUMME($D$2:$D$10*G2^$E$2:$E$10)

	A	B	C	D	E	F	G	H
1	x	y		RGP	Potenz		x'	y'
2	1	1		0,0047	8		0,5	80,6170
3	2	1		-0,1899	7		0,55	66,1208
4	3	2		3,2104	6		0,65	42,5839
5	4	1		-29,5708	5		0,75	25,1743
6	5	4		161,0990	4		0,85	12,6891
7	6	3		-526,6583	3		0,95	4,1049
8	7	4		997,1859	2		1,05	-1,4423
9	8	4		-984,0810	1		1,15	-4,6754
10	9	5		380,0000	0		1,25	-6,1933

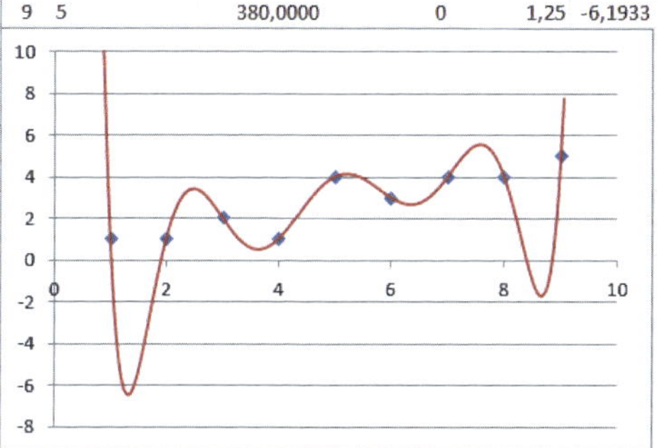

Abbildung 17.28: Trendfunktion 8. Grades

```
D2: =INDEX(RGP($B$2:$B$10;$A$2:$A$10^{1.2.3.4.5.6.7.8});ZEILE(D1))
```

Wie bereits erwähnt, haben Sie nun nicht die Möglichkeit, über *Trendlinie hinzufügen* das Polynom darzustellen (das geht nur bis Grad 6), also müssen Sie selbst eine Wertereihe aus den berechneten Koeffizienten in D2:D10 erzeugen.

Dazu erstellen Sie eine x-Achse mit möglichst kleinen Abständen, wie in Spalte G zu sehen ist (bis G88 kopieren), damit das Polynom auch möglichst originalgetreu dargestellt werden kann.

Wenn Sie zu wenige Datenpunkte mit zu großen Abständen wählen, kann Excel das Polynom zwar durch Interpolation glätten (vorausgesetzt, Sie haben den Punkt (XY)-Diagramm-Untertyp gewählt, der dies erledigt), aber das optische Ergebnis würde dadurch verfälscht.

In H2 und den folgenden Zellen berechnen Sie die abhängigen y-Werte. Der umständliche Weg wäre es, die Koeffizienten einzeln anzusprechen:

```
=D2*G2^8+D3*G2^7+D4*G2^6+...
```

Aber per Arrayformel geht dies effizienter:

```
H2:=SUMME($D$2:$D$10*G2^$E$2:$E$10)
```

Ziehen Sie abschließend die Formel nach unten und fügen Sie die Spalten G und H als Datenreihe in das Diagramm ein.

Wie unschwer zu erkennen ist, haben wir ein Polynom 8. Grades, das durch die neun Koordinaten eindeutig bestimmt wurde, korrekt erzeugt.

17.6 Das Bestimmtheitsmaß

Die polynomischen Trends, die wir bislang erzeugt haben, waren immer eindeutig bestimmt, da die Anzahl der zugrunde gelegten Datenpunkte um eins höher war als der Grad des Polynoms. Deshalb verliefen die Trendfunktionen auch immer genau durch alle Datenpunkte, das war also alles andere als ein Zufall.

In diesen Fällen hat das sogenannte *Bestimmtheitsmaß* (R^2), zu dem es die gleichnamige Excel-Funktion gibt, genau den Wert 1. Wenn dies der Fall ist, korreliert die berechnete Trendlinie zu 100 % mit den zugrunde gelegten Messwerten. Korrelieren sie überhaupt nicht, nimmt R^2 den Wert 0 an.

Wenn Sie einer Datenreihe eine Trendlinie hinzugefügt haben, können Sie neben der Funktionsgleichung auch das Bestimmtheitsmaß im Diagramm anzeigen lassen.

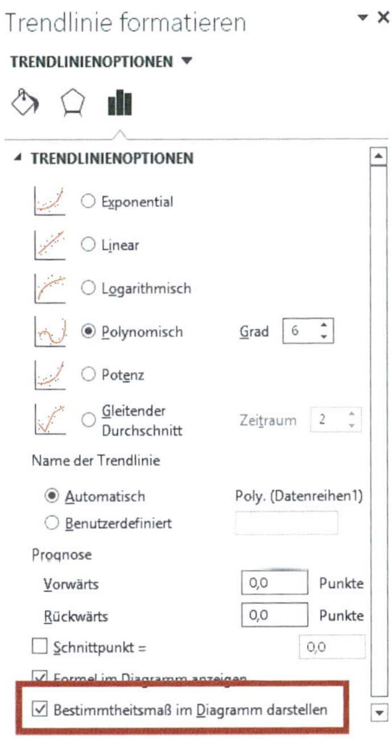

Abbildung 17.29: Trendlinienoptionen – Bestimmtheitsmaß anzeigen lassen

Bei fünf Datenpunkten mit linearem und polynomischem Trend im Vergleich sieht das wie folgt aus:

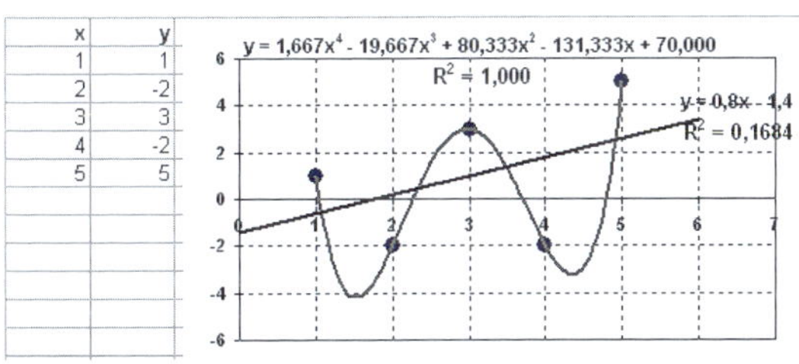

Abbildung 17.30: Vergleich lineare Trendfunktion und Trendfunktion 4. Grades

Der Trend vierter Ordnung läuft genau durch die fünf Punkte, deshalb ist das Bestimmtheitsmaß R^2 genau 1,0. Der lineare Trend hingegen beschreibt den Verlauf der Datenpunkte nur sehr ungenau, weshalb die durch R^2 ausgedrückte Korrelation nur einen niedrigen Wert von 0,1684 beträgt. Wendet man die entsprechende Excel-Funktion auf die Datenpunkte an:

```
=BESTIMMTHEITSMASS({1;-2;3;-2;5};{1;2;3;4;5})
```

kommt genau dieser Wert 0,168421052631579 heraus, denn diese Funktion unterstellt grundsätzlich eine lineare Abhängigkeit. Im Diagramm dagegen richtet sich das Bestimmtheitsmaß logischerweise nach dem Typ der in den Diagrammeinstellungen ausgewählten Trendfunktion. Wie kann man nun der Funktion BESTIMMTHEITSMASS beibringen, dass die Datenpunkte nicht hinsichtlich linearer Abhängigkeit, sondern nach Abhängigkeit höherer Ordnung bewertet werden sollen? Naheliegend wäre es, dies genau wie bei RGP zu tun, etwa in der Form:

```
=BESTIMMTHEITSMASS({1;-2;3;-2;5};{1;2;3;4;5}^{1.2.3.4})
```

Da kommt aber nichts außer #NV heraus. Was nun?

Sie haben nun zwei Alternativen, die eine führt über die Funktion TREND. Diese Funktion füttert man genau wie RGP und BESTIMMTHEITSMASS mit y-Werten bzw. x-Werten. Im Gegensatz zu diesen Funktionen gibt TREND aber y-Werte zurück, die sich aus dem linearen Trend ergeben. Klingt erst einmal etwas abstrakt, wird aber an einem Beispiel schnell klar.

C2 =0,8*A2-1,4

	A	B	C	D
1	x	y	y-Trend	y-TREND
2	1	1	-0,6	-0,6
3	2	-2	0,2	0,2
4	3	3	1	1
5	4	-2	1,8	1,8
6	5	5	2,6	2,6

Abbildung 17.31: Berechnung linearer Trendwerte

Wir wissen ja dank RGP schon, dass die lineare Trendfunktion für die Werte in A2:B6

```
y = 0,8 x -1,4
```

lautet, also können wir ganz leicht in Spalte C die y-Werte des linearen Trends ermitteln. Die Punkte von C2:C6 liegen genau auf der Geraden des linearen Trends. Wenn wir die Koeffizienten +0,8 und -1,4 nicht kennen würden, könnten wir trotzdem die Trendwerte ermitteln. Dazu steht in D2 (kopiert bis D6):

```
=TREND($B$2:$B$6;$A$2:$A$6;A2)
```

Alle Werte aus Spalte D stimmen mit denen aus Spalte C überein.

Bemerkenswerterweise ist die Korrelation zwischen x- und y-Werten immer genauso groß wie die Korrelation zwischen y-Werten und y-Trendwerten, es gilt:

```
BESTIMMTHEITSMASS(A2:A6;B2:B6)=BESTIMMTHEITSMASS(B2:B6;D2:D6)
=BESTIMMTHEITSMASS(B2:B6; TREND(B2:B6;A2:A6;A2:A6))
=0,16842105
```

Nun kommt erfreulicherweise dazu, dass es mit der Funktion TREND analog zur Funktion RGP möglich ist, Trendwerte für polynomische Funktionen zu ermitteln (in diesem Fall vierten Grades), indem die x-Werte mit den Potenzen von eins bis vier potenziert werden:

```
=TREND(B2:B6;A2:A6^{1.2.3.4};A2:A6^{1.2.3.4})
```

Daraus resultiert, dass sich das Bestimmtheitsmaß des Polynoms vierter Ordnung aus dieser Formel ergibt:

```
=BESTIMMTHEITSMASS(B2:B6; TREND(B2:B6;A2:A6^{1.2.3.4};A2:A6^{1.2.3.4}))=1
```

Falls es Sie noch wundert, warum da jetzt genau 1 herauskommen muss, noch mal zur Erinnerung: Wenn Sie einen polynomischen Trend vierter Ordnung auf fünf Datenpunkte beziehen (A2:A6), ist er genau bestimmt und die Trendwerte entsprechen genau den y-Werten.

Mit der zweiten, etwas versteckten Alternative können Sie auf die Funktionen TREND und BESTIMMTHEITSMASS verzichten und ermitteln selbiges direkt mit RGP. Wenn Sie das vierte Argument *stats* auf WAHR setzen, erzeugt RGP ein zweidimensionales Array mit zusätzlichen, statistischen Informationen. In der ersten Spalte und der dritten Zeile befindet sich das Bestimmtheitsmaß.

```
=INDEX(RGP(B2:B6;A2:A6;;1);3;1) =0,16842105
=INDEX(RGP(B2:B6;A2:A6^{1.2.3.4};;1);3;1)=1,0
```

Das Maß der Bestimmtheit wird in der Statistik auch mit dem pearsonschen Korrelationskoeffizienten ermittelt. Er nimmt einen Wert zwischen -1 und +1 an. +1 spiegelt eine hundertprozentige positive Korrelation wider. Wenn beispielsweise ausschließlich Raucher Lungenkrebs bekämen, würde die Korrelation zwischen Lungenkrebspatienten und Rauchern 1 betragen. Wenn Rauchen und Lungenkrebs absolut nichts miteinander zu tun hätten, käme der Wert 0 heraus. Wäre Rauchen ein Heilmittel gegen Lungenkrebs (manche scheinen daran zu glauben), ergäbe dies eine negative Korrelation bis minimal -1.

Der markante Name dieses statistischen Maßes hat unter den Excel-Entwicklern offenbar Uneinigkeit ausgelöst, jedenfalls konnten sie sich auf keinen eindeutigen Funktionsnamen einigen. So gibt es die Funktion KORREL() und die Funktion PEARSON(), die die absolut identische Berechnung ausführen. Potenziert man beide mit zwei, erhält man das Ergebnis der Funktion BESTIMMTHEITSMASS(). Es gilt:

```
PEARSON(A2:A6;B2:B6)^2= KORREL(A2:A6;B2:B6)^2
=BESTIMMTHEITSMASS(A2:A6;B2:B6)
=0,16842105
```

17.7 Multiple Regression

Zum einen könnten ja unter den Lungenkrebspatienten auch Pfeifenraucher sein, zum anderen kommt unter zwölfjährigen Schulhofrauchern Gott sei Dank weniger Krebs vor als unter Rentnern. Kurz gesagt, die abhängige Variable der Anzahl Lungenkrebspatienten hängt von mehreren unabhängigen Variablen (Zigaretten, Pfeifen, Alter etc.) ab. Wenn Sie jetzt die Chance eines Patienten auf Lungenkrebs, abhängig von seinem Alter und der Anzahl Zigaretten und Pfeifen, die er pro Tag konsumiert, ausrechnen wollen, müssen Sie eine multiple lineare Regression durchführen. (Die Daten in der Abbildung sind rein fiktiv. Wenn Sie sich jetzt Sorgen machen, sind Sie selbst schuld.)

	A	B	C	D
1	Erkrankte (v. 100.000 Personen)	Alter	Zigaretten (pro Tag)	Pfeifen (pro Tag)
2	1175	60	30	10
3	355	12	20	5
4	847,5	40	25	12
5	???	33	10	8

Abbildung 17.32: Multiple Regression für Lungenkrebswahrscheinlichkeit

Sie sind 33 Jahre alt, rauchen 10 Zigaretten und 8 Pfeifen pro Tag und möchten aus drei vorhandenen Messdaten die Wahrscheinlichkeit ableiten, selbst Lungenkrebs zu haben. Die Funktionen RGP und TREND sind Ihnen dabei behilflich. Statt einer eindimensionalen x-Wertereihe füttern Sie diese mit einer zweidimensionalen x-Wertematrix:

```
A5:=TREND(A2:A4;B2:D4;B5:D5;0)=610
```

Die Wahrscheinlichkeit beträgt also 610/100.000 = 0,61 %.

Vielleicht haben Sie es gemerkt, mit dieser Aufgabe haben Sie nicht nur eine multiple lineare Regression durchgeführt, sondern gleichzeitig ein lineares Gleichungssystem gelöst. Die drei vorgegebenen Messwerte stehen für drei Gleichungen mit drei Unbekannten in der Form:

```
y= a*x1+b*x2+c*x3
```

Das vollständige Gleichungssystem des Beispiels lautet:

```
1175=60*x1+30*x2+10*x3
355=12*x1+20*x2+5*x3
847,5=40*x1+25*x2+12*x3
```

Gesucht werden die Werte für x1, x2 und x3, für die alle drei Gleichungen gelöst werden können. Lineare Gleichungssysteme lassen sich mithilfe von Matrixoperationen lösen. In unserem Beispiel liefert die Formel

```
=MMULT(MINV(B2:D4);A2:A4)
```

das Array

```
={15;7,5;5}
```

womit die drei Unbekannten des Gleichungssystems x1, x2 und x3 bestimmt sind. Wie genau diese MMULT-Formel funktioniert, werden wir im nachfolgenden Abschnitt noch genau unter die Lupe nehmen. Nun machen wir folgende Gegenprobe:

```
y=15*33+7,5*10+5*8=610
```

Und siehe da, wir erhalten genau den Wert 610, den zuvor die Funktion TREND berechnet hat, um die Lungenkrebswahrscheinlichkeit des 33-Jährigen zu bestimmen.

Zwischen multipler linearer Regression und der Lösung eines linearen Gleichungssystems besteht ein enger Zusammenhang. Man kann sagen, die Lösung des Gleichungssystems ist ein Sonderfall der Regression, in der das Gleichungssystem genau bestimmt ist. Bei n Unbekannten stehen Ihnen genau n Gleichungen (oder Messwerte) zur Verfügung. Nur dann funktioniert die MMULT/MINV-Formel. Bei der Regression sind Sie nicht an diese Voraussetzung gebunden, Sie können auch wesentlich mehr als n Messpunkte in die Berechnung einbeziehen. Dann lösen Sie das Gleichungssystem aber nicht mit MMULT/MINV, sondern mit RGP.

Die RGP-Lösung für obiges Gleichungssystem lautet:

```
=RGP(A2:A4;B2:D4;0)} = {5.7,5.15
```

Etwas gewöhnungsbedürftig ist, dass die Elemente des Arrays verkehrt herum, also von rechts, angeordnet sind.

```
y=5*8+7,5*10+15*33=610
```

Auch für die multiple Regression lässt sich das Bestimmtheitsmaß ermitteln:

```
R²=INDEX(RGP(A2:A4;B2:D4;0;1);3;1)=1
```

Im Sonderfall der Lösung eines Gleichungssystems mit n Gleichungen und n Variablen beträgt R^2 per Definition immer genau 1.

17.8 Multiple Regression versus polynomische Regression

Zu Beginn des Kapitels haben Sie gesehen, dass RGP standardmäßig die Koeffizienten eines linearen Trends liefert, aber wenn man die x-Werte mit dem Array

```
^{1.2.3.4}
```

potenziert, entstehen die Koeffizienten eines polynomischen Trends. Warum eigentlich? Dies leuchtet ein, wenn man sich klar macht, dass die Polynomregression eigentlich auch nur ein Sonderfall der multiplen linearen Regression ist. Das folgende Beispiel eines linearen Gleichungssystems verdeutlicht diese Tatsache:

D9 =MMULT(MINV(B2:F6);A2:A6)

	A	B	C	D	E	F	G
1	y	x1	+x2	+x3	+x4	+x5	
2	1	1	1	1	1	1	
3	-2	1	2	4	8	16	
4	3	1	3	9	27	81	
5	-2	1	4	16	64	256	
6	5	1	5	25	125	625	
7							
8							
9			x1=	70			
10			x2=	-131,33			
11			x3=	80,33			
12			x4=	19,67			
13							
14							

Abbildung 17.33: Zusammenhang zwischen polynomischer und multipler linearer Regression

Es liegt ein System mit fünf Variablen und fünf Gleichungen in der Form

```
y=a*x1+b*x2+c*x3+d*x4+e*x5
```

vor, das mit der MMULT/MINV-Formel gelöst werden kann. Die Ergebnisse von x1–x5 kommen uns sehr bekannt vor, es sind genau die Polynomkoeffizienten unseres Polynoms vierter Ordnung. »Zufällig« sind die linearen Gleichungen so aufgebaut, dass stets gilt:

- x2^0=x1 (die Konstante)
- x2^1=x2
- x2^2=x3
- x2^3=x4
- x2^4=x5

Wenn diese Bedingungen erfüllt sind, können die linearen Gleichungen auch als Polynomgleichung in der Form

```
y=a*x2^0+b*x2^1+c*x2^2+d*x2^3+e*x2^4
```

dargestellt werden. Wir überprüfen dies, indem wir das Gleichungssystem mit RGP auflösen:

```
=RGP(A2:A6;C2:F6)= RGP(A2:A6;C2:C6^{1.2.3.4})
={1,67.-19,67.80,33.-131,33.70}
= 70*x2^0-133,33*x2+80,33*x2^2-19,67*x^3+1,67*x^4
```

Die Spalte B wurde nicht in die Berechnung von RGP einbezogen, da diese Funktion die Konstante (70) trotzdem berechnet, vorausgesetzt das dritte Argument von RGP ist WAHR oder nicht angegeben. Wenn Sie Spalte B einbeziehen und das dritte Argument, die Konstante, auf FALSCH (oder 0) setzen, kommt das gleiche Ergebnis dabei heraus:

```
=RGP(A2:A6;B2:F6;0)= {1,667.-19,667.80,3333.-131,3333.70,0000.0}
```

Die Polynomregression ist also ein Sonderfall der multiplen linearen Regression, in dem die Unbekannten in einem bestimmten (polynomischen) Verhältnis zueinander stehen.

17.9 Lösung linearer Gleichungssysteme

Die zwei bekanntesten Verfahren zur Lösung linearer Gleichungssysteme höheren Grades sind zum einen der Gaußsche Algorithmus und zum anderen die Lösung nach der Cramerschen Regel. Ein Gleichungssystem zweiten Grades können Sie noch relativ einfach mit dem Eliminationsverfahren lösen, das Sie vielleicht noch aus der Schulzeit kennen:

Gegeben sind die zwei Gleichungen:

```
2x + 2y = 8
4x - 3y = 3
```

Die erste Gleichung nach x aufgelöst ergibt x = (8-2y)/2 und eingesetzt in die zweite ergibt sich 4(8-2y)/2-3y = 3. Diese dann nach y aufgelöst ergibt nach einigen Schritten: y = 13/7 und dann ergo 15/7 für x.

Das war jetzt ein Gleichungssystem zweiten Grades: zwei Unbekannte und zwei Gleichungen. Diese grundsätzlich immer richtige Lösung durch Substitutionen (Eliminationsverfahren) mag ja bei einem »Zweier« noch angehen. Bei einem höheren Gleichungssystem, beispielsweise neunten Grades, mit neun Gleichungen und neun Unbekannten, rechnen Sie sich aber so einen Wolf. Dann kommen Gauß oder Cramer ins Spiel.

Folgendes Gleichungssystem dritter Ordnung wollen wir nun nach der Cramerschen Regel auflösen:

```
2x + 4y - 3z = 58
-2x + 8y + 3z = 50
4x - 4y - 3z = -4
```

Das ergibt dieses Array:

	A	B	C	D	E	F
1						
2		Lineares Gleichungssystem 3. Grades				
3						
4				x	y	z
5		1.	58	2	4	-3
6		2.	50	-2	8	3
7		3.	-4	4	-4	-3

Abbildung 17.34: Lineares Gleichungssystem dritten Grades

Der Bereich D5:F7 enthält die Werte der Koeffizientenmatrix. C5:C7 enthält die Werte der Ergebnismatrix.

Die Lösung nach der Cramerschen Regel erfolgt über eine Determinantenberechnung. Eine Determinante dritter Ordnung (hier die Koeffizientenmatrix: 3 mal 3) berechnet man nach der Sarrusschen Regel, nach der die linken beiden Spalten rechts noch einmal angefügt werden.

	D	E	F	G	H
4	x	y	z		
5	2	4	-3	2	4
6	-2	8	3	-2	8
7	4	-4	-3	4	-4

Abbildung 17.35: Determinantenberechnung (1)

Addiert werden die Produkte der drei möglichen (vollständigen) Diagonalen von links oben nach rechts unten und davon subtrahiert werden die Produkte der drei möglichen (vollständigen) Diagonalen von links unten nach rechts oben.

Abbildung 17.36: Determinantenberechnung (2)

```
=D5*E6*F7+E5*F6*G7+F5*G6*H7-D7*E6*F5-E7*F6*G5-F7*G6*H5
=2*8*-3 + 4*3*4 + -3*-2*-4 - 4*8*-3 - -4*3*2 - -3*-2*4 = 72
```

Exakt dafür wurde die Funktion MDET geschaffen:

```
H6: =MDET(D5:F7)=72
```

Nacheinander werden jetzt die Spalten in der Koeffizientenmatrix durch die Ergebnismatrix ersetzt und jeweils die Determinante berechnet: H6 kopiert nach H10, H14 und H18.

Das Ergebnis für x, y, z (die Lösung des linearen Gleichungssystems – im Beispiel: x=5/y=9/z=-4) ergibt sich aus dem Quotienten der Variablendeterminante und der Koeffizientendeterminante.

	A	B	C	D	E	F	G	H	I	J
4				x	y	z				
5		1.	58	2	4	-3				
6		2.	50	-2	8	3		72	=MDET(D5:F7)	
7		3.	-4	4	-4	-3				
8										
9				58	4	-3				
10				50	8	3		360	=MDET(D9:F11)	
11				-4	-4	-3	x:	5		
12										
13				2	58	-3				
14				-2	50	3		648	=MDET(D13:F15)	
15				4	-4	-3	y:	9		
16										
17				2	4	58				
18				-2	8	50		-288	=MDET(D17:F19)	
19				4	-4	-4	z:	-4		
20										

Abbildung 17.37: Stufenweise Determinantenberechnung

Diese Lösung (alle drei Variablen sind ganzzahlig) heißt übrigens »diophantisch«.

Das Verfahren ist äußerst zuverlässig. Wir wollen jetzt aber auch noch ein Gleichungssystem zwölften Grades oder höher lösen. Das funktioniert auch mit Cramer, ist aber eine mörderische Schreibarbeit: Denn da müssen 13 Matrizen à 12 mal 12 Zellen bestückt werden.

Eine noch elegantere Lösung stammt vom Fürsten der Mathematiker: Carl Friedrich Gauß (1777-1855). Gauß hatte die Idee, die Inverse der Matrix zu bilden. Das ist die, die mit der Ursprungsmatrix multipliziert in der Diagonalen nur Einsen und sonst Nullen ergibt. Diese spezielle Matrix nennt man auch Einheitsmatrix. Wie kommt man auf so etwas, Herr Gauß (das fragen wir Sie später einmal)?

Wie berechnen wir die Inverse unserer Koeffizientenmatrix? Die Zellen H5 bis J7 sind gleichzeitig markiert und die Arrayformel `=MINV(D5:F7)` ist eingegeben. Dann sehen wir dort ein dynamisches Array:

H5 =MINV(D5:F7)

	A	B	C	D	E	F	G	H	I	J
4				x	y	z				
5		1.	58	2	4	-3		-0,17	0,33	0,5
6		2.	50	-2	8	3		0,08	0,08	0
7		3.	-4	4	-4	-3		-0,33	0,33	0,33
8										

Abbildung 17.38: Berechnung der inversen Matrix

Nach der Markierung von 3 mal 3 Zellen ergibt die Multiplikation dieser beiden Matrizen mit `=MMULT(D5:F7;H5:J7)`:

1	0	0
0	1	0
0	0	1

Abbildung 17.39: Einheitsmatrix

Und das ist die Einheitsmatrix – es funktioniert also.

Die inverse Matrix multipliziert mit der Ergebnismatrix bringt dieselben Resultate wie die Cramersche Lösung:

```
=MMULT(MINV(D5:F7);C5:C7) = {5;9;-4}
```

Das Ergebnis von MMULT ist ein dynamisches Zeilenarray.

Auf die einzelnen Elemente des Arrays kann mit INDEX zugegriffen werden:

`D8: =INDEX(MMULT(MINV($D$5:$F$7);$C$5:$C$7);SPALTE(A1))` (bis F8 kopiert)

D9 =MTRANS(MMULT(MINV($D$5:$F$7);$C$5:$C$7))

	A	B	C	D	E	F	G	H	I	J	K	L
4				x	y	z						
5		1.	58	2	4	-3						
6		2.	50	-2	8	3						
7		3.	-4	4	-4	-3						
8												
9				5	9	-4						
10												

Abbildung 17.40: Lineares Gleichungssystem – gelöst

Eine 0 (Null), wenn sie denn vorkommt, muss explizit eingegeben werden – leere Zellen ergeben als Lösung #WERT!.

Der Vorteil dieser auf Gauß basierenden Lösung gegenüber der Cramerschen Regel besteht darin, dass sie völlig problemlos auf komplexe Gleichungssysteme erweiterbar ist. Beispielsweise die Lösung eines Gleichungssystems 12. Ordnung:

Lineares Gleichungssystem 12. Grades

12

		X1	X2	X3	X4	X5	X6	X7	X8	X9	X10	X11	X12
1.	+ 11 =	2	3	0	-5	1	2	0	-2	2	10	-5	1,5
2.	+ 56 =	-1	-2	3	1	0	-1	-1	1	-4	2	0	5
3.	- 9,5 =	-10	-3	-1	10	-1	2	2	3	-2	5	3	0
4.	0 =	0	1	1	20	-1	1	-1	-1	-5	0	0	0
5.	+ 12 =	1	1	1	1	1	1	0	0	0	0	2,13	-1
6.	- 16 =	-1	-1	-1	-1	-1	-2	0	0	10	0	0	-2
7.	- 19 =	4	0	0	2	-3	0	0	-2	1	0	0	0
8.	+ 33 =	0	0	0	2	2	2	2	0	0	0	0	0
9.	+ 106 =	1	2	3	4	5	6	7	8	9	12	3	-0,5
10.	+ 10 =	0	1	-2	0	2	-1	0	0	0	-10	0	0
11.	+ 7 =	100	50	0	-1	0	0	0	0	0	0	4	0
12.	+ 35 =	3	11	0	0	0	-2	0	20	0	3	0	10
		2	**-4**	**5**	**1**	**11**	**3**	**1,5**	**-1**	**2,5**	**-0,5**	**2**	**10**

Abbildung 17.41: Lineares Gleichungssystem 12. Grades

Die Lösungsformel lautet:

```
=MMULT(MINV(D5:O16);C5:C16) = {2;-4;5;1;11;3;1,5;-1;2,5;-0,5;2;10}
```

Wenn der Grad des Gleichungssystems variabel sein soll, können Sie die Bereichsangaben auch dynamisieren:

```
=MMULT(MINV(BEREICH.VERSCHIEBEN($D$5;;;$B$3;$B$3));
BEREICH.VERSCHIEBEN($C$5;;;$B$3))
```

Wie bereits erwähnt, müssen Sie den Ausdruck mit MTRANS transponieren. Alternativ dazu wird die Formel mit INDEX und INDIREKT erstellt. Schreiben Sie sie in D18 und kopieren Sie die Formel nach rechts bis O18:

```
=WENN(SPALTE(A1)>$B$3;"";INDEX(MMULT(MINV($D$5:INDIREKT(ADRESSE
(4+$B$3;3+$B$3)));$C$5:INDIREKT("C"&4+$B$3));SPALTE(A1)))
```

17.9.1 Alternative Lösung mit dem Solver

Jetzt wollen wir noch einmal den Solver auf die Probe stellen. Ist er für das Lösen von linearen Gleichungssystemen geeignet? Um ihn nicht zu überfordern, beschränken wir uns zunächst auf ein Gleichungssystem dritten Grades.

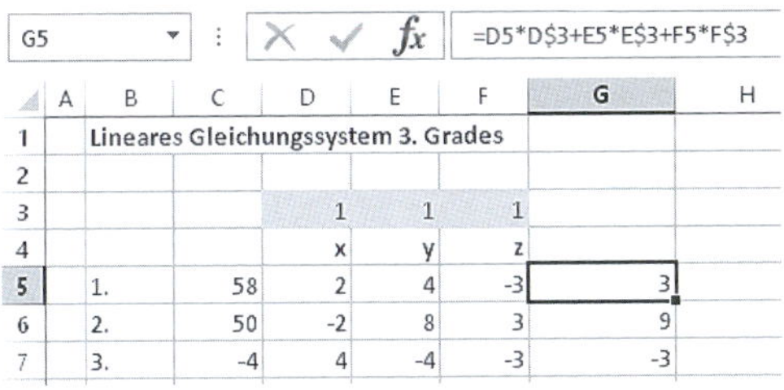

G5 =D5*D$3+E5*E$3+F5*F$3

	A	B	C	D	E	F	G	H
1		Lineares Gleichungssystem 3. Grades						
2								
3				1	1	1		
4				x	y	z		
5		1.	58	2	4	-3	3	
6		2.	50	-2	8	3	9	
7		3.	-4	4	-4	-3	-3	

Abbildung 17.42: Lineares Gleichungssystem mit Solver lösen

In C5:F7 steht das Gleichungssystem. In D3 bis F3 stehen die Ergebniszellen (absolute Zahlen) mit irgendwelchen Initialwerten, die der Solver später optimieren soll. In G5 bis G7 stehen die Formeln für die Nebenbedingungen.

`G5:=D5*D$3+E5*E$3+F5*F$3` (kopiert bis G7)

Bei sehr vielen Gleichungen würde sich auch

`G5:=SUMMENPRODUKT((D$3:F$3);(D5:F5))`

anbieten. H1 ist auch eine Eingabezelle – dazu kommen wir später.

Der Solver wird wie folgt bestückt:

Optimieren wollen wir eigentlich nichts – es sollen nur die drei Nebenbedingungen erfüllt werden. Die Werte in G5:G7 müssen nach der Rechnung mit den Werten aus C5:C7 übereinstimmen. Der Solver verlangt aber in der Ergebniszelle eine Formel. Also geben wir dort als Zielzelle die Zelle für die erste Nebenbedingung (G5) ein und als Zielwert den Wert aus Zelle C5 (= 58).

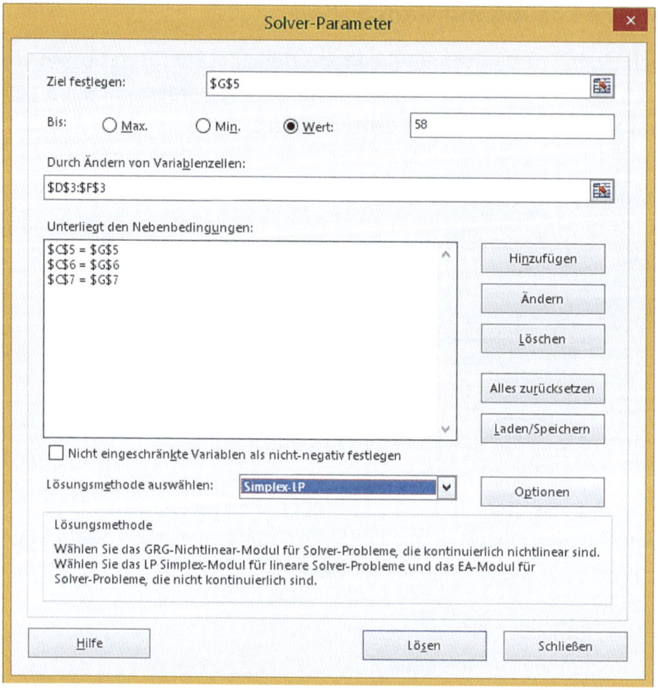

Abbildung 17.43: Dialogfeld Solver-Parameter

Als weitere Nebenbedingungen definieren wir G5 = C5, G6 = C6 und G7 = C7. Die veränderbaren Zellen sind D3:F3, in denen letztlich die Lösungen für x, y und z stehen sollen. Als Lösungsmethode muss *Simplex-LP* gewählt werden und das Kontrollkästchen *Nicht eingeschränkte Variablen als nicht-negativ festlegen* muss deaktiviert werden.

Nun lassen Sie den Solver lösen und er wird das richtige Ergebnis finden:

	A	B	C	D	E	F	G
1		Lineares Gleichungssystem 3. Grades					
2							
3				5	9	-4	
4				x	y	z	
5		1.	58	2	4	-3	58
6		2.	50	-2	8	3	50
7		3.	-4	4	-4	-3	-4

Abbildung 17.44: Lineares Gleichungssystem mit Solver gelöst

Der Zielwert akzeptiert keinen Zellbezug: Da muss explizit eine Zahl eingetragen werden. Im Beispiel war es 58. Diese bei einem neuen Gleichungssystem jedes Mal neu einzugeben, ist lästig! Es ist aber auch nicht nötig, da wir mit der Nebenbedingung G5 = C5 auch dafür sorgen, dass auf den richtigen Wert 58 optimiert ist.

Wir können als Zielzelle auch irgendeine andere nehmen, z. B. H1 mit der Formel

```
H1:=0
```

Das Ergebnis ist dasselbe.

17.10 Von Wachstum und stetiger Verzinsung

Wie wir gesehen haben, sind die Trendtypen *linear* und *polynomisch* eng miteinander verwandt und deshalb werden zu ihrer Berechnung auch die gleichen Excel-Funktionen herangezogen. Excel stellt darüber hinaus noch andere Verfahren der Regression zur Verfügung, die völlig anders geartete Korrelationen zwischen abhängigen und unabhängigen Größen beschreiben, beispielsweise die Wachstumsfunktionen.

Was ja schönerweise von selbst wachsen kann, ist Geld. Vorausgesetzt, man hat es zinsbringend angelegt. Dieses Wachstum kennen wir alle unter dem Stichwort Zinseszinseffekt. Es kann jedem unermessliche Reichtümer bescheren, vorausgesetzt, man kann lange genug warten. Wenn Sie einen Euro 300 Jahre lang zu 5 % festlegen, sparen sich immerhin knapp 2,3 Mio. Euro an. Ihre Nachfahren werden es Ihnen danken. Vorausgesetzt, die Inflation hält sich bis dahin in Grenzen.

Um auf Nummer sicher zu gehen, wollen Sie womöglich aus Werten der vergangenen Jahre eine Prognose der zukünftigen Geldwertentwicklung berechnen. Sie halten in Spalte A:B fest, wie sich der Preis eines Produkts, Warenkorbs oder der Lebenshaltungsindex entwickelt hat, erstellen davon ein Punkt (XY)-Diagramm und fügen einen exponentiellen Trend hinzu.

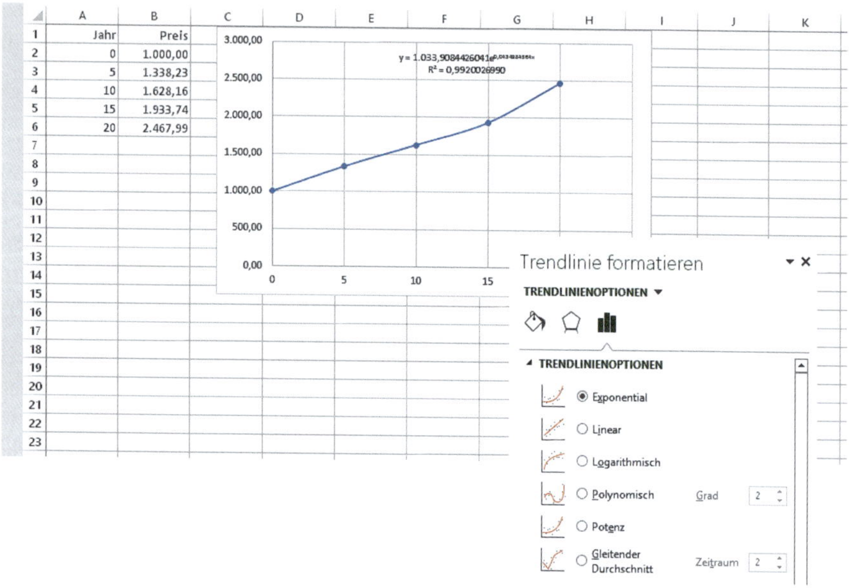

Abbildung 17.45: Exponentielle Trendfunktion

Aus der im Diagramm dargestellten Trendfunktion

$y = 1033{,}9084e^{0{,}0435x}$

können folgende Trendwerte in Spalte C abgeleitet werden:

C3 =1033,9084426041*EXP(0,0434984564*A3)

	A	B	C	D	E	F
1	Jahr	Preis	Trend (exp.)	Zinssatz p.a.		
2	0	1.000,00	1.033,91			
3	1		1.079,87	4,4458382%		
4	2		1.127,88	4,4458382%		
5	3		1.178,03	4,4458382%		
6	4		1.230,40	4,4458382%		
7	5	1.338,23	1.285,10	4,4458382%		
8	10	1.628,16	1.597,33	4,4458382%		
9	15	1.933,74	1.985,41	4,4458382%		
10	20	2.467,99	2.467,77	4,4458382%		
11	300		480.644.478,26			

Abbildung 17.46: Exponentielle Trendfunktion und jährliche Verzinsung

In Spalte D erkennt man, dass die Werte der exponentiellen Trendfunktion so geglättet sind, dass ihr Wachstum pro Jahr konstant ist.

```
C3:=1033,9084426041*EXP(0,0434984564*A3)
D3: =C3/C2-1=4,4458382%
```

Wenn der Abstand der Jahre in Spalte A größer ist als 1, sieht das so aus:

```
D8: =(C8/C7)^(1/(A8-A7))-1
```

Natürlich können auch beim exponentiellen Trend Koeffizienten und Trendwerte ohne das Diagramm mithilfe von Excel-Funktionen berechnet werden. Die Funktionen RGP und TREND der linearen Trendrechnung haben jeweils ein Pendant für exponentielle Trends, nämlich RKP und VARIATION. Funktionsnamen sind in Excel ja meistens sprechend, aber warum die Funktion VARIATION heißt, ist schleierhaft. Im Englischen heißt die Funktion treffenderweise GROWTH (Wachstum). Mithilfe dieser Funktion kann aus den fünf Messjahren 0, 5, 10, 15 und 20 der prognostizierte Betrag im Jahre 300 ermittelt werden:

```
=VARIATION(B2:B6;A2:A6;300) = 480.644.481,13
```

Für einen Gegenstand, der heute einen Wert von 1.000 Euro hat, müssten in 300 Jahren also rund 480 Mio. Euro hingeblättert werden. Pech gehabt, dann kämen Ihre Nachfahren mit dem einen angelegten Euro, der in 300 Jahren auf 2,3 Mio. Euro angewachsen ist, irgendwie doch nicht so weit.

Die Funktionskoeffizienten erhält man mit:

```
=RKP(Preise;{0;5;10;15;20}) = {1,04445838210557.1033,9084426041}
```

Der rechte Wert von 1.033,9 Euro ist der Trendpreis im Jahr 0 und gleichzeitig der y-Achsenschnittpunkt. Der linke Wert verwundert ein wenig, denn in der Diagrammgleichung erscheint stattdessen der Wert 0,0434984564. Welcher Zusammenhang besteht zwischen diesen beiden Werten? 1,04445838210557 ist der konstante Zinssatz, den wir in Spalte D berechnet haben, plus 1. Mit diesem Faktor kann man also den Preis eines Jahres multiplizieren, um den Preis der Folgeperiode zu erhalten. Der natürliche Logarithmus (Logarithmus zur Basis e) dieses Faktors ist:

```
=LN(1,04445838210557) = 0,0434984564
```

Aha, da schließt sich der Kreis. Verstehen muss man das aber noch nicht unbedingt. Deshalb machen wir noch einen kurzen finanzmathematischen Ausflug zur Überleitung von einem Jahreszins auf einen stetigen Zins.

Ein Kapital von 1.000 € wird ein Jahr lang zu 4 % verzinst, sodass am Jahresende ein Kapital von 1.040 € entstanden ist. Bei monatlicher statt jährlicher Zinsverrechnung ergeben sich =1000* (1+4 %/12)^12 = 1.040,7415 €. Bei täglicher Verzinsung sind es =1000 * (1+4 %/365)^365 = 1.040,8085. Allgemein gilt:

$$K_1 = K_0 \cdot \left(1+\frac{i}{n}\right)^n$$

Mit i als jährlichem Zinssatz und n als Anzahl Zinsverrechnungen pro Jahr. Setzt man i / n = 1 / x, d. h. n = i*x und x = n / i, dann ergibt sich:

$$K_1 = K_0 \cdot \left[\left(1+\frac{1}{x}\right)^x\right]^i$$

Zur Probe:

$$K_1 = 1000 \cdot \left[\left(1+\frac{1}{(12/4\%)}\right)^{12/4\%}\right]^{4\%} = 1.040{,}74$$

Wenn man die Zinsperioden unendlich klein werden lässt, strebt x im Ausdruck

$$\left(1+\frac{1}{x}\right)^x$$

gegen unendlich und die Formel nimmt den Wert der Eulerschen Zahl e = 2,71828182845905 ein. Man spricht dann von stetiger Verzinsung oder (stetigem) Wachstum. In Excel erhält man die Eulersche Zahl mit der Funktion `EXP(1)`.

Bei stetiger Verzinsung wächst das Kapital in einem Jahr somit auf

```
=1000*e^4% = 1000*EXP(4%) = 1.040,8108
```

Der effektive Jahreszinssatz ergibt sich ferner aus

```
=EXP(4%)-1 = 4,08107741923882%
```

Will man andersherum wissen, mit welchem Zinssatz stetig verzinst werden muss, um einen Effektivzinssatz von 4 % zu erhalten, verwendet man einfach die Umkehrfunktion von EXP, nämlich LN.

```
=LN(1+4%) = 3,92207131532813%
```

Angewendet auf unsere Preisentwicklung gilt:

- Stetige Verzinsung/Wachstumsrate aus Effektivzins p.a.:
  `=LN(1,04445838210557) = 4,34984564198636%`
- Effektivzins p.a. aus stetiger Verzinsung:
  `=EXP(4,34984564198636%)-1 = 4,445838210557%`

Lange Rede, kurzer Sinn, im Diagramm weist Excel den Zinssatz der stetigen Verzinsung aus, die RKP-Funktion hingegen gibt als Koeffizienten die jährliche Effektiv-Verzinsung zurück.

Genau wie RGP kann auch RKP das Bestimmtheitsmaß angeben:

R^2 = `INDEX(RKP(B2:B6;A2:A6;;1);3;1) = 0,992002698987872`

17.11 Sonstige Trendsetter

Der Vollständigkeit halber sei schließlich noch erwähnt, dass Excel mit Funktionen bzw. im Diagramm zwei weitere Regressionstypen darstellen kann.

17.11.1 Potenzielle Regression

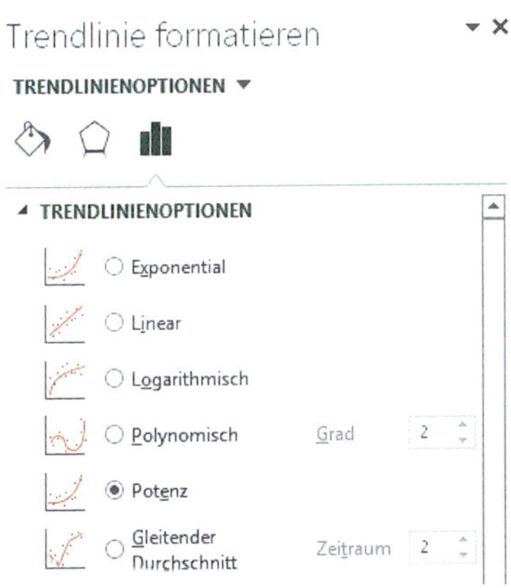

Abbildung 17.47: Trendlinienoptionen zur Auswahl des Trendtyps Potenz

Der Trendtyp *Potenz* ist zu wählen, wenn der Funktionsgraph durch eine Gleichung in der Form

```
y = m*x^b
```

beschrieben werden kann.

Die Koeffizienten einer Potenzfunktion ermittelt man auch über die Funktion RKP:

m = INDEX(RKP(yWerte;LN(xWerte));1;2)
b = LN(INDEX(RKP(yWerte;LN(xWerte));1;1))
R^2 = INDEX(RKP(yWerte;LN(xWerte);;WAHR);3;1)

17.11.2 Logarithmische Regression

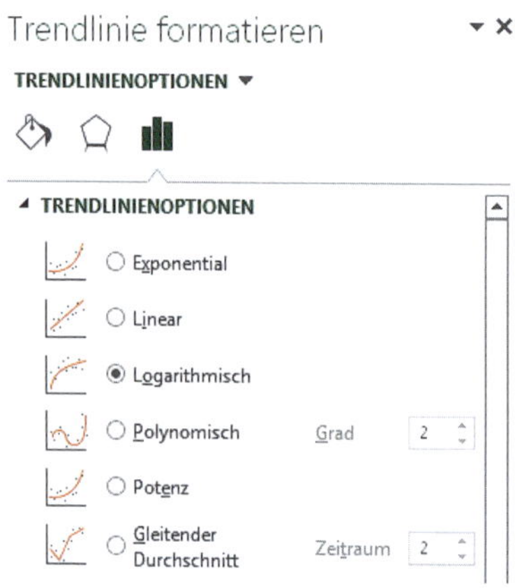

Abbildung 17.48: Trendlinienoptionen zum Einstellen des logarithmischen Trends

Die logarithmische Regression beschreibt Funktionen in der Form

```
y = m*LN(x) + b
```

Die Berechnung von m, b und des Bestimmtheitsmaßes ergibt sich wie folgt:

m = INDEX(RGP(yWerte;LN(xWerte));1;1)
b = INDEX(RGP(yWerte;LN(xWerte));1;2)
R^2 = INDEX(RGP(yWerte;LN(xWerte);;WAHR);3;1)

Stichwortverzeichnis